商业地产理论与实务丛书

存量时代的商业地产资产管理

Asset management in the stock age of Commercial Real Estate

郭向东　姜新国　著

中国建筑工业出版社

图书在版编目（CIP）数据

存量时代的商业地产资产管理 = Asset management in the stock age of Commercial Real Estate／郭向东，姜新国著．—北京：中国建筑工业出版社，2021.3
（商业地产理论与实务丛书）
ISBN 978-7-112-25861-1

Ⅰ．①存… Ⅱ．①郭… ②姜… Ⅲ．①城市商业－房地产－资产管理 Ⅳ．①F293.35

中国版本图书馆CIP数据核字（2021）第024853号

房地产业内目前依然保持着对房地产开发市场复苏的期待，数轮房地产调控似乎不能阻挡人们对房地产市场的深深关注。实际上，即便在疫情和波谲云诡的国际形势下，中央政府言房地产必"房住不炒"的态度始终坚定不移，绝不妥协。

通常情况下，从幻觉和期待中走出会使人陷入迷茫，但迷茫比我们的继续沉溺更好。而这本书，不仅能让你丢掉幻想，却也能同时使我们避免迷茫，因为这是一本有关科学阐述商业地产领域"长期主义"思想、理论和方法的书。

不可否认，中国房地产已经不可逆转地进入存量时代。在存量时代，房地产高周转、高杠杆的商业模式已经成为昨日黄花。这本书告诉读者的是，我们为实现商业地产的资产价值所作的一切努力，不仅是为了获得收益，而且是使资产实现再生产，并因此能够形成持续有效并生生不息的商业模式。

责任编辑：周方圆　封　毅
责任校对：芦欣甜

商业地产理论与实务丛书
存量时代的商业地产资产管理
Asset management in the stock age of Commercial Real Estate
郭向东　姜新国　著

*

中国建筑工业出版社出版、发行（北京海淀三里河路9号）
各地新华书店、建筑书店经销
北京锋尚制版有限公司制版
北京圣夫亚美印刷有限公司印刷

*

开本：787毫米×1092毫米　1/16　印张：26¾　字数：500千字
2021年3月第一版　2021年3月第一次印刷
定价：75.00元
ISBN 978-7-112-25861-1
（36725）

版权所有　翻印必究
如有印装质量问题，可寄本社图书出版中心退换
（邮政编码100037）

启动商业地产的钥匙

前言

2018年4月，受鹏友会推荐，我在中国中小企业协会举办的"2018中国·西部中小企业发展论坛"（即西部论坛）发表主题演讲，题目是"资产证券化条件下的商业地产资产管理"。在这篇演讲中，我提出并分析了商业地产的生命周期问题。两个月后，我与曾经同我一同编写《商业地产运营管理》一书的姜新国先生商议，着手撰写一部商业地产资产管理的著作。

在草拟写作提纲时发现，当下业界关于商业地产资产管理的课题大多围绕其金融资产的属性，仍然将其资产管理局限在投融资范畴；就资产的价值生产，强调收益的生产而忽视了资产的再生产。这当然是近年来在房地产金融化的时代背景下一种认知上的反映。事实上房地产增量经济在最近两年已经陷入困局。在这种情况下，仅仅把此书作为商业地产企业摆脱资金困境的一剂药方显然是不足取的。显而易见的是，当下的商业地产需要的不是解困，而是转型。

2019年春节左右，我同姜新国先生和出版社编辑达成共识，必须从存量时代的视角重新审视这课题。对存量时代这个问题进行思考，同样不能仅仅把眼光仅仅放在存量商业地产，而是要对存量经济进行根本的深刻思考。

对存量经济进行思考，不得不使我们对许多经济概念展开回忆，特别是认识到在增量时代人们狂热追求非增殖性的价值增值而不是谋求增殖性价值增值，以致使人们对价值的认识产生了偏差。

是的！有很长时间了，我们太热衷于货币资本膨胀的游戏，而忽视了社会物质财富实际增加了多少。而所谓存量时代，就是要让我们正本清源，使我们的目光重新聚焦于社会物质财富本身。诚如美国学者伊恩·莫里斯在《文明的度量》所揭示的，不管几千年来以人均GDP这些以货币的价值尺度来衡量的经济发生了怎样翻天覆地的变化，但以人类从史前人均每天20000千卡热量摄取到如今人均每天200000千卡热量摄取的变化更能说明社会物质财富增长的真实情况。

经过思考和撰写，书名最终确定为《存量时代的商业地产资产管理》，第一稿于2019年9月完成，随后经过反复讨论和修改，经过二稿、三稿到定稿，本书终于完成。

经过反复讨论和修改最后定稿，本书以存量经济的经济形态的理论阐述作为基础，阐述商业地产的本质和特征、商业地产资产管理关于可收益性和再生产的重要特征，揭示商业地产的生命周期，从而阐述商业地产资产管理的方法，包含以存量经济及商业地产基本原理、商业地产资产管理和商业地产资产管理所依赖的资本市场这三个大的结构架设，适合房地产经济理论工作者和商业地产企业高中层经营管理人员阅读。

虽然中国房地产发展已经到了存量时代，但是，"存量时代的商业地产资产管理"这一课题实际上要比"商业地产运营管理"难做很多。后者毕竟已经有作者与许多同道悉心耕耘多年，而前者目前仍然还处在破冰阶段。

很不容易，本书已经完稿。在此，尤其感谢姜新国、张健先生在写作过程中所进行的交流、指导和帮助。

郭向东
2020年12月

目录

前言

导读

第一篇　　存量时代商业地产概论 | 19

第一章　　存量时代——商业地产的历史归宿和时代投影 | 21
　　第一节　增量经济和存量经济 | 21
　　第二节　存量经济的经济内容及其运行 | 24
　　第三节　中国城市化进程和房地产增量经济 | 42
　　第四节　商业地产增量经济及其转型 | 52

第二章　　价值——商业地产资产管理的核心问题 | 59
　　第一节　价值的概念和原理 | 59
　　第二节　房地产固有价值——存量经济的认知 | 64
　　第三节　由固有价值所传导的房地产价格 | 75
　　第四节　商业地产的价值和价值生产 | 86

第三章　　可收益和再生产——商业地产不仅是房产更是资产 | 93
　　第一节　作为房产的商业地产 | 93
　　第二节　作为资产的商业地产 | 100
　　第三节　商业地产资产的技术形态 | 111

第四章　　不同类型商业地产的经济特征 | 119
　　第一节　不同类型的商业地产 | 119
　　第二节　零售商业地产的经济特征 | 126
　　第三节　商务办公地产的经济特征 | 139
　　第四节　服务性公寓的经济特征 | 147

第二篇　　商业地产资产管理 | 157

第五章　　商业地产资产管理概述 | 159
　　第一节　存量时代商业地产资产的重要问题 | 159

　　　　　　第二节　资产经营和服务经营｜166
　　　　　　第三节　商业地产资产管理过程中的现金流｜170
　　　　　　第四节　商业地产库存和不良资产的升级改造｜173

第六章　　　商业地产资产估值、收益和资本性支出｜185
　　　　　　第一节　商业地产资产价值的评价｜185
　　　　　　第二节　商业地产资产经营的收益指标｜191
　　　　　　第三节　商业地产资产收益的创成｜197
　　　　　　第四节　商业地产资产的资本性支出｜206

第七章　　　商业地产的生命周期｜213
　　　　　　第一节　商业地产资产的命态｜213
　　　　　　第二节　商业地产的寿命周期、权利周期和商业周期｜218
　　　　　　第三节　商业地产存量资产的再生产｜226

第八章　　　商业地产实体资产管理｜247
　　　　　　第一节　商业地产固定资产管理｜247
　　　　　　第二节　对商业地产实体资产使用和维护的监管｜254
　　　　　　第三节　商业地产固定资产大中修管理｜262
　　　　　　第四节　商业地产固定资产更新改造管理｜270

第九章　　　存量时代商业地产企业的转型｜281
　　　　　　第一节　商业地产企业组织及职能的转型｜281
　　　　　　第二节　商业地产资产运行的控制方式｜287
　　　　　　第三节　商业地产资产运行的控制模式｜292
　　　　　　第四节　商业地产资产运行控制项目中的关键事项｜297

第三篇　　　存量时代商业地产资本市场｜323

第十章　　　商业地产资本市场概述｜325
　　　　　　第一节　商业地产投融资｜325
　　　　　　第二节　我国商业地产投融资的基本情况｜330
　　　　　　第三节　商业地产投资选择和策略｜336
　　　　　　第四节　商业地产资产证券化概述｜343
　　　　　　第五节　商业地产资本退出的制度性安排｜351

第十一章　　商业地产资产证券化产品｜353
　　　　　　第一节　REITs——房地产投资信托基金｜353
　　　　　　第二节　CMBS——商业抵押担保证券｜365

第十二章　　商业地产资产证券化的运行｜379
　　　　　　第一节　商业地产资产证券化过程中的尽职调查｜379
　　　　　　第二节　商业地产资产证券化产品信用增级与信用评级｜401
　　　　　　第三节　商业地产资产证券化过程中的税务筹划｜417

主要参考文献｜424

导读

一、从市场化的十年到金融化的十年，如今房地产已经进入存量时代

2019年9月26日国务院印发《实施更大规模减税降费后调整中央与地方收入划分改革推进方案》（国发〔2019〕21号），中央和地方财政税收关系再次改革。

这次改革方案，旨在增加地方收入，"缓解财政运行困难"，增强地方自主权。具体内容是：一是"保持增值税'五五分享'比例稳定"；二是"调整完善增值税留抵退税分担机制"；三是"后移消费税征收环节并稳步下划地方"。

此次改革，是实行**中国经济去房地产化、房地产去泡沫化**的**实质性**步骤。至此，我国房地产存量时代的到来已成为必然之势，并不可逆转！

我国房地产业发展到如今，**房地产增量经济已经难以为继**。房地产存量时代不是口号，不是权宜之计，而是**大势所趋**。

从房地产供需来看，需求端方面，大量存量房积压，"去库存"转化为优质资产的道路步履维艰，金融系统性风险越来越明显；供给端方面，农业产业存在隐患，房地产开发所需土地资源来源受限，为了维持房地产开发，采取对城市建筑反复拆建的作法又毫无道理。

从房地产业与实体经济的相互关系来看，我国房地产增量经济严重抑制了实体经济，实体经济无法承受高房价所递延的高租金给自己带来的经营成本不断增高；房地产增量经济的高周转与实体经济的低周转，使实体经济"贫血"症状越发严重。

但是，从根本上来看，还是房地产增量经济本身的运行机制难以为继。

房地产增量经济存在的基础是土地红利。地方财政的"土地财政"的土地信用，是房地产增量经济存在的根本。

与此同时，**土地收益的信用基础却来源于房价"不断高涨"的预期**。如果房价不再"持续高涨"，土地信用将会招致崩塌。

然而，资产价格高企，房地产所承载城市居民收入和各类产业经济所能支付的房租成本难堪其负，已经不能支持房价的"持续高涨"。提高**财政杠杆和居民杠杆，通过增加居民和各类产业经济的负债**来维持其对高房价的支持，实际上成为房地产增量经济的各方利益主体为维持房地产增量经济所抱有的一种妄想。

房地产经济转型，城市经营者、商业银行、房地产企业以及相关服务业是阻力。中央政府所推行的最新央地财税改革方案，旨在提供地方财政转型的出路，也表达了中央政府"中国经济去房地产化，房地产去泡沫化"的坚定决心。

二、房地产经济由增量时代迈向存量时代是历史的归宿

房地产增量时代即将谢幕，房地产存量时代即将到来。在这个大背景之下，中国的房地产业怎么办？中国的房地产企业怎么办？答案很简单，**转型！**

所谓增量经济，是以增量市场为基础的经济发展模式和经济增长方式，即粗放式发展模式和扩张式增长方式，主要的手段是**扩大生产要素的数量和规模**，是对土地红利、人口红利、能源和矿藏等自然资源红利的攫取。**攫取"红利"，是增量经济的主要特征。**

所谓存量经济，是以存量市场为基础的经济发展模式和经济增长方式，即集约式发展模式和内生式增长方式，主要的手段是**优化生产要素的质量**，提高单位生产要素的生产能力。**深耕细作，是存量经济的主要特征。**

因此，在存量时代这个大背景之下，中国的房地产业将从**房地产的新建**转型为对**现有房地产存量的经营**，中国的房地产企业的核心业务将从**房地产开发和销售**转型为**房地产持有和经营**。

从房地产开发销售转型为房地产持有经营，不是我国独有的，而是全球性的经济趋势。

从全球来看，持有型资产经营企业从1990年开始逐步发展，到2000年开始大大超越了全球上市房地产开发企业的市值，到2017年，从事房地产存量资产经营的**资产持有主体资产经营企业**总市值超过1.2万亿美元。

相反的，到2017年，全球从事房地产增量资产生产的**房地产开发企业**总市值不到5000亿美元，而在总市值5000亿美元的全球房地产开发企业中，中国（不含港澳台地区）占了很大比重。

从房地产开发和销售，转型为房地产持有和运营，首先就需要从增量思维转型为存量思维，即从关注规模和速度转型为关注质量，从关注找红利、风口转型为挖潜，从关注交易转型为关注生产，从赚快钱转型为赚慢钱，从关注流动性转型为关注收益成长性，从关注现金转型为关注资产，从关注金融资产转型为关注实体资产，从依靠金融资本转型为依靠科技进步，从追求出奇的思维定式转型为追求守正的思维定式，从关注扩张转型为关注深耕细作。

三、高周转的金融逻辑，与商业地产的自身逻辑是具有深刻矛盾的

在存量时代经营商业地产，要树立正确的金融观念，或者说要以正

确的观点和方法来运用金融资本，核心就是要搞清楚，**经济和金融谁服务于谁，谁服从于谁**。

应当认识到，**高周转的金融逻辑**，与商业地产的自身逻辑是具有深刻矛盾的。

资本具有**增值性**和**运动性**的重要属性。

所谓增值，有两种方式：一种是增殖性价值增值；另一种是非增殖性价值增值。前者具有财富的增殖性，增殖意味着再生和繁衍，意味着社会物质生产，资本的孳息是剩余价值即利润；后者不具有财富的增殖性，即利用资源的稀缺性，攫取红利，实现非增殖性的价值增值（例如邮票、古玩等收藏品和房地产投机，通过收藏，不通过再生和繁衍进行生产，却通过资源稀缺性进行套利）。国民收入（national income）的定义和统计算式中，后者是不计算在内的，也就是说，非增殖性的价值增值并不意味社会物质财富的增加。然而，无论是否实现财富增殖，资本是以追求其价值增值为目的的，具有逐利性。

所谓运动性，是指资本一旦停止运动，就丧失了它的生命力，它必须在不断的运动中才能获得增值，尤其在不以实现财富增值为目的而利用红利或机会实现套利的情况下。因此，**高收益**和**高周转**，始终是资本孜孜不倦的追求。

但是，商业地产不仅与一般房地产一样具有耐用品的消费属性，有着耐用品自身的不以金融逻辑为转移的技术逻辑。因此，我们必须尤其强调它的**生命周期**这一重要现象。

与此同时，商业地产又与一般房地产不同，具有自身的技术逻辑和商业逻辑。

商业地产的技术逻辑在于，它是高度集成的技术系统，其功能与权利不能被分割，必须在集成运用中才能发挥最高效能；而且，商业地产具有引致需求，它的功能完全取决于它所承载的产业经济活动，其价值取决于产业经济活动的需要。

商业地产的商业逻辑在于，它作为资产是长期资产，其价值的生产是一个漫长的细水长流的过程，其价值形式是以时间作为单位的"租"。简单地说，商业地产收益是长期收益，商业地产价值的特点不是**流动性**而是**成长性**，**即资本增值而不是非增殖性的价值增值**。

如果把商业地产当作投资产品，它也必须是一个长期资产，而不能是一个被"去化"的、需要快速变现的高周转金融产品。

如果为了服从高周转的金融逻辑，我们就不得不把商业地产销售作为经营的主要手段；为了快速销售，我们就不得不把商业地产当成猪肉一样分割切碎。所造成的结果就是商业地产自身的逻辑被一个个地瓦解，商业地产就无法成为资产，也难以产生其原本可以产生的价值。

因此，资本可以把商业地产当作金融产品，但房地产企业不能把它当作金融产品———种让资本套利的道具。否则商业资产无法成就为资产。

因此，经营商业地产，我们要让金融为商业地产服务，而不是让商业地产为金融服务。我们要让金融服从于商业地产，而不是让商业地产服从于金融。金融服务于和服从于实体经济服务这个方向不能被改变或者扭曲。

四、究竟什么才是商业地产的资产，以及什么才是商业地产的资产管理

经济快速发展的增量时代，往往是"现金为王"的时代，当人们面临众多可以选择的机会的时候，**持有现金而不是持有资产很自然会成为一种经济选择，**"现金是活钱，资产是死钱"是增量时代的一个常见认知。人们提及"资产"，通常是把它作为变现的一种途径。直到2008年金融危机发生后，部分地方政府和一些大型国有企业预感到货币预期风险的时候，才有一些大型央企房地产机构意识到**把现金沉淀为资产**的必要性。

对大多数人来说，包括时下在中国许多书刊、媒体和论坛中，凡是论及"资产"，讲的都是权证、许可证、合同和有价证券以及各种票据，对"资产管理业务"，人们也只是把看作是对这些金融资产的信托服务。

而当我们建立存量概念的时候，资产就不仅仅是金融资产了，而且更重要的是它具有自身技术逻辑的实体资产。

商业地产同样是价值量巨大的、技术系统高度集成，包含"出力率、灵敏度、可靠性、稳定性"等一系列技术特征的实体资产，同样具有从磨合、成熟、衰老、报废过程的生命周期，而且这个周期很长，同其他实体经济的生产条件一样不以金融周期为转移。就像实体经济中的生猪养殖成熟需要一定的时间，不能因高周转的金融要求压缩其生产周期，除非对其进行基因变异。

在本书中，就商业地产具有实体资产属性，还在商业地产投资过程中的尽职调查内容中，专门设置了"技术尽职调查TDD"的讲述内容。

在机构投资者对房地产进行投资时，都需要进行财务尽职调查，这是业内所尽知的。但在我国房地产增量时代，**房地产尽职调查仅限于财务尽职调查而已，**尽职调查的内容还只是权证、许可证、合同、有价证券以及作为凭证的一大堆票据，至于实物资产也许会检查一下，但那只是为检查各类文件的真实性采取的辅助性措施。

然而，在存量时代，在商业地产资产投资交易过程中，**商业地产实物资产的技术尽职调查TDD与财务尽职调查，具有同等重要的地位**。只有技术尽职调查才能真正鉴别**商业地产资产的技术质量**。为此，本书介绍了英国皇家特许测量师学会RICS尽职调查机构关于技术尽职调查的指南。

归根结底，在存量时代，什么才是真正的资产，这是一个十分重要的问题。在增量时代镁光灯聚焦照耀下的资产价值形态，或被称为金融资产的物质叫作资产；那么镁光灯阴影下的资产实物形态，或被称为实体资产的物质，是不是资产？这是我们需要解决的很重要的认知问题。

五、商业地产资产管理是价值生产过程，而且也是资产的再生产过程

在增量时代，广为流传的价值认知是"价值是策划和交易出来的，不是生产出来的"。因此，也出现了赋予价值概念对固有价值概念的否定。

我们不能否认由市场交易过程中的消费认知对于商品交易的价值衡量，但是与此同时，也决不能否定商品固有价值的存在，毕竟**商品的生产过程，就是其固有价值的价值运动过程**。

对价值认知的改变，也是存量时代经济形态进行认识的基础。

在对价值认知进行重新审视的基础上，需要产生对"再生产"概念的认识。**"变现"和过度消费是增量思维范畴，而"再生产"是存量思维范畴**。

"再生产"，这对我们许多人来说，似乎是一个很古老，甚至已经是一个因为"陈旧"而要故意去遗忘的经济概念。因为在增量时代，快速生产、快速消费，由消费刺激生产，以至于产生并鼓励"过度消费"即浪费，把浪费当成刺激生产的消费行为。生产条件一旦出现损耗，人们立即选择废弃，而不是对其进行"再生产"。所谓"旧的不去，新的不来"，不管这些废弃行为会带来多少资源的浪费，这就是增量思维。

然而，商业地产作为价值量巨大的实体资产，出现资产消耗，我们可以随意地对其进行废弃，而不对其进行"再生产"吗？

从价值认知的更新和对"再生产"的重新认识作为出发点，我们来研究商业地产的价值，来理解商业地产资产管理。

商业地产资产管理的根本任务包含两个方面的涵义：一是**使资产产生收益**；二是**对资产进行"再生产"，再生产包括简单再生产和扩大再生产**。

1. 使资产产生收益

商业地产的资产属性，是能够产生现金收入（或现金等价物）。能够产生现金收入，这是资产得以存在以及人们愿意对此进行投资的根本原因。但是，能不能产生现金收入，能够产生多大收益，则需要商业地产资产管理作出努力。

2. 对资产进行再生产

资产产生收益的过程，也就是资产自身消耗的过程。而如果要保持或者优化资产产生收益的能力，就必须对资产进行再生产。商业地产的再生产，就是对资产的大中修、重置更新乃至技术改造。

在目前商业地产持有资产的运营过程中，不少人已经意识到因为市场变化和经营需要，需要对商业地产进行技术改造。但是，商业地产的再生产远比人们现有的这个认知复杂和系统得多。

除了在商业地产产生租赁收益的经营性现金流中，需要支出**营业成本**之外，商业地产再生产还需要**资本性支出**作为其投资性现金流。

资本性支出的应用在于：商业地产简单再生产的大中修、重置更新；商业地产扩大再生产的技术改造。

六、在存量时代，商业地产企业如何实现转型

在存量时代，随着商业地产增量生产转化为存量经营，房地产企业面临转型，也就是从房地产开发企业转型为房地产资产经营企业（不动产经营企业）。

第九章探讨了商业地产企业的转型。

从商业地产开发建设企业转型为不动产经营企业，首先就是核心业务的变化，就是把企业的核心业务从商业地产开发转变为商业地产存量资产的运营，重点是将企业综合业务板块中的投资拓展部门、成本管理部门和品牌管理部门进行转型，使之适应于商业地产资产管理的核心业务。

其次，要构建商业地产资产运行的控制方式，核心在于在**目标控制**的基础上，逐步强化和深化过程控制。要点是对商业管理公司等管理人**严格进行预算控制，杜绝包干**。

商业地产资产运行控制模式应以**企业发展战略**决定**价值链**，由**企业发展战略、价值链和控制模式决定组织设计**。商业地产资产运营模式设计原则是组织模式为企业发展服务的战略导向原则、组织模式取决于控制项目和关键事项的功能导向原则、组织模式服从于核算方式的价值链导向原则和控制者与受控者在控制界面上进行清晰定位的定位清晰原则。

此外，资产主体对资产运行的控制包含收益控制、成本控制、资源控制和资产管理、经营活动和过程控制、形象和品质控制、合同控制、采购和分包方控制、计划和预算控制、安全和风险控制共9个商业地产资产运行的控制项目以及84个关键事项。

七、存量时代的商业地产资产管理，需要良好有序的资本市场

商业地产从增量时代迈向存量时代，应该建立和完善资本市场。资本市场作为资金市场，对商业地产运行所需资金融通的作用自不待言。而且，作为存量经济，商业地产除了以租赁经营而不是以房地产销售作为核心经营业务外，并不意味资产不能上市交易。但资产上市交易，基于商业地产价值量大和系统高度集成的特性，直接投资方式的资产整体购买和销售只适合于机构投资。在存量时代，如果使包括广大居民在内的广大中小投资者都能加入商业地产的资产交易活动，通过房地产证券，以直接融资的方式对商业地产进行间接投资，可以使商业地产资产运行所需资金得到充裕的保证。

所以，商业地产资本市场不仅具有资金市场属性，同时也具有房地产交易市场属性。

在房地产增量时代，我国以银行间接融资为主要形式的房地产资本市场是极不完善的。主要缺陷在于：

（1）融资渠道单一，以银行贷款和信托贷款为主；

（2）资金成本很高，使得房地产企业被迫采取销售去化，加快周转；

（3）投资渠道单一，投资者大多只能通过直接投资购买房产，商业地产功能和权利被肢解；

（4）由于融资渠道集中于银行间接融资，风险集中，容易引发系统性金融风险。

商业地产存量经济，需要的是资产证券化。资产证券化的优势在于：

（1）投资者通过间接投资，购买商业地产公募资产证券化产品，保持了商业地产功能和权利的完整和统一；

（2）商业地产资产证券化产品可以由商业地产持有人进行直接融资，资金成本较低；

（3）商业地产资产证券化产品的投资方向是存量资产而不是增量资产，追求的是资产价值和长期收益。

推行商业地产资产证券化，建立和培育商业地产存量时代的资本市场，必须加快金融体制改革，完善市场主体、金融、税务等一系列法律体系，完善证券中介、信用增级信用评级、尽职调查等专业服务体系建设和金融监管体系建设。

第一篇

存量时代商业地产概论

第一章 存量时代——商业地产的历史归宿和时代投影

存量时代是一个符号,这个符号表明这个时代的经济是存量经济。那么,什么是增量经济,什么又是存量经济,两者的本质和特点是怎样的,为什么说增量经济不是可持续经济?存量经济的要素又是什么以及如何运行?由土地财政推导出的我国近年来房地产增量经济是怎样的,以及为何需要转型为存量经济?为什么说商业地产经济从本质上讲就是存量经济,它的经济趋势是怎样的?本章将回答上述问题。

第一节 增量经济和存量经济

在经济学中,存量是指系统在某一时点时的所保有的量;增量是指在某一段时间内系统中保有的量的变化。

简单地说,存量是指企业或社会所拥有的全部可确指的资产或资源;增量就是比期初增加的资产或资源。

同样,所谓**存量市场**,是指市场是现存已被看到确定的,竞争讲的是市场份额,常见是**价值链竞争**,海越来越红。在红海中,产业边界是明晰和确定的。身处红海的企业试图表现得超过竞争对手,以攫取已知需求下的更大市场份额。

而与存量市场相对应的是增量市场。所谓**增量市场,是指市场边界在扩散、整体量在提升、整体规模在增加的市场**,也就是在蓝海中开辟新的道路的市场选择。

一、增量经济

增量经济,是以增量市场为基础的经济发展模式和经济增长方式,即外延式发展模式(或称为粗放式发展模式)和扩张式发展的增长方式。

所谓外延式发展和扩张式发展,就是**扩大生产要素的数量和规模**的方式来提高资产的价值量。

在人类经济发展的过程中,增量经济不乏其例。

对于增量经济来说,比如设法占有和控制更多数量的土地、能源和原材料,占有和控制更多数量的人口,无论是通过武力侵占领地还是通过资本的投资来获得占有和控制资源的权利。

当资源空间较大但生产要素优化的比较成本较高的时候,人们往往更愿意选择增量经济的发展模式和增长方式。

增量经济发展模式和增长方式的例子：

  古希腊时期由于爱琴海沿海岛屿和陆地地质多为岩石，缺少耕地，西方古代商业贸易的立足点是对海外各种资源进行掠夺。

  大航海时代早中期，因为农业生产潜力穷尽，伊比利亚半岛的葡萄牙、西班牙纷纷开始对非洲、拉丁美洲进行海外殖民，目的是为了对其黄金等贵金属和香料等资源进行掠夺。

  逐水草而居的匈奴阿提拉、蒙古铁木真等古代游牧民族在恶劣的自然环境条件下，更加乐于征服东罗马帝国和中国中原王朝的疆土以劫掠富饶的财富。

增量经济发展的本质，是用"粗暴"的军事掠夺、比较"粗暴"的殖民掠夺和比较"文明"的资本掠夺，对土地红利、人口红利、能源和矿藏等自然资源红利的攫取。**攫取"红利"，是增量经济的主要特征。**

二、存量经济

与增量经济相对应的是存量经济。存量经济是以存量市场为基础的经济发展模式和经济增长方式，即内涵式发展模式（或称为集约式发展模式）和内生式发展的增长方式。

所谓内涵式发展和内生式发展，就是**优化生产要素的质量**，提高单位生产要素的生产能力，以此在资产既定规模基础上提高资产的价值量。

在人类经济发展的过程中，存量经济同样不乏其例。

当资源潜力不大的情形下，人们就会通过生产技术提高有限的生产要素的产能，这就是存量经济发展方式的选择。

存量经济发展模式和增长方式的例子：

  古代中国在周边海洋、沙漠、高原和群山的阻隔下，在有限的耕地中采用深耕细作来提高单位土地的粮食产量。通过以要素质量的提升，使单位资源的产能实现得到巨大提升，在宋代和明代，人口和经济总量都在当时的世界占有很高的比重。

  殖民时代中后期，英国在北美建立海外殖民地。除了在小冰河期利用北美动物毛皮与欧洲市场通过贸易进行原始积累外，资源条件和资源空间大不如中美洲和南美洲，但工业化却使北美殖民地具有更大的经济潜力。独立后的美国，依靠科技和工业等要素质量提升的发展模式，使北美较之于中美洲、南美洲具有更强大的经济力量。

存量经济发展的本质，是对有限的资源进行潜力挖掘，提高单位资源的产能水平,核心是提升社会生产力。**深耕细作,是存量经济的主要特征**。

三、增量经济与存量经济的区别和特点

把增量经济与存量经济相比较,增量经济是从**无到有**,而存量经济是**从有到优**。

增量经济和存量经济,它们各自的特点在于:

(1)增量经济追求所占**资源的数量和规模**;存量经济则追求**要素的质量**,核心是社会生产力水平。

(2)增量经济依赖的条件,是资源配置不均衡,有资源扩张的空间,即存在"红利";存量经济则只有在资源扩张空间不大,没有"红利"可以攫取的情况下才得以存在。

(3)增量经济的动能强大,往往可以使经济得到快速的,甚至是跨越式的、爆发式的增长,然而增量有极限,其饱和度达到一定的水平后,这种扩张红利就会消失,因而没有可持续性;存量经济的势能强大,经济的生命力、稳定性和可持续性可以得到保障。

(4)增量经济往往能够刺激投机性需求,追求出奇,经济行为倾向于对机会的**选择**;存量经济则追求以优势取得胜势,追求守正,经济行为倾向于经济主体自身的**努力**。

(5)增量经济往往习惯于"大碗吃肉、大碗喝酒"的粗放方式,对资源的利用低效,甚至往往是透支性的,其内在机制在一定的经济周期之内将导致资产价格持续高企,并导致经济无法持续;存量经济则倾向于精益求精,注重对资源利用的效率和效益,强调劳动力对经济的决定性作用,特别重视劳动力资源的优化。

(6)增量经济的目标是使经济做大;存量经济的目标是使经济做强。

四、增量经济向存量经济的转化

增量经济虽然具有巨大经济动能,但往往只能是原始积累的经济选择。事实上,把增量经济作为经济战略,往往都不能使经济得以持续。古代地中海沿岸的古希腊和古罗马经济延续了数百年便灰飞烟灭;伊比利亚半岛的西班牙、葡萄牙经历了短暂辉煌,其全球海上霸权地位被崛起的大英帝国取代。

究其原因,一是资源的扩张和利用不是没有边界的;二是资产价格严重高企必然导致实体经济的衰退和萧条;三是实体经济的衰退和萧条导致社会经济需求的萎缩。

相反的,以要素质量提升为使命,并以社会生产力发展为核心竞争力的存量经济的发展模式,则能使经济以及文明得到延续。中国古代自然经济持续了两千多年;而英美德日以科技革命和产业革命作为社会生产力,在现代商品经济中堪称榜样。

仅以英国、美国与伊比利亚半岛的西班牙、葡萄牙进行比较,英国、美国同西班牙、葡萄牙都几乎迈出了完全一样的增量经济的殖民主义扩张的发展路径,英国和美国的殖民主义扩张完成了原始积累,但很快就转变为内生增长即存量经济的发展模式。英格兰童贞女王伊丽莎白一世在倾力于通过私掠船队大肆海上扩张的同时,开设皇家科学院,通过培根、莎士比亚发展科学和人文,英国随后在科学革命的大旗下产生了牛顿力学和蒸汽机,出现了第一次科学技术革命。与之相反,西班牙和葡萄牙则维持增量经济模式而不谋求转变,沉溺于殖民主义红利,逐渐衰弱,成为世界经济舞台上次要的力量。近代北美洲对中南美洲的逆转也是一样。

可见,希冀经济持续不断地向前发展,增量经济向存量经济转化,应当成为自觉的选择。

第二节 存量经济的经济内容及其运行

1千克的猪肉的市场价值可以是20元钱,也可以是120元,但1千克的猪肉就是1千克的猪肉,1千克的猪肉就是提供2700千卡的热量,无论它的市场价值如何跌宕起伏,所产生的2700千卡热量的使用价值却始终是恒定不变的。

作为一般等价物的货币,原本是衡量经济要素及其变量的一种价值尺度。但是,货币最终却围绕着资本的利益展开了运动,并越来越成为超然于经济要素及其变量之外的经济学概念,经济要素及其变量本身的特质越来越在货币运动之下黯然失色,甚至被人们所遗忘。

在这里,我们掀开货币游戏的面纱,重新以古典经济学的角度来理解经济要素及其变量的运动规律和法则。

存量经济的经济内容,包含社会经济水平、人口、产业经济活动,以及作用于经济活动的两大力量——金融资本和科学技术。

一、社会经济水平和社会经济规模

（一）莫里斯社会发展指数

社会经济规模反映了社会物质财富的总量，同时，社会经济规模是社会经济水平与人口数量的乘积。

在此，暂且不采用人们通常采用的GNP或GDP以及人均GDP，即以货币量来表示和衡量社会经济规模和社会经济水平，我们借助美国学者伊恩·莫里斯提出的社会发展指数的概念来进行评价。伊恩·莫里斯社会发展指数概念，就是特定历史时期人**获取热量**的物理量。其中，社会经济发展规模，以特定时期经济体中**全体人员获取热量的总和**；社会经济水平则以**人均获取热量**来衡量。[1]

人所获得的某一热量的价值，或者同样实物量社会财富和资源的货币价值，可以是10元，也可以是1000元，甚至是10万元，这与货币的币值有关。无论怎样以货币量的价值去衡量某一热量，或某一实物量的社会财富，**不管它在市场上价值暴涨了还是缩水了**，只要不发生交易，**这一热量或这一实物量是多少还是多少**，就如本节开始所提到的贡献2700千卡热量的1千克猪肉一样。

为了深刻剖析社会财富和资源的本质，先忽视它们的市场交易过程，揭开货币的迷人面纱，我们还是来衡量社会财富的最真实的价值量。伊恩·莫里斯提出的人所获取的热量的概念无疑是很好地**综合反映人类所需要的物质条件**的指标。

从人类最初的状态，人主要是依靠食物获取热量，因此需要展开耕种、养殖、放牧等生产劳动来获取食物；为了避免热量的过度消耗，又必须生产棉花、加工动物毛皮等制成衣物御寒。但是劳动需要消耗热量，于是获取热量并消耗热量从而产生剩余劳动，剩余劳动成为人口扩大再生产即繁衍的基础。

人类通过对地球空间的利用，对各种生产资料和生活资料的流通和交换，于是就有了通信和交通。这样人类就有了新的热量获得，同时又有了新的热量消耗，例如从人力车、马车到机动车；通信也是一样，包括从驿站、邮政到电话。

（二）社会经济水平

社会经济规模是社会经济水平与人口数量的乘积，也就是说，社会经济水平是社会经济规模除以人口数量的商。

---

[1] 伊恩·莫里斯. 文明的度量[M]. 李阳, 译. 北京：中信出版社，2014.

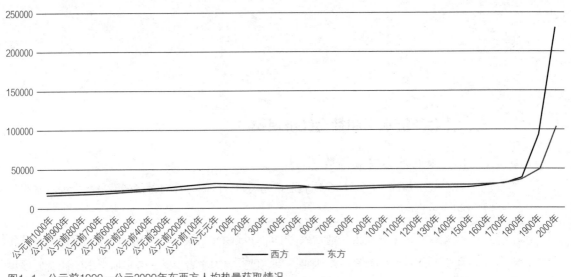

图1-1 公元前1000—公元2000年东西方人均热量获取情况

所以，社会经济水平是以人为单位平均分配社会物质财富的数量。

我们用莫里斯社会发展指数来表达人类各个时期的社会经济水平。它是当时人均所获得平均分配社会物质财富的数量，具体指标可直接以每天人均获取热量体现。

公元前1000年，人均每天获取的热量为20000千卡，主要是通过比较落后的农业生产技术，以种植业生产的粮食、棉花中所获得。

从公元前1000年到公元1600年的2600年时间里，人均每天获得的热量以平均每100年1.5%的增速得到缓慢增长。

由于工业革命极大催生了物质财富的创造，到了公元1700年，西方核心地区人均每天摄取30000～35000千卡的热量。

当人类使用上了火车、电灯等标志近代工业成果后，人均每天获得的热量急剧攀升。而如今人类已经拥有并使用了汽车、高速铁路和航空器，从现代农业、现代工业和现代信息产业中获取并消耗着大量热量，现在，西方最发达的地区，人均每天获取的热量为228000千卡。

如图1-1所示，反映的就是以公元前1000元，经由中世纪及17世纪之后的工业革命，再到以信息科学技术展现出的后工业文明发端的公元2000年，社会发展指数的变化情况。[①]

自诞生农业文明以来，莫里斯社会发展指数呈现出这样的现象：

（1）公元1600年之前，农耕是最主要的生产方式，人类依靠手工进行劳动，包括耕种、游牧和养殖渔猎，生产工具极其原始，这个阶段的社会

[①] 伊恩·莫里斯. 文明的度量[M]. 李阳, 译. 北京：中信出版社，2014.

发展指数增长缓慢,其增幅表现为比例极低的剩余劳动,人类依此进行着人口生产;而公元1600年之后,机器大工业产生并逐步取代着手工劳动,人类进入工业文明阶段,这个阶段的社会发展指数的增幅大为提高;尤其到了20世纪,信息技术发展,进一步扩增了社会财富,社会发展指数在一个世纪里得到巨幅增长。根据这个趋势,**到2100年,每天的人均热量消耗将会达到1300000千卡。**

(2)莫里斯社会发展指数增长的同时,在若干阶段,社会发展指数出现下滑,主要是公元4世纪到7世纪的中国魏晋南北朝黑暗时期、中世纪前期罗马帝国解体阶段、14世纪欧洲大饥荒大瘟疫阶段、13世纪蒙元帝国征服中国中原地区之后。在这些阶段,不仅人口数量减少,**但社会经济水平也在下降,说明社会经济规模的减少幅度大于人口数量减少的幅度。**

二、人口

人口,是核心的经济要素之一,同时也是一切经济活动的目的。

有史以来,人们直观地把人口作为经济要素来看待,例如兵源、劳动力来源、人类繁殖配种来源,对人口数量和结构也是根据经济、军事和政治需要进行配置。

但是,人与其他经济要素不同。对于社会经济和社会经济的所有领域,人不仅仅是一个经济要素,而且是最重要的,人是一切经济活动的终极目的。经济中的一切其他要**素,土地、资本、技术和信息,始终只能是为人服务的。**

人口生产和再生产的需要,也就是人的消费需求是社会经济需求的唯一来源,社会经济需求就是人的需求,而不是别的什么东西。**所有热量的最终摄取者,就是人。**简单地说,经济活动最终要靠人的消费,当人没有消费能力的时候,经济就真正崩溃了。

因此,讨论经济,必须以人为本,而不是以其他的经济要素(包括土地和资本)为本。

(一)人口数量

自14000年前冰河时期结束,在约旦河、幼发拉底河和底格里斯河流域诞生了农业文明以来,人类获得了极大的发展。

从古埃及、古印度、古巴比伦和古代中国开始,并逐步连接成片的中国大陆、印度次大陆、为波斯为中心的中亚、以两河流域为中心的中东、以环地中海为中心并渐次向北延伸到欧洲及近东、北非地区构成的欧亚大陆,并从欧亚大陆为核心向非洲、美洲、澳洲及各个岛屿发展,人类得到了极大的繁衍。

在人类发展过程中，人口数量是一个重要指标（图1-2）。

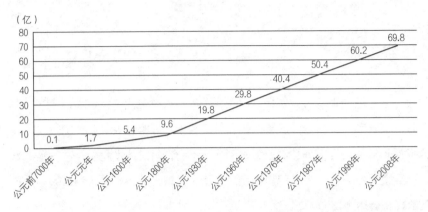

图1-2 人类人口数量增长数据

农业文明时代一直到16世纪，人类人口以比较低的指数增长模式得以积累。但自16世纪以来、一直到20世纪末，人类人口数量呈现出井喷的态势。

另一方面，与社会发展指数相类似，在公元4世纪到7世纪的中国魏晋南北朝的黑暗时期、中世纪前期罗马帝国解体阶段、14世纪欧洲大饥荒大瘟疫阶段、13世纪蒙元帝国征服中国中原地区之后，这四个阶段人类数量出现了减少的现象。至于20世纪末开始，人类数量增长在减速，主要是生育率明显下降。

（二）人口及其购买力是社会经济需求的根本来源

以人均每天获取的热量作为社会经济水平的标志，说明**社会经济活动的根源和动力在于人的消费**。经济发展的需求，从根本上说，其根本来源就是人口。

但是，人口是经济发展需求的根本来源，并不是说，人类只要一张嘴，经济的需求就出现了。很简单，经济需求需要人去**购买**。也就是说，公元前1000年，平均每个人每天摄取20000千卡的热量；公元1700年，西方核心地区人均每天摄取30000~35000千卡的热量；现在，西方最发达的地区人均每天获取228000千卡的热量；甚至到2100年**每人每天获得1300000千卡热量**，那不是一张嘴就能拿到的，必须得**购买**——或者以物易物，或者拿货币去购买。

也就是说，人口是经济发展需求的根本来源，是指**人类中每一个个体都必须有强大的购买力**。

那么，什么是购买力呢？从宏观经济学意义上讲，购买力就是国民收入（national income）。

国民收入是指劳动者在一定时期所创造的价值，是一国生产要素所有者在一定时期内提供生产要素所得的报酬，即**工资、利息、租金和利润**等的总和。**注意**，在进行国民收入统计时，**是不能把通过寻租，纯粹从资产价格变动而取得的利润，即未提供社会物质财富增殖的价值增值计算到国**

民收入当中的。因为，诸如收藏品炒作、炒股、炒房获得价值溢价等寻租性质的投机经济行为并不创造国民财富。

因此，国民收入就是全民劳动性收入和财产性收入（不包括投机收益）的总和。其中，劳动性收入（包括劳动力通过体力和智力进行农业生产、工业生产和知识生产所获得的报酬）构成主要的部分。

国民收入在分配时，包括以下部分：

（1）全民个体的可支配收入，可以由个体自由支配，进行消费；

（2）税收，由国家支配，进行公共消费；

（3）社会统筹，例如强制性社会保险，由社会统筹消费。

全体人口的消费虽然构成了整个社会的经济发展需求，但是，购买力却不是全体人口共同承担的，**而仅仅是由劳动人口承担**，换句话说，是由**处于就业状态的劳动年龄人口所承担的**。

因此，**社会经济需求与社会平均劳动力平均价格的关系呈线性正相关**。

因此，实现有支付能力的需求即有效需求，就包含了这样一些重要因素：

1. 合理的人口结构，劳动年龄人口在整个人口数量中必须具有很大的比例

目前全球因为人口出生率低，造成了人口老龄化，使人口结构产生了畸形。如图1-3所示，目前中国已经进入老龄化社会。截至2014年底，我国60岁以上的老年人已达2.12亿人，占总人口的15.5%，65岁以上的人超过了10%；到2030年的时候，还要增长9亿劳动年龄人口缴纳到社会保险基金中的养老保险费来支撑当时2亿退休人口的养老费用支取。

由于人口老龄化的形势严峻，中国政府推出了"两孩"生育的鼓励政策。但是，效果并不明显。原因是，人们不愿意生育"两孩"与房价过高有关。

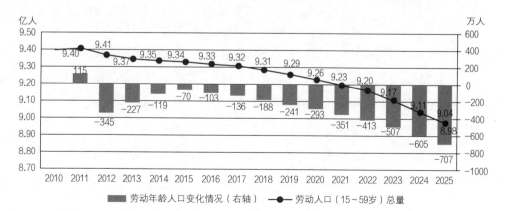

图1-3　中国劳动年龄人口及变化趋势

2. 就业率

任何一个国家都有一部分劳动年龄人口失业。失业人口的存在，往往进一步增加了处于就业状态的劳动年龄人口的负担。但雇主们往往希望保持一定的失业比例，以保持与雇员薪酬谈判的定价权。

但是，没有足够的就业率，难以支撑起整个社会有支付能力的消费需求即有效需求。

3. 就业状态下劳动年龄的薪资价格

就业状态下劳动年龄人口的薪资价格水平决定了整个社会有支付能力的消费需求即有效需求。

劳动者收入水平降低了，所承担的社会义务加重了，整个社会有支付能力的消费需求就降低了；整个社会有支付能力的消费需求降低了，就表现出产能过剩。削减产能了，社会经济就会衰退；经济衰退了，劳动者的失业率就会更高。这就是古典经济学意义上的资本主义危机。

在经济过程中，劳动年龄人口的薪资价格水平既是社会经济需求水平的来源，同时又是经济成本上升的推手，**这就构成了劳动力价格与社会经济活动的二律背反：从宏观层面，劳动力价格水平上升有助于消费升级；从微观层面，雇主希望尽可能压低劳动力价格水平。**

三、产业经济活动

纵观人类社会经济的发展过程，是什么促使社会经济水平、人口数量以至社会经济规模增长的呢？答案是，产业经济活动。

与此同时，在某些阶段，是什么造成社会经济规模萎缩、人口数量减少和社会经济水平下降的呢？答案也同样是产业经济活动。

接下来，我们来研究产业经济活动。

（一）产业经济活动

对于任何一个产业，它的经济过程是一样的，就是雇请劳动者，利用生产设备和工具等劳动资料，对资源诸如能源和原料等劳动对象进行加工，生产出产品，把产品卖给用户。当然最终用户将是边界更为宽泛的劳动者（这个时候劳动者的身份已经转换为消费者）。

这种活劳动和物化劳动相结合的过程，派生出一个新的东西，叫作剩余劳动，它的价值形式就是利润，也叫剩余价值。开展这项经济活动，目的就是为了这个新东西。有了这个利润，就可以扩大再生产，社会财富就增加了。

社会财富增加，未必就代表社会经济水平也在提高，因为这要看**社会生产力水平是不是也提高了**。

（二）产业经济活动中的经济要素

产业经济活动中的经济要素，也就是生产力。

生产力涵盖了劳动力，也涵盖了生产资料，也就是劳动资料和劳动对象。

那么什么叫生产力水平呢？就是单位活劳动消耗和物化劳动消耗所创造出的产能。其中包括：

1．劳动生产率

所谓劳动生产率，是指单位劳动力所能产生的产能。

决定劳动生产率水平的是劳动者的技能。但技能通常包括熟练技能和技术技能。

熟练技能体现在重复性劳动中的效率。这是雇主最喜欢的，因为不需要支付额外高的薪水，就能通过熟练劳动者产生出更多的产能。

技术技能，往往意味着劳动者有创造性的主观技能，能改善生产条件。但这种技术技能不一定受雇主欢迎，因为在既定的生产技术条件下，虽然雇主有生产革新的愿景，但大概率不会付诸实施，原因我们下面的段落再讲。雇主最不乐意的是，对这种具有技术技能的劳动者，支付额外高的薪水。

2．单位产能的能源资源消耗

这里讲的资源中不包括土地资源，因为这里的资源例如电力、煤、钢铁、石油、水资源等都是在转化为产品产能的过程中被消耗掉的，而土地资源不会被消耗，除了农业生产过程中土地的肥力。

单位产能所消耗的电力、单位产能所消耗的煤、单位产能所消耗的钢铁、单位产能所消耗的石油、单位产能所消耗的水，等等，都表示为反映生产力水平的指标。

不过，在既定阶段的产业体系中，**社会和雇主并不希望无限度地提高能源和资源的有效利用率**。因为无限度提高能源和资源的有效利用率会引起产业体系中上下游产业链的紊乱，毕竟上下游产业与该产业构成了完整的生态体系。而且，就既定的生产技术水平，无限度提高能源和资源的有效利用率也没有可能，即使有可能代价也非常大。

3．单位产能的设备工具利用率

单位产能反映了设备工具的生产能力，单位产能的设备工具利用率也是反映生产力水平的指标。但是，提高设备工具利用率也是有限度的。

4. 单位产能的土地资源利用率

土地资源是人类利用的资源中唯一不被损耗和消耗的。但是存在一个单位产能土地资源利用率的问题。

在农业生产中，单位土地粮食和经济作物产量是一个极其重要的生产力指标；在房地产业中，提高容积率等提高建设强度的作法也通常作为提高单位产能土地资源利用率的一种手段。

5. 单位产能资金使用率

任何一个产业活动都会占用资金，提高资金周转率、提高在制品周转率、降低库存等，都可以反映为生产力水平的变化。

（三）产业经济活动中的产能过剩

适度提高现实生产力水平可以增加利润，这是毫无疑问的。但是，随着生产的扩大，在既定的生产技术条件和产业体系之下，往往会引发出新的矛盾。

这种矛盾的机理在于，在市场机制作用下，产生了两种重要现象：

（1）产业经济活动的经济周期里，**资产价格的增幅大于产能增长的速度。**

原因在于，生产的扩大，资本与土地的日益集中，可利用能源和资源的日益紧张，包括土地在内的各种资源价格将上涨。

（2）产业经济活动的经济周期里，**劳动力价格的增幅小于产能增长的速度。**

雇主为了尽可能保持利润空间，会努力使劳动者劳动工资的增幅始终远低于社会财富的增长速度。

这两个重要现象，最终导致产业经济活动周期中的最终结果，即**产能过剩。**

产业经济活动出现产能过剩，运行过程在于：

（1）社会经济需求是劳动力的购买力所产生；

（2）资产价格的推高需要投资者始终要求产业经济提供保持一定的回报，而这个回报则要求产业经济必须保持一定的利润率；

（3）而经济成本由资产价格和劳动力价格共同构成，资产价格推高了就会要求劳动力价格得到抑制；

（4）劳动力价格受到抑制了，社会经济需求也会受到抑制，从而造成产能过剩。

因此，如图1-4所示，劳动力价格、资产价格、社会经济需求和经济产能之间的关系活动，构成了这样的现象。

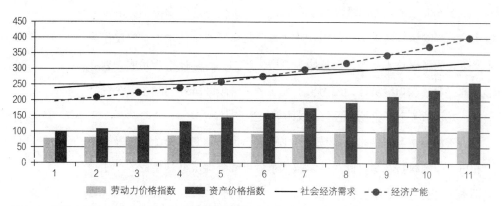

图1-4 劳动力价格、资产价格、经济产能和社会经济需求的关系

我们可以看到，在产业经济活动初期，社会经济需求是大于产能的，但随着产业经济活动的开展，由于社会经济有效需求不足，出现了产能过剩。

总之，产业经济活动在其经济周期内的经济表现在于，随着生产规模扩大，**资产价格上升**，同时**劳动力价格受到抑制**。在有效需求被遏制之后，经济陷入衰退，并从而陷入恶性循环，最终引发产业经济体系陷入困境，经济陷入衰退和萧条。

四、科学技术

每当人类在特定的产业经济活动遭受严重危机之时，总会出现一支力量拯救社会经济，这支力量就是**科学技术**。

14世纪当人类遭受欧洲大饥荒大瘟疫的空前劫难，是近代科学和在近代科学引导下的工业革命使欧洲社会经济转危为安，并揭开了整个人类社会大发展的大幕。

同样，20世纪当全球遭受资本主义危机之时，又是以现代物理学和生命科学为标志的现代科学引发了信息技术革命和生物技术革命，从而使现代社会经济得到巨大发展。

（一）科学技术发展的涵义

科学技术发展是科学研究、技术应用并逐步从生产工具发展的推动力演变为生产力的决定力量。

人类已经经历了三次重要和根本的科学技术发展，并正在孕育和进行第四次科学技术发展。这四次科学技术发展分别是：

（1）18世纪由近代物理学所推动，由蒸汽机的发明促使机械动力的运用。机械动力的运用，使机器根本代替了手工，使人类社会进入工业化时代，也就是我们通常所说的工业革命；

（2）19世纪由电学理论的发展和无线电的发明，电力成为新的动力，电报电话技术得以发展，现代通信产业开始出现；

（3）20世纪凯恩斯经济理论实践时期，在现代物理学支撑下，电子计算机、互联网信息技术广泛运用。此次科技革命，科学技术不再仅仅作为生产工具的科学技术支撑，而且成为新型生产力，科学技术开始成为独立形态的产业，知识经济开始成为与土地经济、资本经济并列的第三个经济形态，并引领各个产业经济活动，**成为第一生产力**；

（4）第四次科学技术革命是以人工智能、量子信息、新能源以及"仿生和再生"的科技革命。此次科学技术革命可能将促成硅基生命的产生，从根本上改变人类的命运。

任何事物的发展和变化都要经历肯定、否定、否定之否定的过程。科学技术发展不是肯定的力量，因为**怀疑、批判、否定是科学精神的基础**，同时，科学技术也不是简单的否定力量，因为**创造是科学精神的核心内核和使命**。因此，科学技术自始至终都是扮演着**解构和重构**社会经济的角色。

换句话说，科学技术发展**解构**着既往一切的社会经济活动，并**重新塑造全新的社会经济形态**。

（二）科学技术发展引导下的产业变动

科学技术在社会经济发展过程中的主要功能是**产生势能**，而不是动能；产生动能是金融资本的事情。

在既定的产业体系里，科学技术实际上是一个很尴尬的角色。往往在经济快速增长时期，科学技术并不受到欢迎，受到青睐的是金融资本。

所谓经济快速增长期，就是既定技术水平的劳动力、土地、能源和资源具有很大潜力的时期。这个时期伴随着人口红利、土地红利、能源和资源红利等各种资源红利，资产价格有巨大的溢价空间，各种投资性资本和投机性资本纷纷涌动，各种产业经济都具有规模扩大的空间，各种生产经营和服务型活动有条件积极扩大，增量经济有巨大的发展空间。这个时候的生产技术水平基本维持在既定水平上，即便有提高劳动者劳动技能、设备生产能力、控制资源利用率的需要，但这种需要是有限的，是不能破坏既定的产业经济秩序的。这就是科学技术尴尬角色的原因所在。在经济快速增长期，需要增强的是经济动能，金融资本具有流动性和杠杆功能，是**增强经济动能**的强大助力。

当经济增长到一定阶段时，各种产业经济活动已经达到很大规模了，各种资源的潜力已然不足，各种红利已然枯竭，资产价格居高不下，相反的，由于劳动力价格受到限制，有支付能力的消费需求不足，社会经济需求受到抑制，产能出现过剩。社会经济开始出现衰退的趋势。

社会经济衰退通常表明，社会经济活动的动能已经消耗殆尽，**需要新的势能**。

社会经济新的势能，由科学技术提供。它的机制在于，产生出一种**源于人的新的力量，使社会经济摆脱对资源的高度依赖**。科学技术的力量就在于推动产业质的升级，甚至创生出新的产业。**推动产业升级，目的是减少对资源的依赖；创生新的产业，是在新产业的生产要素中**，舍弃了原来所依赖的资源。

1. 科学技术发展与产业经济活动的交互

科学技术呈现出的发展特征是**阶段性的跳跃**，而每次跳跃都处在经济产业活动减速的阶段。科技的每一次跳跃式发展，通过向现实生产力的转化，又会启动下一个产业经济活动周期，促使经济的复苏。

2. 科学技术发展对社会经济需求的推动

科技发展脱胎于经济衰退期间，但科学技术发展滞后又驱动了经济又一个周期的快速增长。因为科学技术发展会刺激新的社会经济需求的产生。

3. 科学技术发展与资产价格的关系

科技发展会促使社会经济摆脱对资源的依赖，因此将促使资产价格下跌。

4. 科学技术发展与劳动力价格的关系

科学技术发展能够推高劳动力价格，当然这种推高是建立在**适合新型产业的高端专业人才对旧产业的低端劳动者进行替代**的基础上。

5. 科学技术发展和产业经济活动发展阶段中，资产价格与劳动力价格的此消彼长

在科学技术发展阶段，在产能中劳动力价格占比明显提高；但当产业经济活动持续运行阶段，产能中的资产价格占比会稳步提高。

五、金融资本

关于金融与实体经济的关系，正确的认知是前者为后者服务。但实际上许多人对此却是抽象肯定具体否定。特别在金融和房地产领域，按照增量经济的思维，人们还是主张金融资本在经济生活中处于主导地位的，经济是在为金融资本服务的。

（一）资本的本质

在现实生活中，资本总是表现为一定的物，如货币、机器、厂房、原料、商品等经济要素，但资本的本质不是经济要素，而是体现在经济要素上的生产关系。

所谓资本，词语解释是"牟取利益的凭借"，它的本质按照马克思的观点是一种由剩余劳动堆叠形成的社会权力。与源生于人的劳动和知识不同，**资本是非人的外化力量**。

资本具有**增值性**和**运动性**的重要属性。

1．资本的增值性

增值（increase in value）包含两个涵义：一个具有增殖性的价值增值；一个是不具有增殖性的价值增值。

（1）增殖性的价值增值

增殖（reproduce）即再生和繁衍。在物质生产过程中，母体的消耗即活劳动消耗和物化劳动消耗派生出新的经济成果。经济成果扣除活劳动消耗和物化劳动消耗，即为剩余劳动，剩余劳动的价值形式就是剩余价值，也就是利润。这就是增殖。

增殖性的价值增值，意味着社会物质财富的增加。

（2）非增殖性的价值增值

资源的稀缺性，产生了资源红利，资本为了逐利，运用自身的流动性进行投机，在资源未通过劳动实现为新的经济成果，也就是说在资源的物质形态并未发生改变的情况下，实现其价值增值。例如通过邮票、古玩等收藏，以及证券、房地产等以"收藏"而不生产的形式所进行的投资获得价值溢价。根据国民收入（national income）的定义和统计算式，非增殖性的价值增值是不能计入国民收入的。

非增殖性的价值增值，不代表社会物质财富的增加。

无论是增殖性的价值增值还是非增殖性的价值增值，都是资本所追求的目标，前者为投资，后者为投机。这就是资本的逐利性。

2．资本的运动性

资本的运动性，亦即资本的流动性。它是指资本一旦停止运动，就丧失了它的生命力，它必须在不断的运动中才能获得价值增值。

因此，基于资本的增值性和运动性，**高收益**和**高周转**，始终是资本孜孜不倦的追求。

（二）资本在经济生活中的作用

如果说科学技术在经济生活中产生势能的话，资本在经济生活中则产生动能。

1. 资本助推经济活动

人类的经济活动，大致有两类：一类是**创造**，即增殖性的价值生产，人类通过体力和智力的运用，对物质世界进行加工、调整和改变所从事的生产活动，包括农业生产、工业生产和知识生产，是物质财富创造的源泉；一类是**寻租**，即非增殖性的价值生产，寄生于人类的创造性劳动，目的是从中渔利。

作为寻租，投资所运用的力量既不是劳动也不是知识，而是资本。资本是一种极其强大的逐利性力量，客观上极大地**助推**了人类的创造性劳动。

资本在人类创造性劳动过程中的助推作用，首先，表现在**资本可以改变劳动力水平，提高创造财富能力**，具体体现在其**流动性**和**杠杆功能**的作用；其次，**助推超级剩余价值的产生**，具体体现在其**配置**和**优化经济要素**的作用。马克思恩格斯指出："资产阶级在它的**不到一百年的阶级统治中所创造的生产力，比过去一切世代创造的全部生产力还要多，还要大。**"①这主要就是资本在生产过程中**助推作用**的贡献。

由于资本助推力量的作用，投资具有强大的使财富急剧放大的作用，证券投资如此，房地产投资也是如此。

由于中国之前土地利用率低，土地价值发挥潜力巨大，因此具有土地红利的优势。为了快速积累和放大社会财富，快速发挥土地红利的优势，我国改革开放后采取了优先发展房地产市场的政策，国内外资本大量进入我国房地产市场，短短二三十年，通过房地产，许多组织和个人的财富以惊人的速度得以放大。这充分证明了资本的这种助推力量，也证明了资本的财富放大功能。

2. 资本不是财富的源泉

资本可以助推财富的快速放大，但无论如何，它不是财富的**源泉**。这是资本同劳动在生产活动的作用不同为依据的。

人类劳动（农业生产、工业生产和知识生产）是财富的源泉，而资本是财富创造的强大的助推器。两者的作用是不同的。正如描述燃烧过程一样，木材是燃烧物，而氧气是助燃物。我们不能说因为氧气助燃，就混淆概念说是氧气在燃烧。

人们提起美国经济，无不惊叹于华尔街金融在经济体的巨大影响，甚至有人会认为美国整个经济体的奇迹是华尔街金融所创造的。其实不然，华尔街金融充斥了寻租的各

---

① 马克思，(德)恩格斯. 共产党宣言[M]. 中共中央马恩列斯著作编译局，译. 北京：人民出版社，2018.

种投机资本，我们必须承认这些投机资本通过华尔街金融体系，极大地刺激、激活和放大了美国经济体的财富，但是我们也必须清楚地看到，美国国家战略中，真正作为其经济体强大的基础却是美国的科技工业。美国科技工业的强大，才是美国经济体强大的真正源泉。对于经济生活，源泉和助推缺一不可。

经济活动包含创造和寻租，资本的本质是寻租，但寻租的基础却是创造，换句话说，如果社会缺乏了创造，寻租就失去了存在的基础。

对于房地产来说，房地产的消费功能是基础，是财富创造的源泉；而房地产的投资功能是财富创造并放大的助推器。

实际上，我们已经看到过度依赖房地产投资功能而忽视消费功能已经展现出的隐患。房价过高而房屋所承载的实体经济的孱弱，已经使较高的房价无法持续。正视商品的使用价值，是保持并优化资产的王道。

（三）金融与实体经济

通过金融，资本可以实现跨时间、跨空间的价值交换，可以充分发挥经济动能。高周转，可以使资本的杠杆以及资本增值产生乘数效应。

但是，资本毕竟是非人的外化力量。经济生活中的一切，都是资本的道具。

例如，生猪养殖肯定不是高收益、高周转的行业，除非利用基因突变等方法使动物培育生长产生高收益、高周转，否则资本不会帮助它。完全按照市场规律，在资本获得生猪养殖的某些权益后，资本并不把缓解吃肉难作为己任，而是期待猪肉涨成天价，使得自己的投资收益最大化。

高周转，资本才能发挥跨时间、跨空间的价值交换，因此金融的内在要求是，金融周期越短越好。但是，经济周期包括商业地产资产的生命周期毕竟不是以金融周期的长短为转移的。

在经济生活中，最可怕的是，以金融法则左右和支配了经济，却违背了经济规律，最后用金融学代替了经济学，由金融绑架了经济。

所以，我们希望的是，金融能够成为经济的强大助推器，但永远不要成为经济的主宰。

六、经济周期和房地产波动

（一）经济波动和经济周期

由于科学技术发展和产业经济活动发展的交互作用，社会经济不是平稳发展而是波浪式前进的。

一定时期的经济过程可以这样描述：

（1）经济从发展到繁荣。

为了满足人类日益增长的物质需要，通过劳动力和各种资源的结合，资本的助力，产业经济迅速发展。

在发展的过程中，由于对资源依赖逐步增强，资产价格不断上升。

（2）经济从繁荣到衰退、萧条。

为了保持足够的利润率，劳动力价格增速逐渐放缓，抑制了社会经济需求的增长，产能过剩，导致经济的衰退和萧条。

（3）经济从萧条到复苏。

为了减缓对资源的依赖，人类通过科学技术进步，对人与自然的交互机制进行修复，推动了新的产业经济活动，产业经济开始复苏。

在科学技术和资本的交替作用下，经济快速增长和经济衰退不断更替，社会经济呈现复苏、繁荣、衰退、萧条周而复始的运动，这就是社会经济发展的周期律。

也就是说，每一次大的产业革命，往往都意味着一次大的经济波动，产业革命的周期也就是一次大的经济周期。

在自然经济时期，每一次大的经济周期都有几百年，经济波动振幅极其强烈。在古代中国，伴随着农业生产的发展，土地兼并造成了土地的日益集中，自耕农流失，佃农和流民产生并扩大，然后就是通过大规模民变和王朝更替，通过土地的重新分配，重新修复农民与土地的关系。每一次经济波动都伴随了战争和灾害。

欧洲古代的自然经济实行的是领主封建经济制度，虽然没有中国古代每隔两三百年这样规律性的变化，但凝聚酿成中世纪中后期一场接近消灭近一半人口的大饥荒、大瘟疫的巨大灾难。

工业革命并进入资本主义时代，以产能过剩为标志的经济危机也屡次发生，也以特定产业经济活动的周期为大的经济周期，破坏也是显而易见的，尤其突出的是二十世纪二三十年代的全球性经济危机。

近现代与古代不同的是，古代解决经济波动的问题通常是通过战争、社会改革，而在近现代里，科学技术在克服经济危机方面的作用越来越强。一个国家或一个地区也通过调整货币发行量和信贷利率、关税政策和外汇汇率、扩张性或紧缩性的财政政策、提高或降低税率、实行国家投资和转移支付的宏观政策等经济政策来调适经济关系，抑制经济危机或经济危机造成的危害。这样，到了20世纪中叶以后，经济波动的振幅有所减少，大的经济周期转化为若干小的经济周期。

最重要的是，在20世纪中叶之后，科学技术发展成为更为能动的力量加入缩短经济周期的队伍里来。不少国家特别是发达国家把科技战略作为国家战略，对科学技术发展做出重要的国家投资或制订出适合科学技术发展的科技政策，对科技研发予以鼓励。当一个旧的产业经济的潜力尚未枯竭的时候，新的替代产业呼之欲出。

但是，市场机制作用下的产业经济活动的内在矛盾依然存在，虽被减缓但未被消除。资本市场中投机性资本的作用十分强大，近年来全球性资产价格高估，使投机性资本的作用空间很大，全球及地区性经济矛盾特别是金融危机此起彼落，虽规模不大但从不消停。

（二）房地产经济波动

同社会经济相同，房地产经济也是以波浪式呈现波动态势的。

1．房地产经济的波动与社会经济的波动

房地产经济是社会经济的子系统。因此，房地产经济的波动与整个社会经济的波动是紧密相连的。

首先，房地产与其他经济类型一样，其生产要素是相同的，都是由劳动力和各种物质资源所构成的；其次，房地产同其他经济类型一样，都需要社会经济需求构成需求；再次，房地产经济与各种产业经济是在整个社会经济体系之中构成了彼此分工、相互联系的生态体系，互为因果，相互助益，又相互制约的。

因此，房地产经济的波动性与社会经济的波动性既有一致性，也有自己的特殊性。

（1）从总的波动性来看，房地产经济的波动，从繁荣、衰退、萧条到复苏，与社会经济总体的繁荣、衰退、萧条到复苏，整个过程是一致的，波长也大体一致。

（2）但是，房地产经济作为产业经济活动的载体，又有自己的特殊性，具体表现在，房地产经济周期的复苏、萧条要滞后于社会经济周期；其繁荣和衰退要超前于社会经济周期中的繁荣和衰退。**衰退期长而复苏期短，是房地产经济波动的特点。**

2．房地产泡沫机制

与一般产业经济活动的周期性波动不同，由于房地产产品具有投资属性，因此在经济运行中，房地产经济存在泡沫机制，对房地产经济的波动性产生扭曲作用。

（1）投机价格机制

一般商品的价格机制在于，在价格上升时需求量会减少，而在价格下

跌时需求量会上升。但与证券产品等所有投资产品相同，房地产投资产品具有泡沫性，当价格上升时，人们认为其价格还会继续上升，需求量反而上升，房地产持有人惜售，反而刺激其价格继续上升；相反的，当价格下跌时，人们认为其价格还会继续下跌，需求量反而下降，持有人纷纷抛售，反而刺激其价格继续下跌。

这就是一般商品市场上无人会去唱好唱衰，但在房地产等投资产品的市场上，就会有大量掮客涌现，组织各种题材去唱好唱衰。

（2）自我膨胀机制

由于银行等金融机构参与，房地产投资产品还具有自我膨胀机制。当价格上涨后，房地产投资产品持有人通过抵押等手段继续融资，继续购买房地产投资产品，如此循环往复，使需求虚幻不断放大。如果大家一起共同这么做，就构成了很大的泡沫。最后泡沫终会破灭，市场遭受严重毁损。

3．房地产投资市场的影响因素

同社会经济一样，房地产投资市场在经济方面的决定性因素在于需求和供给。

（1）决定房地产投资市场的需求因素

投资功能的基础在于其消费需求，投资需求的基础也在于消费需求。讲房地产的投资市场，首先要研究其投资市场的基础，即社会经济需求。

我们前面提到了社会经济需求，就是国民收入，它的基础是社会平均劳动力价格。

房地产投资市场的由许多细分市场组成，如对以长短租公寓为标志的住宅租赁用房的投资市场，对以标准厂房为标志的工业房地产的投资市场，对以商务办公楼为标志的商务办公地产的投资市场，对以购物中心和商铺为标志的零售商业地产的投资市场。

①对于住宅租赁用房，其消费需求指标的评价，当然包括房价收入比，还要评价房屋租金增幅与城镇居民可支配收入增长率的比值；

②对于工业房地产，其消费需求指标的评价，当然包括工业增加值，还要评价工业厂房租金增幅与工业增加值增长率的比值；

③对于商务办公地产，其消费需求指标的评价，包括当地GDP，还要评价办公用房租金增幅与GDP增长率的比值；

④对于零售商业地产，其消费需求指标的评价，当然包括居民的日常消费支出水平、社会零售商品交易额，还要评价租金增幅与居民日常消费支出增长率、社会零售商品交易额增长率的比值。

（2）决定房地产投资市场的供给因素

房地产投资产品是重资产。它之所以是重资产原因有三：一是价值量大，需要长期沉淀大量资金；二是土地是其载体，土地特性是很重要的决定性因素；三是技术复杂性大，运营难度高，它绝非字画古董那么简单，更不像货币资产那样只是一个符号，由于资产运行和经营的差别，同一地段的不同地产的资产价值完全可能呈现出冰火两重天的景象。

因此，决定房地产投资市场的供给因素包括：

①资金利率

资金利率决定了资产的资本化率。

②土地

土地地块的区位价值会反映为土地地租的水平。但投资者把房地产作为非常喜欢的投资产品的原因，就在于对土地价值不断上升的预期。而土地价值上扬基于它的稀缺性。但是，**土地稀缺性为土地价值不断上升提供了可能，但没有提供必然**。在对土地价值上升有所预期时，我们还需要评价经济波动，需要评价土地承载的产业经济活动是不是始终并加深对土地资源的依赖。最近几年"新零售"的概念是为了零售业摆脱对土地不堪重负的依赖而提出的，尽管许多人乐于看到"新零售""胎死腹中"，但谁也知道，当不堪重负时，摆脱依赖始终是个必然走向。真到了"新零售"成熟之时，投资者们会非常乐意于投资于**商业**而不是投资于**商业地产**。

③资产管理

这里的资产管理，不是把资产当成货币资产那样当成符号一样管理和运营的投资主体的资产管理，而是资产主体的资产管理，对整个资产进行维护和优化，使其成为产生丰厚收益的优质技术资产。

第三节　中国城市化进程和房地产增量经济

中国房地产开发即房地产增量时代的发展冲动，最早发端于1994年分税制改革和地方政府对于财政收入的"穷则思变"。

分税制改革中，为了满足地方的财政要求，中央将土地出让金划拨给了地方。当时，城市化没有兴起，房地产尚未市场化，大多数人还没有房地产经济的概念，也没有意识到土地出让金的巨大潜力。

1997年受亚洲金融风暴冲击，地方招商引资难度增加，内地省份财政极为困难，开始想办法谋求土地财政之路。

1998年房地产市场化改革开启破冰之路。

2001年加入世界贸易组织（WTO）之后，中国经济腾飞，城市化大迈步，相应带来的投资热度与市场需求上升，再加央行外汇占款快速增加推动的货币宽松，以及国有商业银行的壮大，为房地产经济周期奠定了基础。

2002年，《招标拍卖挂牌出让国有土地使用权规定》（国土资源部令第11号）出台，标志着中国房地产全面进入增量时代。

之前的1998年到2008年，属于房地产市场化的十年；而从2008年到2018年，则是房地产金融化的十年。

在这十年中，在宽货币、宽信贷的支持下，房地产的发展轨迹也从市场化之路演变为金融化之路。

（1）地方政府依赖于土地融资；

（2）商业银行依赖于地产信贷；

（3）城投公司及国有房企依赖于土地及信贷资本；

（4）金融资产经营依赖于地产抵押之上的批发性资本；

（5）私人资本依赖于直接的楼市套利。

由于中国现代化建设的基本特征是，经济的起点非常低，底子薄、人口多，土地红利和人口红利巨大。应该承认，在城市化进程初期，外延式发展即房地产增量经济模式应该是一个首选。

一、我国的城市化进程

城市快速发展具有增量经济突出特征，其由两个成因所决定：

（1）从自然经济的基本经济形态转化为商品经济的基本经济形态；

（2）在经济形态转变过程中需要实现城市化。

自然经济向商品经济的转型、农业国向工业国的转型，必须经历城市化进程，最主要的是大量的农业人口转化为城市人口。此外大量的耕地转化为城市建设用地；用于人口、物资、技术、信息等各类经济资源和成果在生产、交换、流通和消费过程的承载、传递的各类建筑设施、交通设施以及各种技术设施的基本建设依次展开。

一般来说，城市化进程伴随着增量资产生产和存量资产改造的相互并存，但增量资产生产与存量资产改造之间的比例与城市化进程的速度相关。**城市化进程速度越快、进程越短，增量资产生产的比例就越高于存量资产改造。**

(一) 我国城市化进程的显著特点

与发达国家相比,我国城市化进程具有显著的特点。

图1-5是中国、英国、美国、日本自1800年至今的城市化率变化趋势。

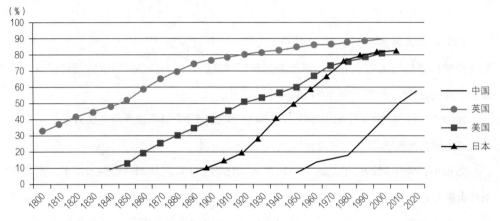

图1-5 中、英、美、日各国城市化率变化趋势图

1. 欧美等传统发达国家城市化进程

英美等欧美传统发达国家经历了数百年的工业化转型过程,其相伴的城市化进程时间尺度比较大,曲线斜率较小,基本不出现跳跃式的增长现象。

以英国为例,自1800年到1900年的100年时间里,城市化率从33%增长到76.6%,每年城市化率平均增长0.436%。[1]

美国1840年城市化率为10%,80年后直到1920年,城市化率增长到51.2%,每年城市化率平均增长0.515%;然后从1920年到1970年的50年里,城市化率增长到73.6%,每年城市化率平均增长0.448%。[2]

在欧美漫长的城市化进程中,增量生产和存量改造并举,因此可以积淀传统历史文化元素的原有建筑、街道、植被不致遭受到颠覆性破坏。

2. 日本的城市化进程

亚洲的日本和中国都是后发崛起的国家。在经济形态转型和城市化进程呈现"追赶"的态势。**城市化进程采取明显的颠覆性增量经济模式。**

日本明治维新后开始经济形态转型和开启城市化进程,1890年城市化率为7.8%,1908年达到18%,到1930年城市化率达到24%,这个阶段每年城市化率平均增长0.272%~0.364%;真正的城市化进程是从1945年的47%到1975年的75.9%,每年城市化率平均增长0.863%;然后到2010年的83%,每

---

[1] Tomyboy47.英国的城市化进程[J/OL].360个人图书馆,2017-6-24.http://www.360doc.com/content/17/0624/20/43284953_666248951.shtml.

[2] 雪球. 中国、美国等国家城市化进程横向比较[J/OL]. ZAKER新闻,2018-10-18.http://www.myzaker.com/article/5bc59cc877ac640f5e0c64e5.

年城市化率平均增长放缓为0.203%。①

但是注意，日本战后城市化率高速增长的1950年到1960年是战后重建，城市化有增量生产而无存量改造是必然。

可见，如果不是战争废墟之上展开城市化，从英、美、日各国的情况来看，**每年城市化率一般不超过0.5%**。虽然城市化进程必然需要房地产的增量生产，但是其规模是受到限制的，原有存量的改造保持相当的比例。

3．中国的城市化进程的特点

中国的工业化始于1949年中华人民共和国成立之后。

从1949年到1978年近30年里，中国的城市化率从7.3%增长到17.9%，每年城市化率平均增长0.353%，主要增长的时间区间是在1949年到1966年，按此期间计算每年城市化率平均增长0.511%。②

1978年改革开放之后，中国城市化进程出现井喷现象，40年间城市化率达到58%③，每年城市化率平均增长率高达1.00%，**远远高于其他国家正常情形下的城市化进程速度**。

如此高速的城市化进程，主要成因：一是经济增长带来的发展动力；二是历史欠账的补偿效应；三是房地产热潮的带动。

（二）我国城市化进程中的新区开发和旧城改造

城市化进程，有两个主要内容：一个是新城市或城市新区的建设；一个是对现有城市进行旧城改造。中国城市化进程中的独特特征是，**新区开发和旧城改造都是增量经济**。

1．新城市和城市新区建设

新城市建设，是在原村社基础上，建立新的城市。我国自1983年在行政区划改县设市开始，到2017年底，已经改县设市363个④。

城市新区建设，是将部分农村转化为城市郊区，将城市郊区转化为城市中心城区，从而扩大城市地域空间。到2017年底，我国市辖区已达962个⑤。

新城市和城市新区建设，是将耕地转化为城市建设用地，以此将农村人口转化为城

---

① Jane Pan.日本城市化发展历程及经验借鉴[J/OL].百度文库，2018-5-11.https://wenku.baidu.com/view/641fb522a66e58fafab069dc5022aaea988f4172.html.
② 雪球．中国．美国等国家城市化进程横向比较[J/OL]. ZAKER新闻，2018-10-18.http://www.myzaker.com/article/5bc59cc877ac640f5e0c64e5.
③ 同上。
④ 全国行政区划（2017年底）[J/OL].中国统计年鉴2018.http://www.stats.gov.cn/tjsj/ndsj/2018/indexch.htm.
⑤ 同上。

镇人口。城市交通和市政设施建设以及居住、金融贸易、工业、科技、旅游等功能区建设逐渐展开。

毫无疑问，**新城市建设和城市新区建设，具有增量经济属性**。

2. 旧城改造

我国自20世纪80年代开始，陆续启动了原有城市的旧城改造。旧城改造是根据新的城市规划，局部或整体地、有步骤地改造和更新老城市的全部物质生活环境，是城市功能的优化。

严格地说，旧城改造在本质上是存量改造。但是，在我国城市化进程中的旧城改造，却明显呈现出的是增量经济的特征。我国的旧城改造是彻底性和颠覆性的。既然是颠覆性改造，在房地产领域，城市土地被征用并重新挂牌，各种建筑和基础设施被纷纷拆除并全面拆迁，土地被重新整理和重新挂牌，旧城改造形成的几乎全部都是新建建筑和设施。除少量文物建筑和公共建筑外，所有古老建筑几乎都荡然无存。

因此，与其他国家不同，**我国的旧城改造也属于增量经济的范畴**。

二、我国城市化进程中的土地财政

在城市化进程中，有不同的经济选择：一种选择是将把增量经济作为手段，目的是最终为存量经济的形成提供服务，城市化不是为了城市化，而是为了积淀形成新的有价值的存量资产；另一种选择是把增量经济作为目的，各方利益主体直接在增量经济中获益，或者说套利。

土地财政和房地产开发，成为中国城市化进程中最主要的商业模式。

1. 财政税收和土地收益的经济选择

地方政府是城市经营的主体，财政收支是城市经营的现金流，而税收是持续的现金流入，但产生持续现金流入的前提是该地区的存量经济。但在城市化进程中，尤其在高速推进的城市化进程中，财政支出是金额巨大的现金流出，通常呈现为大规模的一次性投资（fixed cost），存量经济产生的细水长流的税收往往不能支持金额巨大的这些一次性现金流出，因此地方政府通常采取的方法是"举债"，并期望未来存量经济持续的税收清偿政府债务。

但用这种方法进行城市经营，要求城市的扩张也就是城市化必须是克制谨慎的。

但在中国高速城市化进程中，这种方法是收不抵支的。因此，有两种方法可以用来缓解资金上的困难：一种方法是通过信贷扩张来稀释政府债务；另一种方法是通过征收地租来增加非税财政收入。在中国许多地区，征收所得的土地收益成为主要的财政收入来源，这种财政行为因此被人们称为"土地财政"——政府通过卖地来维持财政。2018年全国土地收入继续创新高，达到了6.51万亿元，土地出让金与地方一般公共预算收入的比值达到0.66；[①]各省市自治区财政预算收入统计中，浙江、江西、安徽三省，土地出让金能贡献90%以上的财政收入。[②]

在这种情况下，通过土地竞租，土地价格节节攀升，土地价格的攀升又推动了资产价格（包括房价）的攀升。从最近20年的城市化进程来看，地租和资产价格的涨幅高于GDP的增幅，更远远高于居民购买力的增幅。

要保持土地财政的城市经营模式的运转，投资持续性的扩张是根本的动力，由此地租收入的高位攀升便成为一种目的性的套利行为。这个时候，城市化的目的已经不再是形成优质的存量资产，也不是为了形成优质存量经济所产生的未来税收，城市经营的经济选择放在了增量经济本身，即**怎样形成现时的超额土地收益**。

2．土地财政的实质，是以土地为信用基础进行的投融资

从金融角度，土地财政可以理解为以土地为信用基础，通过出售土地使用权，以土地使用权期限为限的未来增值，积累城市化原始资本，为城市公共服务的一次性投融资。

国内有专家对土地财政提供的我国城市化进程增量经济的前景和可持续性给予了乐观的估计。赵燕菁撰文指出：

> "近年来，中国M2持续高速增长，但并未引发经济学家所预期的超级通货膨胀。实践表明M2和GDP并不存在严格的对应关系。这是因为，合意的货币发行规模，取决于货币背后的信用而非GDP本身。如果说税收财政信用与GDP存在正相关关系，土地财政提供的信用与GDP的这种相关性就可能比同样GDP的税收财政成倍放大。如果我们理解房价的本质是股价的话，就会知道，通货膨胀之所以没有如期而至甚至出现通缩，乃是因为房价上升导致社会信用膨胀得更快。"[③]

从这个观点可以看出，**土地财政的信用是来源于房价不断高涨的预期**。

暂且不论在中国城市化进程中，房价与土地财政的信用关系究竟何为因、何为果，事实上**房价和土地财政的信用是互为依存的**，即房价上涨的预期越强烈，土地财政信用就越高；反之亦然。然而，这种增量经济的商业模式存续的前提是，土地不断升值而房

---

① 2018年全国土地收入6.51万亿创新高［J/OL］．搜狐焦点，2019-3-18.https://www.sohu.com/a/301968566_554467．
② 时晨晨．叶檀财经：都忽视了！时隔23年 再发重磅文件 终结粮食危机与地产盛世！［J/OL］．金融界财经频道，2019-10-22.http://finance.jrj.com.cn/2019/10/22092228280818.shtml．
③ 赵燕菁．土地财政：历史、逻辑与选择［J］．城市发展研究，2014（1）．

价不断攀升。有了这个前提，增量经济就成了永动机。

三、中国城市化进程中城市经营各方利益主体的经济选择和经济行为

把增量经济作为我国房地产发展的主要模式，同时又以土地财政作为增量经济的轴心，城市经营者、金融资本、房地产企业、广大居民等各方利益主体就会做出自己的经济选择，并付诸经济行为。

1．城市经营者

城市经营者承担了利用土地信用进行融资和城市开发建设的城市经营职责。既然把房地产开发为核心的增量经济定位为中国独特的经济发展方式，**以土地价格助推房价，又以房价助推土地价格**，就成为城市经营一种重要的经济选择。

增量经济一旦成为目的，那么形成怎样的存量资产就不重要了，土地经营和城市建设本身就是生产目的。与此同时，增量经济得以循环往复、周而复始，土地经营和城市建设就必须循环往复、周而复始地反复进行。

这种增量经济产生的第一个结果是，无论是道路、桥梁，还是其他的基础设施，重复建设、反复拆建。重复建设和反复拆建也是**增大增量经济规模**和**刺激增量经济需求**以及**不断循环**的途径。

这种增量经济的经济行为产生的第二个结果是，实体经济受到了遏制。由于**资产价格的不断攀升，使实体经济的经营成本居高不下**，实体经济的经营条件逐步恶化。实体经济恶化，地方财政的持续税源不断减少，增量经济的强调，反过来遏制了向存量经济转型条件的形成。

2．金融资本

对中国土地经济这种增量经济永动机的预期，在坚信地方政府土地财政的信用的基础上，金融资本也大量涌动。

金融资本之所以积极投身于中国高速城市化进程，有两个成因：一是中国存在土地红利潜力的情况下城市经营者有着实行土地财政和推高房价的强烈愿望和坚强决心；二是在其他经济体和中国其他行业中没有哪个比中国的房地产开发更能满足金融资本高收益、高周转的内在要求了。

因此，国内银行等金融机构、国内外机构投资者和中小投资者都在中国城市化进程和房地产开发行业中存在巨大利益。**在**中国城市化进程和房地产开发的**增量经济中套利，成为金融资本最为强烈的诉求**。

金融资本投身于中国城市化进程和房地产开发，有一个明显的现象是，在中国，房地产投资中生产性需求、生活性需求和投资性需求让渡于

强大的投机性需求。短期变现是金融资本在中国房地产领域中最为强调的经济选择。

与此同时，金融资本高收益、高周转的内在要求，逼使中国的城市更新和房地产市场的更新速度进一步加快，在我国的商业地产领域，致使极少完全进行资产经营而不依赖销售变现，以适合这种资本运营的节奏。

3．房地产企业

在中国高速城市化的背景下，作为房地产经济的市场主体，房地产企业同样有着自己的经济选择和经济行为。

（1）追求快速销售变现，避免持有资产

无论是住房、商铺、工业厂房，房地产企业开发伊始，便积极谋求变现。因为在增量经济中，所谓"现金是活钱而资产是死钱"，现金流量的考核十分重要，资金的周转频次决定投资者的收益，现金在手才能寻求新的机会套利。一旦现金转化为房地产形式的实物资产后，资金流动的频率急速下降，失去了增量生产过程中的资本增值机会。

（2）债务扩张

经济飞速发展，用自己的钱当然不如用别人的钱。房地产企业运用债务扩张，进行所谓的"负债经营"，去获得增量经济时期的高增长红利。因此，与中国香港、新加坡房地产商资产负债率保持在30%~50%不同，中国内地的绝大多数房地产开发商的资产负债率都保持在70%~80%以上的高位。

追求快速变现与债务扩张互为因果。因为主张现金为王而不持有资产，当然资产负债率畸高；因为负债率高，更需要快速销售变现获得回款偿付债务。

但是，因为这样的经济选择和行为，增量生产出的存量资产的质量就可想而知了。但是，地产商认为这没有关系，**高周转、高收益就已经消弭了房地产作为耐用消费品的属性**。应该说，地产商的经济选择和经济行为是被高速城市化、增量经济和金融资本的经济行为所需要的。

在这种情况下，**房地产增量经济能够维系的前提只能是房价的不断高涨**，以保持资本的热度，不断吸引增量资本介入房地产。

4．城市居民

对于中国城市居民来说，目前通过劳动所获得的劳动薪酬收入仅能维持基本的生活所需。除此之外，还要自费承担社会保险统筹等支出。加之人口老龄化使得劳动人口的经济负担更加沉重。为了达到改善人民生活的目的，**让城市居民获得财产性收入成了保障生活所需经济来源和增加个人财富的一条重要渠道**。

然而，在增量经济促使经济的快速发展中，经济生活中家庭财务杠杆的加大，城市居民只能通过个人的剩余劳动作为资本进行投资才能获得财产性收入。

与此同时，由于在增量经济下实体经济逐步滑落，期货、股票市场也陷入低迷，贵金属等各种理财方式不甚理想。在这种情形下，**希冀土地升值、投资房地产几乎成为城市居民摆脱未来生活困难和规避财产风险的最重要的理财渠道**。

于是出现了悖论，一方面，随着房价高涨，城市居民通过自己的全部劳动包括剩余劳动形成的**购买力并不支持房价越来越高的购房需求**；另一方面，**希冀土地升值、投资房地产又几乎是城市居民最重要的理财渠道**。

由于在城市化进程中各方利益主体的经济选择和经济行为，因此，在中国出现了一个很奇特的现象，**当房价畸高需要平抑房价时，城市经营者不能接受，银行等金融机构不能接受，房地产企业不能接受，广大人民群众也不能接受**。

四、房地产增量时代已经不可持续

增量经济的发展模式会带来两种结果：一是**经济必定呈现跨越式高速发展**；二是**中国巨大的市场也必定会成为全球资本展开投资和投机的热土**。而事实上，由于中国经济高速发展对资本的数量以及对资本流动性和高杠杆机能的高度渴望，投机性资本在一个时期中不仅可能而且必要。

本章第一节阐述增量经济特征时已经提到，增量经济虽然具有巨大经济动能，但往往只能是原始积累的经济选择。事实上，把增量经济作为经济战略，往往不可持续的。究其原因，一是资源的扩张和利用不是没有边界的；二是资产价格严重高企必然导致实体经济的衰退和萧条；三是实体经济的衰退和萧条导致社会经济需求的萎缩。

以中国城市化进程而论，为确保粮食安全，耕地红线是无论如何也不能突破的，城市空间的拓展也不是无限，这就是资源的扩张和利用的有限性。这是其一。

其二，而且增量经济的强化也阻碍了向存量经济的转型。增量经济发展到今天，资产价格已经达到高位，不仅本身难以持续，而且严重抑制了实体经济的健康发展。

以零售商业为例，近年来，电子商务在中国的发展，无疑是对过高租金成本的抵制。由于零售服务业等实体经济不堪忍受过高的租金成本，不得不寻求新的载体即互联网。几年间，电商对以商业地产作为载体的实体商业的冲击有目共睹。我国线上零售业为什么比其他国家更为发达的一个重要原因，就是因为我国零售商业地产的营业额租金比远高于其他经济体，2008年我国零售商业地产平均营业额租金比还保持在8%～10%，到2018年我国零售商业地产平均营业额租金比已经上升到15%以上，个别商业地产项目的营业额租金比达到20%以上，零售商业举步维艰。①

其三，实体经济衰退和萧条，必然导致社会经济需求的萎缩。社会经济需求的来源在于消费，而消费的来源在于城市居民不断增长的购买力。当城市居民财务支出的大部分用于置业时，其他消费就受到抑制，并把这种消极的因素扩展到其他生产服务部门。当其购买力几近枯竭之时，何以提供社会经济的需求。在这种情况下，增量经济形成的财富就会贬值，甚至泡沫化。

最重要的一点是，城市建设和发展不能是一个反复拆建高速运转的自我循环经济过程，城市化的目的不是城市化本身，而是为了实体经济的升级换代。

所以，如果以房价持续攀升作为我国增量经济的存在前提，这种增量经济已经严重制约了我国经济的健康发展。

此外，在城市化进程中已经生产出大量存量资产。一个简单的事实是，出现了大量存量房，或空置，或滞销，或积压，由于追求增量经济本身获益，其红利已经在增量经济中被摄取消耗殆尽，所积淀的存量房产生资产未来溢价的条件相当恶劣。

但不管向存量经济的转型之路如何艰难，增量经济已经不可持续，无论我们愿不愿意，存量时代不可逆转地将要到来。

所谓存量时代，就是将现有存量资产踏踏实实地进行经营。在存量时代，**城市经营是以细水长流、持续不断的税收来提供公共服务；房地产经营同样是以细水长流、持续不断的长期收益来实现资产价值的升值。**

增量经济向存量经济转型，意味着：

（1）指导思想从**发展速度**和**资产规模**转变为**发展质量**和**要素质量；**

（2）观念从**吃红利**、**找风口**转变为**内生增长；**

（3）形态从**开发**转变为**运营**（包括从**房地产开发**让渡以**不动产运营**）；

（4）战略思维从**出奇**转变为**守正；**

---

① 郭向东，姜新国，张志东. 商业地产运营管理［M］. 北京：中国建筑工业出版社，2017.

（5）思维从**积极扩张**转变为**深耕细作**；

（6）动力从**金融资本**让渡以**科技进步**；

（7）目标从关注资金周转率转变为关注收益的成长性。

在存量时代，**中国经济去房地产（开发）化**去的是旧产能，**房地产去泡沫化**去的是劣质需求，只有供给新产能、新技术、新制度，才能帮助国民经济在全球经济大潮中投下一个坚实的信用之锚。

第四节 商业地产增量经济及其转型

房地产增量时代的基本特征是为追求高周转，房地产企业对房地产实行销售模式。因此，房地产企业所着力的是房地产的生产和销售，而不是房地产存量资产的运营，商业地产也是如此。

一、商业地产经济本质上是存量经济

（一）商业地产增量资产和存量资产

从经济学的一般意义上，**存量资产**是指企业、自然人、国家所拥有的**全部可确指的资产**。或者说，组织和个人既定的资产，就叫作存量资产。

而增量资产则是在既定的资产的存量基础上企业、自然人、国家追加所新增的增量。经济学的涵义是，**增量资产就是比期初增加的资产**。

虽然增量经济和存量经济这两种方式都带来了资产价值量的增加，形成的都是一般经济学意义上的增量资产，但由于在发展方式上或经济增长模式上的区别，增量经济发展方式增加的资产是在既定资产的存量之外所新扩张形成的，所以被称为**狭义的增量资产**；而存量经济发展发展形成的资产增值，只是被看作**存量资产**的**衍生资产**，实质上狭义上还是指为存量资产或其变型。

存量基础上追加投资所形成的增量，**也仅仅是增加值部分**，才在一般经济学意义上称为"**增量资产**"。但是存量基础上衍生的增量毕竟是在存量的基础上衍生而成的，离开存量就不具备独立的价值。所以，在这里，在讨论房地产资产的时候，将一般经济学意义上有关增量资产和存量资产的概念界定作一个修正。

这个修正就是，**以增量经济模式发展而形成的资产，称为增量资产；**而**既定处于运行状态下的资产，以及以存量经济模式发展将存量资产追加**

投资而形成的资产增加值，都是存量资产范畴。

商业地产资产既有增量资产，也有存量资产。

那么，什么是商业地产增量资产？什么又是商业地产存量资产？

新建商业地产是增量资产，而已经投入运行的商业地产以及在运行中扩大再生产形成的存续商业地产都是存量资产。

从经济的本质上讲，商业地产增量资产生产的目的是什么？正确的答案是——**不是"去化"，而是为了转化为"存量资产"。**

经济的目的，是为了满足人们日益增长的物质和文化需要。积累社会财富，就包含了沉淀大量存量资产为经济发展和人民生活所需。比如，公共建筑中的航空港、铁路、高速公路和港口，那是必要的基础设施，是建起来用的；公共建筑中的商务办公楼、购物中心以及工业房地产中的标准厂房和实验室，都是为了生产经营所需，是建起来用的；住房当成为老百姓的家庭财产，是建起来给大家住的。

总之，**商业地产增量资产生产的目的，就是转化为存量资产，通过生产和消费功能的发挥来获得增殖性价值增值**，而不是依靠土地资源价格上涨来实现其非增殖性价值增值的。

（二）商业地产是具有独特产品特征的长期资产

首先，商业地产是长期资产。

商业地产增量资产，仅仅是对于成为存量资产的准备。其价值只有作为存量资产在漫长的岁月经营中才能得到实现。

而且，商业地产存量资产也需要不断升级以增强经济收益的创造能力，在经营过程中吸收更多的投资，这些投资将以真正的投资性资本而不是投机性资本的长期投资方式，投入房地产存量资产市场。这些投资使资产本身以及资产经营管理的各种要素得到优化，使资产不断得到升级。

其次，商业地产是不同于住宅等其他物业类型的具有独特产品特征的物业类型。其独特性表现于**需求的引致性**与**功能和权利的不可分割性**。

1．商业地产需求的引致性

商业地产需求的引致性表现为，商业地产的存量资产是商业服务业功能的载体，商业地产价值是以项目建成后其承载的商业服务业的成功运营来实现的。如果商业地产不能满足商业服务业运营的功能，商业地产本身将毫无价值。

2. 商业地产功能和权利的不可分割性

商业地产功能的不可分割性表现为，商业地产具有功能上的整体性，经营系统与服务系统密不可分，经营系统各部分各单元同样密不可分。

商业地产权利的不可分割性表现为，基于商业物业功能的不可分割，商业物业的所有权、管理权也不可分割。

基于商业地产需求的引致性与功能和权利不可分割性的产品特征，除了街铺以外，**被分割销售的商业地产，不可能产生高的价值**。

二、我国城市化进程中的商业地产增量经济

商业地产增量生产的目的，是制造出**优质**的存量资产。但中国城市化进程中的商业地产增量资产的情况却不都是这样。

国内房地产企业进行商业地产增量资产的生产所追求的，不是为了将其转化为优质可持有的存量资产，而就是为了销售"去化"，一心一意地谋求变现，实质上目的只有一个，是为了在增量资产生产中直接套利，其结果是在增量经济运行中已经掠取完商业地产的全部潜力。

我们来看看，在增量经济发展方式下增量资产生产目的是怎样出现异化的。

商业地产增量生产的目的应该是为了制造出优质的存量资产。

但当这些资产被理解为投资品之后，人们关注的是它们作为套利工具的一面，而其使用价值却被忽视了。

商业地产被当作套利的工具，一味强调它的金融属性，它的商业模式就只剩下套利模式，其投资属性消弭了其消费属性，商业地产作为存量资产丧失了增殖能力。

最终，包括商业地产在内，房地产只有增量生产，"存量资产"竟然成为地产废次品的代名词。

商业地产增量经济最后呈现了这样一些现象：

（1）把商业地产采取销售方式进行变现，销售价格畸高，远远背离了其所承载的商业服务业营业收入所能支撑的租金支出，租售比指标甚至远远低于银行资金利息；

（2）在商业地产配建比例配置上，为了尽可能扩大销售面积，压缩用于支持商业地产运行功能所需的公摊面积，同时，为压缩建造成本，对公共设施设备的配置标准也很低，劣化了商业地产的使用功能；

（3）为了实现较高的销售收入，采取销售总价控制原则对商业地产经营单元进行分割，分割形成的经营单元往往无法支持商业服务业的

需要；

（4）对于商业地产，商业地产需求的引致性以及功能和权利的不可分割性要求对资产的持有者和经营管理者有很高的资产管理和运营能力，但是为了销售变现采取散售，因为买受人往往是以直接投资方式进行投资的普通居民等中小投资者，把存量资产置于无法产生价值的境地。

目前，从整个经济和城市建设的视角来看，经过多年的城市建设，城市在发展过程中积累了大量的存量资产，如正在出租的写字楼、广泛分布的公交系统、垃圾处理设施和废品回收系统等，这些比较优质的存量资产只集中在政府和少量大型企业手中，而商业地产市场却充斥着闲置的商场、办公，低效的酒店，没有客流的旅游景点。根据近年全民所有制单位每年新增生产性投资数额与资产存量总额数量加以粗略推算，增量与存量之比约为1∶8。但由于当下流行金融观点存在对存量资产的蔑视，我国现有存量资产的质量和产生效益的能力都是严重不足的。

三、商业地产从增量向存量转型是全球性趋势

增量资产生产完成，即转化为存量资产。随着这样一个进程，存量资产的规模越来越大，这是不言而喻的。因此，在健康的经济体系中，存量资产不能随意被灭失，因此不存在"去化"的概念。随着生产和消费功能的发挥，存量资产的价值量将越来越大，而且会不断产生经济收益，在此基础上单位存量资产价值也会增值。

因此，**商业地产增量资产与存量资产，后者的比例会越来越高。**

在美国、澳大利亚、新加坡、中国香港等经济体，到2008年，存量资产与增量资产在商业地产资产中的比例已经发展到90∶10，也就是说，其房地产开发规模不到房地产资产规模的10%。

这里，以中国大陆和美国2008年、2013年房地产销售与房地产租赁营业收入的数据，进行对比分析。

表1-1为中国大陆2008年和2013年房地产销售和房地产租赁营业收入的对比数据[①]。

---

① 中国国家统计局. 第二次全国经济普查主要数据公报（第三号）[J/OL]. 中国政府网, 2009-12-25.http://www.gov.cn/gzdt/2009-12/25/content_1496446.htm、国务院第三次全国经济普查领导小组办公室. 中国经济普查年鉴（2013年第三产业卷）[M]. 北京：中国统计出版社，2015.

2008年、2013年中国大陆房地产业主营业务收入结构表　　表1-1

	2008年	2013年
房地产开发	**87.3%**	**90.2%**
物业管理	6.8%	4.9%
房地产中介服务	1.9%	1.5%
持有房地产租赁经营	—	**1.3%**
其他房地产经营	4.1%	2.1%

从表1-1可以看出，中国大陆从2008年到2013年，房地产业的主营业务收入主要依靠房地产销售，增量经济明显居于主体地位。

我们再来看看，2007年和2012年美国房地产销售和房地产出租营业收入变化情况，见表1-2[①]。

2007年、2012年美国房地产业主营业务收入结构表　　表1-2

服务业和非服务业	细分行业	2007年	2012年
有形商品	房地产开发	**30.39%**	**16.57%**
	土地细分	11.13%	1.7%
服务	房地产出租	**31.97%**	**39.97%**
	房地产经纪	14.93%	19.29%
	其他房地产活动	11.58%	22.49%

从表1-2可以看出，美国2007年房地产销售的营业收入与房地产出租的营业收入基本持平，房地产出租营业收入略高；到了2012年，美国房地产租赁业的主营业务收入是房地产销售营业收入的241.22%。美国的房地产业已经完成了从增量经济向存量经济的转变。

从全球来看，房地产持有存量资产经营主体的经济规模也超过了增量资产开发主体的经济规模。以图1-6所示，UBS瑞银集团2017的数据反映，全球持有型资产经营公司房地产投资信托基金市值从1990年开始逐步发展，到2000年开始大大超越了全球上市房地产开发公司的市值。到2017年，从事房地产增量资产生产的**房地产开发商**总市值不到5000亿美元，而从事房地产存量资产经营的**资产持有主体资产经营公司**总市值超过1.2万亿美元。房地产存量资产比重上升的趋势还在延续。

在UBS瑞银集团提供的数据表中，浅色为全球房地产开发公司总市值，深色为全球房地产持有资产经营公司总市值，单位为10亿美元。[②]

房地产增量资产与存量资产比重的变化，即增量资产比例的减少和存

[①] U. S. Census Bureau, 2007, 2012 Economic Census Nonemp Ioyer Statistics United States.
[②] 张健. 房地产资产管理、基金和证券化[M]. 北京：中国建筑工业出版社，2019.

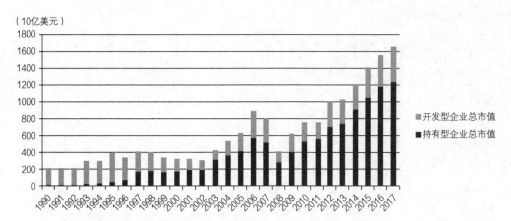

图1-6 全球房地产存量资产经营主体与房地产增量资产开发主体的市值变化

量资产比例的增加,其原因在于:

(1)基于资源的有限性,为使经济可持续发展,社会经济中增量经济的比例在减少,存量经济的比例在增加;

(2)在房地产领域,新建房地产的规模越来越小,而沉淀为固定资产的正在使用中的房地产的规模越来越大;

(3)在城市经营和房地产领域,依赖土地价值升值和资产价格攀升获得财富的机会越来越少,而依赖科学技术和科学的经营管理使城市和房地产所承载的实体经济发展让城市价值和房地产价值获得溢价。这种由存量资产价值溢价在UBS瑞银集团对房地产开发企业和房地产持有资产经营企业的市值的变化得到反映。

第二章 价值——商业地产资产管理的核心问题

经济学是研究价值的学科。在任何经济活动中，价值始终是核心问题，商业地产也是如此。但价值的定义和形成机制，增量经济思维和存量经济思维的解释各不相同。增量经济思维认为价值是交易形成的，稀缺性是价值的形成机制；存量经济思维认为价值是生产形成的，物质生产是价值的形成机制。在本章中，从增量思维和存量思维的双重视角，我们把价值的概念和原理进行梳理；以存量经济视角，阐释由功能价值决定的房地产固有价值；以存量经济视角，阐释房地产价值运动所产生的房地产价格，重点阐释最能反映房地产本质的价格形式——房地产租金；阐释商业地产价值和价值生产。

第一节 价值的概念和原理

2017年底，网络出现了一篇文章《金融本质和房地产融资》。网名为Happy Guan的作者认为：

"任何东西或证券不存在所谓'固有价值'，只存在'相对价值'，相对于人的效用而言才有价值，包括消费效应、财富效应、主观幸福或满足感。"

"效用决定价值，而不是劳动成本决定价值。"[①]

这篇文章的观点来源于效用价值论。

从实质上讲，问题的焦点在于：**究竟是成本决定价值**（或者说是**劳动创造价值**），**还是效用决定价值**。

不同观点之下，演绎出对商业地产的本质以及资产运行和管理完全不同的理解，甚至方法。

为此，有必要把**价值**的概念阐述清楚。

一、劳动价值论和效用价值论的基本观点

（一）劳动价值论的基本观点

亚当·斯密、李嘉图和马克思的劳动价值论主张**劳动创造价值**。马克思继承了古典经济学家的定义，即商品价值是"**一般人类劳动的凝结**"。

马克思在《资本论》中说：

[①] Happy Guan. 金融本质和房地产融资 [J/OL]. 购物中心资产管理，微信公众号，2018.1.

"随着劳动产品的特殊的有用性质的消失,包含在劳动产品中的各种劳动的有用性质也消失了,这些劳动相互区别的各种具体形式也消失了。因此,留下来的只是这些劳动的共同性质;这些劳动全部转化为相同的人类劳动,化为与人类劳动力耗费的特殊形式无关的人类劳动力的耗费。"[①]

马克思接着说:

"它们只是表示,在它们的生产上耗费了人类劳动力,积累了人类劳动。这些物,作为这个共同的社会实体的结晶,就是价值。""因此,在商品交换关系或商品的交换价值中所表现出来的某种共同的东西,就是商品的价值;而使用价值或某种物品具有价值,只是因为有人类劳动物化在里面。"[②]

换句话说,劳动价值论中讲的价值是**劳动过程中全部耗费(活劳动消耗和物化劳动消耗)的等量转换**。生产过程中消耗了多少价值,产品就有多少价值,所有消耗掉的价值都将在价值中得到补偿。

与此同时,劳动价值论还指出了商品的另一重性,就是商品的使用价值。**物品的使用价值是指物品满足使用要求所具有的特性或特性组合**。

关于价值与使用价值的关系,劳动价值论认为,价值以使用价值的存在为前提,使用价值是价值的物质载体,价值寓于使用价值之中。

关于商品交换和消费,劳动价值论认为,商品的价格是在商品价值的基础上,受供求关系影响,围绕商品价值而上下波动。商品的交换价值是商品价值的表现形式。

总而言之,劳动价值论认为:

(1)商品价值是**商品的固有价值**,是人类一般劳动的凝结,是生产过程中活劳动消耗(劳动力消耗)和物化劳动消耗(生产资料消耗)的总和;

(2)受供求关系影响,商品的价格以商品的固有价值为轴线,围绕商品固有价值上下波动。

(二)效用价值论的基本观点

效用价值理论主张"效用决定价值"。

效用价值论主张以物品满足人的欲望的能力或人对物品效用的主观心理评价解释价值及其形成过程。

劳埃德认为,商品价值只表示商品的效用,不表示商品某种内在的性质;价值取决于人的欲望以及人对物品的估价。人的欲望和估价会随物品

---

① 卡尔·马克思. 资本论(法文版中译本)[M]. 中共中央马恩列斯著作编译局,译. 北京:中国社会科学出版社,1983.
② 同上。

数量的变动而变化，并在被满足和不被满足的欲望之间的边际上表现出来。

维塞尔则认为，价值纯粹是一种主观现象。

门格尔在《国民经济学原理》指出：

"价值既不是附属于财货之物，也不是财货应有的属性，更不是它自身可以独立存在的。经济人所支配的财货，对其生命与福利，必具有一定的意义。价值就是经济人对于财货所具有的意义所下的判断。因而它绝不存在于经济人的意识之外"。[①]

效用价值论对"价值"的概念，有几个规定性：

（1）价值不是客观存在，而仅仅是一种主观现象，因而不是"财货"的固有属性；

（2）价值取决于人的欲望以及人对物品的估价，只表示商品的效用；

（3）人的欲望和估价会随物品数量的变动而变化，并在被满足和不被满足的欲望之间的边际上表现出来。因此，价值只是一种相对价值。

效用价值论中的**效用**，并不是使用价值，是人**对使用价值的认知**即主观评价判断。效用因人而异，因时而异。因此就有"边际效用递减"论。效用**具有主观性**，与买者的欲望、期望相关。

效用价值论的价值与效用的关系，就是——价值是买方对**效用的评价尺度**。

如果把劳动价值论的价值与效用价值论的价值进行比较，劳动价值论的价值是**商品的固有价值**；效用价值论的价值是**赋与价值**。前者之所以为固有，是商品内在所固有；后者之所以为赋与，是外在所赋与而内在则为无。

二、固有价值与赋与价值的分析

劳动价值论主张的价值是商品的**固有价值**，是商品自身**内在**的属性；而效用价值论主张的价值是**赋与价值**，是消费行为赋与商品的**外在**主观评价。

如果觉得固有价值与赋与价值的概念不好理解，可以举这样一个例子。

夏利厂按照夏利的**产品功能配置、工艺标准和以此确定的成本标准**生产出来了汽车，经销商很有本事，他把**夏利车卖成了奔驰的价**。那么这辆夏利车的**价值是夏利车的价值**呢还是**奔驰车的价值**？

按照劳动价值论定义的价值，这辆汽车具有夏利车的价值。因为**产品功能配置、工**

[①] 门格尔. 国民经济学原理[M]. 刘絜敖, 译. 上海: 格致出版社, 2013.

艺标准和以此确定的成本标准**叫作这辆汽车的功能价值**，而**功能价值**既是**成本价值**的基础，也是这辆汽车**固有价值**的反映。

但是，按照效用价值论，这辆汽车具有奔驰车的价值。因为消费者从**消费认知**出发，用支付购买奔驰汽车的钱购买了这辆车，他的评价判断是这辆车值奔驰的价格。而且效用价值论认为**从来就没有什么固有价值，只存在相对价值**。

总之，对于夏利厂生产的这辆汽车，劳动价值论认为，它具有夏利车的价值，但卖出了奔驰车的价；而效用价值论认为，它体现了奔驰车的效用，因此具有奔驰车的价值，至于夏利车的配置、工艺及成本标准，对不起，这些没有价值。

实际上，**商品既存在固有价值，也存在赋与价值**。

那么，固有价值和赋与价值各自具有怎样的性质，具有怎样的作用，又各自具有怎样的特征呢？

1. 固有价值是商品生产的价值基础，而赋与价值是商品交易的重要衡量尺度

在商品生产环节（商业地产资产则在其持续运行阶段），各个生产要素相互之间就是依靠价值（商品的固有价值）进行联系和产生作用的。**商品生产的过程，就是商品固有价值的价值运动过程**。

在阐述房地产及商业地产的生产过程时，我们可以发现商品固有价值的价值运动规律。

同样，在阐述房地产及商业地产的市场交易时，我们也可以发现在商品的流通、交换和消费环节（商业地产资产则在其投融资和资本退出阶段），**商品的赋与价值同样是不可缺少的价值衡量尺度**。

2. 固有价值是绝对价值，赋与价值是相对价值

固有价值范畴的涵义，决定了从性质上它就是绝对价值，从其形成机制到衍生价值概念，无一不是从几何量、物理量演算产生；就数据而言，固有价值及其衍生的价值概念**反映为实际的价值量**。

在本章和第三章阐述房地产及商业地产的生产过程，我们必须从其**价值基础**即商品的固有价值进行分析，并由其实际价值量即绝对价值的数理逻辑进行推演，才能阐明商品的价值运动规律。

而赋与价值不同，从其定义为主观现象，就决定了它是相对价值，因为**价值因人、因时、因地而异**。

另一方面，从其数据表象来看，价值只是一个模拟量。例如，消费行为赋与的体验价值、精神价值、用户价值等都是模拟量。

即便在商业地产资产评估中使用的**公允价值**，它也是一种模拟量；这与对应的成本价值不同，**源自固有价值的成本价值是绝对价值**，是实际价

值量。

公允价值的推算方法是收益还原法,而且大多数情况下市场上会采用营运净收入NOI[①]作为计算依据。但是注意,采用NOI进行计算,只是出于市场交易的约定俗成,**并非这个数据真实**。

NOI并不是真正的净收益数据,为了**简便**和**可比性**,它在运算中,在成本因素只采用了现金成本(cash cost),而剔除了资本性支出(capital expenditure),它假定了一个前提:经营性现金流(剔除了投资性现金流和筹资性现金流)是资产价值的依据。

使用NOI进行资产估值的优点是简便而可比,虽然不能完整反映资产价值,尤其无法据此评价资产质量,但是却可以据此指标**反映和评价现场运营能力**。因此,可以以此进行衡量。

可见,在市场交易中,由NOI创成的公允价值,虽然不是一个实际价值量,但可以在**市场同口径**的这个条件下,使交易物与其他参照物进行比较。

所以,赋与价值的关键作用是**衡量**,衡量此商品与彼商品的**比较价值**。这就是**效用价值论表明价值是相对价值的涵义**。

三、对劳动价值论和效用价值论争议的认识

劳动价值论和效用价值论分别阐述了商品生产过程和商品交易过程的价值运动规律。

劳动价值论虽然承认商品的交易价格因供求关系围绕商品的固有价值上下波动,认为商品的交换价值是价值的表现形式,是固有价值的外化,但对消费心理对商品交易巨大的影响未作出详尽的研究。

比如,某一商业项目的技术设施已经严重透支,内部损坏十分严重,几乎达到报废的程度,但是这个项目的形象和包装特别好,现金流表现也不错,通俗地讲是"卖相"很好,消费者从其非理性偏好出发特别偏爱,而且这个项目整体最后也以很高的交易价格实现了易手。接手者认为,只要不影响"卖相",必要的话花一些钱悄悄地修理一下再转手高价卖出去,也是一件很划算的事情。

在市场上,消费者偏好会扭曲事实,特别是大家平时喜欢调侃的非理性消费,一种

[①] 营运净收入NOI是经营性现金流分析中的商业地产资产经营收益指标,在本书第六章"商业地产资产估值、收益和资本性支出"中详细介绍。

"很不讲道理"的消费心理，却往往成就了许多"很不讲道理"的交易事实，这在消费市场中已司空见惯。**效用本身就是一个"很不讲道理"的主观价值判断**。因此，不论真伪、只论利弊的工商界同仁们自然会依据消费者"很不讲道理"的价值判断来作出自己的选择。在生活中，大家也不会去对宁愿花大笔钱美容却吝啬于花一分钱"修理"自己内脏的人作出提醒一样。

金融投机哲学家索罗斯就说过，提醒他人克服自己的弱点是一件愚蠢的事情，聪明的人应该利用他人的弱点来获益。

效用价值论揭示了消费行为对交易的巨大影响，并揭示了"人性"对商品交易产生巨大作用的现象。但是，它从根本上否定商品**客观存在**的固有价值，这是效用价值论巨大的局限性。

所以，在市场交易中，我们认可以"人性"作为价值判断的依据，承认以这样的"相对价值"的价值尺度来衡量交易的利弊，但是却不可以否定商品固有价值这样的客观存在。

所以，只有将这两种价值理论加以结合，才能进行理性的价值判断。

把两种不同性质的"价值"放在一起相互质疑，甚至**用赋与价值否定固有价值**，显然没有意义，甚至会造成混乱。

因此，房地产**固有价值**是房地产经济的价值基础，劳动价值论的观点没有错。从实践上看，否认劳动价值论，会导致实体经济虚化、弱化。

另一方面，在流通、交易和在消费关系中体现的房地产价值，包括**"商业地产资产评估价值"就是赋与价值**，是由消费行为决定的，是人所**赋与**的。承认赋与价值，商业地产市场交易会更为直接、便利。

因此，在运用价值理论过程中，我们对不同学派的理论不能采取非此即彼、非白即黑的立场，更不能用效用价值论去否定劳动价值论，而是科学地辨析不同学派的内涵和局限性，并加以科学运用。

第二节　房地产固有价值——存量经济的认知

房地产是凝聚了人类劳动的劳动产品，而房地产固有价值就是凝集着的一般人类劳动或者说是抽象的人类劳动。房地产的定着物（即建筑物）自不必说，即便是土地和土地改良物也是，因为随着漫长社会历史的发展，纯粹的自然土地已属罕见，人类的繁衍、迁徙和定居，社会经济活动的展开，城市和乡村的形成，土地资源的现状已经凝聚了各个社会历史阶段的人类劳动。

下面我们讨论反映房地产产品价值的地租、区位和房地产功能价值。

一、地租、级差地租

(一) 地租的概念

地租是土地所有者凭借土地所有权将土地转给他人使用而获得的收入。

地租分为三类,即绝对地租、级差地租和垄断地租。

1. 绝对地租

绝对地租是指土地所有权和土地使用权相分离的情况下,所有土地使用者不管使用何种等级的土地都必须缴纳的地租,即土地使用者所必须缴纳的最低限度的地租。

绝对地租量是使用城市最边缘的土地或位置、地基等方面最差的土地所必须缴纳的地租。在对土地利用完全不作限制的情况下,土地用途的选择取决于不同用途下的地租支付能力,因而在城市最边缘土地作非农业利用时,所缴纳的地租额不得低于农业利用时的地租额,也就是说,城市绝对地租量至少等于与最边缘城市土地相邻农地上的农业地租。

由于城市最差土地只能提供平均利润,而不可能提供超额利润用于支付绝对地租,因而城市绝对地租只能是对平均利润的扣除。对城市物质生产部门来说,绝对地租等于该部门工人创造的剩余价值;城市中的非物质生产部门、非营利部门、居民个人所支付的绝对地租,只能是对他们所得到的国民收入的扣除。

2. 级差地租

级差地租是指由于经营较优土地而获得的归土地所有者占有的那一部分超额垄断利润。

对于城市土地而言,城市土地的空间位置,包括交通便利程度、基础设施完善程度、城市人口和经济社会文化活动集聚程度、地质水文状况、环境等区位因素,是影响城市级差地租的决定性因素。

级差地租由于其形成的条件不同分为级差地租Ⅰ和级差地租Ⅱ。

(1) 级差地租Ⅰ的形成条件

一是不同地块的地质条件的差别。具有地质条件的土地,首先是自然历史的产物,其面积又是有限的。由于地质条件的差异,在同等投资的情况下,其产量和收益也会出现差异,地质条件较好的土地因其具有较高的劳动生产率而获得超额利润。

二是不同地块的地理位置的差别,即指距市场远近的差别。即使土地地质条件相同、产量相同的地块,由于距市场远近不同,其运费和收益也会出现差异。由于距市场较近的地块运费较少，因而可获得超额利润。

（2）级差地租Ⅱ的形成条件

在同一块土地上连续追加投资，每次投资的劳动生产率必然会有差异，只要高于劣等地的生产率水平，就会产生超额利润。这种由于在同一块土地上，各个连续投资劳动生产率的差异而产生的超额利润化为地租，即为级差地租Ⅱ。

级差地租Ⅰ与级差地租Ⅱ，虽然各有不同的表现形式，但是二者在本质上是一致的，它们由个别生产价格与社会生产价格之间的差额所形成的超额利润转化而成的。在二者的关系上，级差地租Ⅱ要以级差地租Ⅰ为前提和基础，马克思指出："级差地租Ⅱ的基础和出发点，不仅从历史上来说，而且就级差地租在任何一个一定时期内的运动来说，都是级差地租Ⅰ。"[①]

3．垄断地租

垄断地租是指由于特殊地块的产品的垄断价格带来的垄断超额利润而形成的地租。

在像北京王府井、上海南京路、成都春熙路等极为稀缺的商业黄金地段上经营，可以获得特别高的超级利润。由于土地所有者对这种供不应求的稀缺土地的垄断，这种超级利润就转化为垄断地租。由于这里的商品只能按正常价格出售，所以垄断利润不可能来自所出售商品的垄断价格，而是来自优越位置所带来的极高营业额以及由极高营业额所派生的物业租赁价格。事实上，**正是由于其超额利润并非来自零售商品的垄断价格，实际上就是级差地租Ⅰ**。

（二）区位以及区位产生的级差地租

区位以及区位产生的级差地租，是土地溢价的第一种成因。

1．区位的概念

区位是指人类行为活动的空间。具体而言，区位除了解释为地球上某一事物的空间几何位置，还强调自然界的各种自然地理要素和人类经济社会活动之间的相互联系和相互作用在空间位置上的反映。

区位就是自然地理区位、经济地理区位和交通地理区位在空间地域上有机结合的具体表现。

（1）自然地理区位

自然地理区位是指某一事物与其周围陆地、山川、河湖、海洋等自然资源的空间关系，以及该位置上的地质、地貌、植被、气候等自然条件的

[①] 卡尔·马克思. 资本论（法文版中译本）[M]. 中共中央马恩列斯著作编译局，译. 北京：中国社会科学出版社，1983.

组合特征。

(2) 经济地理区位

经济地理区位是指在人类社会经济活动过程中形成或创造的人地关系。就城市内部而言，经济地理区位是指某一街区或某一地段在城市中的具体方位，以及它与其他街区或地段的相互地理位置和相互之间社会经济活动的关系。

(3) 交通地理区位

交通地理区位是指城市或某一地段与交通线路和交通设施的相互关系。

2. 不同产业类型的区位，派生出级差地租

美国土地经济学家阿隆索引入区位边际均衡和区位边际收益等空间经济学理论提出了竞租理论。

竞租（bid rent）是城市经济学中的一个基本概念，是一个"意愿支付租金"的虚拟概念，即某个土地使用者为竞争得到某块城市土地所愿支付的最高租金。如果土地市场是完全竞争的，**竞租就等于土地使用者实际支付的地租**。

其基本涵义是，随着地租从市中心向郊外逐渐下降，市中心至郊外的用地功能依次为商业区、工业区、住宅区、城市边缘和农业区。图2-1为阿隆索城市土地竞租模型示意图。

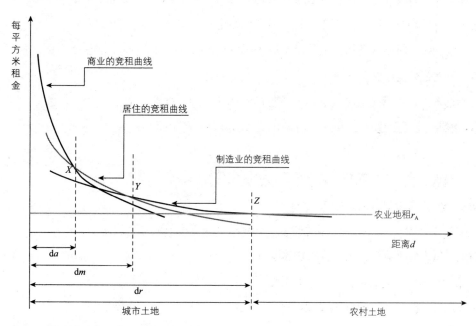

图2-1　阿隆索城市土地竞租模型示意图

3. 地区及城市功能的区位布局，并派生出级差地租

德国城市地理学家克里斯塔勒和德国经济学家廖什就地区及城市的功能的区位布局提出了中心地理论。

克里斯塔勒中心地理论的数理逻辑是，每一点均有接受一个中心地的同等机会，一点与其他任一点的相对通达性只与距离成正比，而不管方向如何，均有一个统一的交通面。此外，他又引入新古典经济学的假设条件，即生产者和消费者都属于经济行为合理的人的概念。这一概念表示生产者为谋取最大利润，寻求掌握尽可能大的市场区，致使生产者之间的间隔距离尽可能地大；消费者为尽可能减少旅行费用，都自觉地到最近的中心地购买货物或取得服务。

根据市场原则、交通原则和行政原则，克里斯塔勒设计了六边形网络的数理模型，确立了中心地、中心货物、中心度、服务范围及其依照等级高低依次外延的概念，依此形成了他的城市等级体系（urban hierachy）。

现代地区及城市功能的区位研究和实践更加深入，例如日本东京都都市圈和我国环渤海湾经济带城市群、长三角经济带城市群与珠三角经济带城市群的探索和实践，产业内容更加丰富、功能更为健全，交通体系更加完善，经济功能更加强大。

地区及城市功能的区位布局，结合不同产业类型的区位级差地租特征，从而衍生出地区及城市功能区位布局下的级差地租。这就构成了地区及城市经济社会发展过程中的土地溢价。

4. 资源和媒介的区位特征及其级差地租

每一个主体都是由资源构成其主体活动的条件，并由媒介激活和展示使这些条件和自身功能发挥作用。扎根于土地的这些主体，同样需要区位赋予这些资源，所赋予资源的质量就构成了区位对于这些主体不同的土地价值，也就是级差地租。

所谓资源，也就是经济要素，通常包括土地、资金、技术、信息、原材料、能源等。所谓媒介，包括交通媒介和传播媒介。例如：

（1）商务办公地产

一般说，城市中央商务区具有最优质的区位优势。这里，对商务办公通常会拥有最优质的资源和媒介。

①投资环境，包括优惠的国民待遇，如投资政策、税收政策、自由贸易政策、货币通兑政策、出入境便利政策等；

②经营条件，有充分的市场基础和服务的目标对象，如金融机构、外国使领馆、外国或外资机构以及重要企业，在资金、信用、形象上能够获得支持或者氛围支持；

③传播媒介，有平面媒体、电视媒体、网络媒体、多媒体、会议展览等多种传播手段；

④交通媒介，便捷的城市道路、轨道交通、公共交通；

⑤周边配套，包括城市市政设施和生活设施。

（2）零售商业地产

①零售消费者，包括周边人口数量、人口密度、居民的购买力；

②商圈，周边具有足够丰富业态的成熟商业，以便形成同类零售聚集效应和非同类零售聚集效应；

③传播媒介，有平面媒体、电视媒体、网络媒体、多媒体、演艺、会议展览等多种传播手段；

④交通媒介，便捷的城市道路、轨道交通、公共交通；

⑤周边配套，包括城市市政设施。

（3）工厂

①劳动力；

②原料；

③传播媒介，有平面媒体、电视媒体、网络媒体、高炮广告、路牌广告、会议展览等多种传播手段；

④交通媒介，高速公路、铁路货运、水路航运等；

⑤周边配套，包括城市市政设施和生活配套。

这些由土地位置引起的资源（也包括媒介）具有优势而产生相对较高的利润。这种**因区位优势所派生地租**，也就是级差地租。

（三）由房地产功能价值而派生的级差地租

由区位产生的级差地租一般都是级差地租Ⅰ。而房地产功能价值也能够形成土地的级差地租，这种级差地租一般是级差地租Ⅱ。

在城市一定面积的某土地上，在投资界限范围内连续追加投资，建筑面积由小到大或建筑性能质量由低到高，建筑产品总价值增高。连续投资到建筑边际，由此产生的建筑产品总价值与总建筑生产成本的差额与资本平均利润相较，构成业主的超级利润。这一超级利润在一定条件下转化为地租。这种在同一块土地连续投入等量资本，各等量资本之间因生产力不同所产生的超级利润转化形成的地租，就是城市级差地租Ⅱ。

土地周围城市基础设施的建设，会改变土地的经济地理地位，提高土地上的级差地租Ⅰ，同时也会扩大该土地上的投资界限，提高土地的可利用强度，从而提高级差地租Ⅱ。级差地租Ⅱ不仅和土地的地基承载力有关，也和经济地理地位、规划容积率限制、建筑产品的市场供求有关。

建筑容积率放大或建筑密度放大，意味着为了超额利润，在既定面积的土地上形成更多建筑面积的地面建筑，级差地租Ⅱ的形成，也意味着区位价值的提升。所以这也是因果相循的。

二、房地产功能价值和房地产固有价值

房地产固有价值是土地价值和房地产功能价值的综合反映。

1．房地产功能价值

房地产功能价值是为了实现房地产消费功能，对房地产的价值投入。

房地产开发建设包括基础工程、主体工程、景观工程、设备安装工程、装饰装修工程以及外立面、照明、导视、智能化等单项工程；房地产前期准备则包括地勘、设计等工作；房地产项目开业筹备则包括销售、招商、营销推广和开办准备等工作。

开展上述工程和工作，都需要进行投入。除去土地费用即地租（含土地出让金、拆迁补偿费、城市基础设施建设费、税费以及其他相关费），在前期需要投入前期工程费，开发建设期间需要投入建筑安装工程费、配套设施费和其他建设工程支出，在项目开办筹备期间需要投入营销推广费用、销售费用、招商费用以及开办费，至项目交付时期前还需要投入各种管理费用。由于房地产开发建设需要上述资金周转，因此还需要投入财务费用。这些投入的资金，就构成了对房地产的价值投入，这些投入就是房地产功能价值。

而随房地产进行价值投入，目的是为了实现房地产的消费功能。下面，以商业零售地产为例，我们进行分析。

2．零售商业地产消费功能需求输入

零售商业地产由若干指标来体现其消费功能，包括：

（1）商业体外部环境

如流畅的外部交通条件，是否产生较高的主干道可见度，这是重要的经营条件。

（2）商业体的空间布局、空间尺度、柱网和载荷等结构条件

必须符合商业定位，以便于相关商业业态的布局和落位，这是十分重要的经营条件。

（3）共享空间

包括中庭和中空连廊，是重要的商业场景，又有传播功能，同时有助提升商业单元的可见度，这既是重要的经营条件，也是重要的服务条件。

（4）具有鲜明形象标志的建筑形式及外立面

这是重要的经营条件。

（5）商业体开口

对顾客流入有虹吸效应，这是重要的经营条件。

（6）商业体内部水平交通流线和垂直交通流线

应有助提升商业单元可见度和可达性，并诱导消费者消费的交通流线，这是十分重要的经营条件。

（7）商业体内卫生间、哺乳间等设施

能够实现顾客体验消费价值，这是十分重要的服务条件。

（8）商业体各种充满个性的场景

既有观赏性，又有功能性，同时具备体验性，这是重要的服务条件。

（9）商业体供水、供电、供气、采暖通风设施条件

这是商业体和商业活动运行的基本条件，这是十分重要的服务条件。

（10）商业传播和通信设施条件

包括舞台、各种视频音频和多媒体播放终端、顾客诱导和指引信息服务设施，导购和结算支付信息服务设施等，这是重要的服务条件。

（11）商业体消防设施条件

火灾会造成商业资产和商业地产资产大规模灭失，这是十分重要的管理条件。

（12）商业体保安设施条件

恶劣的治安环境也会造成商业资产和商业地产资产的灭失或毁损，这是重要的管理条件。

（13）商业体货运和垃圾储藏、转运和处理设施条件

应实现客货的时空分流，这是重要的服务条件。

（14）商业体仓储条件

除了信息，物流是另一个商业活动的两大生产要素之一，这是重要的服务条件。

（15）商业体标志、景观小品、休闲设施条件

这是商业环境和形象的载体，需要观赏性和体验性，更需要具有功能性，这是重要

的服务条件。

（16）结算和退换货服务设施条件

这是商业活动重要的服务条件。

（17）VIP服务设施条件

精准营销越来越成为新型商业的重要特征，这是重要的服务条件。

（18）停车场设施

商业体运行的基本条件，这是十分重要的经营条件。

另外还有非商业地产技术设施性质的商业技术设施，如商业数据信息技术系统、POS系统等，不属于建筑体系，因而不是商业地产资产而是商业资产。

3．对零售商业地产功能价值的投入

零售商业地产消费功能每一个需求的输入，都意味着要对零售商业地产的功能价值进行投入。对投资者来说，对这些价值投入就需要进行评价。这里要讲三个问题。

（1）消费功能需求中经营条件、服务条件和管理条件

要区分消费功能的各种需求，哪些是经营条件，哪些是服务条件，哪些是管理条件。

在消费功能的各种需求中，有的是**经营条件**，即对收益的产生有直接影响；有的是**服务条件**，即对收益的产生间接影响；有的是**管理条件**，是对商业体运行的秩序和风险进行控制，是通过商业地产的资产整体的优劣，间接推动经济效益。

经营条件的优劣，直接对收益产生影响，因此经营条件的因素往往就与收益产生比较直接的相关性，可以建模进行论证。

例如在零售商业地产中，外部交通条件所产生的主干道可见度，空间布局、空间尺度、柱网和载荷对商业业态的布局和落位的影响，共享空间、结构柱网、交通流线对商业单元可见度和可达性的影响，停车场设施的配建比例和数量，都与商业地产的租金边际价格具有相关性，可以建模分析评价。

关于服务条件，对收益能够间接产生影响，但是与其他条件结合起来通过商业体的局部或整体共同产生影响，很难建模进行量化评估。

例如在零售商业地产中场景的作用，比如照明系统中的照度、色温、显色指数和重点照明系数等光环境参数，往往高照度、高色温能够刺激客流流量并诱导客流流向，而低照度、低色温、高显色指数和高的重点照明系数则彰显场景的舒适感、商品的质感，因此，不同的光环境体系对应不同的商业定位、不同的商业业态和不同的商品，相适应地则会极大增加营

业坪效，但很难说哪一组指标能相关于怎样的租金边际价格。

再讲管理条件，管理条件关乎商业地产资产的整体运行质量，但很难对其与收益的相关性进行评价。例如一个商业中心设置客流计数系统，计数点位究竟设置50个还是300个，增加了250个计数点位就要增加近300万元资金，但究竟能增加多少租金收入，投资者往往要追问投入产出，但商业运营人员确实没有办法计算，只能说计数点位越多，商业统计数据就越准确，对商业经营的控制越有力，经营风险就越小。再比如在消防设备上增加投入，能增加多少租金收入，这个追问也没办法回答，但至少提高了防火的可靠性，在发生火警事态时可以降低损失程度。对管理条件与收益关系建立相关性数学模型是很艰难的。

（2）消费功能需求的重点因素

要评价哪些是消费功能需求的重点因素，是需要重点投资的。

一是涉及项目根本的，涉及全局的，或者更新改造代价极大的；二是对收益影响巨大的；三是涉及资产安全的。

第一个当然首推建筑布局、建筑结构和外立面，建筑布局和建筑结构涉及项目根本，也涉及全局，而且更新改造代价极大，而外立面涉及城市形象，要改变难度也极高；第二个当然首推消防，项目盈利能力再强，溢价水平再高，火灾隐患很大，火情频发，那也只能是劣质资产。

关于第二点内容，也就是作为零售商业地产的核心，即商业空间、交通流线、场景和信息技术设施，这四个内容是零售商业地产的重要概念，也是精髓。

①商业空间

商业空间，即商业建筑的空间布局、空间尺度、柱网和载荷。

商业建筑的空间布局，究竟采用哑铃状、蝌蚪状，还是围合状、长蛇状，是采用开敞式还是封闭式、竞字布局还是围合式，采取多聚合还是单点聚合，不仅要结合地块的形状和地表、地貌特征，更需要从商业定位和商业业态规划的要求出发。根本的原则是，要充分考虑同类零售聚集效应、非同类零售聚集效应和主力店外部效应，使这三个效应充分发挥作用。

空间尺度，包括层高、商业单元开间和进深、共享空间的长宽高、中空宽度、步行街宽、走廊宽度、封闭空间的穹顶高度，要结合人体工程学中人体视角、视距的要求，主要依据商业定位和商业业态规划，同时充分实现商业单元较好的可见度和可达性。

柱网布置符合空间尺度的规划要求，在需要满足商业单元可见度的共享空间等部位实现无柱网设计，虽然会增加结构建造成本，但会很大程度地提升租金边际价格。

载荷的设计，除了满足设计规范，还需要以商业业态规划为依据。承重墙体不要在步行街区沿面，避免出现单边街。

②交通流线

控制交通节点数量和街线长度，要根据经营策略、店铺分割及其数量、顾客的步行距离、习惯和舒适度，尽量采用单轴线，以减少顾客重复无效步行距离，提高商业单元的可达性和必达性；垂直交通上行体现动脉特征，下行体现静脉特征。

③场景

场景是零售商业地产的四个重要内容之一。主要是照明和装饰，应给予**美术陈列、商品展示以及商业的艺术氛围以足够的条件**，承载着大量传播工具。舞台、多媒体和全息光学技术的运用使场景的内容更加丰富。

场景的主要功能在于传播，同时体现出强烈的观赏性，激发顾客的视觉响应和情感焕动；也可以适度增加体验内容。

④信息技术设施

数据信息是零售商业最重要的资源之一，随着从一维条码、二维码向三维全息码的进步，就商业而言，其重要性将逐步超过商业空间本身。

对顾客而言，数据信息不仅包含商品信息，还包括导购、诱导、指引等各种服务信息，并进一步扩展到社交信息、文化信息。随着流量营销向精准营销发展，数据信息的内容、传递方式逐渐丰富，而且实体商业空间比较线上商业载体具有数据信息多触点的优势，这个优势应该在商业地产功能需求输入过程中予以奠立。零售商业地产的信息技术设施应该逐步支撑起这样一些需要，从根本上讲，**商业中心逐步转化为现代传媒中心**，这是一个重要趋势。这也是商业地产资产价格溢价新的基础。

（3）新的价值形式的转化

随着房地产从增量转化为存量，房产转化为资产，一次性的销售收入迭代为持续的租金收益现金流入，功能价值的转化方式也发生着变化。原先，房地产的建造成本是一次性结算并摊入的，现在将在资产存续期逐年折旧和摊销，这也是资产运行和经营的内容之一。这也符合经济学的法则，在资产运行的过程中，既有的价值是持续的而不是一次性地转移到持续的收益当中。

房地产开发建设成本应该以逐年折旧和摊销的方式结算，开办费和招商、推广费用也是如此。以在中国国内近年来出现的"商户装修补贴"为例，这项开支的性质应该是租金的减免，商户装修补贴只是个形式。把它作为开发建设成本和费用一次性摊入是不正确的，如果是多业权的房产，这种摊入对于各个业主有失公允。既然其性质是租金减免，应该在租金账套上逐年摊销。

第三节　由固有价值所传导的房地产价格

按照劳动价值论的观点，价值是价格的基础，价格是价值的表现形式，价格围绕固有价值而上下波动，其波动的根源是供求关系的不平衡。换句话说，在固有价值的基础上，决定价格的是需求和供给。但是，固有价值始终是价格的基础。

一、房地产价格的形成机制

（一）土地价格的价值基础

1. 土地价格的内涵

土地的买卖必然产生价格。从卖方讲，土地价格是出售或出租土地的地租资本化的收入；从卖方讲，土地价格是资本化的，因此是提前支付的地租。也就是说，它等于若干年期间地租的折现值。

$$V = \frac{\sum a_i}{(1+r)^i}$$

式中，V是土地价格，a_i是第i年的地租，r为折现率。

土地所有者的地租收入中，包括真正的地租和部分土地资本的利息和折旧。

这里的土地价格，不是土地的购买价格，而是土地所提供的**地租的购买价格**。土地所有者的地租收入中，包括真正的地租和部分土地资本（即土地租约签订前存在的土地成本）的利息和折旧。因而，土地价格中，也包含真正地租的资本化和土地资本价格两部分。

总之，对于出让人的土地价格，是保有价值、租金资本化或未来使用价值的折现值。

2. 土地的供求特征

土地的稀缺性，表现为土地的供应是有限的，而土地的需求基于人口数量和社会经济活动的扩展是无限的。因此，土地供应呈刚性，土地需求呈弹性。从总的趋势看，土地价格有上扬的趋势。

3．土地价格构成的本质

（1）理论上的土地价格

土地由土地物质与土地资本所构成。与此对应，地租是由土地物质所要求的真正地租和土地资本所要求的租金性质的地租所构成的。租金性质的地租又可以区分为**土地本身的土地资本地租和外部辐射租金**。土地本身的土地资本地租是土地资本的单位时间损耗量（折旧和利息）；土地的外部辐射租金是指该宗地块以外的大型基础基本建设（如道路、高架桥、商场、剧院、公园、工厂、医院、垃圾处理厂等），会对该宗土地产生好的或坏的辐射作用，从而使该宗土地的地租有所增加或者减少。

土地、地租的这种二元构成必然带来地价由土地物质价格和土地资本价格所构成。其中，土地物质价格的理论构成公式为：

$$J_{dw} = J_{dj} \times [1 + (1+r)^n u] \frac{d}{s}$$

式中，J_{dw}为土地物质价格，J_{dj}为绝对地价，r为相邻级别土地级差地价的差别幅度，n为土地的级别（最差为0），u为土地不同用途的价格差别系数，$\frac{d}{s}$为土地供求平衡度系数。$J_{dj}(1+r)^n$为不考虑土地用途和供求关系时的基础级差地价。

当供求关系平衡时$\frac{d}{s}=1$，供不应求时$\frac{d}{s}>1$，供过于求时$\frac{d}{s}<1$。

土地资本价格为土地本身的资本价格同外部辐射价格之和。其中，土地本身的资本价格的理论构成公式为：

$$J_{dz} = J_j \times (1-K_x) \times (1-K_m) + J_x - J_f$$

式中，J_{dz}为土地本身的资本价格，J_j为过去历次投资所形成的土地资本价格的累计（全部重置成本），K_x为土地资本的无形（功能性、经济型）损耗系数，K_m为有形损耗系数，J_x为最近一次或数次形成的尚未发生损耗土地资本价格，J_f为当前已报废的土地资本（假定残值为0）的拆除费用。

外部辐射价格的理论构成价格为：

$$J_{ds} = \sum Z_i + \sum Z_j$$

式中，J_{ds}为土地的外部辐射价格，$\sum Z_i$为正向辐射地价之和，$\sum Z_j$为负向辐射地价之和。

若以一宗新开发的非农用地为例，其总价格的理论公式为：

$$J_{dk} = F_z + F_k + J_w + J_s$$

式中，J_{dk}为该土地的总价格；F_z为农地证收费，即农地价格（绝对地价），F_k为土地开发费，即非农用地本身的土地资本价格；J_w为由土地位置、用途等决定的非农用地的土地物质价格（仅指级差地价部分）；J_s为外部辐射价格。

（2）土地价格和土地交易额

土地价格是土地原始价值、公共投资与环境改良价值、私人投资改良价值、未来价值在地理空间的结合，而表现出来的土地货币交易额。

①土地原始价值，即城市边缘土地的农业利用价值。

②公共投资与环境改良价值，是包括政府部门进行的各种公共建设以及私人部门在土地之上进行的各种经济活动，对城市环境（包括社会、文化、政治、经济、建筑实体等多种因素）的改良所形成的土地价值。

③私人投资改良价值，是指个人投资于某块土地上，使得该土地价值增加的部分。私人投资，不仅增加本地块的价值，而且影响到毗邻土地的价值，产生价值外溢。

④未来价值，是指尚未实现的、潜在的价值。

（3）土地价格构成

土地价格由纯农地价格、土地用途转换成本、土地价格的预期增值（也可能是减值）、不确定风险补偿费所构成。

4．土地价格的种类

（1）市场价格和市场价值

市场价格又称交易价格。是指在市场交易中，特定交易的买卖双方实际成交的交易额。

市场价值是一资产在公开竞争的市场上出售，买卖双方行为精明且对市场行情及交易物完全了解，没有受到不正当刺激因素影响下所形成的最高价格。更明确地说，市场价值是最可能的价格。

（2）土地所有权价格和土地使用权价格

土地所有权价格是买卖土地所有权的价格，它是无限期地租的折现值。

土地使用权价格是一定年限内使用土地的权利的价格，它是若干年内地租的折现值。在我国出售土地使用权时，土地使用权价格又称土地出让金。同一块土地的使用权价格，会因土地的用途、容积率、使用权年限的变化而不同。

土地所有权价格和土地使用权价格在数量上的差异，随土地使用权年限的增加而缩小。

（3）基准地价和标定地价

基准地价是在某一城市的一定区域范围内，根据用途相似、地段相连、地价相近的原则划分地价区段，然后调查评估出的各地价区段在某一时点的平均地价。

标定地价是指在一定时期和一定条件下，能代表不同区位、不同用途地价水平的标志性宗地的价格。

（4）课税地价、征收地价、抵押地价

课税地价是政府课税与土地价值有关的税时，所确定的土地价格。

征收地价是政府征收农村集体所有的土地、用地人合法占有的土地时，向土地所有者或土地使用者支付的货币额。

抵押地价是以土地为抵押担保物借款时，贷款人确定的土地抵押物价值，一般为市场价值的60%~80%，视贷款利率而变化。

（5）总价格、单位价格、楼面地价

总价格是某一定面积的土地的总价值。

单位价格是上述总价格与土地面积的比值，即单位面积土地价格。

楼面地价是单位建筑面积地价，它等于总价格除以建筑总面积，或等于土地单价除以容积率。

（6）评估价格

评估价格是具备价格评估资格的估价人员，运用科学的方法和技术手段，遵照有关的法律规定和评估规则所确定的土地价格。基准地价、标定地价就属于评估价格。

（二）建筑物价格的价值基础

建筑物价格，是指房屋建筑及其附属物的价格，不包括土地价格。

1. 决定建筑物价格的价值构成

（1）新建的建筑物价格的价值构成

新建成的建筑物，其价格的价值构成在本章第三节有关房地产功能价值的内容中有所阐述，包括：

①在前期需要投入前期工程费；

②开发建设期间需要投入建筑安装工程费、配套设施费和其他建设工程支出；

③在项目开办筹备期间需要投入营销推广费用、销售费用、招商费用以及开办费；

④至项目交付时期前还需要投入各种管理费用；

⑤由于房地产开发建设是个漫长过程，需要上述资金周转，因此还需要投入财务费用。

当然，还包括利润。

（2）使用过程中的建筑物价格的价值构成

使用过程中以存量形式存在的建筑物价格是**重置价格**或**重建价格**减去

价值损耗。价值损耗以折旧形式表示。

造成建筑物价值损耗的因素有自然的、功能的、经济的,由此造成的价值损耗可以分为**自然性贬值**、**功能性贬值**和**经济性贬值**。

自然性贬值是由于正常使用、长期磨损等因素造成的破损、自然老化、损坏,引起的贬值。

功能性贬值是由于功能性缺失等原因造成的贬值。

经济型贬值是由于建筑物以外的因素,如经济衰退、环境污染、交通拥挤等因素以及政府政策转变所导致的贬值。

经济性贬值会导致土地价值贬值,即地租下降。

而自然性贬值和功能性贬值,实质上是建筑物的价值发生了转移,转移为消费功能。**对于收益型房地产,即转移为租金的收益**。

当建筑物使用到经济寿命结束,它的价格相当于报废价格。建筑物的价值就是所拆除的残余物废料价值减去拆除费的剩余价值,也称**残值**。

2. 建筑物折旧

在计算折旧时,按其建筑物变化形态,可将折旧分为直线折旧和指数折旧、均速折旧和加速折旧。

求算折旧额主要采用三种折旧方法,即市场提取法、年龄—寿命法和分解法。

(1)市场提取法

主要是利用同目标建筑物有相似折旧程度的参比建筑物的折旧额,求出参比建筑物平均折旧率,然后再来计算目标建筑物的折旧额。在计算时,先用各参比房地产销售价格减去土地价格,得到建筑物折旧后余额;重置价减去折旧余额后得到折旧额;折旧额同重置价的比值为折旧率。几个参比建筑物的平均折旧率是目标建筑物折旧额的折旧率。

(2)年龄—寿命法

主要是利用建筑物总寿命和已使用年限,求出已使用年限同总寿命的比值,该比值同重置价的乘积为建筑物总折旧额。

(3)分解法

分解法是最详细也是最复杂的折旧估算方法。主要是估算建筑物的所有折旧项目,将其加合,得出总折旧额。

除普通住宅以外的所有房地产项目,应采用分解法来计算折旧。

（三）房地产价格的价值基础

房地产价格是建筑物连同其所占土地的价格的总和。其价值基础于，房地产价值是建筑物价值和土地价值的总和。

1．新建房地产价格的价值构成

新建房地产（房地产增量资产）价格的价值构成为：

土地物质价格+土地本身的资本性价格+土地的外部辐射价格+建筑物前期工程费+建筑安装工程费、配套设施费和其他建设工程支出+营销推广费用、销售费用、招商费用以及开办费+至项目交付时期前还需要投入各种管理费用+财务费用+利润

2．使用过程中的房地产价格的价值构成

使用过程中的房地产（房地产存量资产）价格的价值构成为：

土地物质价格+土地本身的资本性价格+土地的外部辐射价格+建筑物重置价格－建筑物价值损耗

二、房地产市场价格

房地产价值是房地产价格的基础，而需求和供应使房地产价格围绕房地产价值上下波动，最终决定了房地产的市场价格。

（一）房地产需求

房地产需求是指在一定时期内，消费者在各种可能的价格下，**愿意而且能够购买**的房地产数量。

1．影响房地产需求的因素

影响某一种（类型）房地产需求量的因素包括：

（1）该（类）房地产的价格；

（2）消费者的收入和偏好；

（3）替代房地产的价格；

（4）预期房地产市场价格的变动趋势。

2．**房地产需求的形成机制**

消费者在某一特定时期对某一房地产的需求量，随着价格的降低而增加。在价格固定不变的情况下，消费者的收入增加（或减少）、对该房地产的偏好提高（或降低）、替代房地产价格降低（或上升）、预期房地产市场价格上升（或下降）都会导致房地产需求数量的增加（或减少）。

3．**房地产需求的性质划分**

房地产需求按照其性质，可划分为**生产性需求**、**生活性需求**、**投资性**

需求和**投机性需求**。

（1）生产性需求

房地产生产性需求，是指为满足生产经营需要而产生的需求，如工业厂房、商铺和办公楼。在此，房地产是生产资料。把该生产资料作为生产要素，可以创造新的物质财富。

（2）生活性需求

房地产生活性需求，是指是居民为了满足生活需要而产生的需求，如各类住宅。在此，房地产是生活资料。

（3）投资性需求

房地产投资性需求，是指投资者为了资产保值增值和获取差额利润而产生的需求。在此，房地产是投资品。投资性需求可以通过资本流动性，提振房地产经济，活跃房地产市场，放大或提速新的物质财富。

（4）投机性需求

房地产投机性需求，是指投机者为了获取差额利润而产生的需求。在此，房地产是投机工具。适度的投机需求同样可以通过资本流动性，提振房地产经济，活跃房地产市场。但作为双刃剑，投机性需求的杠杆功能也是放大房地产市场波动的重要因素，过度的投机性需求会反噬和腐蚀房地产市场的机体。

投资性需求和投机性需求的区别在于，前者为追求长期收益而长期持有房地产产品并将其转化为资产，并加以运行；后者则为了追求短期收益，仅仅把房地产作为一种金融工具。

（二）房地产供给

房地产供给是指在一个特定时间内，房地产供应商在可能的价格下，**愿意并且能够提供**的房地产数量。

1. 影响房地产供给的因素

影响每一类型房地产产品供给的因素包括：

（1）该类房地产的价格；

（2）房地产开发成本；

（3）建筑技术水平。

2. 房地产供给的形成机制

房地产企业在某一特定时期对某一房地产的供给量，随着价格的提高而增加。在价格固定不变的情况下,开发成本的减少(或增加)、建筑技术水平的提高,都会导致房地产产品供给量的增加(或减少)。

(三)房地产供求平衡

同一般商品一样,房地产需求和供给二者共同作用,最终决定了房地产的市场价格。

某一价格上房地产需求量和供给量正好相等的价格成为均衡价格。

(四)房地产供求弹性

弹性是一个变量对于另一个变量敏感性的度量。

房地产需求(价格)弹性是指房地产价格上升(下降)1%,房地产需求量将会下降(上升)的百分数,反映了需求量对于价格的敏感性。

房地产供给(价格)弹性是指房地产价格上升(下降)1%,房地产供给量将会上升(下降)的百分数,反映了供给量对于价格的敏感性。

房地产供求的短期弹性不同于长期弹性,特别对于房地产供给弹性来讲,更是如此。无论价格如何变化,房地产的供给量在短期之内基本不变,因而短期供应弹性为零。而随着时间的延长,供给弹性明显增加。

美国学者研究认为,土地的需求价格弹性在0.308~0.860,平均土地需求价格弹性为0.6998,投资供给价格弹性为0.197。

(五)房地产市场运行机制

假定某一时期房地产供求平衡,供给为S_1,需求为d_1,均衡价格为a。由于房地产具有供给调节滞后的特征,所以,如图2-2所示,在房地产需求由d_1变为d_2,供给在短期之内不会发生变化,仍然为S_1,价格由a上涨到b。

随着时间的变化,新的房地产项目开始投入市场,市场供应由S_1增加到S_2(图2-3),价格由b下降到新的均衡价格c。如果需求再由d_2增加到d_3,价格会从c涨到d,随后供给由S_2增加到S_3,价格也由d下降到均衡价格e。连接a、c、e,就形成长期供应曲线L_S。

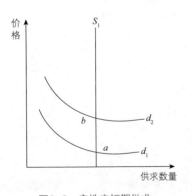

图2-2 房地产短期供求

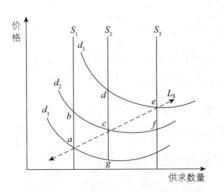

图2-3 房地产长期供应曲线

如果需求稳定增长，劳动力成本和建筑材料成本都持续上涨，长期供给曲线L_S也向右上方倾斜。

三、房地产租金——反映房地产存量资产本质属性的价格形式

按照商品贸易的一般习惯，人们往往把商品的交换和消费看作是一次性的行为，例如买一杯饮品然后把它饮尽。甚至对许多耐用消费品，尽管人们知道它们有技术寿命和经济寿命而不得不对其进行维护，但在商品交换过程中人们习惯进行货币和商品的一次性结清，一些企业尤其是民营企业购买这些物资进行财务处理时，记账时都愿意采用一次性消耗报销了事，而不愿意纳入存货管理。

对房地产也是一样，人们习惯于**用销售价格作为它的价格形式**，因为在大家眼里，它只是个货物，也常用"货值"这个名词来评价他的价值。

但是，实质上，房地产租金才是反映房地产本质属性尤其是存量资产本质属性的一种价格形式。这是由房地产的**财产属性**和**资产属性**所决定的。

房地产是商品，因为它有使用价值和价值，可以通过交换进行消费。

但是房地产又不仅仅是一般商品，除了它的商品属性它还有财产属性和资产属性。

（1）它是耐用消费品，它的价值转移方式不是一次性的，而是以时间作为单位，随着时间的推移，它通过自身逐年逐月的价值消耗，逐年逐月地把价值转移为使用价值，或者使用，或者产生新的收益。

（2）它不能再花费大量资金购置完成以后，轻轻松松地在账簿里把它一次性地计为消耗，而是要办理所有权证，使其具有财产的法律权能。

（3）由于土地的增值，随着建筑物贬值但房屋财产不一定贬值，甚至可以保值增值，为此需要对其进行管理和维护，甚至最终可以从中获得收益。

（4）对于作为生产资料的房产，那就是资产。无论是租赁还是自营，通过这个资产所承载的生产经营活动获得收益。这个过程也是逐年逐月，通过每个时间段对经济价值运行，实现财富创造的，整个生产经营过程也包括这个资产经济运行及价值转移，也是通过一个个时间段的价值量化进行组织的。

因此，房地产价值运行就是**以时间段进行度量**，并持续运行。更何况随着社会经济的发展，货币的价值和价格都在发生变化，房地产每个时间段和时间点的价值都是初始时间点的贴现值，必须反映资本化率。

而租金这种价格形式的最大特征,不是按一次性总价计价,而是以时间作为单位进行计价,并能够反映当时时点的价值。

所以,房地产租金是反映房地产本质属性特别是存量资产本质属性的一种价格形式。

(一) 房地产租金的涵义

房地产租金是房地产所有权持有人转让某种房地产资产的使用权给承租人而按约定向承租人收取的房屋使用费。

1. 房地产租金的时间特征

与货币一样,房地产租金具有时间特征。

(1) 其房地产使用权(及其价值表现形式)都以时间为单位进行度量;

(2) 与房地产使用权和与房地产使用权相关事项的各项权责发生,在时点上具有一致性,包括土地地租、建筑物及附属设施成新及折旧、资金利息、各项管理维护活动所消耗的人工成本和物化劳动成本、保险费等以及房地产项目所承载的生产经营活动的各项权责等,都可以当时时点的价值进行计算,即**同期发生**。

2. 房地产租金的构成

房地产租金构成包括:

(1) 同期土地地租,即土地使用费;

(2) 同期建筑物及附属设施(固定资产)的折旧;

(3) 同期房地产项目应计提的递延资产摊销;

(4) 同期建筑物及附属设施(固定资产)的大中修理费;

(5) 同期应计提的房地产租赁和整体营销推广的经营费用;

(6) 同期管理费用,主要是资产主体进行资产管理的费用(应剔除已收取物业服务费的物业服务开支);

(7) 同期房地产的财产保险费;

(8) 同期各项税费,主要是房产税和增值税;

(9) 投资性房地产项目开发和后期运营中融资成本在本期摊销的贴现;

(10) 利润。

房地产租金构成中的利润即租金净收益,其他部分则用于房地产资产项目的资本性支出。

(二) 房地产租金的价值基础

1. 建筑物功能价值与租金的关系

租金与建筑物功能价值的关系,可以概括为建筑的折旧额和折现额。其算式是:

$$R_t = r \times V_0 + I \times V_t$$

式中，R_t 为第 t 年的租金，I 为市场利率，r 为建筑物年损耗（折旧）率，V_0、V_t 分别为建筑物的全新重置价值和在 t 年年初的建筑物价值。

上式可进一步扩展为：

$$R_t = \frac{V_0}{N} + I \times \left[V_0 - \frac{V_0 \times (t-1)}{N} \right] = \left[\frac{1}{N} + \frac{I \times (N-t+1)}{N} \right] \times V_0$$

式中，N 为经济寿命（假定残值为0），t 为建筑物正在使用的年序数，$\left[\frac{1}{N} + \frac{I \times (N-t+1)}{N} \right]$ 为租售比因子。

租售比因子，通常用以衡量租与售的经济性。

2. 房地产功能价值与租金的关系

房地产功能价值与租金存在如下关系：

综合土地价格和地租、建筑物价格与建筑物租金的关系，房地产功能价值与房地产租金的关系为：

$$RN = LR + R_t = \left[\frac{1}{N} + \frac{I \times (N-t+1)}{N} \right] \times V_0 + LR$$

式中，RN 是房地产纯租金，LR 是地租。

房地产纯租金是从租金中减去一次租金交付期间内的管理费，包括保险费、资产管理费、税费。因而，房地产纯租金可以表示为：

$$\begin{aligned} R &= \left[\frac{1}{N} + \frac{I \times (N-t+1)}{N} \right] \times V_0 + f \times V_t + M + K + LR \\ &= \left[\frac{1}{N} + \frac{I \times (N-t+1)}{N} \right] \times V_0 + f \times \frac{V_0 \times (t-1)}{N} + M + K + LR \end{aligned}$$

式中，R 为房租，f 为房屋财产保险费，M 为管理费，K 为税费。

可以看出，房租与房地产功能价值呈正相关关系，它们的变动方向基本一致，只是在变动幅度上会有差异，这是因为这一关系还受到利率、风险、预期增值等因素的影响。

有必要说明，上述内容中的租金、房地产纯租金等租金概念，**只是房屋基础租金**，并不包含商业地产或工业地产等收益型房地产所承载的实体经济活动所派生的租金溢价。

（三）房地产总价格与租金的关系

$$P_0 = \sum_{i=1}^{n} \frac{R_i}{(1+r)^i}$$

式中，P_0 为房地产总价格，R_i 代表第 i 年租金纯收入（i=1，2，3，…，n），r 为房地产基准贴现率，n 代表房地产使用年限。

房地产总价格与其租金呈正相关，同时与房地产基准贴现率呈负相关。在本书第六章讲述商业地产价值评估时，资本化率转而成为表示租金收益和房地产评估价值相互关系的重要因子。

第四节　商业地产的价值和价值生产

商业地产是收益性房地产，商业地产价值是商业地产所产生收益的能力的价值形式，与一般房地产相同，它同样是土地价值和商业地产功能价值的综合反映。而商业地产功能价值，则是为了实现商业地产产生收益的功能，对商业地产的价值投入。

商业地产的价值生产，既反映为对收益的生产，同时又反映为商业地产价值的再生产。

一、商业地产的价值

（一）商业地产价值的内涵和关键要素

1．商业地产价值的内涵

商业地产的固有价值就是它的成本价值。

但是既然作为资产，就必须有直接或间接导致资金或现金等价物流入的潜力。这种潜力只是一种潜在，而这种潜在要想转化为现实，就必须有外在的力量赋与其价值，这种价值就是**赋与价值**，商业地产资产的赋与价值，就是我们通常所说的商业地产资产的**公允价值**。

2．构成商业地产价值的关键要素

（1）内容

赋与价值的主体并非来自于资产自身，而是一种外在的市场力量，具体地说，是来自于资产所承载的经济活动内容，以零售商业地产举例来说，这个经济活动内容就是零售经营。我们把商业地产所承载的经济活动内容简称为**内容**。

在商业地产资产运行过程中，**内容为王**。

在日本大阪，填海营造了一个商业项目叫"环球影城"，它是由高盛公司投资、好莱坞环球影业机构兴建的商业物业。自2001年开业以来近20年，每年人流量一直超过1000万人。在其年逾10亿美元的营业收入结构中，门票

收入为50%，饮食和其他配套服务收入总和为20%~25%，需要重点说明的是**旅游商品销售也是20%~25%**。它的核心是什么，是包括侏罗纪公园、大白鲨、哈利波特、回到未来、ET星际历险、水世界等数十个由电影的**故事**衍生出的各种**体验**。**故事和故事衍生的各种体验**，就是**内容**。有了这样的**内容**，毛利率极高的旅游商品零售才有了强大的支持。

美国的电影产业很发达，发达的不仅仅是影片的制作和发行，而且是电影衍生产业，1美元的电影投资激发出的20美元的衍生消费，如此高的杠杆让人咂舌。

所以，赋与商业地产巨大价值的，最主要的是商业地产所承载的**经济活动内容**，而并不仅仅是土地。

（2）载体

商业地产资产的载体是什么，是由巨额资金构成的高昂成本价值（也就是商业地产自身的**固有价值**）所体现的实体资产。

实体资产，有着自身独立的生命命态，有着自身**不以商业逻辑和金融逻辑为转移的技术逻辑**。这种生命命态和技术逻辑同样应该受到尊重和敬畏。

（3）媒介

商业地产资产运行可以归结为资金的运动。资金，就是商业地产资产有效运行的媒介。**资本在商业地产资产运行过程中，发挥了极大的助力作用。**

赋与价值的表现形式可以是现金或者现金等价物，或者是可以转化为现金或者现金等价物的形式，或者是减少现金或现金等价物流出的形式，其主要表现形式就是租金现金流。

在商业地产增量资产生产到存量资产的运营，以开发建设阶段固定资产投资、运营阶段固定资产更新和退出阶段的资产售出所形成的**投资性现金流**，以融资而形成的**筹资性现金流**，和以对长期资产进行持续经营而产生的**经营性现金流**，三者相互运转，构成了商业地产资产投、融、管、退的完整过程。

经营性现金流**形成收益**、投资性现金流**形成资产的再生产**、筹资性现金流**对资金的外部补充**，这就是商业地产资产运行中资金运动的表现。

内容、载体、媒介，三位一体，缺一不可，最终支撑起了商业地产资产的价值。对内容、载体、媒介的经营并有增值目标的活动，就是商业地产资产管理的使命。

（二）商业地产的成本价值和公允价值

当有形资产的功能以货币量来表现的时候，有形资产的功能就反映为商品的交换价值。同样,当有形资产实物形态出现缺损的时候,通过货币量也可以交换价值的形式衡量出其价值损耗。商业地产资产就是这样。

当资产进入市场进行交易,它的价值表现为交换价值,也就是评估价值。

按照我国最新的会计准则中,将投资性房地产(即收益性物业)资产计量采用成本价值和公允价值两种模式。因此,在商业地产资产价值的计量(评估)中,可以采用成本价值计量和公允价值计量的模式。

在本章第二节我们分析了房地产的价值基础,功能价值就是资产主要的成本价值,而成本价值就是商品的价值本身,也就是商品**固有价值**,它是交换价值的基础。

而且,无论在商业地产资产采用哪一种后续计量模式,我国会计准则规定,**当取得投资性房地产时进行初始计量时,必须按照成本价值计量模式进行计量**。[①]

因此,在商业地产资产价值评价的具体实务中,无论采取哪一种资产计量方法,我们还是要熟悉成本价值评价的方法。

1．商业地产资产的成本价值

按照商业地产资产的取得方式,商业地产资产的成本价值按以下方法计算:

(1)外购商业地产资产的成本价值

外购商业地产资产的成本价值即初始计量的入账价值,包括购买价款、相关税费和可直接归属于该资产的其他支出。

(2)自行建造商业地产资产的成本价值

自行建造商业地产资产的成本价值即初始计量的入账价值,由建造该项资产达到预定可使用状态前所发生的必要支出构成。

这些必要支出包括土地费用、建筑安装成本、应予以资本化的借款费用和分摊的间接费用等。

在建造过程中发生的非正常性损失,直接计入当期损益,不计入商业地产资产的成本价值。

当商业地产资产起租后,进行资产价值的后续计量,应逐年计提固定资产折旧和递延资产摊销,然后计算净值;使用固定资产折旧和递延资产摊销进行重置后,根据重置价入账,再计算净值。

2．商业地产资产的公允价值

所谓商业地产资产的公允价值,通常是由资产价格评估机构进行评估

---

① 财政部. 企业会计准则第3号——投资性房地产. [J/OL]. 百度文库, 2018-9-7. https://wenku.baidu.com/view/03966f450812a21614791711cc7931b764ce7b3c.html

所取得的资产净值，它反映了商业地产资产的**赋与价值**，公允价值的性质是相对价值，因而是一种比较价值。商业地产资产公允价值的评估方法一般采用收益还原法。

采用商业地产资产公允价值的计量模式，就不依照规定计提固定资产折旧和递延资产摊销，而是在资产负债表日（一般是会计年度的最后一日）该资产的公允价值为基础调整其账面价值，公允价值与原账面价值之间的差额计入当期损益。

但资产持有人还是应从经营收入即租金中提取资金，利用资本性支出，对损耗的资产进行修复，以保持资产的价值生产能力。

根据我国会计准则的规定，自用房地产和作为存货的房地产都不作为投资性房地产，因而不能采用公允价值的资产价值计量模式，也就是说，自用或尚未起租的商业地产项目都只能采用成本价值计量的模式。[1]

会计准则还规定，采用公允价值模式计量的，应当同时满足下列条件：[2]

（1）商业地产项目所在地有活跃的房地产交易市场；

（2）企业能够从房地产交易市场上取得同类或类似房地产的市场价格及其他相关信息，从而对商业地产资产的公允价值作出合理的估计。

此外，商业地产项目的资产价值计量模式一经确定，不得随意变更。成本模式转为公允价值模式的，应当作为会计变更；而已采用公允价值模式计量的投资性房地产，不得从公允价值模式转为成本模式。[3]

二、商业地产的价值生产

商业地产的价值生产，是商业地产价值转化为经济成果的过程，也就是其经营过程价值投入和成果产出的过程，投入的是支出，产出的是收入。

与此同时，商业地产价值转化为经济成果的同时，其价值也在消耗当中。因此，商业地产的价值生产，同时也是对商业地产价值的再生产。

商业地产资产的经营收入包括财产性收入和服务性收入，其支出包括是资本性支出和服务性支出。

其中，财产性收入与资本性支出反映资产本身的生产经营过程。其主体是资产的持

---

[1] 财政部.企业会计准则第3号——投资性房地产.[J/OL].百度文库,2018-9-7.https://wenku.baidu.com/view/03966f450812a21614791711cc7931b764ce7b3c.html.

[2] 同上。

[3] 同上。

有人即业主。财产性收入和资本性支出是商业地产价值生产的价值量。其中,财产性收入(主要的表现形式是租金)即为商业地产的经济成果;而资本性支出则用于商业地产价值的再生产。

而服务性收入和服务性支出反映的是为保障资产的生产经营,必须开展的一系列服务活动而发生的收入和支出。其主体一般是业主所指定或委托的特定的服务主体,例如商业管理公司或物业管理公司。

(一)资产经营收入

资产经营收入是资产本身生产的成果,就是财产性收入。按我国"营改增"后现行税法,以11%的税率课以增值税。[①]

资产经营收入包括:

(1)租金收入;

(2)广告位租金收入;

(3)多种经营点位的租金收入。

广告位和多种经营点位所利用的场地属资产主体的资产,其租金收入也应属财产性收入。但在实务中,也有将其作为补贴计入管理服务机构的收入,只能视为业主将其权益的转让。

资产经营收入纳入NOI指标。

(二)资产经营支出

资本性支出及其他资产经营支出统称商业地产资产经营支出,包括资本性支出,商户装修补贴,出租单元、广告位和多种经营点位租赁酬金支出,筹备期的开办费,商业地产开发建设费用的摊销,物业财产险等。

按我国"营改增"后现行税法,资产经营支出属进项税额,应在增值税课税时予以抵扣。[②]

1. 资本性支出

资本性支出是指为维护和优化商业地产的技术资产,对开发建设过程中建造完成的物业的建筑及技术设施进行大中修、重置更新所发生的支出。

建筑及技术设施在使用过程中,会发生自然损耗,损耗的这部分价值转移到租金里。为了保持建筑及技术设施的技术性能,必须对这些损耗的部分进行大中修,以恢复其技术性能。如果建筑及技术设施的经济寿命已经终结,就必须对这一部分进行重置,也就是更新。大中修和重置,能够使物业的资产得到保值。

[①] 财政部、国家税务总局. 营业税改征增值税试点实施办法. [J/OL]. 中研网,2019-3-18. http://www.chinairn.com/hyzx/20190318/171658244.shtml.

[②] 同上。

在商业运营过程中，根据商业运营的需要还有必要增加投资，对这些技术设施进行技术改造，以提升和优化其技术性能。技术改造能够使物业技术设施得到资产增值。

物业技术设施发生的损耗都通过价值转移而转化为租金的收益，那么就应该从租金里提一部分资本性支出，来完成物业技术设施的大中修和重置更新。

因此，资本性支出的运用是商业地产的资产经营行为。

资本性支出发生在采用公允价值计量模式的情况下，反映为资产增减的纳入EBITDA（税息折扣及摊销前利润，Earning Before Interest, Tax, Depreciation and Amortization）指标，计入长期待摊费用的纳入NPI（物业净收入，Net Property Income）指标。

2．装修补贴

装修补贴，是一种维持租金标准不变的前提下，给予商户以一次性租金优惠的变通形式。因此，也列入资产经营支出计划，从租金中计提。

装修补贴发生后在采用公允价值计量模式的情况下，计入长期待摊费用，纳入NPI指标。

3．出租单元、广告位、多种经营点位租赁酬金支出和招商佣金

出租单元、广告位和多种经营点位租赁酬金及招商佣金，是商业地产资产经营单位支付给商业服务机构受托进行商业运营管理的酬金，计入资产经营支出。

出租单元、广告位和多种经营点位租赁酬金及招商佣金发生后在采用公允价值计量模式的情况下，计入资产管理费和招商佣金，纳入EBITDA指标和NPI指标。

4．筹备期的开办费

开业日之前的筹备期的开办费，应列入资产经营支出予以摊销。

开业日之前的筹备期的开办费在采用公允价值计量模式的情况下，计入长期待摊费用，纳入NPI指标。

5．商业地产开发建设费用的其他摊销

商业地产开发建设费用的其他摊销是指开发商业地产所投入的开发建设费用的摊销，这些应列入资产经营支出。

商业地产开发建设费用的其他摊销，在采用公允价值计量模式的情况下，计入长期待摊费用，纳入NPI指标。

6．物业财产险

应由物业财产所有人购买的财产险，应列入资产经营支出。

物业财产险应纳入NOI指标。

(三) 管理服务收入

管理服务收入是管理服务主体生产的成果,就是服务性收入。按我国"营改增"后现行税法,以6%的税率课以增值税。①

管理服务收入包含物业管理费收入,运营管理费收入,推广服务费收入,出租单元、广告位和多种经营点位租赁酬金收入和物业管理酬金收入,停车费收入。

(四) 管理服务经营支出

按我国"营改增"后现行税法,管理服务支出属进项税额,应在增值税课税时予以抵扣。②

管理服务经营支出包括日常管理基本费用支出,佣金及代理费用支出,营销推广费支出,运营管理费用支出,共用设施设备能源费用支出,共用设施设备维护保养费支出,秩序维护费用支出,保洁绿化费用支出,专用固定资产折旧费用支出及递延资产摊销费用开支,服务性保险费用支出等。

如果管理服务机构向租户收取的物业管理费、商业运营管理费、推广服务费以及向停车人收取的停车费不能弥补管理服务经营支出而由业主弥补的,业主弥补的部分列入经营成本和费用,纳入NOI指标。

---

① 财政部、国家税务总局. 营业税改征增值税试点实施办法. [J/OL]. 中研网, 2019-3-18. http://www.chinairn.com/hyzx/20190318/171658244.shtml.
② 同上。

第三章 可收益和再生产——商业地产不仅是房产更是资产

"商业地产不仅是房产,更是资产!"即使在增量时代,这也是一句口号。不过以增量思维来看,房产是实物,资产是票据。换句话讲,以增量思维,强调商业地产是资产,就是强调商业地产的金融属性。然而,存量思维定义的商业地产资产,它不仅是金融资产,更是实体资产;存量经济思维不仅强调商业地产资产的增值(increase in value),而且更要强调它的增殖(reproduce)。

第一节 作为房产的商业地产

一、房地产的基本概念

房地产(real estate)是土地及定着物和同地上利用相联系的地下改良物;同时,还包括以上组成部分所衍生的各种权利。它包括三个组成部分:

(1)土地(land);
(2)改良物(improvement);
(3)定着物(fixture)。

二、土地及其属性

土地是房地产的重要基础。

土地是由陆地表面各种自然环境因素,包括地貌、气候、土壤、地下水和植被等相互作用所形成的历史自然综合体。

土地的地学特征具有四维特性,即地表平面的变化、垂直方向的变化和随时间的演替。

土地具有其自然、经济、社会和文化属性。下面,我们重点阐述其自然属性和经济属性。

(一)土地的自然属性

(1)土地具有生产力。在非农业利用中,土地的物质结构及其表现的承载力是决定土地利用强度、建筑高度和建筑密度的重要指标。

(2) **土地具有固定性和区域性**。由于土地具有垂直结构，所以土地不像其他物质一样可以移动。土地的固定性也就决定了一块土地区别于其他土地，世界上绝不可能存在两块完全相同的土地，从而就产生了土地的区域性。土地的固定性和区域性使得土地评估变得异常复杂，房地产开发也很难借鉴以往或其他地块的开发经验，而应具体地块具体分析。

(3) **土地面积具有稀缺性**。由于地球陆地表面的面积是相对固定的，所以土地面积是有限的。随着人口增加，经济内容的不断丰富，土地表现出极大的稀缺性，土地稀缺性越强，土地价格就越高。这也是大城市地价高于中小城市地价，城市地价高于农村地价的重要原因。

（二）土地的经济属性

1. 土地是一种资源

资源是资产之来源。土地资源是指现在或未来能给人们带来收益的土地。有的土地资源即使当前不能被利用或可以被利用但不能获得经济收益，但人们仍然不愿意放弃对它的占有，这是因为人们期望在未来通过技术提升或经济方式涌现后，可以利用它并取得经济收益。土地的这种潜力或人们对土地未来收益的预期，使得土地资源变得异常重要。因此，**土地资源的内涵包含人们对土地当前和未来的经济评价**。

2. 土地是一种资产

土地资产是土地自然性状的经济表现或反映。在市场条件下，一切能够带来经济收益或未来可能带来经济收益的物质或信息、技术，同其所有者相结合，就构成资产，可以作为商品进行交换，土地也不例外。1988年宪法规定了中国境内土地的所有权同使用权可以分离，土地使用权可以依法转让，为境内土地使用权可以上市流通奠定了法律基础，也是对土地使用权财产属性的法律认可。一旦土地或土地使用权可以在市场上流通，土地所用者或土地权利所有人就拥有了土地这一资产。

三、作为商品的房地产类型

房地产是由土地及其定着物组成的。土地及其定着物不同的组合构成了不同类型的房地产，这样的组合构成了房地产的价值。这些房地产类型包括工业房地产、商业房地产、住宅和特殊房地产。

在这四个房地产类型中，特殊房地产包括两部分：一部分是历史文化建筑以及政府、宗教、学校等公共事业单位拥有的房地产；另一部分是部队营房。在我国，由于这些房地产不进入市场，因此不能作为房地产商品。能够作为商品的房地产类型，是工业房地产、商业房地产（即商业地产）和商品住宅。

（一）工业房地产

工业房地产主要是由工业生产的土地及其定着物所组成。工业生产的土地包含为适合工业生产的地质构造和地下水，还包括决定工业生产潜力和效率的土地改良物，如道路、下水道、地下电缆、地下煤气管道等；定着物即工业厂房以及为增加生产能力或改善生产条件的建筑设施。如果是出租经营的标准工业厂房，该工业房地产是**收益性房地产**。

（二）商业地产

商业地产主要由用于商业用途的土地及其定着物所组成，其土地改良物和定着物是最为复杂，因极具个性的商业用途而具有鲜明的专属性，其中定着物的含义不仅包括建筑设施，还包括独特的建筑空间尺度、交通流线和节点、精心塑造的场景、必要的公共服务设施以及外部永久性的商业标志。

（三）商品住宅

住宅是由以人类居住为主要目的的土地和建筑物所组成。房屋的造型、室内布置、景观以及生活服务设施是重要的定着物。

四、房地产的属性

房地产是由土地和具有特定使用功能的房屋建筑组成的，因而兼有二者的属性。同时，它又处于广泛的社会经济和社会生活关系之中，因而具有商品属性、财产属性、资产属性、社会属性和政治属性。以下，我们重点阐述它的商品属性、财产属性和资产属性。

（一）房地产的商品属性

房地产的商品属性在于，它具有价值和使用价值，并在交换过程中具有交换价值即价格。

1．房地产的使用价值

同一切商品一样，房地产要在交换过程中实现其交换价值，那么它就必须具有交换价值的物质承担者，也就是房地产的使用价值。什么是房地产的使用价值？房地产的使用和消费功能就是房地产的使用功能。按照马克思的话，"使用价值只是在使用和消中得到实现。不论财富的社会形式如何，使用价值构成财富的物质。"①

那么，房地产是如何在使用和消费中实现其使用价值的呢？以住宅、工业房地产和商业房地产为例，概括起来说：

（1）住宅满足了人们的居住消费；

（2）工业房地产在其研发和工业生产的过程中实现了对厂房等基础设施的消费，并在对厂房等基础设施的消费过程中实现了价值转移；

（3）商业房地产在办公、零售等商用过程中消费着房屋及设施设备，并在对房屋及设施设备的消费过程中实现了价值转移。

2．房地产的固有价值

房地产是劳动产品，因此它是有价值的。

定着物的形成是一个典型的生产过程，是通过人类劳动对物质材料进行加工、制造的过程，是将活劳动和物化劳动转化成为建筑物及附属设施的价值转移过程。**整个生产过程凝聚了人类劳动。**

同样，最终能够与建设目的相适应的土地改良物也是劳动产品，**同样凝聚了人类劳动**。关于土地改良物成为劳动产品，就是土地开发过程。

这里指的土地开发就是土地一级开发。土地一级开发，在我国是指由政府或其授权委托的企业，对一定区域范围内的城市国有土地、乡村集体土地进行统一的征用、拆迁、安置、补偿，并进行适当的市政配套设施建设，使该区域范围内的土地达到"三通一平""五通一平"或"七通一平"的建设条件。

事实上，土地资源的形成，不仅是自然过程，也是社会历史过程。所谓土地的区位和地段，不仅仅是一个自然地理概念，它还包括与之相关的人口聚集和繁衍，人类生产经济活动的开展，城市的形成，道路、桥梁、河流、植被、通信网络设施的逐步形成；往近了说，例如航空港、轨道交通的规划和建设，都对相关区域的土地价值的提升，产生十分重要的影响。这些都是土地资源形成的社会历史过程。土地资源形成的社会历史过程无不凝聚了人类劳动。通过漫长的人类社会历史的经济活动，纯粹的自然土地已经极为罕见，可以这样说，目前现状的土地资源已经成为劳动产品。

土地、土地改良物、定着物都凝聚了人类劳动，所以我们说，房地产是凝聚了人类劳动的劳动产品，所以它是有价值的。

（二）房地产的财产属性

财产作为**物**，是指物质财富，而且是具有金钱价值的物质财富。

---

① 卡尔．马克思．资本论（法文版中译本）[M]．中共中央马恩列斯著作编译局，译．北京：中国社会科学出版社．1983．

同时财产通过法律认可，也是一种权利，即所有权。所有权的权能包括占有权、使用权、处分权和收益权。财产所有权人依法可以保护财产遭受非法侵害，可以合法使用财产，可以行使质押、继承、赠与、转让，可以从财产的孳息中受益。

财产一般包括动产、不动产和知识财产。

财产所有权人为了行使对财产的权利，必须依法办理财产登记的权利，尤其对于不动产和知识产权，财产登记十分重要，这是行使财产权利的法律前提。当然，才会因此需要承担缴纳财产税的义务。

房地产除却商品及物质的一般特征，它还有两个重要特性：一是其价值量巨大；二是耐用，因此具有财产属性，并成为十分重要的一项财产，例如在英国，房地产价值占社会总财富的1/3。

正因为在财产序列中占据十分重要的地位，房地产也成为政府征收财产税的主要标的。

（三）房地产的资产属性

房地产除却财产的一般特征，还具有价值溢价的特征，这是它既具有财产属性又具有资产属性的基础。

资产既是财产，同时也不是财产。资产可以带来现金的流入；而财产是我们可以使用、可以支配、可以处置、拥有所有权的物质财富。

资产具有金融属性。所谓金融属性，就是资产无论作为货币资产还是实物资产，它会产生孳息。能够产生孳息的货币或实物就是资产。

货币能够产生孳息，也就是利息。这是一个经济现象，而且我们知道，利息是以时间进行度量的。但是，货币本身不产生孳息，产生孳息的机制是信贷。而信贷的基础是，借取货币的一方**有能力**增加新的财富。同样，实物成为资产，其根源在于资产能够产生新的价值增值。

房地产保值增值，这需要基础。土地资源具有稀缺性的自然属性，这是房地产能够实现价值增值的可能，但不是必然。那么，实现房地产价值增值真正的基础在哪里呢？就是人口和社会财富的增加，换句话说，就是人口和实体经济的增长。

对于所有房地产，无论是商品住宅，还是工业房地产和商业地产，人口和实体经济的增长，是它们价值增值的基础。

同时，对于工业房地产特定项目，其价值增值的基础还在于驻场经济主体工业产值的持续增长。对于商业地产特定项目，其价值增值的基础还在于驻场经济主体营业收入的持续增加。而工业房地产或商业地产特定项目，其承载的经济主体所实现的较高的工业产值或营业收入，使该特定项目价值增值具有了比较优势。

总之，房地产实现价值增值，是以房地产的重要组成部分即土地的稀缺性的自然属性，同时以人们对土地予以未来更高经济评价的预期即土地的经济属性为基础的。因此，房地产成为一项很重要的投资产品。

五、房地产的消费功能

所谓功能，即为满足需要所具备的主体条件。而消费功能，则是指为满足消费需求，消费品所具备的主体条件，一般指产品性能。

而房地产的消费功能，同样是为满足消费需求房地产产品所具备的主体条件。但是，房地产的消费比较复杂，主要是消费需求和消费者呈现出多层次化的现象。

商品住宅比较简单，商品住宅的消费需求就是居住。

而工业房地产和商业地产就比较复杂了。

工业房地产，特别是建立标准厂房的工业园区，其消费需求就分为两级：一级是园区厂房的租赁经营需求；二级是工业生产经营企业的工业研发和生产经营需求。

商业地产，其消费需求则分为两至三级：一是商业物业的租赁经营；二是商业办公楼驻场机构的办公经营、零售文旅商业体内承租经营者的经营需求；三是商业办公楼的访客来访办事需求、零售文旅商业体的最终消费者的消费需求。

这样，房地产消费功能就构成了很复杂的相互助益、有时也相互冲突的生态体系。

（一）商品住宅的消费功能

商品住宅的消费需求层次比较单一，就是居住需求。

对商品住宅的消费功能除了以安全性、便捷性、经济性、舒适性、精神满足性等比较概念化的描述外，需要确立若干个指标来体现其消费功能，例如：住宅区环境，如外部交通条件、生活便利条件、医疗救治条件、教育条件、绿化环境、抗干扰条件等；住房户型；住宅区建筑形式及外立面；住宅区景观、小品；住宅区保安设施条件；住宅区消防设施条件；住宅区供水、供电、供气、电梯、采暖通风、通信设施条件；住宅区会所及文化娱乐、配套服务设施条件；停车场设施等。

开发建设单位通常会根据消费功能的各项指标选址、确定规划技术条件和建造标准。业主即住户也会据此进行评价。

（二）工业房地产的消费功能

工业房地产的消费需求层次比较复杂，既有园区整体的租赁经营需求，也有驻园工业生产企业的生产经营需求。

因此，在确定工业房地产的消费功能指标时，不仅要依据驻园工业生产企业的生产经营需求，还要进行园区业态规划。根据不同门类、不同专业的供需关系，洞穿园区各个门类和专业的生态体系，形成园区各个业态相互助益而尽量避免相互冲突的租户组合。例如，任何一个主力生产厂家都需要机修、工装、包装、信息服务、配件供应、储存、集装箱或零担运输、报关等各种加工、维修和配套服务作为支持的。园区高水平的业态规划和运行，可以有效提升单个生产厂家的效率，减少成本，从而提升园区整体租赁经营的技术和经济水平的。

工业房地产同样需要确立若干指标来体现其消费功能，例如：工业园区环境，如货运站港口等外部交通条件；厂房空间和结构；建筑形式及外立面；园区供水、供电、供气、采暖通风、通信设施条件；园区各种加工、维修和配套服务设施条件；园区消防设施条件；园区保安设施条件；园区废水废料排放等环境保护条件；园区仓储条件；园区内部交通特别是货运电梯设施条件；园区生活服务条件、医疗救治条件、绿化环境、抗干扰条件；园区景观、小品；住宅区文化娱乐、配套服务设施条件；停车场设施等。

（三）商业地产的消费功能

商业地产的消费需求层次更为复杂，既有商业体整体的租赁经营需求，也有商业体内驻场机构、商户的经营需求，还有外部访客和最终消费者的消费需求。在商业地产中，零售商业地产和文旅商业地产的最终消费者的需求是重中之重。

在确定商业地产的消费功能指标时，同样不仅要依据商业体内驻场办公经营机构的经营需求、商业体商户的经营需求、访客来访需求和最终消费者的消费需求，还要进行商业体业态规划。例如在商务办公楼，金融、外交机构会极大激活一般企业的经营需求；在零售商业体，主力店的客源是商业体整体的客源流量的引擎。商业地产项目高水平的业态规划和运行，可以有效刺激最终消费者的消费，从而提升商业地产项目整体租赁经营的技术和经济水平。

商业地产同样需要确立若干指标来体现其消费功能，例如：商业体外部环境，如外部交通条件；商业体的空间布局、空间尺度、柱网和载荷等结构条件；大堂或中庭；建筑形式及外立面；商业体开口；商业体内部有助提升商业单元可见度和可达性的交通流线；商业体卫生间、哺乳间等设施；商业体充满个性的场景；商业体供水、供电、供气、采暖通风设施条件；商业传播和通信设施条件；商业体消防设施条件；商业体保安设施条件；商业体货运和垃圾储藏、转运和处理设施条件；商业体仓储条件；商业体标志、景观小品、休闲设施条件；结算和退换货服务设施条件；VIP服务设施条件；停车场设施等。

房地产消费功能的实现，最终目的是为了提供住宅最优质的居住服务、工业房地产中工业企业实现最大限度的工业产值、商业地产中企业和商户实现最大限度的营业收入。

六、房地产的投资功能及其与消费功能的关系

（一）房地产的投资功能

房地产具有投资功能。这种投资功能可以助推财富的快速放大。

房地产投资功能来源于两个重要条件：

1．土地自然资源的稀缺性

由于土地面积是有限的。社会经济活动的发展和人口的增加，使土地自然资源日益显现出稀缺性。

2．房地产是人类生产和生活的重要物质条件

尽管人类已经通过科学技术，产生出互联网等其他用于人类生产和生活的各种新的载体，但是在目前可以预期的未来一个时期，依附于土地的房地产仍然是人类生产和生活的基本载体。

（二）房地产投资功能与消费功能的关系

房地产消费功能是投资功能的基础。如果没有其消费功能的有效发挥，房地产的投资功能也就不存在了。

第二节　作为资产的商业地产

一、商业地产是收益性房地产

承认商业地产是资产，已经成为共识，这是因为商业地产具有收益

性。由于商业地产具有收益性，商业地产就可以成为金融资产。

（一）收益性房地产与租赁收益

收益性房地产，是指能直接产生租赁收益或其他经济收益的房地产。

这里包含了两个内容：一个是收益性房地产的概念和性质；一个是它的核心要素，即租赁收益。

1．收益性房地产的概念

收益性房地产与非收益性房地产的根本区别，在于其能产生经济收益。

经济收益的表现形式就是通过租金呈现的**租赁收益**。当然，租赁收益会出现许多变型的形式，例如业主与租户约定在租户的经营收入中进行利润分成。在许多购物中心，租金采用营业额扣点的形式，就是业主与租户商定的利润分成。

此外，对于具体的房地产来说，它是属于收益性房地产、还是属于非收益性房地产，不是看它目前是否正在直接产生经济收益，而是看这种类型的物业**在本质上是否具有直接产生经济收益的能力**。例如尚未出租或正在空置状态下的房地产，虽然尚未产生收益，但仍属于收益性房地产。

因此，收益性房产与非收益性房地产的根本区别，是该房地产能否增殖（reproduce），即能否产生以租赁收益为主要表现形式的经济收益，而不是该房地产产生非增殖性的价值增值。依赖资源稀缺性，通过炒房获得价值增值的房地产不是收益性房地产。

2．各种类型的收益性物业

只要是用于出租并取得租赁收益，无论是何种类型的物业，均属收益性物业，反之则都不是。

（1）工业房地产

工业房地产中，以标准厂房为代表，只要其建设目的是为了租赁，则就是收益性房地产；而工业企业自建的厂房及附属设施，只是作为生产资料直接使用而不是进行租赁经营的，则不是收益性房地产。

（2）商业地产

商业地产中，只要其建设目的是为了租赁经营，也同样是收益性房地产；而商业企业明确自建的商业建筑并明确用以自营，则不是收益性房地产。同样，机关、科教文卫等事业单位申报自建并完全自行使用的办公楼，也不是收益性房地产。

（3）住宅

商品住宅中，申建的服务性公寓是收益性房地产，而且其用地也是商业用地，划为商业房地产；建设目的为购房者自住的住宅则是非收益性的，用地亦为住宅用地。

非服务性公寓的普通住宅的出租情形比较特殊，单元业主在合法情形下亦可出租自己的房屋，但由于规划条件、配套设施等方面条件受限，加之无法以整个项目以资产形式整体打包运营，并不能产生整体资产运营所产生的价格溢价，其收益仅在于地租基础的部分，其价值有限。

3．收益性房地产是重要的投资产品

收益性房地产具有突出的资产属性，因此是十分重要的投资产品。

影响房地产功能价值和价格的因素有很多，例如区位、新旧程度、供求、物业管理等。

但对于收益性房地产，真正反映其价值的是**未来的预期收益**。不管怎样的资产，只要具有未来的预期收益，它才是合格的投资产品，投资者才会为了预期的投资回报对该产品进行投资。

作为投资产品，收益性房地产资产价值的高低，主要取决于以下三个因素：

（1）未来净收益的大小

未来净收益越大，资产的价值就越高。

（2）获得净收益期限的长短

获得净收益期限越长，资产的价值就越高，反之就越低。

（3）获得净收益的可靠性

获得净收益的可靠性越高，资产的价值就越高，反之就越低。

4．租赁收益的价值构成

租赁收益的价值构成当然包括房地产功能价值构成。

但是，房地产功能价值只反映了基础租金，并没有反映收益性房地产所承载的**实体经济活动所派生的租金溢价**，租金溢价的实质是**赋与价值**的产生。

所谓实体经济活动所派生的租金溢价，是指实体经济活动对收益性房地产产生附加值所派生出的新的价值。

例如商务办公地产稳定现金流的特性，例如服务性公寓资产运营中经营用户而不仅经营房屋对公寓个性化和专属性的打造，再例如零售商业生命体征在经营过程中体现的阶段跳跃性的特征，都对房地产价值产生了很大的附加值，从而产生了租金溢价。

所以，租赁收益的价值构成既包含了房地产由**固有价值**所派生的功能

价值，也包含了实体经济活动和资产经营活动在功能机制基础上并由消费行为赋与的**赋与价值**所产生的附加值。

(二) 收益性房地产与其承载的生产经营活动

1. 把收益性房地产作为对象进行经营，房地产经营管理与收益性房地产所承载的生产经济活动一般价值的生产

这里，有两个概念：一个是把房地产作为对象进行经营；一个是一般价值的生产。

物业管理的经典定义，是对建筑物及附属设施的管理，它的活动对象是**物**，既不是物所承载的**人**，也不是物所承载的**活动**，它的目的是为了物的保值增值。在这个概念基础上，对收益性房地产的管理，对象也是物，它的直接目的是出租物业使用权之后获得租赁收益。至于，物业承载的生产经营活动是承租方自己的事情。

所谓一般价值的生产，反映的是一般人类劳动，**所产生的价值反映为同区位、同地段、同类型房地产的平均利润。**

把收益性房地产作为对象进行经营，房地产经营管理与收益性房地产所承载的生产经济活动一般价值的生产过程中，就是把这两个生产过程**各自孤立起来**对待。

把收益性房地产和其所承载的生产经营活动各自分别孤立起来分析：

（1）收益性房地产所获得的收益就是出租房地产使用权所获得的租赁收益；

（2）而生产经营活动的价值生产是，一定的劳动投入加上一定的物质资源投入（包括租用该房地产所承担的租金）形成生产经营成果，这个成果扣除活劳动消耗和物化劳动消耗（其中包括为使用房地产使用权所支付的租金）就形成收益。

以这种方式组织起来的房地产经营管理所进行的一般价值生产，结论是，能产生**市场平均利润水平**的价值。

2. 把收益性房地产作为手段，把收益性房地产所承载的生产经济活动作为对象进行经营，房地产经营管理与收益性房地产所承载的生产经济活动超额利润的生产

这种经营方式，已经不仅仅是把对建筑物及附属设施作为活动的对象。房地产所承载的人和房地产所承载的活动都是经营和管理的对象。它采取的思维，是**经营用户**，而不是**经营房地产**。

把收益性房地产作为手段，把收益性房地产所承载的**生产经济活动作为对象**进行经营，房地产经营管理与收益性房地产所承载的生产经济活动价值的生产过程中，就是把这两个生产过程**结合起来**进行对待。这样的价值生产就是**超额利润**的生产。

以这种方式组织起来的房地产经营管理所进行的价值生产,能产生**高于市场平均利润水平**的价值即**超额利润**,超额利润的价值基础是生产经营活动所**赋**与的**价值**。

以这样的经营方式所产生的超额利润,其根源在于**房地产产品和服务给予所承载的生产经营活动以赋能**,使所承载的承载物价值得到很大挖掘。承载物的超额利润反哺房地产,实现了较高的租金成交额。

实现这种经营方式,有两个关键点:一是**用户的价值分析**是收益性房地产经营管理的出发点;二是这个收益性房地产是具备特定用户**个性化和专属性**的特征要求的。

(1)用户价值分析,是房地产经营管理的出发点

以这种经营方式,租金已经不是房地产经营管理者唯一考量的价值指标,房地产所承载的生产经营活动的各种经营指标(赋与价值的基础)是房地产经营管理者所需要考量的价值指标,例如:

①对于服务性公寓来说,租户群体是一个特定的、可以选择的圈层,其建立在比较趋同的价值观基础上的居住需求、情感需求、尊严需求、精神追求需求以及这个圈层成员结合所形成的共振效应,就是很重要的价值指标;

②对于工业园区来说,租户生产的产量、产值等,就是很重要的价值指标;

③对于商务办公楼来说,租户的营业收入、订单获得和融资,就是很重要的价值指标;

④对于零售商业地产来说,租户的营业额,商场的客流量、客单价和提袋率等,就是很重要的价值指标。

(2)建立符合特定用户个性化和专属性的产品和服务特征

符合特定用户**个性化**和**专属性**特征的房地产当然就不是一个简单的在市场上呈现成千篇一律景象的标准化产品。

在本章和第二章有关消费功能和以零售商业地产为例所讲到的房地产功能价值的有关内容中,我们已经描述了房地产特征。实际针对特定物业,就需要根据其市场定位,根据用户价值分析,进行个性化策划。

对房地产具体产品来说,空间、流线、场景、信息始终是凝聚各种消费功能和用户价值最关键的要素。根据针对特定用户所进行的个性化和专属性策划,确定和选择规划技术条件和房产技术条件进行设计和建造,并在资产运营过程中根据用户需求的变化进行升级和优化。

在此基础上,通过管理和服务体系的策划和实施,实现对用户个性化和专属性的服务。

3. 在动态条件下，收益性房地产的产品及其服务与所承载的生产经营活动的结合所进行的超额利润的生产

任何产业经济活动都有着自己的生命命态，无外乎经历产生、成长、成熟、衰退的全过程，但发展轨迹各不相同。因此，房地产产品和服务与所承载的生产经营活动的结合，也是一个动态结合的过程。

商务办公地产具有稳定现金流的特性，零售商业生命体征在经营过程中体现的阶段跳跃性的特征，这就是房地产产品和服务所承载的生产经营活动的动态特征。

房地产产品和服务与所承载的生产经营活动的结合，在动态结合过程中也需要结合这些动态特征。例如，房地产经营管理过程中，怎样控制租约期限，在经营服务过程中怎样控制品牌调整比例、调整和提高租金标准上涨幅度，按怎样的周期组织定位调整。

通过房地产产品及其服务与其承载的生产经营活动的动态结合，同样还能在动态变化中，以生产经营活动所赋与的赋与价值为基础，产生**更加高于**市场平均利润水平的超额利润。

二、商业地产的资产

（一）资产的基本概念

资产（assets）是指由过去的交易或事项形成的，由企业、自然人、国家拥有或者控制的，能以货币来计量收支的，预期会带来经济利益的资源，包括各种收入、财产、债权和其他权利。

1. 资产的本质属性

资产的概念包括这样一些内涵：

（1）**资产预期会带来经济利益**

这是资产最本质的属性。

所谓资产预期带来经济利益，是指资产直接或间接导致资金或现金等价物流入的潜力。这种潜力可以来自日常的生产经营活动，也可以是非日常活动；带来的经济利益可以是现金或者现金等价物，或者是可以转化为现金或者现金等价物的形式，或者是减少现金或现金等价物流出的形式。

如果某一项目预期不能带来经济利益，就不能将其确认为资产，前期已经确认为资

产的项目,如果不能再带来经济利益,也不能再将其确认为资产,而仅仅是权利。

(2) **资产应为企业、自然人、国家拥有或者控制的资源**

资产作为一项资源,应为企业、自然人、国家拥有或者控制,具体是指特定主体享有某项资源的所有权,或者虽然不享有某项资源的所有权,但该资源能被特定主体所控制。

通常在判断资产是否在时,所有权是考虑的首要因素,但在有些情况下,虽然某些资产不为特定主体所拥有,即特定主体并不享用其所有权,但特定主体控制这些资产,同样表明这个主体能够从这些资产中获取经济利益。

例如对于租赁资产,承租者虽不享有租赁物所有权,但该租赁物相关的风险和利益已经转移给承租方,所以承租方对租赁物虽然没有所有权但有控制权。

(3) **资产是由过去的交易或者事项形成的**

资产应当由过去的交易或者事项所形成,过去的交易或者事项包括购买、生产、建造行为或者其他交易(例如租赁)或者事项,只有过去的交易或者事项才能产生资产,预期在未来发生的交易或者事项不形成资产。

也就是说,资产必须是现实的资产,而不能是预期的资产。

例如,在商业地产证券化过程中,证券化产品选定的投资对象是**建成并已经投入运行**的存量商业地产,而往往不是**在建**商业地产项目。

2. 资产类型的划分

按照不同的标准,资产可以划分为不同的类别。按耗用期限的长短,可分为流动资产和长期资产;按是否有实体形态,可分为有形资产和无形资产。中国会计实务中,综合这几种分类标准,按其流动性通常可分为流动资产、长期投资、固定资产、无形资产和其他资产。

(1) **流动资产**

流动资产是指可以在1年内或者超过1年的1个营业周期内变现或者耗用的资产。包括库存现金、银行存款、短期投资、应收及预付款项、待摊费用、存货等。

(2) **长期投资**

长期投资是指除短期投资以外的投资,包括持有时间准备超过1年(不含1年)的各种股权性质的投资、不能变现或不准备变现的债券、其他债权投资和其他长期投资。

(3) **固定资产**

固定资产是指使用期限超过1年的房屋、建筑物、机器、机械、运输工具,以及其他与生产、经营有关的设备、器具、工具等。

(4) **无形资产**

无形资产是指为生产商品或者提供劳务出租给他人,或为管理目的而持有的没有实物形态的非货币性长期资产,例如已经获得权利的专利技术和商标。

(5) **其他资产**

其他资产是指除流动资产、长期投资、固定资产、无形资产以外的资产,如长期待摊费用。

长期待摊费用又称递延资产。递延资产是指不能全部计入当期损益,应当在以后年度内分期摊销的各项费用。

递延资产实质上是一种费用,但由于这些费用的效益要期待于未来,并且这些费用支出的数额较大,是一种资本性支出,其受益期在一年以上,若把它们与支出年度的收入相配比,就不能正确计算当期经营成果,所以应把它们作为递延处理,在受益期内分期摊销。

在商业地产开发和运营过程中,递延资产数量相当庞大,如开办费、装饰装修费用等,这些费用相当大,不能一次性计入当期损益,必须逐年长期摊销,按照权责发生制,列入递延资产进行长期摊销。

3. 资产的确认和计量

(1) **资产的会计确认**

按照中国的企业会计准则,符合资产定义的资源,还要在同时满足以下条件时,才能确认为资产:[1]

①与该资源有关的经济利益很可能流入企业

从资产的定义可以看出,能否带来经济利益是资产的一个本质特征,但现实生活中,经济环境瞬息万变,与资源有关的经济利益能否流入企业或能够流入多少实际上带有不确定性。因此,资产的确认还应与经济利益流入的不确定性程度的判断结合起来,如果根据编制财务报表时所取得的证据,与资源有关的经济利益很可能流入企业,那么就应该将其作为资产予以确认;反之,不能确认为资产。

②该资源的成本或者价值能够可靠地计量

在这里,所谓计量即资产计量,就是对资产加以量化。

---

[1] 财政部. 企业会计准则第3号——投资性房地产. [J/OL]. 百度文库, 2018-9-7.https://wenku.baidu.com/view/03966f450812a21614791711cc7931b764ce7b3c.html.

（2）资产的会计计量

对现实存在的资产，都可以通过资产负债表进行反映。资产负债表是企业财务报告三大主要财务报表之一。通过分析资产负债表，以正确评价财务状况和偿债能力。

资产的本质属性是预期的未来经济利益。既然是预期，就不是现实，这是资产负债表所无法计量的。

最恰当地反映未来经济利益的计量属性，应该是**未来现金流量现值**。但是，这一属性无法满足**可靠性**和**可验证性**的要求，因此，具体会计实务往往是从投入角度确定计量属性，以排除人为估计等因素，以确保可验证性。在中国的会计实务中，**资产的计量通常仍以历史成本属性为主**。

在经济环境发生了重大变化、特别是衍生金融工具广泛应用于企业经营活动中，企业所持有的资产的性质发生了变化。为此，一些国家的准则制订机构深度运用新的计量属性，以合理地反映企业所持有资产的价值。**公允价值**是应用较多的属性之一，20世纪80年代以后，美国、加拿大、英国等国的准则制订机构都同意将或准备将公允价值作为因衍生金融工具而形成的金融资产的计量属性。我国也在新的会计准则中，也尝试运用了公允价值的计量方法，但是，公允价值具有相对价值的属性，只是比较价值而不反映为实际价值量。

（二）有形资产的实物形态和价值形态

作为投资产品的房地产是有形资产。它不像股票、债券等证券类投资产品那样，只是货币资产，也不是无形资产。当然物业可以产生商誉，可以衍生出无形资产，物业的金融属性使其成为金融产品，通过股权投资、债权投资产生证券投资行为而反映为货币资产的形式，那只是物业有形资产的价值形态。房地产物业的根本还是有形资产本身。所以，我们分析和运用房地产这个资产，还是要从有形资产本身出发，而不能仅仅认知其某一个形态。

有形资产反映为实物形态和价值形态两种形态。例如商业地产中的商铺，**铺就是其实物形态**，是以面积为单位进行计量的；而**商则是其价值形态**，是以货币单位进行计量的。商铺这个有形资产中其实物形态和价值形态的相互关系，可以描述为——**铺是商的物质承担者，商是铺的价值表现形式**。

1．有形资产的实物形态即实体资产

有形资产的实物形态，也就是有形资产的物质形态。它具有具体的物质结构，并有其运动状态，并通过其主体条件即功能产生作用，这种作用

反映为这种有形资产的性能和功效。另一方面,随着性能的发挥,有形资产的机能会逐渐衰退,这是任何一种物质形态必然出现的自然过程。

(1) 有形资产是通过做功来体现其使用价值的

有形资产实物形态所体现的性能和功效就是它的使用价值。有形资产是以做功来体现其使用价值的,做功时产生的功效是以技术性能指标进行表现的。

以房地产为例,我们把物业的实物形态的性能可以用建筑主体的承载力、空间尺度,内部和外部交通组织的尺度和流量,电梯设备具有的运力,空调设备的制冷量等各种各样的物理量和几何量来展现物业的各种性能,这些物理量和几何量构成了物业的性能指标。

(2) 有形资产做功的过程也是其功能衰退的过程

有形资产实物形态发挥其使用价值,也是其价值转移的过程。这个价值转移,就是在它赋予使用价值的过程中,自身的价值也在不断地消耗,以致自身功能也在不断地衰退。

物业在使用过程中,逐渐老化、破损,出现性能缺陷,使用功能和功效逐渐缺失。例如建筑主体逐渐发生裂缝,装修也逐渐破损,设备故障率逐渐攀升,设备出力也逐渐下降。

2. 有形资产的价值形态即金融资产

有形资产的价值形态是有形资产功能的价值表现形式。对于投资产品,基于通过资产能够获得未来经济收益的预期,其价值形态反映为它可以是金融资产。

也就是说,当有形资产的功能以货币量来表现的时候,有形资产的功能就反映为商品的交换价值。同样,当有形资产实物形态出现缺损的时候,通过货币量也可以交换价值的形式衡量出其价值损耗。

(1) 有形资产交换价值的产生

有形资产是以做功来体现其使用价值的,当我们把它作为商品,其交换价值就以货币量反映为它所做的功。

同样以物业为例,停车场的容量和其车位周转,我们可以用物理量来表达它做的功,但当对停车收费的时候,停车费就体现为它所实现的商品价值;公寓里集中供应热水,我们可以通过热水的吨位表现供热设备所做的功,但当对其定价作为特定商品收费的时候,热水费就体现为它所实现的商品价值。而对整个物业,售价和租价都反映了建筑物综合产能的商品价值。

（2）有形资产的价值损耗

上面讲到，有形资产使用价值发挥过程中，其自身的功能也在同步衰退。这对于有形资产的价值形态也会有所表现，在资产价值采用成本计量模式的时候，其表现形式为固定资产折旧和递延资产摊销。

如采用资产价值成本计量模式，房屋和设备陈旧、功能出现缺损，就会计算固定资产折旧；装饰装修破损老化，会计算递延资产摊销。对于收益性物业，租金的构成里包含了所应计提的固定资产折旧和递延资产摊销。业主的租金净收益从总租金收入里剔除这部分内容，这部分内容被计提出来用于固定资产重置和房屋、装饰装修的修缮，以恢复其原有的技术性能。

由于物业使用，其功能价值被转化为租金收入，现在把这些转移出去的价值重新拿回来进行再生产，这就是价值生产和价值转移的过程。

3．有形资产价值形态与收益

收益性物业是投资产品，因而构成能产生未来经济收益的资产，收益性物业资产经营的目的就是为了产生收益。

那么，有形资产价值形态就是用货币量表示的有形资产创造收益的能力。

关于有形资产创造收益的能力，即所谓资产价值，有许多评估方法，包括收益法、成本法、市场法等，但从价值理论，而其中的成本法是从功能价值的分析作为基础，虽然不能作为最直接的评估方法，但却是资产价值理论的基础。

（三）商业地产资产的特殊性

商业地产资产是收益性房地产资产，它与一般有形资产、一般房地产资产在本质上是一致的。但是，它又具有极具特殊性。

1．商业地产资产实物形态表现出极其突出的技术复杂性

一般房地产通常包含建筑结构，给水排水、强弱电、采暖通风、电梯、消防、安防、智能等设施设备，景观、道路等技术内容，但商业地产尤其是零售商业地产所包含的技术内容更为复杂，仅建筑结构部分在建筑布局、空间尺度、载荷等关键要素上就极其讲究；在声、光、机、电等技术应用领域内容更是丰富，技术含量更高。

一般房地产中，建筑成本主要反映在主体工程方面，机电设备的资金需求占比较低，更不用说公共部分的装饰装修了；而在商业地产尤其是零售商业地产中，各种机电设备所需建设资金占比明显提高，而且公共部分内部装饰装修所需建设资金占比尤其庞大。

2．商业地产资产运营与其承载的各类生产经营活动形成不可分割的整体

经营用户，而不仅是经营建筑物，这是商业地产资产追求超额利润所必需的。

3．商业地产所承载的各类产业生产经营内容必须形成丰富的业态组合

零售商业地产需要通过租户组合实现同类零售聚集效应、非同类零售聚集效应和主力店外部聚集效应自不待言，商务办公地产产品的租赁经营也同样要通过租户组合实现同类产业聚集效应、非同类产业聚集效应和金融、外资等主力店聚集效应。服务性公寓同样要进行租户组合。

而且，商业地产资产所承载的各类产业类型极其丰富，除了重装制造业，几乎能够涵盖国民经济各个部类和专业，每一个商业体基本上都呈现产业集群。

因此，商业地产整体资产就显现非常复杂的形态。

4．基于商业地产个性化专属性特征，无法简单按工业品进行标准化制造

所以，商业地产项目，特别是零售商业地产项目通常采用先租后建的方式开发和运营。

5．商业地产资产周期必须服从于商业周期

建筑寿命，包括设备设施寿命远长于商业周期，以至建筑及设备产能尚未耗尽，为了适应商业市场，促进商业地产资产的动态发展，拆除改建几乎成为商业地产资产的常态。这也给商业地产资产经营增加了复杂性。

6．收益导向是商业地产资产经营最为突出的特性

与其他物业相比较，商业地产资产所能产生的价格溢价是极其突出的。

虽然成本法是从功能价值分析的方法论出发，但商业地产已经不是一个简单的工业化产品，数理建模极其困难，这也是商业地产资产估值只能采用收益还原法的原因。

综上所述，商业地产资产经营要以工业化思维为基础，但一定要超越于工业化思维。

第三节 商业地产资产的技术形态

商业地产有形资产有许多特点，包括价值量极大、组成结构和功能丰富、技术复杂程度高、生命周期较长、动态运用过程变化较多、控制层面较多等，因此技术管理强度很大，在资产管理中技术管理与财务管理处于同等重要的地位，商业地产实体资产的技

术逻辑是不以商业逻辑和金融逻辑为转移的，应该得到尊重和重视。

商业地产技术形态的一个突出特征，是其再生产性。再生产性决定了，商业地产不是简单的金融资产，而且它是重要的技术资产。因为一般的金融资产，如证券、期货和收藏品，它们是不具备再生产性的，也就是说，它们可以增值，但无须增殖。

一、商业地产资产技术系统

商业地产技术系统是由建筑主体结构、装饰装修、设施设备共同组成的。

（一）商业地产技术系统的内容

1．建筑主体工程

建筑主体工程包括各建筑单体的基础、承重构件、非承重墙、屋面、楼地面。

（1）基础，其主要技术性能是承载能力，无超过允许范围的不均匀沉降。

（2）承重构件，包括梁、柱、墙、板等，其主要技术性能是承载能力，无倾斜变形、裂缝、松动、腐朽、蛀蚀等。

（3）非承重墙，其主要技术性能是牢固，无风化、渗漏、裂缝、松动、腐朽、蛀蚀等。

（4）屋面，其主要技术性能是不渗漏，基层平整完好，排水畅通等。

（5）楼地面，其主要技术性能是平整完好，无空鼓、裂缝、起砂、碎裂等。

2．装饰装修工程

装饰装修工程包括室内、室外、卫生间等各类空间的地面铺装、墙柱面装饰、天棚装饰、门窗、装饰性照明、其他装饰等组成。

（1）地面铺装，主要包括地砖、大理石、花岗石、木地板、固定式地毯地垫、踢脚线等材质组成的地面装饰，其主要技术性能是美观，平整完好，无破损、裂缝、松动、腐朽等。

（2）墙柱面装饰，主要包括乳胶漆、玻化砖、不锈钢铝板等金属板饰、墙柱面隔断、墙柱面玻璃饰面等各种材质的墙柱面装饰，其主要技术性能是美观，平整完好，无破损、裂缝、松动、腐朽等。

（3）顶棚装饰，主要包括顶棚面涂料、顶棚吊顶石膏板饰面、顶棚吊顶矿棉板饰面、顶棚吊顶金属板饰面、穹顶玻璃饰面等天棚装饰，其主要技术性能是美观，平整完好，无破损、裂缝、松动、腐蚀等。

（4）门窗，主要包括饰面暗门、钢化防火玻璃地弹门、成品木质饰面门、成品金属门套等门窗工程，其主要技术性能是美观，平整完好，开关灵活，无破损、裂缝、松动、腐蚀等。

（5）装饰性照明包括各类金卤灯、LED灯、节能灯、碘钨灯等，其主要技术性能是美观，完好，照度、色温、显色指数和重点照明系数符合定位和运营需求。

（6）其他装饰包括栏杆扶手、装饰线条、铝合金风口、地面变形缝装饰等，其主要技术性能是美观，平整完好，无破损、裂缝、松动、腐蚀等。

3. 机电设备工程

机电设备工程包括变配电、弱电、消防、采暖通风、给水排水、电梯。

（1）变配电，主要包括高压配电设备、各级低压配电设备及送电管路，另外还有备用发电设备。其主要技术性能是供配电质量符合要求，设备完好，无设备缺陷，故障率受控。

（2）弱电，主要包括门禁、红外报警、背景广播、电视监控、燃气报警、停车场管理等设备及管线。其主要技术性能是可靠性、灵敏度、稳定性符合要求，设备完好，故障率受控。

（3）消防，包括消防火灾报警、自动喷淋灭火、消火栓灭火、防排烟、防火卷帘、消防广播、消防联动、应急照明和疏散指示等设备和管线。其主要技术性能是可靠性、灵敏度、稳定性符合要求，设备完好，故障率受控。

（4）采暖通风，包括中央制冷制热、新风和排风、空调水系统、区域空调柜、末端空调设备、遮阳帘、油烟过滤排放等设备、管路。其主要技术性能是制冷（制热）能力符合设计要求，设备完好，治污指标受控，故障率受控。

（5）给水排水。给水包括市政供水、水泵供水、消防供水、空调补水的设备和管路；排水包括普通生活污水、餐饮油污、卫生间粪污水和雨水排放的相关设备、设施和管路。其主要技术性能是供水能力符合设计要求，设备完好，治污指标受控，排水通畅，故障率受控。

（6）电梯，包括客梯、货梯、观光电梯、自动扶梯和自动人行道。其主要技术性能符合设计要求和安全要求，设备完好，故障率受控。

除了上述保障基础物业管理所需的设施设备，商业地产项目为使所承载的生产经营活动得以进行，还会增加许多技术设施，例如客流计数、POS、商业数据信息管理、多媒体查询等商业信息技术系统，服务台、商业广播、VIP中心、导购、导视、换尿片室、哺乳室等服务设施，大型LED屏和多媒体播放设备和舞台等传播技术设施，多媒体广告、霓虹灯广告、灯箱广告、美陈吊挂、商业标志物等宣传推广服务设施，垃圾房、卸货平台等配套服务设施。有许多设施设置需要建筑物本身的支撑，需要业主投资兴建。

（二）商业地产资产技术系统的特点

与所有房地产产品即物业的技术系统一样，商业地产资产技术系统也有在其较长的生命周期里从磨合走向成熟、从成熟走向衰弱以至死亡的过程，必须通过不断投资，进行其再生产，恢复乃至优化它逐步丧失的机能。

除此之外，同类型的物业相比，商业地产资产的技术系统有其自身的特点。

1．资产的价值量尤其庞大

其自然寿命仅为10年左右的机电设备的成本比重加大，例如一个10万平方米建筑规模的购物中心，电梯往往就需要数百台之多；巨大的商业空间需要制冷量巨大的中央制冷机组。

而且，商业地产资产中，装饰装修的成本占比尤其大，单方造价一般不会低于建筑成本。

2．资产的组成结构和技术复杂程度很高

商业地产项目各种专业设备运用之广泛已自不待言。而且，不仅运用工业与民用建筑的技术，还需要使用声、光、机、电灯各种专业技术，商业空间中进行全域照度分析已经是很正常的事情，目前以全息投影为代表的最新光学工程技术也在商业空间中得以应用。

3．商业地产资产的动态运用过程变化较多

商业地产资产所承载的商业活动日益展现出日新月异的景象，这与工业房地产所展现的相对确定的生产经营条件迥然不同。

商业周期不断缩短，商业地产所承载的商业经济现象不断更新，也就要求商业地产资产所提供的技术条件也必须经常发生变化。

4．商业地产资产的控制层面较多

商业地产资产在租赁过程中使用权主体的转换，意味着商业地产资产的控制权也在发生转变。这是商业地产领域具有的独特现象。如何在控制权层面较多的情况下，确保资产的安全，是商业地产资产管理的一个重要课题。

二、商业地产资产技术系统的动态运用和变化

商业地产资产经营过程，是它的一个生命历程。从开业起，经历培育

期、成长期,再到成熟期,随后迈向衰退,然后是复苏和重生,循环往复。其技术系统也一样,伴随着资产的这个历程,从磨合期到成熟期,从成熟期到衰弱期,直到死亡和再生。这就是一个动态过程。

对资产生命过程的经济历程和技术系统的历程,我们进行结合。商业运营活动有经营调整即品牌调整和定位调整,商业地产资产的技术系统也有恢复和优化的过程。

(一) 商业地产资产技术系统在使用中损耗以及损耗的恢复

商业地产资产的技术系统在投入使用后,就开始进入自然损耗阶段。损耗速度最慢的是土建部分,比土建部分损耗快的是设备部分,而装饰装修部分的损耗速度最快。

损耗的现象,就是磨损、破损、老化,还有机能的下降。因此,恢复的方法是两个:一个是日常维修养护;一个就是大中修或修缮。日常维修养护,费用从**营业成本**里来;大中修和修缮,就需要由业主动用**资本性支出**了。

维修养护和大中修、修缮,在项目和内容上有明确的界定,需要业主的资产管理部门进行把控,这里不赘述。

但无论是维修养护,还是大中修、修缮,性质是明确的,那就是恢复,目的是使技术设施恢复正常的性能。

但任何技术资产都是有寿命的,寿命到了就得死亡。无论是维修养护还是大中修、修缮,除了为了使技术设施恢复正常的性能之外,还有一个目的,就是避免它提前死亡。

技术资产死亡了怎么办?就得再生,这个再生过程,就是**重置更新**。技术设施重置更新,需要由业主动用**资本性支出**了。

在资产价值采用成本价值计量的模式下,业主要计提固定资产折旧、递延资产摊销和设立大修理基金,固定资产重置所用资金,从固定资产折旧费里开支;装饰装修等递延资产重置要进行递延资产摊销;设备大中修,其资金从大修理基金中列支;房屋修缮要进行递延资产摊销。

在资产价值采用公允价值计量的模式下,所有的设备大中修、房屋和装饰装修的修缮,所有土建、设备、装饰装修的重置,全部都动用资本性支出。

业主的资产管理部门要计划、使用和控制固定资产折旧费、大修理基金或资本性支出的使用。

（二）商业地产资产技术系统在经营的动态发展中优化

商业地产资产技术系统在损耗中恢复，只是商业地产资产的**简单再生产**，现在再来看商业地产资产的**扩大再生产**。

商业地产资产在运营过程中，商业地产资产所承载的商业活动日益展现出日新月异的景象，消费不断升级，新的经济现象层出不穷，新型消费业态和新的支付方式不断涌现，商业周期有不断缩短的趋势。

基于这样的变化，商业地产资产的技术系统必须进行调整。事实上，在实践中，我们可以发现，几乎所有运营中的商业物业没有不经常进行技术改造的。各种技术设施包括承重构件在特殊要求下都不得不进行改造。

市场发生变化，商业地产项目需要进行经营调整，包括品牌调整和定位调整。毕竟品牌调整只是一个战术性调整，商业地产项目不允许停业进行大的技术改造，而定位调整就很关键和重要了。这是商业地产资产技术系统进行升级的关键时刻。

定位调整是一个战略调整。如果一个商业项目到了需要调整定位的阶段，那么就意味着这个项目必须进行全局性的调整了。从性质上说，是这个项目的基本性质要发生大的改变；从技术层面说，这个项目的建筑规划也有必要进行一次改变。

然而，对于一个商业项目来说，在漫长的生命周期里，不进行若干次定位调整是不可能的。因为在那么长的时间里，整个行业、区域性市场的功能、消费者需求、竞争对象、服务内容都在发生着若干次根本的改变。

1. 对定位调整的认知

经营调整，一般分为定位调整和品牌调整。品牌调整是"定位不变"的战术性调整，通常包括临时调整、季节性调整和合同期调整，需要进行经营业态调整和租户品牌调整。而定位调整则是战略性调整，也是颠覆性调整。[①]定位调整的特征差异在于：

（1）定位调整要作定位上的改变；

（2）定位调整有可能需要调整主力店；

（3）定位调整往往需要建筑规划需要作大的调整。定位调整，需要建筑布局作出调整，空间形态需要调整，交通组织需要调整，外立面也许也要进行调整，具体技术设施和装饰装修那是基本上全部要调整；

（4）定位调整需要项目全部或者局部停业。

2. 定位调整中建筑技术条件调整

根据定位调整的需要，应对项目空间形态、布局、动线、内部装饰、

---

① 郭向东，姜新国，张志东. 商业地产运营管理［M］. 北京：中国建筑工业出版社，2017.

铺面划分、设施设备等进行规划调整。

3．商业地产资产技术系统优化是资产价值增值的物质保证

商业地产资产技术系统在商业地产资产生命周期的每一次优化，都能增大资产的盈利能力。而在定位调整中所进行技术设施的系统性优化，是商业地产资产在商业生命周期里迈向衰退时使资产获得重生，是资产的再生产。

4．商业地产资产技术系统优化的资金来源

商业地产资产技术系统优化及升级改造，已经突破了初始投资时产品的设计要求，因此是扩大再生产。

在商业地产资产采用成本价值计量的模式时，已经不能从折旧费中提取，而必须是业主的追加投资，其形成资产的增量为资产成本价值的增值，在固定资产台账上重新登记，以确认资产增值的实际。

在商业地产资产采用公允价值计量的模式时，通过资产负债表日公允价值评估时，确认为资产增值。

三、租赁资产的控制是商业地产资产管理的关键点

与一般物业不同，商业地产资产运营过程中，是把使用权租赁给租户使用的，也就是说，在租赁期限里，租赁资产的控制权通过租约转移到租户手上了。这就带来了资产的风险。

在日常生活中，我们把自己的汽车长期租赁出去，可以想象一下这辆汽车会不会在租户手上其性能会比我们自用时衰退得厉害，是不是很快就需要大中修，车辆的寿命会不会大幅度减少。

共享单车作为互联网经济的产物也是如此，实际上它是共享单车平台提供给公众的租赁物。但用户通过互联网下订单之后，他就取得了租赁物的控制权。但是目前的互联网技术尚不具备控制用户对租赁物的使用行为，所以用户可以不受约束地对单车进行掠夺性使用，单车损坏的现象十分严重。

所有的租赁物都存在这样的风险，因为任何租赁物的租赁，在租约里都会规定，即便租户控制了租赁物的使用权，负责对租赁物的使用和日常维护，但大修理费、重置更新费都是由所有权人承担的。

商业地产资产与一般物业资产不同，除了集中使用、维护和管理的供配电、中央空

调、消防报警主机等共用设备和公共场地以外,大量场地和设备是作为租物为承租者所直接使用的。当然,租约会规定,租户有义务正确使用并维护租赁物,但如果没有监管,业主怎么会控制住租户是如何使用和维护租赁物的呢?

在商业地产项目中,租户承租的租赁物是其租赁区域内的房屋和设备。

对于服务性公寓来说,租户承租的租赁物是租赁单元的房屋,业主出资形成的装修和消防喷淋头、感烟探测器、照明开关、空调开关等末端设备。

对于办公楼和商场来说,小租户承租的租赁物一般是租赁单元的房屋和消防喷淋头、感烟探测器、照明开关、空调开关等末端设备。

但对于办公楼和商场来说,大客户和主力店就不一样了。承租户承租的租赁物除了房屋和末端设备,还有租赁区域里的区域空调机柜、消防卷帘以及租赁区域里的所有配电箱和管线。特别大的主力店如百货、家居商场和大型超市,租赁物可能还包括高压配电房、中央空调机组及机房、垃圾房和卸货平台。

这些都是业主出资形成的技术资产,出租给大租户租赁使用,由大租户的物业管理机构使用和管理、维护,由业主出资进行大中修、修缮甚至当在租赁期限内提前报废时由业主出资重置。事实上,控制权一旦转移,业主基本上失控。因此,租户对业主提供的租赁资产进行掠夺性使用便成为常态。

承租者对承租的租赁资产展开掠夺性使用,不仅严重危害整个商业地产项目的安全运行,并且将造成业主持有租赁技术资产物理寿命的减少,技术资产价值急速贬值。

商业地产租赁资产被掠夺性使用通常出现以下状况:

(1)租赁设备运行环境安全条件恶劣;
(2)租赁区域内的租赁设备机房被不合理地占用;
(3)租赁场地、设施和设备缺乏必要的维护保养;
(4)租赁场地和设备存在大量的安全隐患。

因此,有效监管租赁资产,就成了商业地产资产管理很重要的任务。具体内容在第八章的章节中展开。

第四章 不同类型商业地产的经济特征

本章阐述零售商业地产、商务办公地产和服务性公寓三种类型商业地产宏观经济表现、以存量经济呈现的价值特征以及存量商业模式的经济变量及其运行方式。从我国商业地产实践情况来看,持有型零售商业地产和持有型商务办公地产表现出存量经济的一般经济特征,而服务性公寓以存量经济模式运行仍然具有很大困难,不得不借助增量经济模式从而呈现出略显扭曲的状态。

第一节 不同类型的商业地产

一、商业地产种类划分

商业地产种类划分,一是用地性质划分,二是属性和用途划分。

(一)商业服务业设施用地划分

在我国,按照用地性质划分,商业、商务、娱乐康体等设施用地(不包括居住用地中的服务设施用地)均属商业服务业设施用地即B类用地,包括:

1. B1类商业及餐饮、旅馆等服务业用地

包括B11类以零售功能为主的商铺、商场、超市、市场等零售商业用地;B12类以批发为主的市场等批发市场用地;B13类饭店、餐厅、酒吧等餐饮用地;B14类宾馆、旅馆、招待所、服务型公寓、度假村等旅馆用地。

2. B2类金融保险、艺术传媒、技术服务等综合性办公等商务设施用地

包括B21类银行、证券期货交易所、保险公司等金融保险用地;B22类文艺团体、影视制作、广告传媒等艺术传媒用地;B29类贸易、设计、咨询等技术服务办公等其他商务设施用房。

3. B3类娱乐、康体等设施用地

包括B31类包括剧院、音乐厅、电影院、歌舞厅、网吧以及游乐等娱乐用地;B32类赛马场、高尔夫、溜冰场、跳伞场、摩托车场、射击场,以及通用航空、水上运动的陆域部分等康体用地。

4. B4类零售加油、加气、电信、邮政等公用设施营业网点用地

包括B41类零售加油、加气以及液化石油气换瓶站等加油加气站用地;B49类独立地段的电信、邮政、供水、燃气、供电、供热等其他公用设施营业网点。

5．B9类业余学校、民营培训机构、私人诊所、殡葬、宠物医院、汽车维修站等其他服务设施用地

(二) 商业地产属性和用途划分

商业地产属性和用途，主要区分是自用（自营）、还是通过租赁进行经营。后者的性质为收益性房地产，即以出租房屋获得租金收益为目的的房地产。以下所称商业地产概指后者，即收益性商业地产。

(三) 商业地产属性和用途的种类划分

结合上述商业服务业用地性质和商业地产属性和用途划分，商业地产可主要划分为：

1．零售商业地产

其中，可包含零售，批发市场，并可包含在零售商业体内餐饮、娱乐、康体和其他生活服务类的多种类型和经营业态。

零售商业地产根据其商业布局可细分为购物中心、商业步行街。根据商业形态可细分为商场（含综合性百货商场、专业商场和主题商场）、超级市场、批发市场（包括综合性市场和专业市场）、汽车集合商业［包括城市店含4S店、汽车大道、汽车MALL、汽车主题公园、奥特莱斯（outlets）］和社区商业（包括邻里中心）。

2．商务办公地产

商务办公地产以商务办公为主要功能，并聚合金融、外事、小型零售、餐饮、会议、商务酒店、娱乐、康体、小型诊所等多功能配套服务为一体的商务空间。

3．服务性公寓

服务性公寓，一般亦称为酒店式公寓，以提供长短住宿为主要功能，并聚合零售、经济型酒店、餐饮、社交、娱乐、康体、小型诊所等多功能配套服务为一体的商务社交住宿空间。

4．文旅产业园

文旅产业园，以文化艺术创作、交流、演艺和展览为主要功能，并聚合文旅零售、餐饮、娱乐等多功能配套服务为一体的文化创作旅游展览空间。

在国内，商业地产通常狭指零售商业地产和文旅地产，而把商务办公地产产品和服务型公寓狭指为商务地产，但现在随着产业交织，大型城市综合体一般都基本包含了上述所有内容。所以，广义上的商业地产泛指上述所有内容。

基于文旅地产具有极其特殊的属性,本书暂不讨论。本书讨论的内容主要包括零售商业地产、商务办公地产和服务型公寓。

二、不同类型商业地产的特征

商业地产资产特征有许多是不同类型商业地产的共同特征,有些特征在有些类型商业地产中比较突出,在别的类型就不一定特别突出。

各种类型商业地产的共同特征是:

(1)它们都是以租赁经营为自己的经营方式,主要营业收入表现为租金的形式;

(2)在此基础上它们的资产价值都是以租赁净收益来体现,并获得资产价值的增值;

(3)为了获得超额利润,各种类型商业地产资产的经营必须以资产所承载的承载物的产业经营活动构成不可分割的整体;因此,其资产所承载的各种产业经营活动构成了丰富的业态组合;

(4)各种类型商业地产资产应呈现出自己的个性化、专属性的特点;其资产的周期运用要服从于其资产所承载的各种产业经济活动的经济周期。

下面,我们重点讨论商业地产各种类型产品的不同特征。

(一)零售商业地产的特征

零售商业地产是各种类型房地产中技术复杂程度最高,系统集成度最高,对消费市场灵敏度极高,对所承载的零售商业依赖程度最高,其收益性不确定,在可能的条件下资产价值溢价能力最强的产品。它具有以下独特特征:

1. 对人口及购买力、消费升级和商圈升级具有极高的依赖性

零售商业地产对于宏观经济形态的依赖,在对GDP总量及其增长的反应是不如商务办公地产那么灵敏,而且具有延时现象。

但是,零售商业地产对于人口数量、购买力以及消费者的消费偏好反应是极其灵敏的,依赖程度极高。

此外,零售商业地产及其所承载的零售商业的商业形态变化非常依赖消费升级、商圈升级的状况,需要随时进行响应。

2. 经济周期取决于零售商业,依赖消费比重

零售商业地产的经济周期完全取决于零售商业的商业形态的经济周期,周期较短,

变化多端。

同时，在投资和消费的关系中，零售商业经济高度依赖消费。所以，货币量中消费占比优先于投资占比的情形下，零售商业经济态势更好。正基于此，在投资扩张的情形下，特别是房地产投资过热的情形下，零售商业经济会受到抑制，零售商业地产也会受到抑制。

3. 技术复杂程度最高，系统集成度最高，功能要求最为健全

零售商业地产具有最完整、最丰富技术体系，而且由于经营业态的丰富、复杂和紧密的相互作用，技术系统的系统集成程度非常高，呈现出在空间组织和时间组织的复杂性和多样性。内部运行机制中，其资产的有序运行取决于整个技术系统运行的有条不紊。

4. 对租户组合要求极高

由于同类零售聚集效应、非同类零售聚集效应和主力店外部效应的作用，对于零售商业地产来说，经营业态的周密规划和组织是整个资产运行的关键，也是资产质量的基石，是收益的保障。每一个铺位的位置、面积、所选择的业态品类和品牌，所有经营业态品类品牌的比例，每一个品牌的租金、租期，都会对全局产生致命的影响。

5. 高度依赖出租率

正因为由于同类零售聚集效应、非同类零售聚集效应和主力店外部效应的作用，零售商业地产的整体性运营至关重要，出租率高低关系重大，特别对于集中式商业地产，项目一般必须整体隆重开业。

同时，商业零售地产需要强大的营销推广来进行助推，传播的作用极其重要。

6. 物业管理要体现系统性的组织能力，需要相当强的专业技术能力

由于零售商业地产技术系统技术复杂程度最高、系统集成度最高的特点，就对物业管理提出了特别的要求。

一方面，由于零售商业地产的技术应用领域极其广泛，物业管理就需要相当强的专业技术能力。

另一方面，由于零售商业地产的运行涉及各个经营业态跨时空的交叉结合，需要运行管理中各种介质和对象的空间组织能力和时间组织能力。这也是零售商业地产的运行管理实务中大面积摒弃目标管理原则而必须采取过程控制的原因。

7. 现金流表现

由于零售商业消费市场瞬息万变，商业经营变化多端，零售商业地产的资产经营收益表现出非常大的不确定性。因此，零售商业地产的现金流表现是不稳健的。

但是，由于消费升级跳跃性特征，合理运用租期控制和换租控制，会使租金收益呈现阶段性跳跃性增长，在所有收益性房地产中，其资产价值溢价的潜力也是最大的。这就需要零售商业地产的经营管理者有很强的市场驾驭能力。

（二）商务办公地产的特征

商务办公地产具有以下独特特征：

1. 对GDP、企业数量和质量、当地资金规模、当地投资环境具有高强度的依赖性

商务办公地产首先依赖于GDP指标，无论是GDP总量、还是GDP增长，无论是整个经济体的GDP总量和GDP增长、还是地区的GDP总量和GDP增长。整个经济体的GDP总量规模较高，经济体所覆盖的各个地区的商务经济才有广泛的基础；地区的GDP总量规模高了，该地区的商务经济才有广泛的基础；整个经济体的GDP增长较快，经济体所覆盖的各个地区的商务经济才有广泛的潜力；地区的GDP增长快了，该地区的商务经济才有广泛的潜力。

GDP总量还决定了当地企业的数量和质量，对商务办公地产来说，它的主要用户就是企业。因此，当地企业注册的数量和增长潜力，是决定当地商务办公地产存在和发展的直观依据。

决定具体地区和城市商务经济和商务办公地产存在规模与发展潜力的还有该地区和城市的资金规模，资金规模主要通过当地银行等金融机构的资金运行总量展现。

影响具体地区和城市商务经济和商务办公地产存在规模与发展潜力的因素还有当地投资环境，包括税收等国民待遇。

2. 经济周期长，依赖投资

商务办公地产及所倚靠的商务经济由于依赖社会经济环境，所以鉴于社会经济的经济周期，其经济周期较长，波长长度与国民经济周期相似，相位差较小。

同时，在投资和消费的关系中，商务经济高度依赖投资。所以，在投资扩张即在货币量中投资占比优先于消费占比的情形下，商务经济态势更好。正基于此，在投资扩张的情形下，商务办公地产的前景较好。

3. 服务功能健全

商务办公地产的内部机制中，其资产的优劣取决于其楼宇服务功能的优劣。建筑的内部空间状况，机电设备的配置，停车场的配置，金融、外事、小型零售、餐饮、会议、商务酒店、娱乐、康体、小型诊所各项服务功能是否健全，决定了资产的品质。

4．对租户组合有一定要求

商务办公地产对租户组合有一定的要求，有使领馆、中外银行等大型金融机构、世界五百强企业等租户一定占比，对各种租户是有吸引力的，而且会提高租金溢价。

5．有一定的经营自由度

相对于零售商业地产，商务办公地产的经营，对出租率要求不是特别明显。可以分楼层、楼段出租，对集中开业的要求不高。

同时，楼宇经营对营销推广营销活动的助力要求也不如零售商业地产那么高。

6．对个性化专属性要求不高，但需要高水平的物业管理服务

与零售商业地产和服务性公寓相比，商务办公地产对个性化、专属性要求不是太高，与住宅物业相比，对物业管理费价格的敏感度也不高，但**管理服务的水准是所有物业中要求最高的**。

物业管理服务水平要求最高，不是反映在技术复杂程度，而是反映在物业服务必须具有很高的品位，包括在大堂、卫生间、电梯厅的饰物布置，服务人员的形象、举止言行都要反映出高度的修养。

7．收益表现

商务办公地产产品的收益表现比较稳健。其根本原因在于与其他商业地产产品类型相比，**现金流稳定是其突出特点**。

（三）服务性公寓的特征

服务性公寓不是居民住宅，也不是一般的出租屋，其产生资产价值溢价的根源，是**它同商务经济紧密联系在一起的**。其精髓在于，它的用户不是当地居民，而是来自其他国家或地区和城市流动到该城市工作，并有较高经济收入的外来科技人才和管理人员。

服务性公寓具有以下独特特征：

1．对宏观经济形态和区域经济发达程度具有一定的依赖性

服务型公寓的资产真正能产生资产价值溢价，必须依赖商务经济的发达，实际上是依附于商务办公地产的广泛发展。

因此，服务性公寓同商务办公地产一样高度依赖GDP和当地的企业数量及质量。

同时，对于服务性公寓，它的存在和发展最重要的，是依赖城市流入人口的数量和质量，**重点是具有较高文化程度和能够获得较高经济收入的城市流入人口**，即外地来本地工作的科技人员和经营管理人员。

2. 经济周期长，既依赖投资也依赖消费

服务性公寓与商务办公地产相似，其所倚靠的商务经济由于依赖社会经济环境，所以鉴于社会经济的经济周期，其经济周期较长，波长长度与国民经济周期相似，相位差较小。

同时，在投资和消费的关系中，商务经济高度依赖投资，但服务性公寓的用户将公寓用于消费。所以，服务性公寓既依赖投资也依赖消费。

3. 服务功能需要基本具备

服务性公寓主要用于租户的居住，其服务功能要基本具备。应具备聚小型零售、经济型酒店、餐饮、社交、娱乐、康体、小型诊所等多功能配套服务。

4. 对租户组合有要求，但不明显

服务性公寓对租户组合有一定的要求。对于服务性公寓来说，物业租户群体应该是一个特定的、可以选择的圈层，其建立在比较趋同的价值观基础上的居住需求、情感需求、尊严需求、精神追求需求以及这个圈层成员结合所形成的共振效应是服务性公寓资产经营中所需要追求的。因此，对租户的选择也是很重要的。

5. 对个性化专属性要求非常高

个性化和专属性的属性是服务性公寓最突出的特征。因此，这个属性也是需要服务性公寓资产所竭力去打造的。要针对租户用户群特定圈层的居住需求、情感需求、尊严需求、精神追求需求以及这个圈层成员结合所形成的共振效应，通过系统的服务功能、环境和氛围以及服务来实现。

6. 有一定的经营自由度

相对于零售商业地产，服务性公寓的经营，对出租率要求不是特别明显。也不需要集中开业。

同时，服务性公寓对营销推广营销活动的助力要求也不如零售商业物业那么高。

7. 现金流表现

服务性公寓物业收益的稳健性弱于商务办公物业。

第二节 零售商业地产的经济特征

一、零售商业地产的宏观经济表象

零售商业地产的宏观经济表象表现通常反映其资产的一般特征，是所有零售商业地产对经济环境和区位条件反应的共同特征。

这些共同特征，将决定特定地区和城市的平均租金。

（一）零售商业物业存在和发展的经济环境

经济环境始终也是零售商业地产存在和发展的大环境，关键在于，经济环境主要是给予零售商业经济发展的条件。

GDP、国内贸易、平均购买力与零售商业

GDP增速与零售商业经济增长呈现正相关。但是，零售商业对于GDP增速的反应是较为迟钝而且有延时效应。通常来说，即便存在整个社会经济的衰退和萧条，只要尚未出现饥荒零售商业经济还会在较低水平上得到保证。只要有人，就会存在吃饭、穿衣等基本的生活消费需求。

国内贸易即社会消费品零售总额增速与零售商业经济增长呈现显著性正相关。同时，国内贸易增速与零售商业物业租金增长呈非显著性正相关，与零售商业地产资产价值增长呈非显著性正相关。图4-1是2013年至2018年国内社会消费品零售总额统计表。[①]

社会消费品零售总额增速9%，持续下滑。

长期来看，受经济增速放缓制约，居民收入增速短期内难以明显提高，高负债率对居民部门的消费约束也具有长期性。

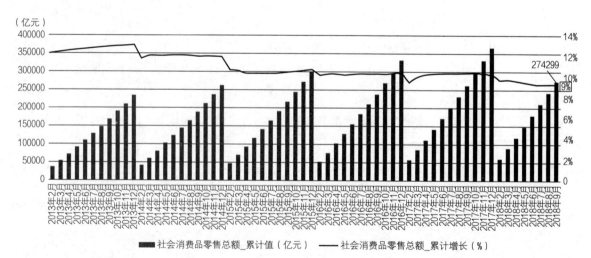

图4-1　2013—2018年国内社会消费品零售总额统计表

---

① 数据来源：好租数据研究中心。

城乡居民日常消费支出增长（扣除住房消费、交通和通信支出和医疗健康支出）与零售商业交易额增长和零售地产的租金增长呈正相关。图4-2是2013年至2018年国内城乡居民日常消费支出及增长情况。①

消费支出的支撑来源于消费者的购买力。因此，城乡居民可支配收入增长与零售商业的交易额的增长和零售地产的租金增长呈正相关。图4-3是2013—2018年国内城乡居民可支配收入及增长情况。②

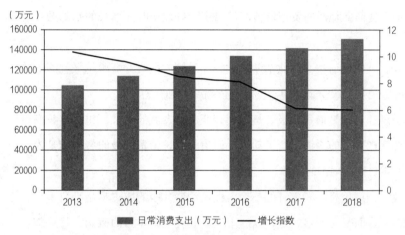

图4-2　2013—2018年国内城乡居民日常消费支出及增长统计表

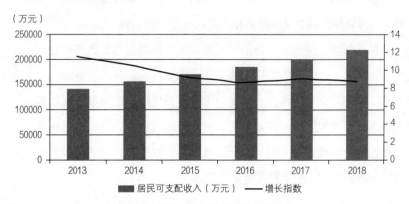

图4-3　2013—2018年国内城乡居民可支配收入及增长统计表

---

① 数据来源：国家统计局，居民日常消费支出在居民消费支出中扣除住房消费支出、交通和通信消费支出、医疗健康消费支出，统计口径为全体人口。
② 数据来源：国家统计局，国内城乡居民可支配收入只计算了就业人口的收入和退休人员的养老金收入。

(二) 消费升级与零售商业及零售商业物业

消费升级是消费结构的升级，是各类消费支出在消费总支出中的结构升级和层次提高。

消费升级的内在驱动机制是人的需求从人的肌体到大脑等主体条件，依靠感官、情绪、思维，以衣、食、住、行、性等具体行为，从生存、安全、情感和社交、尊严、精神价值的逐步提升而不断提出的需要。

影响消费升级的主要因素包括购买力、消费信心、经济预期和价值观，而消费升级的物质条件则是科学技术不断发展而推动的产业进步。

消费升级的基本形式是商业形态的转化，而其基本过程是量变导致质变而由质变推动新的量变的，在跳跃中充满着渐进又在渐进中蕴含着跳跃的过程。

毫无疑问的是，**消费升级才是零售商业产生新的巨大价值的真正源泉**。所谓**零售商业地产的资产价值能够出现阶段性跳跃式增长的基础乃在于此**。

但是，就像任何一次产业革命其动因却是极力摆脱对资源越来越深的依赖一样，消费升级也是摆脱对资源的依赖的一种努力。

悖论就在这里，**消费升级**既是零售商业蓬勃发展的源泉，也**给零售商业地产的资产价值的增值创造了动力**，但与此同时**消费升级的努力却是为了摆脱对零售商业地产的依赖**。

特别是资产价格不断上升的如今，促使消费升级的压力却是来自于高昂的地租。显而易见的事实是，以线上交易展现的**新零售的概念**，其更加依靠的移动互联网这个新的载体所展现的新的交易、新的传播、新的支付方式，**就是为了远离房地产，远离高昂的地租。现今消费升级所做的一切努力，就是试图以新的载体来取代房地产这样一个旧的载体**。

接下来很长时间，蓬勃的、在不断创新中的零售商业与零售商业地产相互之间，就形成了这样一个爱恨交织的相互关系。

新零售、商业新载体的概念，目前尚无一个量化的数理模型来展现其经济关系，尚处于假说阶段。但如何在消费升级的过程中，真正将零售商业和零售商业物业这既对立又统一的矛盾体加以良性运转，的确是零售商业地产资产经营管理者的接下来的重要课题。

(三) 商圈升级与零售商业物业

商圈概念有两个涵义：一是在城市布局中的商业功能区，包括都市商圈、区域商圈、分区商圈和社区商圈以及旅游型商业项目的商圈，它决定了城市土地级差地租的等级；二是对特定的商业地产项目所提供的商业服务范围。

每一个商业地产项目都有其商圈范围,不同类型的项目,商圈范围也截然不同。但通常情况下,商圈可分为三个层次:核心圈层、次级圈层和边际圈层。其中,对于特定商业项目所享有的人流量,核心圈层人流量占比50%~70%;次级圈层人流量占比15%~20%;边际圈层人流量占比10%左右。

美国学者戴维·哈夫(D. L. Huff)所提出的哈夫法则(Huff Law)是根据万有引力原理,提出了商业设施的各种条件对消费者的引力和消费者去商业设施感觉到的各种阻力决定了商圈规模大小的规律。

而美国学者威廉·J·雷利(W. J. Reilly)提出的雷利零售引力法则(Reilly's Law of Retail Gravitation)总结出都市人口与零售引力的相互关系,即一个城市对周围地区的吸引力,与它的规模成正比,与它们之间的距离成反比。

但是,商圈不断发生变化,这种变化就是特定区域的商圈升级,包括人们对该区域商业经济活动的性质、方式和特点的认知,包括该区域基础设施条件的改变,包括该区域商业资源的变化。

但决定商圈升级的决定性因素,是**消费升级**和城市规划。

商圈升级,会导致零售商业物业区位条件的改变。这种区位条件的改变,最终通过由商圈所在区域有效购买力的变化来体现。

项目核心商圈的有效购买力对于零售商业物业的租金特征,国内学者研究指出,回归分析中核心商圈有效购买力价格非弹性系数为4.99,核心商圈每增加10%购买力,标准商铺的租金边际价格可以增长4.99%。

二、零售商业地产的价值特征

零售地产的租金标准,通常有两个概念组成:一个是由宏观经济环境决定的基础租金;一个是由建筑、商场、业态组合、租约特征和运营能力这些特征变量决定的租金边际价格。这些特征变量直接或间接地决定了租金的定价能力。

零售商业地产的价值特征通常反映零售商业地产资产的个别特征,即在同样经济环境和区位条件下特定商业地产的特征。

通过国内学者对若干城市的零售商业地产的租金研究,就建筑特征、商场特征、租户组合特征和零售品类对租金边际价格的影响,现就这些数据进行分析。

基础租金通常反映项目无差别化产品和市场特征的租金水平，是由经济环境和特定区域的平均购买力决定的。

但是，每个项目仍然因许多个性化的因素，影响了租金实际价格的变化，因此就必须对这些个性化因素的特征变量进行分析，并导出租金的边际价格。

所谓个性化因素，是项目建筑、商场特征、租户组合特征和零售品类组合。

（一）租金的建筑特征

建筑特征主要包含两个概念：中心可见度和停车位指标这两个特征值（表4-1）[①]。

建筑特征对商铺价格影响的价格弹性/半弹性　　表 4-1

特征变量	回归系数	弹性系数	半弹性系数
中心可见度	1.21	—	1.29
停车位	1.11	—	1.17

1．中心可见度

中心可见度是指从主干道看商户标志的百分比可见性。可见度指标是消费者视觉感官商户信息的重要指标，中心可见度往往能较大增大商户对消费者的吸引力。

这也是商户在承租商铺时，积极主张在建筑外利用墙体广告或商业标志等形式设置自己品牌的识别标志。

回归分析中中心可见度价格半弹性系数为1.29，即把中心可见度划分为21个刻度（每5%一个刻度），从主干道看商户标志可见度每增加一个刻度，商铺的租金边际价格增加0.129%。

2．停车位指标

停车位指标是指每千平方米经营面积拥有的停车位个数。

停车位紧张，在周末、商业项目举办活动，以及傍晚营业高峰时段，停车位极其紧张。

回归分析中停车位数量价格半弹性系数为1.17，每增加一个停车位，商铺的租金边际价格增加0.117%。

在所有决定商铺租金边际价格的特征变量中，建筑特征的作用是显著的。

（二）租金的商场特征

商铺面积、距一楼层数、商铺可见度、商铺可达度是十分重要商铺特

[①] 聂冲．购物中心商铺租金微观决定因素与租户组合实证研究［M］．北京：经济科学出版社，2010．

征，对租金边际价格具有十分重要的影响（表4-2）[①]。

商场特征对商铺边际价格的价格弹性/半弹性　　　表4-2

特征变量	回归系数	弹性系数	半弹性系数
商铺面积	-1.84	-1.84	—
距一楼层数	-19.5	—	-17.7
商铺可见度	1.88	—	1.92
商铺可达度	1.72	—	1.76

1. 商铺面积

商铺面积是指商铺单元内建筑面积。通常情况下，商铺面积与其租金单价呈负相关。

回归分析中停车位数量价格弹性系数为-1.84，每增加1%的商铺面积，商铺的单位租金边际价格将下降1.84%。

2. 距一楼层数

距一楼层数是指商铺所处楼层距离一楼的层数。地面层是零售商业地产一个十分重要的概念，地面层的顾客可达性是最高的。在零售商业物业空间交通体系设计中，能够产生更多的楼层为地面层，是个非常考究的课题。

回归分析中距一楼层数价格半弹性系数为-17.7，每增加距离一楼的层数，商铺的租金边际价格将下降17.7%。

3. 商铺可见度

商铺可见度是指商铺位置的可见度。在商业建筑设计过程中，要着力于打造内部空间的通透性是极其必要的。一个通行的方法就是设置共享空间，也就是足够宽敞的中庭和采光廊，除了更有效地组织内部客流，而且使得各层商铺店面可以得到充分展示。

并且，在商业建筑中尽量少地设置柱网，尤其在中庭和采光廊要充分实现无柱网设计。

回归分析中商铺可见度价格半弹性系数为1.92，把商铺可见度划分为101个刻度（每1%一个刻度），研究报告指出，从公共区域看商铺的可见度每增加一个刻度，商铺的租金边际价格增加1.92%。

[①] 聂冲. 购物中心商铺租金微观决定因素与租户组合实证研究［M］. 北京：经济科学出版社. 2010.

同样，中庭和采光廊实现无柱网设计，可以平均提升5个刻度即5%的商铺可见度，也就是说可增加9.6%的租金边际价格。

4．商铺可达性

商铺可达性是指顾客随机到达任意商铺的概率。

要实现较高的商铺可达性，关键在于动线的合理布置。原则在于：

（1）控制动线长度。顾客对一个平面上过长的动线是没有耐心走完的。

（2）减少交通的节点，尤其是奇节点。一个平面，平面动线中的奇节点不要超过3个。因为，根据运筹学理论，两个奇节点之间只能重复行走。

（3）竖向动线尽量实现上部吸引法（俗称花洒式）。上行直接、便捷而且快速，例如使用跨层自动扶梯或垂直电梯直接引导上部商业空间；下行放射而且缓慢，例如使用不跨层自动扶梯，使客流自上而下地均衡分布到各个商业楼层。

回归分析中商铺可达性价格半弹性系数为1.76，把商铺可达性划分为101个刻度（每1%一个刻度），从公共区域到商铺的可达性每增加一个刻度，商铺的租金边际价格增加1.76%。

（三）租金的租户组合特征

据对长三角和珠三角6个大型商业项目所选取的样本调查分析的结果，主力店的规模均值为9256.50平方米，租金均价63.17元/（月·平方米）；次主力店的规模均值为779.81平方米，租金均价为109.02元/（月·平方米）；普通商铺的规模均值为96.70平方米，租金均价为164.93元/（月·平方米）。

1．主力店次主力店

主力店能够对商业项目产生积极的外部效应，这是业界一个基本的观点。事实上，主力店往往通过自己的产品和品牌，吸引各种目的性消费，从而产生很强的外部客流的集聚效应。因此，商铺位置对于主力店本身不是最重要的，但是，主力店为了控制租金成本，对租金价格却十分敏感，往往会把租金价格控制得很低。所以，在同主力店谈判博弈过程中，与其进行租金价格的博弈，不如进行其商铺位置的博弈。

在选择主力店商铺位置中，应注意：

（1）主力店的位置应尽量布置于商业中心的深处或高楼层处或者地下商业空间，而不是顾客易于到达的出入口附近。

（2）主力店周围应尽量被普通商铺尽量包裹，其位置及开口的选择要达到足以给普通商铺贡献充分客流的目的。同时，主力店客流经过的路线上尽量多设计与这些客流相关的业种，主力店的位置及开口的选择要给予周边相关业态的商铺贡献充分客流的，这样可以使得周边商铺的租金溢价，以弥补给予主力店的租金折让。

（3）在动线设计和环境设计中，强化主力店对普通商铺客流供应的方向性引导。

2．次主力店

次主力店也具有很强的客流积聚效应。按目前我国内地商业项目次主力店各业态的平均分布比例，特色餐饮（包括麦当劳、肯德基、必胜客、棒约翰等）为71.1%，休闲娱乐健身为11.8%，其他为17.1%。

不像主力店，次主力店的位置和布局对其整体租金标准水平将产生重要影响。这些影响在于：

（1）距一楼层数和靠近主出入口对租金影响显著；

（2）同类零售聚集效应在次主力店中反应敏感，也就是说同类业态的次主力店在布局上的聚集，能增加比较性消费机会的增加，使各商家带来更多的销售额。

3．普通商铺

在普通商铺中，零售业态的商铺是商业中心租金的主要贡献者。商铺位置对租金标准的影响状况有这样一些规律（表4-3）[①]。

（1）对于普通商铺来说，商铺的位置比零售类型对租金的影响更大。

（2）对于商铺的位置来说，楼层位置的影响是最大的，其次影响的是否在主步行街。此外，靠近主力店、临街与靠近出入口，对租金的影响的程度相对较小。

普通商铺位置租金回归系数分析表　　　　表 4-3

特征变量类型	特征变量	非标准化系数 B	标准化系数 Bata
商铺位置	距一楼层数	−0.340	−0.547
	临街	0.077	0.058
	主入口	0.063	0.041
	主步行街	0.122	0.133
	位于转角	0.054	−0.046
	靠近超市	0.136	0.066
	靠近百货	0.096	0.051

---

① 聂冲．购物中心商铺租金微观决定因素与租户组合实证研究［M］．北京：经济科学出版社，2010.

(四）租金的零售类型特征

在零售类型中，依照聂冲先生所进行的调查研究分析，以表4-4所表现的，女装、男装、珠宝、饰品、专业店、礼品工艺品、个人服务、皮鞋皮具可以支付较高的租金溢价。根据标准化系数，其租金影响度排序依次是：珠宝、糕点食杂、男装、饰品、女装、礼品/工艺品、专业店、个人服务、皮鞋/皮具、体育运动、美容护理、混合服饰和家装用品、儿童用品。[①]

部分零售类型和商铺位置租金回归系数分析表　　表4-4

特征变量类型	特征变量	非标准化系数 B	标准化系数 Bata
零售类型	女装	0.141	0.125
	男装	0.195	0.135
	混合服饰	0.128	0..067
	儿童用品	0.020	−0.010
	皮鞋/皮具	0.143	0.088
	珠宝	0.176	0.156
	美容护理	0.141	0.078
	饰品	0.213	0.134
	专业店	0.256	0.119
	家装用品	1.883	0.067
	个人服务	0.261	0.098
	礼品/工艺品	0.258	0.120
	体育运动	0.193	0.084
	糕点食杂	0.300	0.139

三、零售商业地产商业模式的变量

零售商业地产商业模式是通过租金收益实现资产的增殖性价值增值。

同样，如果把这种商业模式展现为目标函数，那么目标函数会有两个：一个就是以资产价值为目标的目标函数，资产价值展现为EBIDTA/CAP RATE、NOI/CAP RATE或NPI/CAP RATE。

另一个目标函数是以EBIDTA或NOI或NPI为目标的目标函数。EBIDTA、NOI和NPI都是收益性商业物业的经营性现金流指标。

租金净收益是经济效益指标，是盈利能力的衡量指标。而租金标准，将直接作用租金收入这个重要的经济变量，是决定租金净收益的一项重要的基础指标。

[①] 聂冲. 购物中心商铺租金微观决定因素与租户组合实证研究［M］. 北京：经济科学出版社，2010.

针对零售商业地产的现金流指标，我们暂先搁置公允价值变动损益、营业成本和费用、资产管理费和招商佣金，先围绕经营性现金流主要是租金总收入的实现，来分析为租金总收入涉及的几个变量。

租金总收入涉及了一个核心指标是租金标准。我们在上面已经就涉及租金标准及边际价格的若干宏观的、微观的特征值进行了分析。

与商务办公地产经营租户的商业模式不同，零售商业物业的商业模式不仅要经营租户，更要经营消费者。零售商业物业资产经营，需要面对的用户，不仅仅是租户这个层次，还有消费者这个层次。

下面我们就品牌、租期和租金递增规划、营业额租金比、消费者客流这几个变量进行分析。

（一）品牌

进行现金流规划，首先就是要进行商户规划，对于零售商业地产来说，就是品牌规划，也就是说，根据由经营业态和品牌落位方案为前提进行租金规划。[①]

1. 品牌价值

零售商业地产运营管理中的品牌分析和评价，就是品牌价值的评价。

在零售商业地产的经营中，品牌类别，即业态和品类的划分的依据，是其特征。其中，主力店的特征是比较丰富的（表4-5）。[②]

主力店特征变量及表现的特征值示意表　　　　表 4-5

类型	客单价水平	消费季节性	聚客能力	业态关联度
卖场	★★	★	★★★★★	★★★
百货	★★★	★	★★★★	★★★★
建材专业店	★★★★★	★★★★★	★	★
体育专业店	★★★	★	★★★	★★★
家具家电专业店	★★★★★	★★★★★	★	★
影院	★★	★	★★★★	★★★★★
KTV	★★★	★	★★★	★★★
游艺厅	★★	★	★★★★	★★★★
大型餐饮	★★★	★★	★★★★	★★★

---

① 郭向东，姜新国，张志东. 商业地产运营管理 [M]. 北京：中国建筑工业出版社，2017.
② 同上。

就一般意义上的各种业态和品类，其特征量通常包括客单价水平、消费季节性、聚客能力、业态关联度这四个以外，还有顾客带动能力、品牌带动能力、商场形象带动能力、毛利水平、承租能力、租金成长性、营业额、营业坪效、市场占有率、时尚性、奢侈性、小众性、大众性、耐用性、企业本身经营能力、企业本身管理能力等。

在零售商业物业中，有四个指标是可以作为商品和品类的特征变量的。这四个变量就是贡献度、营业坪效、成长性和营业额租金比。

（1）贡献度指标

贡献度指标可以衡量某一个品类对于特定零售商业地产项目的贡献度。

贡献度指标又可以划分为客流贡献度指标、租金贡献度指标、形象贡献度指标和新鲜血液度指标四个指标。

A. 客流贡献度特征变量，具有客流贡献型特征的品类，往往承租能力并不是很强，但是，具有很强的聚客能力。

B. 租金贡献度特征变量，具有租金贡献型特征的品类，往往毛利水平很高，因此具有很强的承租能力。

C. 形象贡献度特征变量，具有形象贡献型特征的品类，通常具有很强的商业形象带动能力，因此具有很强的零售聚集的外部效应。

D. 新鲜血液度特征变量，对于新鲜血液型特征的品类，其表现在于独有性和前沿性，具有商业项目前沿标杆的体现效应。

（2）营业坪效指标

在品牌评价体系中，营业坪效反映了品牌的绩效水平和营业表现能力。

（3）成长性指标

成长性指标主要是指品牌与同品类商品销售额比上年同期同比增长速度的相比，其增长的速率。

（4）营业额租金比指标

营业额租金比指标反映了品牌将营业额转化为租金的能力，也表现为品牌的盈利能力。对于不同的品类，由于其毛利空间的大小不同，营业额租金比的特征也是各不相同的。

2．业态及品类组合

零售商业各种经营业态的集合，关键在于体现同类零售聚集效应、非同类零售聚集效应和主力店外部效应，而这些效应要通过业态及品类的组合来实现。

业态及品类组合，需要根据零售商业物业资产经营的不同阶段，根据不同的经营目标和策略，如以扩大和提升品牌形象，还是增加消费者认知和认同，抑或是实现较高的租金收益，而采取不同的组合方式。

而无论采取怎样不同的业态和品类组合方式，都需要确定以下方案：

（1）各业态配比，包括反映不同贡献度特征的业态和品类配比；

（2）各业态、品类和品牌的楼层分布和配比；

（3）各业态、品类和品牌的位置分布和配比。

（二）租期和租金递增规划

租期和租金递增规划，就是租金成长性规划。

零售商业地产具有租赁收入阶段性爆发式增值的特征，这是零售商业地产的资产价值大幅增殖的基础。而这个特征，就是通过租金成长性规划来体现。

要在运营期积极主动地组织品牌调整，合理控制租期是关键。租约期限长了，显然无益于租金成长。所以，这就需要在租赁合同管理过程中，依照租金成长性规划对每一份租赁合同的租约期限进行控制。这样就为培育期、成长期、成熟期各个资产经营阶段，有计划、有步骤地展开换铺调租的品牌调整工作，提供了制度保障。

（三）营业额租金比控制

营业额租金比是零售商业地产资产管理中重要的控制指标。

营业额租金比是单位营业额对租金的产能指标，具体算式是租金收入除以当期商户实现营业总额的商。

虽然租金收入是零售商业地产经营过程中的主营收入指标，但是却是以资产所承载的零售商业经济活动的营业额为基础的，无论对于商户还是作为整体零售商业经营。

对营业额租金比指标进行监控，目的是评价租金收入的可持续性，评价租金收入增长的潜力。如果营业额租金比与市场平均营业额租金比水平为低，说明有租金增长的潜力；反之说明很有可能发生掉铺，存在未来租赁收益有下滑的风险。

对营业额租金比指标进行评价，在日常经营管理中，也是经营调整的基础工作，可以指导在品牌调整工作中，对营业额租金比水平较高的租户在租约续约时提高其租金标准，对营业额租金比水平较低的租户予以淘汰。

（四）消费者客流

消费者客流是零售商业地产及所承载的零售商业达到其经济目的的基本条件。它构成了现实存在的消费者，一方面客流是现实存在的购物者，另一方面按照马太效应，客流又构成潜在消费者消费需求的推动力。

1. 消费者客流的要素

　　消费者客流的要素包括客流流量、客流流向、客流流速。

　　（1）客流量

　　流量是在一定期间内通过一指定点的介质数量。对于零售商业物业，客流、货流、车流以及数据等信息作为各种介质，其流量都具有非常大的经济价值。其中，客流是最基础的，因此以流量经济的视角，在零售商业物业，客流量也是一项基础的经济指标。

　　在零售商业中，客流量与提袋率、单品成交额一起，最终形成营业额。

　　（2）客流流向机制

　　在商业体活动的消费者，出于不同的消费心理和行为，其流向是呈现出不同形式的。例如，他们不愿意到不方便、不舒适和没有好的商品的区域；再例如，到大型家具家电超市集中采购大型物品等进行目的消费的顾客，往往在进入商业中心后直接到目的地进行消费，消费完成后迅速离开，不大愿意会流连于商业项目的其他活动区域。

　　这种情形往往导致在商业项目各街区客流的不均衡性，导致部分区域人气、商气不足。

　　所谓客流流向机制，就是实现各区域客流均衡的导向机制。按照流体力学的原理，对介质流向导向是通过动力拉动和压力传递，零售商业物业客流流向机制运用的也是流体力学原理。

　　（3）客流流速机制

　　客流流速机制，是适度延长顾客逗留时间、增加客流黏度的机制。

2. 客流动能的形成机制

　　创造客流流量，发挥客流流向机制和客流流速机制，最终让客流产生经济动能，其形成机制包括：

　　（1）经营业态结构及其布局

　　在零售商业地产项目内部，主力店存在对步行街区所产生的主力店外部效应、步行街区内部不同商业和服务的组合所互相促进销售的同类零售聚集效应和非同类零售聚集，都对客流动能产生影响。

　　（2）交通组织

　　交通组织是客流动能重要的物理形成机制。而相关的交通组织的广义概念，包括道路（轴线和节点）、交通工具、停车场等交通组织系统。在交通组织系统中，内部和外部交通组织都发挥着作用。

　　（3）购物环境

　　根据消费者视觉、听觉、嗅觉、触觉和行为需要，零售商业物业提供的购物环境，对客流及其购买行为产生的影响是巨大的。

第三节　商务办公地产的经济特征

一、商务办公地产的宏观经济表象

商务办公地产的宏观经济表象表现通常反映其资产的一般特征，是所有商务办公地产对经济环境和区位条件反应的共同特征。

（一）商务办公物业存在和发展的经济环境

经济环境始终是商务办公物业存在和发展的大环境，这一点是毋庸置疑的。而所谓经济环境主要就是商务经济发展的条件。

1．GDP、国内外贸易和产业发展与商业办公物业

GDP增速与商务经济增长呈现正相关。也因此，GDP增速与商务办公物业租金增长呈正相关，与商务办公物业资产价值增长呈正相关。图4-4是2013年至2018年我国国内生产总值统计表。[①]

GDP增速6.6%，2018年各季度增速持续下降，创2008年金融危机以来次低。

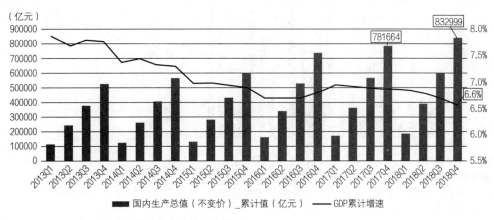

图4-4　2013—2018年中国国内生产总值统计表

国内外贸易增速与商务经济增长呈现非显著性正相关。也因此，国内外贸易增速与商务办公物业租金增长呈非显著性正相关，与商务办公物业资产价值增长呈非显著性正相关。图4-5是2013年至2018年对外贸易统计表。[②]

---

① 数据来源：好租数据研究中心。
② 同上。

进出口：受中美贸易摩擦影响，Q3以来出口增速下滑明显，至7.1%。

G20中美领导人会晤释放休战信号，90天谈判缓冲期带来阶段性缓和，长久看并无实质性进展，对外贸易承压将成为常态。

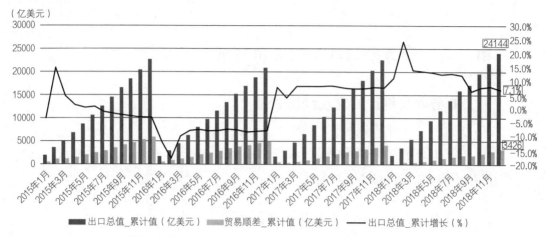

图4-5　2013—2018年对外贸易统计表

产业结构变化影响商务办公物业租金和商务办公物业资产价值变化状况。图4-6是2013年至2018年国内第三产业统计表。①

三产增速低迷，PMI49.4%，低于荣枯线，经济缓慢衰退。

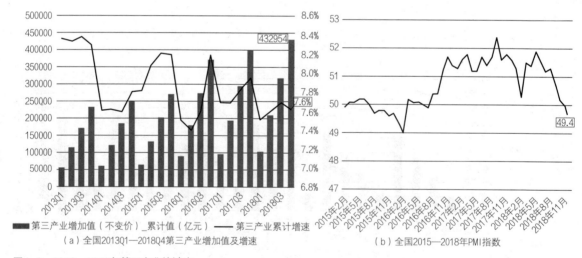

图4-6　2013—2018年第三产业统计表

2. 商务办公市场供需与商业办公物业

商务办公物业新增供应量增长与商务办公物业租金增长呈负相关。图4-7是2018年国内办公市场供应情况；图4-8是2018年国内一线城市办公租赁市场供应情况。②

---

① 数据来源：好租数据研究中心。
② 同上。

全国办公市场未来供应——2018年，施工、新开工、竣工面积持续走低，有利于减少近年市场库存。

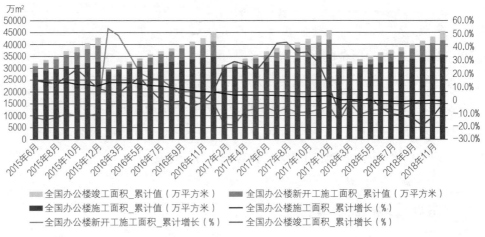

图4-7　2018年全国办公市场统计表

一线城市，租赁累计可租——受经济形式及新增供应持续增加的影响，累计可租量持续走高，深圳、北京存量环比大幅增加。

城市	17年Q4供应面积	18年Q3供应面积	18年Q4供应面积	环比	同比
北京	781	1191	1362	14%	74%
上海	1427	1923	1986	3%	39%
广州	144	203	158	-22%	9%
深圳	575	996	1118	12%	95%

图4-8　2018年全国一线城市办公租赁市场统计表

商务办公物业需求量增长与商务办公物业租金增长呈正相关。图4-9是2018年国内一线城市商务办公市场客户需求情况。[①]

一线城市，客户需求特征——行业互联网行业需求占比持续增长至45%，贸易、服务业、金融、文娱等占比突出。

---

① 数据来源：好租数据研究中心。

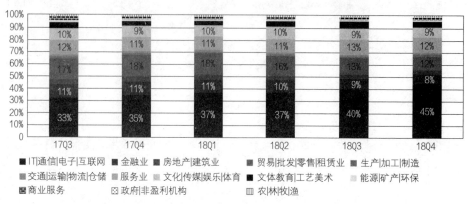

图4-9　2018年国内一线城市商务办公市场需求统计表

（二）商务办公地产租金的区位特征

通过国内学者对若干城市的商务办公楼的租金研究，就区位特征对租金边际价格的影响，以物业与中央商务区（CBD）的距离长短呈负相关，以1千米为计量单位，回归分析中商务办公物业区位租金非标准系数为−0.152，指每增加1%的距离，租金边际价格下降0.152%。

二、商务办公地产的价值特征

商务办公地产的价值特征通常反映商务办公物业资产的个别特征，即在同样经济环境和区位条件下特定商务办公地产的特征。

商务办公物业的价值特征，主要由建筑特征、邻里特征、交通特征和租户特征构成。

通过国内学者对北京、广州、杭州等数百个商务办公楼的租金研究，就建筑特征、邻里特征、交通特征和租户特征对租金边际价格的影响，现就这些数据进行分析。

（一）建筑特征

建筑对租户的经营的影响因素比较丰富，包括建筑空间尺度、建筑高度、建筑形象和技术状态、以电梯为主要代表的机电设备、以停车场为代表的配套服务设施等。在此，经许多学者的研究成果，就建筑物年龄、租户选租的楼层、单元面积、停车位数量和电梯数量这几个对租金水平构成重要差异影响的特征变量进行回归分析。

1. 建筑物年龄

建筑物年龄即建筑物成新程度。建筑年龄反映了建筑形象和技术状态。

建筑物年龄以落成年份至计量年份的年数进行计量。经研究发现，新建筑使用时，租户对此指标不敏感甚至对成熟建筑更为偏好，回归分析中建筑物年龄价格非标准化系数为0.260,指每增加1年,租金边际价格可上升0.26%;但是当建筑较旧时,租户更偏好使用年龄更少的建筑,回归分析中价格非标准化系数为−0.327,指每增加1年,租金边际价格则下降0.327%。

2. 楼层

楼层即租户所租楼层。较高楼层的办公单元往往享有更佳的景观、采光和楼宇使用率,并具备特定的身份识别作用。在政府限高政策影响下,超高层办公楼宇的供应更为稀缺,较容易获得较多优质租户的青睐,从而竞得更高的价格。

租户对较高层数的楼层有较大的偏好。回归分析中楼层价格非标准化系数为4.69,指每增加1层,租金边际价格可上升4.69%。

3. 单元面积

单元面积即租户所租赁办公用房的租赁面积。出于租约稳定性和易于服务、管理的原因,尤其是开业之初平衡现金流收入和长期空置压力等考虑,大面积租户往往有较强的议价能力;而对小面积的租户设定相对较高的租金,以平衡整体租金收益。因此,租赁面积大小与租金价格呈负相关。

回归分析中单元面积价格非标准化系数为0.49,指每增加1%租赁面积,租金边际价格下降0.49%。

4. 停车位

停车位紧张,这是几乎所有城市尤其是总部经济集中程度高的一线城市的共同现象。停车是否便利,这已经成为许多优质租户考量是否进驻的重要指标。

停车位是指每千平方米办公面积拥有的停车位个数。回归分析中停车位价格非标准化系数为0.118,指每增加一个停车位,租金边际价格增加0.118%。

5. 相对电梯数

相对电梯数,是指电梯数量除以楼层数的商。回归分析中相对电梯数价格非标准化系数为1.03,指每增加一个相对电梯数,租金边际价格增加1.03%。

(二) 邻里特征

邻里环境以物业管理、酒店配套、银行配套以及小型零售、餐饮、会议、商务中心、娱乐、康体、小型诊所等服务配套综合指标进行体现。由于各种配套难以量化,仅以物业管理费收费标准进行衡量。

物业管理费收费标准

商务办公地产未必是以物业管理费价格低廉取胜的。经营机构更希望能获得给它们带来更多订单和融资的优质而体面的物业管理服务。事实上，较高的物业管理费收费标准更能体现商务办公楼宇的品质。

回归分析中物业管理费收费标准价格非标准化系数为1.008，指每增加1%的物业管理收费标准，租金边际价格增加1.008%。

（三）交通特征

商务办公地产的外部交通条件极其重要。除了停车，城市轨道公共交通、公共交通以及空港快线都是十分重要的外部交通条件。

交通站点

交通站点包括轨道交通、公共交通以及空港通达性，以300米以内有轨道交通站点、公共交通站点、空港快线站点的数量计算，回归分析中交通价格非标准化系数为0.918，指每增加1个交通站点，租金边际价格增加0.918%。

（四）租户特征

租户特征，主要体现于租户的租金支付能力。而租户的租金支付能力又是以其营业收入为基础的。因此，人均产值就是衡量租户能够持续而稳定的具有租金支付能力的一个指标。

租户人均产值

人均产值是反映一个企业生产经营结果的重要指标。人均产值越高的机构，办公楼租金在其业务模式中占总收入的比例越低，其租金支付能力就会相对越高。

将办公楼潜在租户的人均产值作为租户特征，回归分析中租户人均产值价格非标准化系数为0.264，指每增加1%的人均产值，租金边际价格增加0.246%。

商务办公物业租金回归系数分析表　　表4-6

特征变量类型	特征变量	非标准化系数 Beta	标准化系数 Beta
建筑特征	建筑物年龄	-0.490（短0.039）	-0.094（短0.163）
	楼层	4.69	0.041
	单元面积	0.49	0.324
	停车位	0.118	0.307
	相对电梯数	1.030	0.019
邻里特征	物业管理费	1.008	0.220
交通特征	交通站点	0.918	0.052
租户特征	租户人均产值	0.264	0.231

根据表4-6的标准化系数，对租金程度的因素排序，依次是单元面积、停车位、租户人均产值、物业管理费标准、交通站点、楼层和建筑

物年龄。[①]

三、商务办公地产商业模式的变量

商务办公地产的盈利模式就是通过租金收益实现资产的增殖性价值增值。

如果把这种盈利模式展现为目标函数，那么目标函数会有两个：一个就是以资产价值为目标的目标函数，资产价值展现为EBIDTA/CAP RATE、NOI/CAP RATE或NPI/CAP RATE。

另一个目标函数是以EBIDTA或NOI或NPI为目标的目标函数。EBIDTA、NOI和NPI都是收益性商业物业的经营性现金流指标。

针对商务办公地产的现金流指标，我们暂先搁置公允价值变动损益、营业成本和费用、资产管理费和招商佣金，围绕经营性现金流首先主要是租金总收入的实现，来分析为租金总收入涉及的几个变量。

租金总收入涉及了一个核心指标是租金标准。我们在上面已经就涉及租金标准及边际价格的若干宏观的、微观的特征值进行了分析。下面我们就租户、租期、出租率这几个变量进行分析。而租户的经营，就是商务办公物业的商业模式。

（一）租户

要开展租金现金流规划，首先就要进行租户规划。租户是租金的偿付者，租户规划的目标，就是寻求租金支付能力强的租户并将此进行组织。

1. 租户价值

类似于零售商业地产运营管理中的品牌分析和评价，商业办公地产的经营同样涉及租户价值的分析和评价。

对于商务办公地产，租户价值的直接评价依据无外乎是这样一些内容：

①具有很强的租金支付能力；

②具有很好的品牌形象，能够提升商务办公物业的等级形象；

③对具有很强租金支付能力的租户具有支持、扶助和牵引的作用。

通过这三个维度建立的坐标系统，很清楚地把目标客户群中的各种租户锁定为坐标

[①] 许宇. 北京市甲级写字楼单元租金差异的特征价格分析[J]. 首都经济贸易大学学报, 2012, 3; 陈韵诗. 基于HEDONIC模型的广州市写字楼租金特征价格研究[J]. 广州工业大学学报, 2011, 4; 杨鸿, 贾生华. 写字楼租金差异的特征价格分析[J]. 技术经济, 2008, 9。

系的各个象限，以便于制订租赁政策和租赁策略。

关于租户的租金支付能力，在上面进行租户特征分析时，把人均产值指标作为租金的租户特征指标。

如果具体划分目标客户群，就会发现这样一些现象：

（1）从机构规模来看，规模大的比规模小的承租能力强；

（2）从行业性质来看，金融、律师事务所相对于IT和传统制造业支付能力更强。而在制造业中，重工行业比轻工行业的租金支付能力更强；

（3）从机构从业人员结构来看，从业人员高学历比重越大，其机构承受租金的能力越强。

关于租户的品牌形象，毫无疑问，使领馆、跨国金融机构、世界500强企业等具有非常好品牌形象，这些主力租户的聚集效应对楼宇等级形象和后续租金标准的提升具有积极的影响。

同样，金融机构特别是跨国金融机构等品牌形象好，在行业链中具有引领作用的租户还能助推其他租户的经营。对于租户来说，愿意承受高额租金而愿意入驻优秀的商务办公地产项目，无疑有自己的目的，就是希望获得更好的融资条件，拿到更多的业务订单。

2．租户组合

租户组合，在商业办公地产中虽然不如零售商业地产中显现出那么极端的重要性，但也不是可以忽视的。

"租户组合"长期以来一般被理解为保持优质租户在总租户数量中的比例，比如甲级写字楼要具备一定数量的外资租户、世界500强租户或知名金融、律师事务所等，并往往被冠之以"核心租户（key tenant）"指标用以衡量写字楼的等级。事实上，核心租户的存在，的确是能够在提升租金水平、提升资产价值方面发挥极大作用的。

如果只是小面积的知名企业的进驻，难以形成物业的优质租户特征，也不能对写字楼单元的租金以及整体平均租金产生出积极的影响。

好的租户组合，不仅使商务办公地产项目呈现出行业的专业性和多样性，使地产项目形成机能良好的商务经济生态，而且能够合理地使租金和楼层、出租单元得到很好的分配。

实际上，"核心租户"特征因素中另外一个重要的衡量尺度是其租赁面积的大小，原则上，至少要是接近整层或整层以上租赁面积的客户才能被称之为"核心租户"，相当于零售商业地产项目中的主力店。对租户进行分类分析，也可以总结出他们在选择租赁面积和楼层方面的偏好。在北京，通常金融保险、咨询服务业和IT高科技产业平均租赁面积最大。此外，跨国金融机构和知名律师事务所支付的平均租金水平，比普通商务贸易公司高出将近一倍，往往居于在写字楼的最顶层；而工业制造和商业贸易公司，往往集中在写字楼的中低楼层。

（二）租期

租期规划，一方面要考虑到在租约到期时可以乘势完善和优化租户组合、优化租户价值，并相机提高租金标准；另一方面也要考虑到集中换租可能带来的现金流风险。

租期2年、3年、5年，对于各类租户采取怎样的租期政策，每年保持多大比例的换租率，必须做一个中长期租赁策略和收入预测分析，在总体的控制下，确定各类租户的面积、租期、租金、退租和空置等影响整体收入的分项指标后，制定各类租户的租赁时间控制。

（三）出租率

不像零售商业地产项目整体满铺开业重要性显现得那么突出，商务办公地产的出租率要求没有那么高。但是，选取怎样水平的出租率，的确是租金、速度和品质三个要素博弈、平衡的结果。

综合各个要素，合理的租赁政策和租赁策略，反映的是资产经营的水平。通过资产经营，在商务办公物业最初几年出租率相对较低、租金标准不高而营业成本和费用居高，整个净收益可能呈现负值的情况下，到成长期出租率上升到70%以上，租金水平上升而营业成本和费用回落，净收益可以得到很大的提高。

第四节 服务性公寓的经济特征

一、服务性公寓的宏观经济表象

服务性公寓的宏观经济表象表现也通常反映其资产的一般特征，是所有服务性公寓对经济环境反应的共同特征。

（一）商务经济与服务性公寓

经济环境也是服务性公寓存在和发展的大环境，很重要的是，**服务性公寓经济是商务经济发展的衍生物**。

因此，从这个方面来看，服务性公寓的宏观经济表象与商务办公地产的宏观经济表象在各个要素上是呈现正相关的,这些要素包括GDP及增长、国内外贸易及增长、产业及增长。

此外,商务办公市场供需与服务性公寓也密切相关。

(二)城市人口流动与服务性公寓

中国的人口基数大,流动人口数据也是高达4亿,其中42%的流动人口都是有租赁需求的。人口流入主要集中在一二线以及沿海城市。图4-10是2018年全国部分城市人口流入及流入增量的数据。①

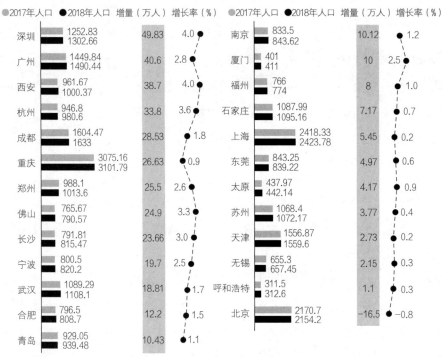

图4-10 2018年全国部分城市人口流入数据统计

注:有一些城市如济南以及东北城市数据尚未发布,未列入统计数据来源:第一财经根据各地统计局及公开数据整理

当然,对这些流动人口的分析,要同当地城市宏观经济状况结合起来分析。因为提供给服务性公寓的这一部分人口,是其中具有较高学历的经济、管理和专业技术人员。图4-11为2017年底集中式公寓在国内的地区分布情况。②

(三)住宅市场供需与服务性公寓

由于公寓有居住消费属性,所以,住宅市场供需同样会影响服务性公寓的市场。通常情况下,住宅市场供不应求和房价较高,也会刺激服务性公寓的市场供应和租金水平。

从目前情况来看,包括集中式公寓、分散式公寓等公寓市场已经由增量市场转向存量市场,仅北京、上海、广州、深圳、杭州、成都这6大城市

---

① 第一财经. 人口增长10强城市盘点:深圳广州杭州西安成大赢家人口流动一路向南[J/OL]. 新浪新闻中心, 2019-3-18. http://news.sina.com.cn/o/2019-03-28/doc-ihsxncvh6333760.shtml.
② 数据来源:迈点研究院(MTM)。

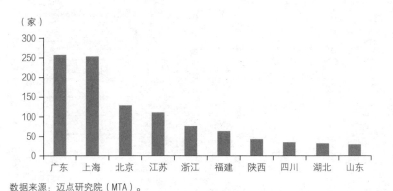

图4-11 2017年底集中式公寓在我国的地区分布情况

数据来源：迈点研究院（MTA）。

存量至少有13.5万套。然而市场存量是有限的，市场依旧需要加速供应，因为也有数据显示，预计在2020年，长租公寓需求大约1000万间，营业收入近2200亿元，总体净利润规模在250亿元左右。

但是，各地城市政府也因此提高了未来5年土地出让中租赁住宅用地的比例，预计在2022年集中式可高达75.6万套。如果国内各地沿袭盲目从众上马的思维，公寓市场也将有可能成为继住宅市场、商铺市场之后下一个严重库存积压的房地产种类。

二、服务性公寓的价值特征

服务性公寓的价值特征通常反映其资产的个别特征，即在同样经济环境和区位条件下特定服务性公寓的特征。

服务性公寓的价值特征，主要是由建筑特征、邻里特征、区位特征、消费偏好和租约特征构成。

国内学者对若干服务性公寓进行了租金研究，分析了建筑特征、邻里特征、区位特征、消费偏好和租约特征对租金边际价格的影响。表4-7列出了影响租金水平20个特征变量。[1]

就国内现阶段服务性公寓影响租金水平的各种特征变量无法准确量化，研究者采取了计分方法。这样，还无法就这些各种特征变量直接通过回归分析所取得的非标准系数，直接推算这些特征变量影响下的租金边际价格。

但是，可以通过回归分析中的标准系数，推算出20个因素对租金价格的影响程度排序（表4-8）[2]。

---

[1] 黄丽君. 基于HEDONIC模型的长租公寓租金影响因素的实证研究［J］. 江西师范大学学报，2018，6.
[2] 同上.

服务性公寓租金影响因素汇总表　　　　表 4-7

特征属性类别	特征变量	特征变量值	预期符号
建筑特征	公寓产品品牌	发展商、运营商品牌形象	+
	房源类型	初始房源产权及用途属性	+
	总楼层数	建筑总层数	+
	总房间数	可出租房间数	−
	户型类别	一室户型、一室一厅型、两室一厅型	+
	装修程度	室内装修精细度	+
	内部生活配套服务设施	电梯、走廊宽度、室内安全舒适度	+
邻里特征	周边商业繁华度	零售、餐饮等商业丰富度	+
	周边产业聚集度	产业园或商务办公等租户工作近距离度	+
	周边环境舒适度	是否靠近公共绿地、水系	+
	周边生活配套集中度	医院、银行等服务丰富度	+
区位特征	所属行政区位	是否在市中高端货繁华区域	+
	与 CBD 距离	与 CBD 近距离度	+
	公共交通便捷度	轨道交通、公共交通便捷度	+
消费偏好特征	公共休闲区	公共影音、休闲、社交区丰富度	+
	公共生活便捷度	公共厨房、晾晒等公共服务设施周到程度	+
	互动社群	是否具有较高品质的社交群体活动	+
租约特征	租约期限	租约期限	−
	支付形式	一月一付或一季一付	+
	附加费收取方式	水电、物业管理费等支付方式	+

服务性公寓租金影响因素回归分析表　　　　表 4-8

特征变量	非标准化系数 B	标准误差	标准化系数 Bate	t	Sig	影响程度排序
公寓产品品牌对数	0.278	0.046	0.506	6.046	0	1
房源类型对数	−0.042	0.074	−0.044	−0.564	0.574	18
总楼层数对数	0.34	0.095	0.216	3.582	0.001	5
总房间数对数	0.07	0.026	−0.173	−2.715	0.008	6
户型类别对数	0.283	0.046	0.367	6.089	0	2
装修程度对数	0.101	0.096	0.084	1.051	0.296	16
内部生活配套服务设施对数	0.217	0.08	0.218	2.702	0.008	4
周边商业繁华度对数	0.249	0.165	0.102	1.508	0.136	13
周边产业聚集度对数	0.143	0.098	0.11	1.455	0.15	11
周边环境舒适度对数	0.158	0.105	0.085	1.508	0.136	15
周边生活配套集中度对数	0.191	0.116	0.108	1.64	0.105	12
所属行政区位对数	−0.192	0.118	−0.114	−1.624	0.108	10
与 CBD 距离对数	−0.17	0.11	−0.138	−1.556	0.124	8
公共交通便捷度	0.12	0.107	0.09	1.119	0.266	14
公共休闲区	−0.144	0.043	−0.239	−3.359	0.001	3
公共生活便捷度	0.021	0.051	0.032	0.41	0.683	19
互动社群	0.087	0.039	0.148	2.212	0.03	7
租约期限	0.224	0.141	0.125	1.593	0.115	9
支付形式	−0.017	0.146	−0.009	−0.119	0.906	20
附加费收取方式	0.073	0.065	0.059	1.121	0.266	17

从表4-8，对服务性公寓租金价格影响程度最高的前10个因素顺序依次是：公寓形象品牌、户型、公寓公共休闲区、内部生活配套服务设施、总楼层数、总房间数、互动社群、与CBD距离、租约期限和所属行政区位。

从服务性公寓的价值特征看，虽同属于商务经济，但其与商务办公地产的价值特征的差别在于，户型类型的住宅特性显现出来，而且，租户消费偏好特征明显，尤其在其特定圈层的社交需要诉求明显，与住宅小区有很大区别。

三、服务性公寓商业模式的变量

（一）与一般收益性房地产相类似的服务型公寓的现金流因素分析

商业地产的盈利模式就是通过租金收益实现资产的增殖性价值增值。关于这一点，作为收益性房地产的服务性公寓同样有这个特征。

如果把这种盈利模式展现为目标函数，那么目标函数会有两个：一个就是以资产价值为目标的目标函数，资产价值展现为EBIDTA/CAP RATE、NOI/CAP RATE或NPI/CAP RATE。

另一个目标函数是以EBIDTA或NOI或NPI为目标的目标函数。EBIDTA、NOI和NPI都是收益性商业房地产的经营性现金流指标。

对服务性公寓的现金流指标，我们也还是暂先搁置公允价值变动损益、营业成本和费用、资产管理费和招商佣金，先围绕经营性现金流主要是租金总收入的实现，来分析为租金总收入涉及的几个变量。

租金总收入涉及了一个核心指标是租金标准。我们在上面已经就涉及租金标准及边际价格的若干宏观的、微观的特征值进行了分析。这些分析同样涉及需要对**租户、租期、出租率**这几个变量进行分析。而租户的经营，就是服务性公寓一般意义上的商业模式。

1. 租户

同样，现金流规划的前提是首先进行租户规划。而租户是租金的偿付者，租户规划的目标，就是寻求租金支付能力强的租户并将此进行组织。关键在于挖掘租户价值。

关于租户价值，服务性公寓的经营同样涉及租户价值的分析和评价。对于服务性公寓来说，租户价值主要由租户的租金支付能力来体现。

但是，与公寓支付能力同时进行评价的，还有租户的年龄、职业、文化程度、收入水平这几个特征变量。

通过对反映租户特征的特征便令进行分组对比筛选，就能很清楚地把目标客户群中的各种租户锁定为坐标系的各个象限，以便于制订租赁政策和租赁策略。

2. 租期

租期规划，主要是与现金流规划结合考虑的一个重要变量。

3. 出租率

不像零售商业地产项目整体满铺开业重要性显现得那么突出，服务性公寓的出租率要求没有那么高。但是，选取怎样水平的出租率，也是租金、速度和品质三个要素博弈、平衡的结果。

但是，无论如何，上述要素较之于商务办公地产和零售商业地产，还是不太敏感的。毕竟，服务性公寓还是具有居住属性。

（二）公寓物业经营＝租赁经营+多种经营+房地产销售

正因为服务性公寓的核心功能还是居住，无论是租赁市场还是资本市场不可能不以对待住宅的视角来看待它。

因为其承租户始终是消费者，公寓的房间里是他休息的地方，而不是产生现金流的地方，与办公楼和商场相比，房屋租售比更低。克而瑞的监测数据显示，目前国内20个重点城市公寓租金回报率为1%～3%，低于办公租金回报率4%～6%，且远低于国际公寓水平。[①]

因此，我国公寓物业经营的商业模式就呈现出丰富多彩的内容和形式，而不是租赁经营当房东那么简单了。国内近几年探索出的公寓物业经营的商业模式大致有四类：

1. 租金差+装修投资溢价的二房东模式

从业主租入的批发价与单间"零售价"合计之间的差价，是目前绝大多数长租公寓主要的利润来源。主要包括两部分：一是整套租入，按间租出实现溢价；二是通过分拆隔间，增加房间数实现额外收益。同时，经营者也会对租入的房屋进行简单装修，以实现房租价格的提升。

这种模式，在中低端公寓中运用的比较普遍。

2. 生态社区+增值服务

公寓运营商通过打造"公寓+服务"的生态圈，如"公寓+旅游""公寓+健康""公寓+培训"等形式扩大服务半径，整合第三方优质资源或自己开展经营，提升用户体验度，进而从衍生产品上实现盈利。如魔方向租户收取的物业费，大约每月每间房200～300元，相对普通住宅略微偏高。

[①] 长租公寓艰难前行租金回报率仅1%～3%. [J/OL]. 房讯网，2019-7-9，http://www.funxun.com/news/52/20197993527.html.

而增值服务费用主要是在其高端产品中才体现,如租车服务、入室保洁、衣物清洗、商品代购等额外服务。

这种模式是从住宅物业服务中"物业服务费+多种经营"的模式中延伸出来的。住宅物业服务是因为物业服务费标准太低,物业服务公司入不敷出,所以用多种经营的收入来填补物业服务支出的不足。在这里,多种经营收入用来弥补租金不足了。

3. 先租后售,旨在客户获取,实现业务协同

这类盈利模式的代表是万科,万科曾在重庆西九·万科驿推出"租金抵房款,房款抵租金"的活动,从活动口号可以清晰发现该类模式的核心是先租后售,公司的本质并不是指望依靠公寓租金实现盈利,而是希望以公寓租赁获得潜在的客户资源,带动其本身的房地产销售。

这是房地产销售模式的一种延伸。

4. 伴随"高进低出""长收短付"等模式的长租公寓租金贷

所谓"高进低出",是指支付房屋权利人的租金高于收取承租人所谓租金;所谓"长收短付",是指收取承租人租金周期长于给付房屋权利人租金周期。

本来,租金贷一般的模式是,公寓运营商把公寓租给租户,租户向金融公司申请租赁贷款,金融公司一次性把租金支付给公寓运营商,租户再按月偿还金融公司贷款,甚至押金都可以申请贷款。

但是,长租公寓平台借助租金贷业务疯狂扩张,并形成资金池:

(1)表面上租户跟运营商签的是租房合同,比如押一付一,实际上是一份贷款合同——通过APP操作,租客从网贷平台借钱;

(2)然后租户每月还钱,其实也是还给网贷平台;

(3)这一年的房租,网贷平台已经交给了公寓运营商,但公寓运营商并没有把这笔钱给房东,最多拿出3个月给了房东。至于剩下的钱,公寓运营商会去拿更多的房子,拿出3个月房租交给房东,囤下房源;

(4)每租出去一套公寓,公寓运营商手里又有了现金流,相当于又可以多拿1~3套房源。

资金滚动下,助推了公寓运营商的扩张欲望。为了扩大规模,他们的杠杆越来越大。最后,租赁经营变成了高杠杆游戏。

5. 资产收购+持有经营

这种盈利模式和美国典型的公寓REITs模式非常类似,借助不动产基金通过资本运

作来收购或整租、改造物业，然后与第三方的公寓管理公司合作，由其负责物业的出租经营与管理。一方面获得了资产增值收益，另一方面也可获得运营收益。这种盈利模式的代表是赛富不动产基金和新派公寓的深度合作，赛富以不动产基金购买房屋的租赁权，委托新派公寓开展房屋租赁、管理等业务，实现二者的资源互补。

除第五种模式是标准模式之外，第一~第四种是**国内增量经济方式**的自创模式，是把公寓经营之外的装修经营、物业服务、房地产销售等各种战法移植而来的，但也是国内公寓租赁价格过低所采取的无奈之举。

（三）公寓运营对现金流的动态考量

以图4-12为例，把服务性公寓经营过程划分为若干个阶段，整个过程里现金流呈现微笑曲线分布。

（1）第一阶段，公寓经营在管理规模有限前提下，采用传统二房东模式，有一定盈利空间；

（2）第二阶段，需要投入资金支撑运营和营销，扩张规模导致成本显著提升；

（3）第三阶段，规模效应显现，可以通过流程优化进行成本管控，同时输出品牌和运营模式加速扩张带来盈利；

（4）第四阶段，市场供给趋于饱和，利润率趋于平稳，龙头企业可能出现盈利下滑。

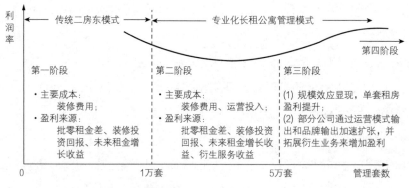

图4-12 公寓经营过程的经营策略变化

1. 规模

租房流程线上化和运营流程标准化是提高单位员工产能，实现规模化优势的有效方式第二阶段需要投入资金支撑运营和营销，扩张规模导致成本显著提升。

2. 品牌

提升装修品质，加强服务，是提升盈利能力的重要方式。

3. 空置率

在长租公寓尚未形成规模优势前，空置率是影响公司生存关键，需要注意平滑租房需求的季节性波动。

4. 融资成本

在行业普遍处于第二阶段初期，盈利水平不高的大环境下，获得较低成本的融资是公寓物业经营进一步拓展的保障。

表4-9是公寓经营的测算表。[①]

公寓经营测算表　　　　表 4-9

项目	金额（元）	计算方式
单套公寓盈利分拆（元）		
租入价	6000	6000（单套租入价格）
装修投资回报	1600	400（单间提价）×4（间）
批零租金差	2400	2000（多隔出一间收益）+100（单间提价）×4（间）
服务溢价	500	10000×5%（行业平均服务费率）
合计	10500	10500（单套出租价格）
价差	4500	4500（单套价差）
盈利估算（万元）		
公寓收入	37800	10500（单套价格）×12（月）×3000（套）/10000
减：租金成本	21600	6000（单套租入价）×12（月）×3000（套）/10000
空置率损失	3780	37800（公寓总收入）×10%（空置率）
装修开支	2250	3（单套装修价）×3000/4（按4年平摊）
员工工资	4800	500（总员工数）×0.8（月薪）×12（月）
其他开支	1890	办公场地租金、营销费用、运营支出（按收入5%的保守水平估计）
毛利润	3480	
毛利率	9%	3480（毛利润）/37800（公寓收入）

注：此处盈利测算为不考虑税费和融资成本之前的毛利率，扣除5%的融资成本和4%的优惠税收则毛利为0

服务性公寓成为一种引人关注的经济现象，是因为大量住宅库存积压，是因为由购向租政策导向的变化。但是过高的房价和极不合理的租售比条件的存在，按服务性公寓经济的存量经济逻辑，是肯定发展不了的，或者只能扭曲发展。但是，扭曲发展必然带来恶果，并把扭曲引向资本市场，使资本市场也趋于扭曲。因此，只能当扭曲产生恶果之后，我们又花费大量的社会成本，用科学的方法进行纠偏。2019年长租公寓租赁市场的乱象证明了这一点。

[①] 来源于网络资料。

第二篇

商业地产资产管理

第五章 商业地产资产管理概述

什么是资产管理？金融机构对证券、票据、权证等金融资产的信托理财叫作资产管理，那么资产主体对实体资产的管理是不是资产管理？为什么实体资产管理不是物业管理？为什么说使资产产生收益和对资产进行再生产是商业地产资产管理的两大任务？在商业地产资产管理中为什么需要把资本经营和服务经营科学区分开来？为什么说经营性现金流不能反映为商业地产全部的资金运动？怎样正确理解存量资产与库存资产和不良资产的区别？这些都是本章回答的问题。此外，本章还要解构重资产和轻资产的概念。

第一节 存量时代商业地产资产的重要问题

一、什么是资产管理

资产管理的词语解释，几十年里发生了很多次演变。这些变化反映了中国经济的变化，其中不可避免地反映了我国不同阶段经济任务和包括增量时代在内的各个时代的直接需要和诉求，换句话说，概念的演变具有实际的目的。

1. 第一种定义——资产管理是资产所有人对其资产所进行的管理

这是现代对资产管理最早的定义。

在完成社会主义工商业改造过程中，国家通过财政部和政府各经济专业管理部门以及这些政府专业部门所属的国有企业掌握了大量资产。为了加强对全民所有制资产的管理，采用了这个最早的定义。财政部和政府各专业部门制订了大量专业规章，作为实施全民所有制资产管理的依据。

2. 第二种定义——把资产管理委托作为必要条件

经济体制改革，全民所有制资产成为国有资产，资产主体成了市场主体。从一机部到八机部，各专业部委渐次撤销或转变职能，国家设立了国资委，成为国有资产的归口管理部门。为了盘活国有资产，也为了完成当时清理不良国有资产这个具体任务，设立了国资委所属的资产管理公司，由资产管理公司受托进行不良资产的市场化处置。

为了完成不良资产处置这个在当时极其艰巨的任务，相继出台了许多法规和政策。也因此，出现了资产管理的第二个定义。

这个定义，反映了当时完成阶段性任务的迫切需要，也表达了将资产管理作为一项"经营业务"市场化的愿景。

这个定义设置了一个条件，就是资产委托。资产持有人把资产委托给资产管理人管理，这个管理才叫资产管理。

那么，资产持有人没有把资产委托出去，而自行开展的管理算不算资产管理，定义没有说。

这个时期，**资产一般特指不良资产，资产管理也特指不良资产的处置**。资产管理的对象实际上只是资产的货币形态，而不是实物形态。

3. 第三种定义——对金融资产的管理才叫资产管理

这个定义出自央行、银监会、证监会和国家外汇管理局。中国人民银行、中国银行保险监督管理委员会、中国证券监督管理委员会、国家外汇管理局于2018年4月27日《关于规范金融机构资产管理业务的指导意见》（银发〔2018〕2016号）定义：资产管理业务是指银行、信托、证券、基金、期货、保险资产管理机构、金融资产投资公司等金融机构接受投资者委托，对受托的投资者财产进行投资和管理的金融服务。①

随着市场经济的发展，不仅国家有资产，民间也有资产（民间资产主体的法定名称是"居民企业"），因此在第二种定义的基础上，资产管理的范围开始扩展，不仅包括国有金融资产，还包括了民间金融资产。

第三种定义不仅维持了第二种定义中资产委托这样的前置条件，而且把资产管理的主体限制为金融机构，把资产管理限制为一种金融服务，同时把资产管理的对象也明确限制了，仅限于有价证券等金融产品。

第三种定义的资产管理，其行为实际上是"信托理财"。

那么，非金融产品的资产呢，比如商业地产资产中的实体资产，它们怎么办，对它们的管理算不算资产管理？

证监会非常严谨，它明确地提到了自己定义的狭义性，把自己定义的"资产管理"叫"**金融类资产的资产管理**"。

证监会很严谨，许多人在宣贯资产管理的时候就不那么严谨了，他们会把"金融类资产"中"金融类"这个限定词给忽略不提了。这样，"金融类资产的资产管理"就代表了整个"资产管理"，在增量时代，实体资产逐渐被淡化、遗忘。

在本书第三章第三节，我们讨论过了资产的概念，指出资产是由过去的交易或者事项所形成，由资产所有人控制的，能预期带来经济收益的资源。按其耗用期限的长短，分为流动资产和长期资产；按其是否具有实体形态，分为有形资产和无形资产。而商业地产资产既是长期资产，也是有

---

① 中国人民银行，中国银行保险监督管理委员会，中国证券监督管理委员会，国家外汇管理局. 关于规范金融机构资产管理业务的指导意见. [J/OL]. 中国日报网，2018-4-28，https://baijiahao.baidu.com/s?id=1598967648204783757.

形资产。就其有形资产范畴，商业地产资产最根本、最基础的部分是固定资产。

除了虚拟资产之外，任何资产都呈现出"一体两面"的形态，是货币形态和实物形态的统一。如图5-1所示，资产以实物形态呈现的是**实体资产**，以物质结构或其运动状态表现出其功能；货币形态呈现的是**金融资产**，以货币或有价证券的表现形式表现出其价值。资产是以这两种形态构成一个整体而不可分割。

图5-1　实体资产和金融资产——资产的一体两面

资产中实体资产和金融资产的两种形态的不可分割，根源在于实体资产的诸要素和金融资产的诸要素是相互联系的。实体资产诸要素既是金融资产诸要素的物质承担者，也是金融资产诸要素的最终目的；金融资产诸要素既是实体资产诸要素的价值表现形式，也是实体资产诸要素存在的前提。

正因为资产的"一体两面"的特性，对资产的管理就必须统一。其涵义一是对两者不能各有偏废；二是不能将两者分割开来。

同时，除了法律规定必须委托给受托人管理的项目以外，资产持有人也可以自行进行资产管理。

因此资产管理的准确涵义是，**资产管理是资产持有人为确保其资产价值的保值增值，以及达到获得持续经济收益，对资产的形成、运行和处置或自行或委托所进行的控制。**

无论是自行管理还是委托管理，资产管理对其货币形态和实物形态即金融资产和实体资产的管理必须统一。

二、实体资产管理不是物业管理

当金融资产被作为"资产"，金融资产管理被当作"资产管理"，有一种观点认为，实体资产的管理，可以划归到"物业管理"的门类里去。于是物业管理机构作为一个服务机构在没有资产主体授权的情况下，"**被**"扮演起监管职能了。显然这样的职责划归，是非常错误的。

图5-2所示的是实体资产管理的模式。

从实体资产管理体系中，我们可以看到**物业管理只是实体资产管理监管下的一项服务活动**。

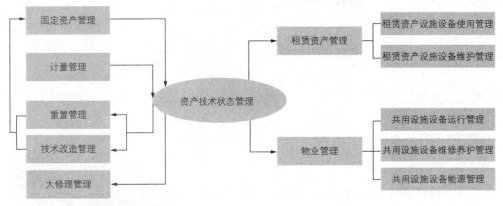

图5-2 实体资产管理体系示意图

(一)就其活动内容来看

①固定资产管理中的固定资产购置、转移、停用、报废等资产所有人权能,能够由物业服务机构(甚至由委托出去的物业服务公司)行使吗?

②实体资产中固定资产、递延资产的重置、技术改造和大中修技术方案的技术审核、技术审核决策权能,能够由物业服务机构(甚至由委托出去的物业服务公司)行使吗?

③对资产所有人来说,资产管理中很重要的计量管理权能,能够由物业服务机构(甚至由委托出去的物业服务公司)行使吗?

回答是否定的。物业服务公司对于实体资产的业务只限于服务,即共用设施设备的运行、维修养护和共用设施设备能源使用的管理,行使的是业务执行权能。

(二)就其法律赋予的职责来看

根据我国物业管理条例的规定,物业服务机构对物业资产实体行使管理服务职责的对象只限于**共用设施设备**,职责要求是**使用和维修养护**,并不包含业主资产管理中的监管职责。

已经被业主和物业服务机构广泛采用的物业服务合同示范文本,物业服务机构的职责也按照物业管理条例的规定所限制。在实际运用中,业主与物业服务机构签订的物业服务合同或商业管理委托合同中,业主包括商业地产资产的所有人都没有给予商业管理公司或物业服务公司以业主资产管理的授权。

所以,物业服务机构行使实体资产管理,没有法律依据。

此外,物业服务机构无法行使业主的租赁资产管理的职能。

本书第三章第四节所提到的"租赁资产控制"就直接体现了"金融类资产管理"不想管而"物业管理"管不了的管理主体缺位。

一个商业地产项目有主力店,业主把一些变电站、冷冻机等重要设备作为租赁资产租赁给主力店使用,在没有约束的情况下,主力店会对这些租赁资产进行掠夺性使用。业主委托物业服务单位管理商业项目的物业服务,仅包含业主直接委托给物业服务单位管理的**共用设施设备**,共用设施设备并不包括业主租赁给主力店独立使用的租赁资产。

在具体实践中,业主在租赁合同中往往缺少对租赁资产的使用、维护的有关实体资产管理内容的详细条款约定,也往往没有约定授权由聘请的物业服务单位行使业主的实体资产管理的权利,又采用的是没有任何"实体资产管理"内容条款授权约定的物业服务合同示范文本,所以让物业服务单位去管理业主的租赁资产显然于法无据。

三、使资产产生收益和资产再生产——商业地产资产管理不可或缺的两大任务

对于资产主体来说,商业地产资产管理不仅是经营业务,而且是重要的**管理职能**。

商业地产的有形资产是企业重要的核心资产。这个资产不仅价值量巨大,而且其价值形态和技术形态都极其复杂,内容极其丰富。所以,资产管理应该是资产主体最重要的管理职能。

在中国,除了大型国有企业具有资产管理的强大管理职能之外,一般房地产企业缺乏有形资产管理的传统,这是开发建设和销售住宅、商铺所形成的增量经济模式所导致的。即便在账面上计算巨大金额的货值,但仅仅是账面而已。在建设阶段,实物依然由工程施工单位管理,房屋交付时也是拖着施工单位一同进行,房地产企业并未展开实体资产管理的一系列工作。建设完成交付使用后,通常由物业服务公司进行实体资产部分业务管理的服务性工作,实体资产管理并没有进行。

当房地产开发商转型为不动产商后,既有的管理定位、业务管理性质、管理职能和工作方法并未真正改变。事实上,对于中国大多数房地产企业来说,有形资产的资产管理是一个陌生的课题。正因为此,把资产管理纳入企业作为一项重要的管理职能尤其重要。

那么,商业地产资产管理的任务究竟是什么呢?

商业地产资产管理的根本任务是利用包括经济、财务、技术等一切手段使商业地产资产得以保值增值并取得收益。

商业地产资产管理的根本任务包含两个方面的涵义:一是**使资产产生收益**;二是**对资产进行"再生产"**,包括**简单再生产**和**扩大再生产**。

(一) 使资产产生收益

商业地产的资产属性，是能够产生现金收入（或现金等价物）。能够产生现金收入，这是资产得以存在以及人们愿意对此进行投资的根本原因。但是，能不能产生现金收入，能够产生多大收益，则需要商业地产资产管理作出努力。

(二) 对资产进行再生产

法国学者路易·阿尔都塞指出："正如马克思曾说过，甚至连小孩子都知道，一种社会形态如果在进行生产的同时**不对生产的条件进行再生产**，它就连一年也维持不下去。因此，**生产的最终条件，是各种生产条件的再生产**。这种再生产可能是**简单的**（仅仅对先前的生产条件进行再生产），也可能是**扩大的**（对那些生产条件进行扩展）。"[①]

在增量经济时代，资本的流动性要求各种产品和服务加快消耗和消费，追求"更新换代"，以支持增量经济的快速循环，客观上减少了各种产品和服务的生命周期，因此削弱、淡化对各类资产的再生产。

如果说**过度消费是增量经济范畴，那么再生产就是存量经济范畴**。资产产生收益的过程，也就是资产自身消耗的过程。而如果要保持或者优化资产产生收益的能力，就必须对资产进行再生产。尤其商业地产具有极大价值量，过度消费而不实现资产的再生产，是对资源的极大浪费。而商业地产的再生产，就是对资产的大中修、重置更新乃至技术改造。

那么，商业地产资产管理的具体任务是什么呢？

在经济上，无论是委托还是自行实施，都要由商业运营机构对商业地产资产进行经营，使其实现经济收益和资产再生产的目标。

在经济上，通过资金管理、预算管理、成本管理以及经济核算，不仅通过资产负债表、损益表和现金流量表掌握资产的价值及其变化、收益和成本及其变化，尤其要在租金标准、出租率、租金递增率、租约期限等核心指标的控制，掌握和控制商业运营单位的经济活动；对于资产的再生产，则需要掌握并控制固定资产和递延资产的重置、改造、大中修、修缮等资本性支出。

在技术上，核心是资产的技术状态管理，避免资产功能缺陷和重大隐患，防止设备提前报废，审核固定资产和递延资产的重置、改造、大中修、修缮技术方案，监管物业服务单位对共用设施设备的使用和维护，监管租赁单位对租赁技术资产的使用和维护，防范和控制各类重大事故。

以技术状态管理为核心，固定资产管理、重置管理、改造管理、大中

[①] 路易.阿尔都塞.论再生产[M].吴子枫，译.西安：西北大学出版社，2019.

修管理、计量管理以及在业主监管下属于物业服务职能的运行管理、维修养护管理和能源控制管理,共同构成了业主的商业地产资产技术管理权能体系。

总之,商业地产资产管理的实质和内容,并不是商管公司的商业地产运营管理,而是以资产持有人为主体进行的商业地产资产不断恢复和优化过程的管理,重点尤其在于资产优化过程的管理。

四、商业地产资产管理的要素

商业地产资产管理的要素,既包含财务指标,又包括技术指标。

(一)财务指标

商业地产资产管理的财务指标,包含以下要素:

1. 租金收入

包括毛租金收入(gross lease)、净租金收入(net lease)。

2. 资产经营支出

包括资本性支出(capital expenditure)、收益性支出(revenue expenditure)。

3. 收益

包括营运净收入(NOI)、物业资产净收益(NPI)、息税折旧及摊销前利润(EBITDA)。

(二)技术指标

设施完好率(rate of equipment usability)应该是反映资产技术质量的重要指标。

在建立商业地产资产完损等级评定标准的基础上,

设施完好率=(完好建筑构件和设备数量之和+基本完好建筑构件和设备数量之和)/建筑构件和设备数量之和×100%

五、商业地产资产管理的主体

谁是商业地产资产的持有人,谁就是商业地产资产管理的主体,也就是该项资产的管理人。

但是,在商业地产投融资过程中,特别是采用权益融资(股权融资),情况就会变得比较复杂。

如果采取债权融资，资产主体的权能未被肢解，商业地产资产主体依然就是资产管理的主体。

如果采取权益融资或混合融资，关键在于视资产的所有权是否被转移。如果股权被收购，资产管理的主体自然被整体转移；如果只是部分事项委托或转移，那么资产主体依然是该商业地产的管理主体，由管理主体就相关事项对受托方进行监管。

无论投融资过程出现哪种情况，有两个基本原则：一是资产的主体只能有一个，而它就是资产管理的主体；二是无论权能如何分解或委托，财权和事权必须统一，不能割裂，尤其不能把金融资产和实体资产割裂开来让不同的主体分别管理。

第二节　资产经营和服务经营

商业地产的经营过程是由两类经济活动结合进行的：一类是由资产持有人（业主）进行的经济活动；一类是有资产持有人所雇佣的管理人（商业管理公司、物业管理公司、基金管理公司）进行的经济活动。

前者开展的经济活动是资产经营，目的是获得财产性收入；后者开展的经济活动是对前者的资产经营进行"经理服务"，目的是获得自己的服务性收入。

这两类经济活动是性质完全不同的，但在国内现阶段，因为两者是结合进行的，人们往往将此进行混淆。

此外，近年来，业界又出现了轻资产、重资产的新概念，各种定义和解释层出不穷。

为此，对这些概念要进行区分。

资产经营和服务经营的划分，首先需要进行的是概念划分。而要想搞清楚轻资产和重资产、服务经济和资本经济，先还是从搞清楚经济形态的科学概念开始。

一、经济形态的划分

（一）土地经济、资本经济和服务经济

从两河流域人类农业文明开始形成之后一直到现在，共出现了三种经济形态，包括：

1. 土地经济

　　土地经济的要素是土地，其孳息是地租。具体的产业形式，以农业为典型形式。其生产的组织形式，是地主或领主将土地佃租给佃农，由佃农交纳地租作为收益。

2. 资本经济

　　资本经济的要素是资本，其孳息是利润。具体的产业形式，以工业为典型形式。其生产的组织形式，是由金融资本和工业资本或商业资本投资，购买劳动力和生产资料，从生产经营成果中获得利润。

3. 服务经济

　　服务经济的要素是劳务，其孳息是酬金。具体的产业形式是现代服务业，包括以简单劳动呈现的家政、快递、配送、保洁等服务业；以复杂劳动呈现的执业医师、执业律师、注册会计师、经纪人、广告公关以及房地产领域的物业管理、商业运营、基金管理等服务业。其生产的组织形式，是劳务聚合的方式，为被服务方提供劳务，从服务成果中获得机构酬金。

　　服务经济之所以能够从资本经济中独立出来，是其与资本经济范畴的雇佣劳动有本质的区别。资本经济范畴的雇佣劳动，是资本购买了雇佣劳动力，在资本那里完成了与生产资料的结合，在资本的生产活动中，扮演了参与者的角色；而服务经济不同，服务机构与被服务者签订服务合同后，生产资料转为服务机构控制，劳务与生产资料的结合是在服务主体手中完成结合，劳务与生产资料的结合和生产运行是以服务机构为主体完成的。

　　随着科学技术发展，科学技术成为一种产业，又出现了知识经济的范畴。其特征是，由科技创新形成了"知识产权"，通过"专利权"对技术专利进行法律认可，使之成为**权利**，成为一项经济要素，权利人可以通过这个"权利"获得经济收益。

　　但是，知识经济并未成为一种与土地经济、资本经济和服务经济相平行的独立经济形态，仍然是资本经济的范畴。知识产权的权利视作为出资，其孳息也被视作为利润。

　　因此，知识产权成了一种资产，即无形资产。随后，商标、商誉、企业创成的技术标准等，也成为知识产权概念的扩展，成为无形资产。

　　当然，知识经济最终必将从资本经济范畴中解放出来，成为独立的经济形态。这还需要知识在与资本的博弈中取得巨大优势，并引发重大的生产方式的革命为前提。

（二）商业地产领域的资本经济和服务经济

　　商业地产领域也包含了资本经济和服务经济。

商业地产领域的资本经济，就是投资人的经济，是投资人就其持有的商业地产资产取得经济收益的活动，具体地说，就是资产所有者通过对商业地产资产的占有、处分，取得租金收益的活动。商业地产领域的资本经济，就是商业地产的资产经营活动，其主体就是业主，收入是租金，成本是前期投入在资产经营过程的摊销和资产经营过程中的资本性支出。

商业地产领域的服务经济，是作为专业服务机构的各类管理人，包括物业管理公司、商业管理公司、基金管理人，受业主委托，对商业地产资产的经营展开服务的活动。商业地产领域的服务经济，就是商业地产的服务经营活动，其主体是管理人，收入是各类管理服务收入，成本各类管理服务支出。

（三）对"重资产"和"轻资产"词汇的解构

所谓重资产，其涵义是商业地产领域的资本经济；所谓轻资产，其涵义是商业地产领域的服务经济+知识经济变型为资本经济的混合经济。

万达集团率先提出"重资产""轻资产"概念的时候，认为直接使用"服务经济"的概念不太过瘾。它认为投入了无形资产，包括万达的品牌、万达的规划设计条件和建造标准。这些无形资产可以作价为资本，所以自定义为"轻资产"。因此，"重资产"和"轻资产"这两个超越经济学概念范畴的新提法，就被"创造"出来了。

但是，能够作价为资本，前提是获得专利权证书，或者其无形资产被评估机构评估出价值，例如喜来登和五大行[①]，它们的技术成果都积累沉淀了数十年上百年，是有明确的估值结论的。

国内新出现的"轻资产"，有许多是出门抢食的，因为它们的"无形资产"大多是一夜之间横空出世的，有没有无形资产，只有它们自己清楚。

接下来，我们详细讨论这两类主体所开展的两类经营活动。

二、经营主体划分

首先是对经营主体进行划分。

在商业地产经济活动中，我们会涉及两个主体：一个经营主体是资产的雇主，就是资产所有者，也叫**业主**；一个经营主体是雇员，就是**管理人**。

管理人也叫管理公司，如商业管理公司、物业管理公司、基金管理人、计划管理人等。

---

① "五大行"为JLL仲量联行，CBRE世邦魏理仕，DTZ戴德梁行，Savills第一太平戴维斯和Colliers高力国际五个国际著名物业管理服务商。

有时候这两者之间在委托和受托过程中发生职能的转移，但是，所有者就是所有者，管理人就是管理人，性质不能发生混淆。

三、经营活动划分

其次是对这两个经营主体所派生的经济活动进行划分，一个是**资产经营活动**，一个**是服务经营活动**，前者是业主的活动，后者是管理人的活动。

（一）业主的经济活动

业主的经济活动是资产租赁经营。

资产租赁经营的主营收入是租金收入；

资产租赁经营的支出包括：

（1）给予管理人的管理者酬金，酬金可以是固定形式，也可以是租金中的分成，或者是招商佣金；

（2）列支于长期待摊费用的固定资产和递延资产的修缮费、大修理费、重置费用、技术改造费用、土地使用费摊销、投资性房地产财务成本等；

（3）租户装修补贴支出，可作为租金折扣优惠支出；

（4）租户代建工程支出，可作为租金折扣优惠支出；

（5）业主名下物业的财产险投保费用；

（6）资产管理费用，资产管理中经常性开支，包括给予管理人日常经营中的商业运营支出补贴和物业管理支出补贴；

（7）税费。

业主资产经营活动的增值税按租金收入为应税依据，以资产租赁经营支出作进项抵扣，按11%税率征收。[①]

（二）管理人的经济活动

管理人的经济活动，是受业主委托，就业主资产租赁经营展开规定业务的服务经营活动，包括招商运营、物业管理、营销推广、金融服务。

管理人服务经营活动的主营收入是管理费收入，按其业务包括商业管理费收入、物

[①] 财政部、国家税务总局. 营业税改征增值税试点实施办法. [J/OL]. 中研网，2019-3-18.http://www.chinairn.com/hyzx/20190318/171658244.shtml.

业管理费收入、营销推广费收入、金融服务管理费收入，其中商业管理公司和物业管理公司的管理费收入的收取对象，由商业管理委托合同和物业管理合同规定，可以是业主，可以是租户。此外，管理者酬金的收取方式也由合同规定。

管理人服务经营活动的开支是商业运营开支、物业管理开支、营销推广服务开支和金融服务开支。

管理人承担的保险费开支，商业管理公司或物业管理公司受托管理物业的，要承担第三方责任险、机器损失险和火灾险的投保费用。

管理人的服务经营活动的增值税按管理费收入为应税依据，以管理费支出作进项抵扣，按税法规定，商业管理公司、物业管理公司、基金管理人按6%税率征收，计划管理人按3%税率征收。①

（三）代理经营和代收代缴

在业主和管理人两者之间因为常常有部分委托事宜，因此也产生代收代支现金流项目。

比较典型的情况是，由管理人代理业主向租户收取租金。在这种情况下，**租金依然是财产性收入而不是服务性收入**的性质并不发生改变，租金收入依然是业主收入。在管理人那里，租金只是代收项目。当然管理人也可以从业主手中以招商佣金的形式向业主收取代理费，而**代理费才是服务性收入**。

此外，由于管理人常常管理费收不抵支，为了予以补贴，业主会将广告位和多种经营租赁点位的租赁收入这些**由租赁物派生的财产性收入**，划归为管理人的收入。但这类收入**作为财产性收入的性质并不能改变**，只能视作业主对管理人当经营亏损时的一种补偿。

将业主与管理人，资产经营与服务经营进行严格划分，不仅是因为税务筹划，是因为财产性收入与服务性收入、财产性支出与服务性支出本身就是**性质截然不同的现金流，一个源于资产，一个源于服务**。

第三节　商业地产资产管理过程中的现金流

一切经济活动，最终归结为资金的运动，商业地产资产管理也是如此。在商业地产资产管理的资金运动中，**经营性现金流**是主要的现金流，

---

① 财政部、国家税务总局. 营业税改征增值税试点实施办法.［J/OL］. 中研网，2019-3-18. http://www.chinairn.com/hyzx/20190318/171658244.shtml.

此外，**投资性现金流**和**筹资性现金流**也是商业地产资产管理资金运动的重要组成部分。

一、经营性现金流

在商业地产存量资产持续运行阶段，商业地产经济活动的资金运动反映为现金流的流入和流出。其中，经营性现金流是主要的现金流。

在财务会计中，经营性现金流，是指从经营活动中获取的利润除去与长期投资有关的成本以及对证券的投资后剩余的现金流量。

它的计算公式表示为：

经营性现金流量＝营业收入－营业成本（付现成本）－所得税＝息税前利润加折旧－所得税。

在这个算式中，营业成本（付现成本）即现金支出成本，不包括固定资产折旧、无形资产和递延资产摊销、开办费摊销以及全投资假设下经营期间发生的借款的利息支出。

如果不是有收付实现制和权责发生制的区别，经营性现金流等值于息税折旧摊销前利润EBITDA。而息税折旧摊销前利润EBITDA正是商业地产资产经营中一个重要的收益指标。

这里，出现了两个问题。

（1）在商业地产资产经营中，主营收入就是租金收入，营业成本（付现成本）不包括固定资产折旧、无形资产和递延资产摊销、开办费摊销以及全投资假设下经营期间发生的借款的利息支出，那么只剩下运营管理人员的工资、物业运营中的能耗、日常维修、保洁绿化、秩序维护、现场行政办公以及保险费了。

我们在上一节讲过，必须把资产经营和服务经营划分开来，那么，除了物业的财产险，**营业成本几乎全部都是服务经营开支（服务性支出）**，而主营收入却是**资产经营收入（财产性收入）**，因此经营性现金流的算式从学理上存在瑕疵。

如果业主聘请管理公司进行管理，从理论上讲，管理人承担的服务经营开支都由管理人向租户收取的商业管理费、物业管理费、营销推广服务费等服务性收入进行抵消、平衡，理论上管理公司是独立核算，收支平衡，自负盈亏。

这样分析的结果，在经营性现金流中，营业成本被物业管理费收入等服务性收入所冲抵，租金收入几乎成了净收入。没有资产经营支出，难道租金收入是从天上掉下来的吗?

（2）正是在经营性现金流中，没有包括但事实存在的固定资产折旧、无形资产和递延资产摊销、开办费摊销以及全投资假设下经营期间发生的借款的利息支出，所以，经营性现金流不是商业地产资产经营过程中唯一的现金流。也就是说，**经营性现金流不能代表**商业地产资产经济运行**全部的资金运动**。

二、投资性现金流和筹资性现金流

既然经营性现金流不是商业地产资产经营过程中唯一的现金流，那么在资产经营过程中就存在其他的现金流，这就是**投资性现金流**和**筹资性现金流**。

（一）投资性现金流

所谓投资性现金流，是指对固定资产或金融工具等的投资活动所发生的现金流。其中现金流出主要包括购建固定资产、无形资产和其他长期投资所支付的资金净额；现金流入主要包括出售转让固定资产或其他长期投资实际收到的资金。

投资性现金流，在商业地产增量资产生产、存量资产运营和资本退出三个阶段，都在发挥作用。

（1）在增量资产生产阶段，它的作用是**商业地产资产的购建**，反映为投资性现金流出；

（2）在存量资产生产阶段，它的作用是**对商业地产资产损耗的再生产**（包括简单再生产和扩大再生产），包括**大中修、重置和技术改造**，反映的也是投资性现金流出；

（3）在资产退出阶段，它的作用是**对商业地产资产的售出**，反映的是投资性现金流入。

在商业地产存量资产运行过程中，即便是简单再生产，**租金就是以资产的损耗为代价的**。而房屋、设备等**固定资产折旧**和装饰装修等**递延资产摊销**，就是**对租金的价值转移**。正因为有了固定资产折旧、递延资产摊销以及土地使用费的摊销等长期待摊费用这样的**资本性支出**的存在，租金才不是从天上掉下来的。

（二）筹资性现金流

筹资性现金流，是指筹资活动的现金流入和归还筹资活动的现金流出。为什么要强调商业地产融资，就是因为商业地产增量资产生产和存量资产运营都需要大量资金。投资性现金流会出现债务，自然需要还本付息。这些借款的本金和利息当然必须在存量资产运行时从资产经营收入中偿还，也必须在全面成本核算时予以核算。

在商业地产转让交易时，为了表现出色的账面价值，所以采用了经营性现金流。但当我们面对经营性现金流时，千万不能因为有资产经营收入而几乎没有资产经营支出而自得，更不能自欺欺人。

第四节　商业地产库存和不良资产的升级改造

最近几年，我国房地产市场库存极其严重，一方面是库存积压数量极大，另一方面是能够真正投入使用并产生价值的房地产的比例又很低。据某机构透露的数据，2018年末全国商业物业存量是13亿平方米，但受到全球知名咨询服务机构所关注的商业物业存量仅在1.6亿平方米。很可能的情况是，两者的数据都正确，但是双方对商业地产存量的定义不一样。

一、是存量资产，抑或是库存资产、不良资产

从学理上，存量资产是针对增量资产而言的，它的准确定义是指建成并投入运行的资产。也就是说，它是办理完出库手续之后，作为合格品已经进入使用阶段并在使用过程中把自己的价值转移至经济收益的。

也就是说，存量资产形成之日应该是合格的，甚至是优质资产。例如，资产证券化产品对商业地产基础资产的选择，基本的条件就是：信誉优良、地理位置优越、知名度高和运营状况好。关键词是：**地理位置优越**，产生**稳定现金流**的**成熟物业**。中国证监会批准的CMBS（商业房地产抵押贷款支持证券，Commercial Mortgage Backed Securities）产品的准入条件就是：**目标物业位于一二线城市，二线城市物业应位于城市核心商圈；增信主体评级不低于AA（国企）或AA+（民企），运营时间超过2年，平均每年毛租金为1亿元以上，净租金7000万元以上。**

近年来提出了房地产市场"去库存"的课题。"去库存"是银行等金融机构的需求。房地产市场的大量库存积压了资金。如果长期积压，不仅房地产企业资金链会断裂，银

行也会出现大量的呆账、坏账。目前,许多人把这些需要"去库存"的资产与存量资产相混淆。比如,商业地产市场上人们讨论的热点话题"商业地产存量资产的改造",这里的存量资产肯定不是因为年久失修需要通过改造以继续产生价值的老旧物业,而是并没有良好历史业绩记录的资产。

实际上,这些需要"去库存"的资产,叫作库存资产,有的是不良资产。

什么叫库存,一般的定义是指没有出库的产品;什么叫作不良资产,一般的定义是指经产品检验判定为不合格品或废次品。

房地产同一般产品不同,一般产品在出厂时都需要进行工艺试验,有的还需要进行破坏性试验,要经过层层工序检验;而房地产虽然需要符合国家设计和建造规范,部分内容还需要进行结构验收、环评和消防验收,主体也通过了综合验收,但除了钢筋水泥等主要的建筑材料是经过工艺试验,电梯、高压容器等重要的建筑构件出厂前经历过破坏性试验,建筑成品整体是没有经历过工艺试验甚至破坏性试验的。同一般产品不同,商业地产投入市场后就无法召回"返修",出现问题了只能进行就地"改造"。

因此,能够检验商业地产功能的只能是市场。而需要经过市场检验,前提是商业地产必须出库即投入使用。

从近年来我国商业地产实践情况来看,这些需要"去库存"的资产,大多无法通过市场的检验。因此,这些"去库存"的资产,可以称之为库存资产,也可以称之为不良资产,其中相当一部分是不具备收益能力的负资产——市场价值评估很可能是非常悲观的。

无论如何,库存资产也好,不良资产也罢,上十亿平方米的处于闲置状态的商业地产资产在资本市场断不能以"**地理位置优越,产生稳定现金流的成熟物业**"的标准进行接受的情况,对中国的房地产市场确实是一个极大的考验。

当我们冷静下来,把存量资产和库存资产甚至不良资产的概念区分清楚的时候,我们发现,所谓中国房地产存量市场未必真像一些人想的那样,是一片蓝海。

我们需要做的工作,中国房地产存量市场治理,实质上,就是盘活库存资产和不良资产。

二、盘活库存和不良资产,如何符合资本市场选择要求

(一)如何获取适合的物业

获取适合的物业,关键是识别和防范这些劣质物业所带来的风险。

1. 市场风险

这与房地产企业最早的选址动机有关。房地产企业的选址是从开发和迅速变现的角度出发，主要指标是对地价和未来销售价格的评估，很少考虑商业运营规律。这样的库存和不良资产，存在市场风险。要选择承接这样的资产就必须衡量，这个项目该不该在这个地段，别人救不活你能救活吗？如果别人救不活而你能够救活，依据是什么？

2. 现金流风险

库存资产或不良资产必须通过改造和升级才能焕发出生机。这需要很长的培育期，需要有现金的支持。与房地产销售迅速变现不同，一是资金回笼周期漫长，二是培育期现金流出大于现金流入。没有较低融资成本、并不要求高周转的资本市场的支持，中小企业、轻资产公司想盘活该资产，具备多大的可行性。

3. 资产硬件自身的风险

需要作出评估，该资产在结构、消防、供电供气指标等技术条件上，具备不具备改造的条件。在空间、交通组织等方面的调整具备怎样的调整空间。

4. 声誉风险

声誉是商业地产的无形资产，失败的项目无形资产是负数。失败的项目（即所谓烂尾楼）社会、市场口碑极差，所有的品牌商都不愿合作，所有的消费者接收到的是负面信息。如果要声誉重建，再获得市场认可，需要巨大投资，并在项目正常运营后，才能取得这个认可。恢复其声誉，需要昂贵的代价。需要进行评估，有没有能力让舆论重新接受它。

5. 法律风险

通常我们国内的库存和不良资产多多少少都有一些法律风险，比较常见的有：因项目融资发生的抵押或留置，因违反规划要求的停工，施工影响以及违规销售，股东争议诉讼等。

（二）如何把库存和不良资产同资本市场进行对接

要把库存和不良资产同资本市场对接，首先要评价资产的潜在价值。

应该清醒地认识到，以公允价值作为依据，以现金流作为尺度进行评估，这些库存和不良资产的市场价值甚至不到它成本价值的数十分之一甚至数百分之一；甚至于是负资产；负债大于资产的估值。

目前，我国商业地产市场中这些规模巨大的库存或不良资产的盘活困难重重、举步维艰,原因就在于相关利益主体**还没有让这些资产"破产",承受损失的决心**。必要时,应当对这些资产进行强制破产清算。

当资产真实价值显现后,交易价格曲线下滑,收益曲线上移,达到资本市场的收益的要求,才有可能得到资本市场的支持。"把肉砸成豆腐价",这才存在与资本进行合作的基础。

为了达到上述要求,必要时,应当对这些资产进行强制破产清算。还要包括通过债务重组、解决法律瑕疵等方式取得盘活资产的机会。投资人通过收购债权、法拍、债务重组、债转股、上市公司资产剥离等方式**低价收购资产**后,才可以经过艰辛的升级改造和运营使其产生现金流,最后用复杂的资本及债务重组+资本市场+资产证券化手段实现资产获取和退出的机会。

三、库存和不良资产升级、改造的技术实施

除了资本市场的支持,库存和不良资产升级、改造的技术实施也十分重要。所谓库存和不良资产升级、改造的技术实施,是指库存和不良资产升级、改造的服务体系。

(一) 库存和不良资产升级、改造过程中的服务商

涉及服务商,很快就会联想到"重资产"和"轻资产"。

关于轻资产,近几年国内议论纷纷,先是所有人一起唱好,然后就一起唱衰。

轻资产是技术服务产业,实质上是服务经济而不是资本经济。对重资产(实质上是资本经济)为代表的资本力量的博弈和挑战,反映的是一种被称为"知本家"即人类智慧的力量。

但是,"轻资产"的形成是一个极其艰辛极其漫长的过程。国际上著名的"轻资产",无论是酒店管理公司中的喜来登、香格里拉、希尔顿,还是物业管理公司中的仲量联行、第一太平戴维斯,无一不是通过几十年上百年的技术积累所形成的无形资产。

"轻资产"是典型的存量经济,绝不是增量经济概念下的"风口",它没有机会只有耕耘,从每一个工艺每一个标准开始反复试验。只有经过漫长时间的持续努力,才能获得无形资产。

(二) 库存和不良资产升级、改造过程中的服务模式

1. 委托经营和二房东模式

库存和不良资产升级、改造过程中的委托经营模式,是指由业主将库

存和不良资产升级、改造项目委托给商业管理公司，由业主提供升级和改造的资金，由商业管理公司负责提供商业定位、规划调整技术方案、主力店和租户组合方案、租金标准和租赁政策方案、营销推广服务方案和商业项目开办筹备方案，并对委托事项实施。

库存和不良资产升级和改造过程中的二房东模式，是业主将资产整体或部分租赁给商业管理公司，由商业管理公司负责筹集资金，并全面承担资产升级和改造。

2. **不同规模库存和不良资产升级和改造过程中的服务模式**

投资价值大、现金回流速度比较慢、成长性好的、资产溢价能力强的商业地产项目，例如大型购物中心，一般来说是适合重资产来进行升级改造。商业地产资产经营企业通过收购，进行升级改造。

投资价值比较小的，现金回流速度比较快的，成长性不一定好，风险比较小，比较容易操作的，例如街区和社区商业，可以由轻资产来做。由商业管理公司进行整租（也就是二房东模式），也可以采取委托经营模式。

延伸阅读：商业地产存量资产的升级和改造
2017年6月成都电视台《第一房产》主持人秦希西对郭向东先生的访谈①

商业地产的存量和增量

秦希西：商业地产的存量到底应该怎样去定义？

郭向东：存量就是已经建成并投入运行的物业，国外主要是老旧物业。

秦希西：存量和增量之间的关系是怎么样的？

郭向东：增量就是新建项目。任何增量都要转化为存量。我们修的房子，就是拿来住的拿来用的，都会进入存量。

秦希西：从2015年之后，特别是一线城市，很多都开始进入内向增长模式，包括很多大型的房企，也在着力于商业地产存量资产的改造和升级。存量的价值究竟有多大呢？

郭向东：存量有它的使用价值，有它的投资价值。房屋建筑物所承载的产业活动能产生价值，这种价值就能凸显存量本身的地租，因此它就具有了投资价值。任何增量资产转化为存量资产，才能产生价值。

---

① 成都电视台《第一房产》. 对郭向东的访谈：商业地产存量资产的升级和改造［J/OL］. 腾讯视频，2017.7. https://v.qq.com.

秦希西：目前我国存量资产大致是怎样一个情况？

郭向东：国内国外，都有大量存量资产。国内的特点是，增量的比例非常高，新建项目非常多，不断地拿地，通过拿地取得项目都叫增量。国外的存量就比较高了，存量和增量的比例是90：10。90%都是老的、旧的，已经运行需要改造的资产；新增的大概只有10%。

秦希西：国内存量和增量的比例大概怎样？

郭向东：国内增量很高，几乎全是新增，都是靠拿地来修建。

就存量改造和升级这个语境，我们讲存量资产这个概念，是指投入运行的瞬间所发生的故事，不加以任何改造的不算，只是进行改造或者进行建设。以这样一个方式进行界定，国内老旧房屋改造的比例很低，而通过拿地、征地新建的项目特别多。无论是住宅还是商用物业，住宅新房销售的比例比二手房的就要高。商用物业也是如此，现在新开业的商业项目几乎大部分都是新建项目。大部分都是做增量的。

秦希西：其实您刚才讲，在国外增量只有10%，存量有90%，那么国外的存量资产改造和升级，他们是怎么做的呢？

郭向东：国内和国外有很大的差别。国内的主要特征是什么呢？**库存资产很多**。存量资产中有一部分是可以实现价值的，国外的存量资产都可以实现价值，不管是否贬值，但还是有价值的。国内库存资产大量是不良资产，就是我们通常所说的烂尾楼，就是库存下来没有产生价值的，或者卖不出去，或者租不出去，闲置在那个地方。这部分的比例特别特别的高。

商业地产存量资产改造和升级能够产生价值

秦希西：这些闲置的物业有没有投资价值，如果我们好好利用的话？

郭向东：当然有投资价值了。因为它不值钱了！因为不值钱了，如果加以改造和升级，就能实现价值，哪怕比现在不值钱多一点点的价值，它就有投资价值。

秦希西：目前的房企，有没有开始着眼于所谓的这些存量资产的改造，来实现它的价值呢？

郭向东：这几年国内的库存资产，数量特别大，房地产企业的资金也都沉淀到不良资产里去了。

但是怎么去化，或者怎么把它转变为有价值的资产，大家都在想办法，但都没有什么好的办法，甚至采取了很糟糕的方法。很多企业都带有一种投机思维来面对它，都没有真正想办法对它进行功能性的改造，去实现它的价值，而只是像玩击鼓传花一样地把它甩出去，扔给下一个"倒霉蛋"。这种思维很投机。没有人真正想办法去进行存量资产的改造和升级。因为没有人愿意去实现它的价值，所以这些资产也就不可能实现价值。

秦希西：对于存量资产价值的实现，国外有没有好的可以借鉴的方式或者方法？

郭向东：国外没有这种中国房地产盲目发展出现的这种不良资产。他们的存量资产改造，一是对象不是这种库存不良资产；二是态度不是无奈和消极，而是积极主动的。

这是什么意思呢？我的房子修好了，本身已经产生价值了，不是烂尾楼，但是必须要加以改造，因为市场发生变化了，物业的产品功能已经满足不了变化了的市场需要，因此就需要进行升级和改造，所以他不会去玩击鼓传花，去甩包袱。因此，国外的存量资产改造是积极的，而我国的去库存是被动的。这是最大的差别。当然我们国家目前也有老旧物业需要改造和升级，但目前大家最关注的是那些所谓需要去库存的库存资产。

秦希西：通过存量资产的改造和升级来去库存，就像您刚才所讲的，大家都还没想透彻，都想着怎么找个接盘侠。那么您觉得到底应该怎么样去做，包括存量资产改造和升级，在什么领域，我们可以去实施一下呢？

郭向东：其实我们国内修了很多年的需要改造的，还有我们现在修的根本没办法投入使用的烂在那里的物业，都有改造的空间，都能实现它的价值。

秦希西：怎么改造、怎么实现呢？

郭向东：首先就要真的把它当成资产，而不是把它当成房产。

如果是房产，那只是一个物理概念，它没有价值概念，我们把它作为一个价值概念，它是可以产生价值的。能有产业依附在上面并产生活动价值，我们就去研究它，让它活化。

国外的投资基金就运作很多存量资产，这些物业都非常老非常旧，包括澳大利亚的和新加坡的老旧物业。2008年，有一支投资基金，叫麦格理，它用很低的价格去收购老旧物业。因为这些物业本身已经贬值了，麦格理就去收购，收购之后投入资金进行改造，找了个运营商进行操作，这个运营商就是轻资产。麦格理找的谁，找的是仲量联行，由仲量联行进行经营，包括整个定位，包括规划技术条件提出和确定，重新改造，重新招商，重新运营。比如新加坡的太安城，比如中国香港的九龙广场。那些物业都不大，两三万平方米，就是通过投资基金，完成了整个存量资产的改造和升级，把它变成符合现在市场要求的一个新物业。在境外，采用了这样一个方法。

商业地产存量资产改造和升级的关键问题是资产管理

秦希西：存量资产的改造和升级，您觉得最关键的是什么？

郭向东： 对于库存资产的改造和升级，对资产持有者来说，是一件很头痛而且很不愉快的事情。

一开始，他觉得他造的这个东西很值钱。花那么多钱拿的地，然后做了那么个东西出来，结果卖也卖不掉，租也租不出去。但是，他还是有很高的期望，总要求个好的价格转手出去。

然后，有很多策划者和服务商介入进来。他们吃月费，讨开发商的欢心，做一个好的概念，接着拿了月费赶紧溜号，价值是否真正实现没有去管。

再然后项目越来越惨，价值越来越低。无论开发商还是服务商，都没有愿望也没有能力来做存量资产改造和升级。

因为大家一直立志于做房产而不是做资产。现在业界也提个资产管理的口号，但那是想办法圈钱，实际上对资产管理的技术性工作一无所知，一窍不通。

关于资产管理，实际上大家都没有形成真正的概念。做住宅，卖了就是了，无须沉淀资产；即使自持商用物业，也是局限于使用，行就说行的话，不行了再说不行了话。不像我们买一辆汽车，还知道这是个资产，跑多少公里就要大修发动机，跑多少公里要换机油、换火花塞，有计划地进行。这种计划是什么？就是资产的经营和管理。国内做不动产的，是把不动产当自行车，当消耗品看，没有资产概念。

2008年，我们同澳大利亚人讨论这个问题的时候，他们告诉我，任何商用物业，它在投入运行8～10年后必须进行升级改造，必须做这个计划，他们是主动进行的。不是说生意很好你就不用改造和升级了。国外有这种机制在持续发挥存量资产改造和升级的作用。

我们现在做商业运营时，也在进行经营调整。但是我们所做的经营调整都是战术性的，也就是品牌调整，租赁合同到期进行调整，淘汰低劣品牌进行调整，掉铺了进行调整，需要提租了进行调整。我们都没有做一个工作，就是定位调整，主动的、有计划的定位调整。定位调整，就是要把项目关掉，主力店重新招，物业要重新改。这就是真正意义上的存量资产改造和升级。

秦希西：这对于国内许多人来看，是不是成本太高了？

郭向东：就像汽车大修，跑了多少公里，就得大修啊。否则等到趴下的时候，就没有恢复其价值的机会了。

国内目前运行8~10年的购物中心不多，除了最早十几个万达广场。都是后起之秀。好像有机会主动进行定位调整的项目不多。但是被动进行定位调整即存量资产改造和升级的项目还真不少，比如最早几个大悦城项目就是通过收购旧物业实行改造实现的。

国内有很多很成功的存量资产改造和升级案例。包括最早几个大悦城，还有上海新天地。国内这几个大的存量资产改造项目有一些共同点：第一个就是做资产管理。投资者首先进行收购，收购的目的不是为了卖房子，而是为了做资产，实现溢价；第二个共同点，这些投资者都是大的投资，要么是外资例如凯德，要么是央企例如中粮，都有非常强大的融资渠道和强大的资金保障，银行、保险公司也可能会去做。

但是，通常做房地产的企业恰恰是立足于卖房，立足于快速变现，它不做资产管理。

商业地产存量改造和升级，需要好的资本市场

郭向东：今后每年还要一些商业服务的增量，还要产生大量的新的交易额。因此，肯定需要新的商业物业产生。在新的商业物业中，有一部分是做增量，新修一些商用物业。需不需要呢？有，但是不多。大量的需要老旧物业的改造，以及消化目前的库存的资产。

做增量的那部分，是那几个龙头大企业就可以足够把它们消化掉了的，比如说恒隆、华润、中粮、龙湖、万达，等等。

而大量的中小企业，它实际上做不了太大的增量，而且很容易把一个盘就又做成一个不良资产，它们没有那种真正做这种新的增量的运营能力。

但是，已经出现的库存不良资产，总得消化吧？因此，还是有很大的市场空间，也需要我们的力量去做。但真正做起来呢，还是有很多问题，首要的问题就是资本市场的问题。

刚才讲的国内所有的成功案例,通通都是重资产,中粮做天津大悦城、西单大悦城,瑞安做新天地,全部都是重资产,都是大的资本进来,几十亿元投进来,直接收购,收购的方式就是重资产。但是存量资产改造和升级,需要依赖大量轻资产进行。刚才提到的国外案例都是私募基金主导的,都是轻资产运行。

轻资产需要什么?第一个就是资本。基金对谁的信用等级评定比较高呢?对于主体来说,是那些非常优秀的运营商、那些优秀的轻资产公司,比如仲量联行这样一些机构,信用评级就很高;特别是对优秀的项目。你做的项目,我可以给利息很低的资金,当然这些项目体量不是很大,三五万平方米的项目都可以做得很漂亮。

国内是什么状况呢?没有资本市场的支持,国内资本市场的发育并不完全,直接融资渠道不畅通。我们目前主要靠间接融资,靠银行贷款,还有信托,利息非常高,你要它来做这种轻资产项目,做不动,支持不了。

商业地产存量改造和升级,需要真正有能力的轻资产公司

郭向东: 国内商业地产存量改造和升级的第二个问题,就是说我们没有大量的真正的有能力的轻资产公司,来运行这些项目。

我们现在所谓的轻资产公司,很多都是抓一个项目,捞一笔钱,就开跑。这样的轻资产比较多。

秦希西: 现在好像真的是很多轻资产公司,都非常热衷于存量改造和升级。

郭向东: 对对,今天注册,明天开干。

秦希西: 它们面临的困难在什么地方?

郭向东: 就因为它们的投机。

所有的轻资产公司不沉淀个几十年,不要想说你叫轻资产!轻资产不是一天之内形成的。比如说国外很多优秀的轻资产公司,那都是沉淀几十年几百年的。例如,香格里拉、希尔顿,这些是轻资产吧,那个酒店管理标准,是一天两天形成的吗?你说仲量联行、戴德梁行、第一太平戴维斯,它们的商务和技术服务体系是一天两天形成的吗?它不是说今天注册明天开干。而我们国内的轻资产公司,包括咨询公司、服务公司、运营管理公司,都是一夜之间冒出来的。

因为自己没有巨额货币资本，所以它说自己是轻资产，但轻资产应该有强大的无形资产吧？实际上它也没有。真正的轻资产公司是需要沉淀很多年的，才会沉淀出无形资产的。

秦希西：存量资产改造和升级，有重资产的，也有一些是轻资产的，甚至还有一些是轻重结合的，它们各自的利弊在什么地方？您比较推崇哪种方式？

郭向东：我不认为哪种方式好或者是哪种方式不好。投资价值大的一些项目，现金回流速度比较慢，成长性好的，资产溢价能力强的，例如大型购物中心，一般来说是适用于重资产来做，直接收购进行运营，包括改造。投资价值比较小的，现金回流速度比较快的，成长性不一定很好，风险比较小，比较容易操作的，例如街区和社区商业，可以由轻资产来做，可以整租也就是当二房东，也可以委托经营。也有的就是说，我把它收购下来，委托给你经营，那叫轻重结合。

商业地产存量资产改造和升级的风险

秦希西：在国内，存量资产改造和升级会不会有很大风险？

郭向东：关于存量资产改造和升级的风险，有人总结了三条，有人总结了四条，我总结了五条。

第一个风险是市场风险。这与房地产商最早的选址动机有关。房地产商的选址是从开发的角度出发，从迅速变现的角度，主要指标是地价和房价的评估，很少考虑商业运营规律。这样的存量资产，存在市场风险。要接这样的盘就需要判断，这个盘该不该在这个地段，别人救不活你能救活吗？依据是什么？如果是市场本身的原因，你也救不活。

第二个风险是现金流风险。因为存量资产在改造和升级过程有效的培育期，需要有现金的支持。与房地产销售变现迅速不同，一是回款速度慢，二是培育期现金流出大于现金流入。没有融资成本较低的资本市场的支持，中小企业、轻资产公司是存在困难的。

第三个风险是物业本身的风险。需要作出评估，这个物业在结构上、消防上、供电供气指标等技术条件上，具备不具备改造的条件。在空间、动线等方面的调整具备怎样的调整空间。

第四个风险是声誉风险。尤其在中国，尤其是做烂了的烂尾楼，口碑极差。所有的品牌商都不愿意进来，所有的消费者都嗤之以鼻。你让市场重新接受它，得花大本钱。需要评估一下，你有没有能力让市场和舆论重新接受它。

第五个风险是法律风险。 通常我们国内的库存资产多多少少都有一些法律风险，有的已经抵押或留置了，有的在权属方面存在争议。

因为存在这五个方面的风险，如果要介入存量资产的改造和升级，就需要比较强大的技术力量和专业水平，进行风险评估和风险防范。

第六章 商业地产资产估值、收益和资本性支出

作为收益性房地产，商业地产的价值反映为其产生收益的能力，经营这种能力就是资产管理使命之所在，为了完成这个使命，资产管理必须完成两大任务，一是通过资产产生收益，二是通过再生产保持商业地产产生收益的能力。这里需要回答的问题是，如何评价商业地产价值？如何衡量商业地产收益？如何来创造商业地产收益？如何以资本性支出这种价值形式进行商业地产的再生产？

第一节 商业地产资产价值的评价

关于房地产价值的评价方法，基于不同的价值认知和商业模式，人们根据自己的目的并侧重于自己所关注的经济要素，总结提炼出了若干种房地产价值的评价方法。由于采取了经验的认识方法，或者这些方法之间存在冲突，或者这些方法以偏概全。通过严格的科学论证，符合学理的主要有四种方法，即**成本估价法**、**市场比较法**、**收益还原法**和**假设开发法**。

这四种房地产评估方法采取的角度各有不同。成本估价法是指"花了多少钱，它就该值多少钱"；市场比较法是指"别人同它一样的东西是多少钱，相比之下它就值多少钱"；假设开发法是指"再做一个要花多少钱，说明它就值多少钱"；收益还原法是指"它能挣多少钱回来，它就值多少钱"。

这四种评估方法都有一定的学理基础，而且它们彼此具有逻辑联系，彼此有不同的适用领域。

一、成本估价法

房地产固有价值也就是成本价值，它反映了一般人类劳动，准确地说，成本价值反映的是除却供求关系因素之外房地产的固有价值。成本估价法测算的依据就是成本价值。

房地产产品成本价值的算式是：

土地物质价格+土地本身的资本性价格+土地的外部辐射价格+建筑物重置价格-建筑物价值损耗

成本估价法将土地成本和建筑物成本分别进行计算，其中土地成本采用成本积算法，对建筑物使用重置成本法。

1. 成本积算法

即对取得土地或已实现的土地开发的各项成本费用进行核算，剔除不正常因素影响的价值，对于正常成本费用累积后取一定的资本利息和合理的投资利润，得出土地使用权价值的方法。该方法常用于对正常程序取得的土地的评估。

2. 重置成本法

即对现有的房屋按照正常市场标准下的重新建造房屋所需成本的测算，然后考虑资金的利息并计取一定的开发利润（或建设利润）得出完全重置成本价，然后根据实际情况和法律规范确定房屋成新率，二者相乘后得出房屋的评估价值的方法。

在市场经济条件下，在房地产交易中，由于它只反映了房地产的价值基础，却无法反映复杂多变的市场供求关系，更无法反映其所承载的经济活动对房地产产品使用价值所产生的影响以及对交换价值产生的影响，因此很难将成本估价法作为交易的直接评估工具。

但无论如何，在四种商业地产评估方法中，成本估算法是最接近于科学判断的价值判断。它具有最坚实的学理基础，也是其他各种房地产估价方法的理论支撑。

二、市场比较法

房地产产品价值市场比较法的评估方法可以描述为，选取市场上相同用途、其他条件相似的房地产价格案例（已成交的或评估过的、具备正常报价的）与待估房地产的各项条件相比较，对各个因素进行**指数量化**，通过准确的**指数对比调整**，得出估价对象房地产的价值的方法。

市场比较法在四种房地产评估方法中是最实用的。

虽然市场比较法无须进行对产品和市场进行认真解读，但其实用性的意义不可低估。**因此，通常可以在采用别的评估方法的过程中，把市场比较法作为辅助工具。**只要数据样本充分，市场比较法取得的依据，同样具有统计学意义。

当然，如果不是在没有别的办法的时候，还是不要把市场比较法作为主要的评估方法。

选用市场比较法时，必须注意三个重要因素：时间、可替代性和要素。

1. 时间

对标项目与待评估项目在数据取样时，取样时间应十分接近。

2. 可替代性

也就是说，对标项目与待评估项目要极为类似。

3. 要素

价值评估，不只是比照价格，关键是比照价格的形成机制和影响因素。因此，要对对标项目诸要素进行分解。本书第四章中，曾在商业地产各种类型的产品分析，曾经就列举了一些影响因素，本书接下来还会对收益的形成机制进行分析。这些分析中所列举的要素，要与指标进行数理统计分析，尤其要进行相关性分析。

三、假设开发法

对于一个未完成的房地产开发项目，通过测算正常开发完毕后的市场价值，然后扣除剩余开发任务的正常投入，即得出待估房地产价值的方法。

由于假设开发法适用于房地产开发在建项目，本书不再赘述。

四、收益还原法

（一）收益还原法的概念

与成本估价法的理论基础是劳动价值论不同，收益还原法的理论基础是效用价值论。它主张由消费行为对商品进行评价，这种评价构成了商品的效用，这种价值判断是**赋与价值**，与劳动价值论主张的商品**的固有价值**的涵义不同。从度量上看，赋与价值的基础是商品的固有价值，但会围绕商品固有价值上下波动，波动的机理在于供求关系，最主要在于消费主体的需求。

由于商业地产资产已经投放到市场上进行交易，供需关系已经变得复杂，最根本的，作为商业地产资产的消费主体，商业地产资产所承载的**经济活动内容**将决定对资产的判断。这个时候，商业地产资产自身的内在**成本价值**变得**潜在**，而市场对资产赋与的价值判断成了决定性尺度，这个尺度就是**公允价值**。公允价值评价方法的优点是便于交易。

商业地产资产作为投资产品，利用公允价值模式进行资产价值计量，就采用收益还原法，即通过**资本化率**这样一个评价工具，由净收益对资产价值进行还原。

然而，不同地区、不同时间、不同的市场发育水平以及不同用途的资产，其面临的投资风险不同，导致资本化率并不相同。

更为重要的是，资本化率的微小变化，使计算结果产生很大变化，将会导致评估价值的很大差异。

所以，采用收益还原法，**资本化率如何求取就成为一个十分重要的问题**。

我们来看看收益还原法的技术运用。

1．现金流量折现法

资本化法可采用现金流量折现法，是通过折现的方式将房地产的净收益转换为价值。计算公式为：

$$V = \sum_{i=1}^{n} \frac{NOI_i}{(1+R)^i}$$

式中，V为资产估值，NOI_i为资产第i年净收益（i=1, 2, 3, …, n），R为资本化率。

现金流量折算法指明了资产价值是其未来各期净收益的现值之和，这既是预期原理最形象的表述，又考虑到了资金的时间价值。

但由于报酬资本化法需要预测未来各期的净收益，从而较多地依赖于估价人员的主观判断。

2．直接资本化法

我们也可以用某一年的净收益除以资本化率来求取估价对象价值的方法，这就是直接资本化法。计算公式为：

$$V = \frac{NOI}{R}$$

式中，V为资产估值，NOI为资产年净收益，R为资本化率。

直接资本化法不需要预测未来许多年的净收益，通常只需要测算未来某一年的收益，计算过程较为简单。

（二）资本化率的求取方法

资本化率的求取方法包括市场抽取法、排序插入法、投资组合法、累加法、安全利率加风险调整值法等，其中，市场抽取法的依据来自资本化率的定义，即"它是房地产某一年的净收益与房地产价值的比率"，另外几种方法则是基于"它与投资风险呈正相关性，视同于投资于同等风险产生相同收益的资本的收益率"的认识。

1．市场抽取法

通过收集市场上相同或者类似房地产项目的净收益、价格等资料，通过租售比即$v=a/r$（式中，v为房地产价格，a为房地产年净收益，r为折现率），反推资本化率。

通过市场调查收集数据，选择近期发生的与评估对象情况类似的交易实例，取至少3宗相似案例数据，通过租售比计算各自资本化率，最后各案例资本化率的平均值即为待估项目的资本化率。其中，净收益是指某物业项目的年租金扣除各种运营费用、考虑空置等因素后的房地产收益，采取公允价值计量模式的，净收益中不计提折旧（指建筑物折旧），不扣除土地费用的摊销，不扣减抵押贷款还本付息额。

这种方法适用范围广，可基本涵盖各类物业，尤其是商业地产等收益性物业是应用该方法的典型。

这种方法的优点在于，所采用的数据资料均来自于市场，可以直接反映市场的供求状况和大体水平，理论上讲是求取资本化率的最理想方法。但是，该方法要求市场发育成熟，交易数据资料丰富，实际交易资料的搜集工作成为应用该方法的关键。

2．排序插入法

这种方法是将各种类型的投资方式，如银行存款、贷款、国债、债券、股票等，根据投资风险与投资收益率的大小进行综合排序，然后根据经验判断所要评估的物业的投资收益率与风险应该落在哪个范围内，从而确定所要求取的资本化率的取值。

由于我国经济发展的现阶段特点，以及股市乃至整个资本市场发展的不成熟，该方法实用性不强。

但可探讨以下两种排序插入方式确定资本化率的可行性：

（1）同一地区不同物业间的排序

在同一地区或者是同一市场环境下，存在多种经营性物业类型，其中一种物业类型的资本化率未知，而其他物业通过市场抽取法或其他方式可以确定其资本化率（或范围区间），并对其进行排序。以投资风险和地区市场状况等考虑因素为依据，判断未知物业的资本化率应该落在哪个范围内，从而确定该物业类型的资本化率取值。

（2）同一种物业不同地区间的排序

同一种物业类型，由于其所处的地区、市场环境不同，将会使其具有不同的资本化率。根据该种物业在不同地区间的资本化率水平进行排序，然后根据经验判断该物业在某地区的资本化率应该落在哪个范围内，从而推断其取值。

使用该方法时，要对入选数据所处的市场环境进行分析研究。剔除某些个别因素的干扰影响，重点对某物业或某地区所处的地区特征、市场发育阶段及成熟度、自身竞争能力等因素进行对照比较，从而判断其所面临的风险程度与投资收益状况，以此为依据最终完成综合排序。

若拥有与所求资本化率可比的地区交易数据，或同一地区多种物业的交易数据，则该方法将十分简单方便。但该方法存在的困难在于，很难收集足够的交易数据，要求评估人员个人拥有较强的经验判断能力。

3. 投资组合法

这种方法是将投资于房地产资本中的抵押贷款收益率与自有资金收益率，按照其所占房地产总价值的比例为权数，加权平均求得资本化率。

具体方法是：

$$R = M \times R_m + (1-M) \times R_e$$

式中，R指所要求取得资本化率，R_m指抵押贷款常数，R_e指自有资金收益率，M指抵押贷款额占房地产总投资的比例。

自有资金收益率R_e，是从净收益中扣除抵押贷款还本付息额后的数额与自有资金额的比率，即取未来某一年的税前现金流量与自有资金额的比率。抵押贷款常数R_m，一般采用年抵押贷款常数，即每年的还本付息额与抵押贷款总额的比率。

该方法的优点在于，在求取资本化率时充分考虑到了资金的构成因素，使得资本化率综合反映了自有资金和抵押贷款对投资收益的要求。但也由于引入了抵押贷款这一考虑因素，使得计算过程更加复杂，并且对于项目资金运作情况的掌握程度要求较高，这将给实际工作造成较大困难。

4. 累加法

累加法是将资本化率视为包含无风险收益率和风险补偿两大部分，然后分别求出每一部分再将它们相加。

资本化率=无风险收益率+投资风险补偿+管理负担补偿+缺乏流动性补偿–投资带来的优惠

其中，无风险收益率，选用同一时期国债利率或者银行存款利率；

投资风险补偿，投资物业相对于投资同一时期国债或者银行存款的风险补偿；

管理负担补偿，投资物业相对于投资同一时期国债或银行存款的管理负担补偿；

缺乏流动性补偿，投资物业相对于投资同一时期国债或银行存款缺乏流动性的补偿；

投资带来的优惠，投资物业相对于投资同一时期国债或银行存款所带来的优惠。

该方法简单、易于理解，对于认识和了解资本化率有很好的帮助，但它也仅是对资本化率的研究思路具有一定启发意义，公式中，构成风险补偿的各个部分在数值的选取上都是十分困难，对于评估人员的个人经验能力要求很高，所以实操性不强。

5. 安全利率加风险调整值法

这个方法的概念是，一项资产投资的收益回报，应该视作资本在某段时间内可以获得的最高和最安全的投资机会的收益，等于该笔资金所能获得的基本无风险的资本投资利润率，再加上由于进行房地产投资面临行业、经济以及地区政策环境等不确定性，资本投资所必须得到的风险溢酬。

$$R = R_0 + \beta \times (R_m - R_0)$$

式中，R为所要求取的资本化率；R_0为安全利率，即资本的无风险投资利润率，可以选取同一时期的一年期国债利率或一年期的银行定期存款利率（扣除利息所得税）；R_m为某一地区房地产行业的平均回报率；β为某类收益性物业对市场系统风险的敏感系数。

β是用来衡量某类物业的期望收益率相对于行业平均收益率变动程度的计量标准，它反映了某类物业所面临的市场系统风险程度。β值等于1，意味着该物业的收益率波动与行业收益率变化同比例；β值小于1，则该物业收益率波动小于行业收益率波动水平，系统性风险水平较低；β值大于1，则该物业收益率波动大于行业收益率波动水平，系统性风险水平较高。β值一般采用回归模型计算，它大体等于某类物业的收益与行业平均收益的回归公式的斜率。

由于我国房地产市场发展历史不长，无论从市场和行业的发育程度、历史交易数据的积累度，公开透明的交易信息量以及房地产企业信息等来看，β和R_m取值的确定都是非常困难的，尤其是β值，这需要评估人员依靠主观经验，加以判断和修正。

在商业地产资产管理工作中，通常会聘请专业的第三方房地产评估机构对我们所持的物业进行资产价值评估。净收益数据的求取大家都能做到，真正的难点是选用资本化率。因此，与第三方评估机构对资本化率求取方法的讨论和求证，就成为一项技术性很强的工作。

第二节 商业地产资产经营的收益指标

商业地产资产经营收益指标，包括息税折旧及摊销前利润（EBITDA）、营运净收入（NOI）和物业资产净收益（NPI），各有不同的涵义、特点、缺陷以及适用范围。

一、息税折旧及摊销前利润（EBITDA）

息税折旧及摊销前利润（EBITDA），是商业地产资产经营中非常重要的收益指标。如果不是有收付实现制和权责发生制的区别，EBITDA指标就等值于经营性现金流。

（一）EBITDA指标的涵义

息税折旧及摊销前利润，简称EBITDA，是Earnings Before Interest, Taxes, Depreciation and Amortization的缩写，即未计利息、税项、折旧及摊销前的利润。

说起EBITDA，就不能不提起EBIT，EBIT全称Earnings Before Interest and Tax，即**息税前利润**，从字面意思可知是扣除利息、所得税之前的利润。在上面我们所提到的经营性现金流的算式中，就出现过息税前利润。

EBIT主要用来衡量企业主营业务的盈利能力，EBITDA则主要用于衡量企业主营业务产生现金流的能力。他们都反映企业现金的流动情况，是资本市场上投资者比较重视的两个指标，通过在计算利润时剔除掉一些因素，可以使利润的计算口径更方便投资者使用，在账面上也更好看。

（二）EBITDA指标的来源

EBITDA和EBIT这两个指标于20世纪80年代中期被西方使用杠杆收购的投资机构在对那些需要再融资的账面亏损企业进行评估时开始被使用。他们通过此可以快速检查这些企业是否有能力来偿还融资的利息，投资者更多地将它视为评价一个公司偿债能力的指标。

后来，许多上市公司、分析师以及媒体记者出于商业目的纷纷怂恿投资人用EBITDA去衡量上市公司的现金情况。EBITDA常被拿来和现金流比较，因为它和净收入之间的差距就是两项看来似乎对经营性现金流"没有影响"的开支项目，即**折旧和摊销**。

不久，EBITDA就在商业范围内大量使用。它的支持者认为，EBITDA剔除了容易混淆公司实际表现的那些经营费用（就是折旧和摊销），因此能够清楚地反映出公司真实的经营状况。这个支持观点非常牵强，实际情况是，推广EBITDA概念时最忠实于原意的解释是，折旧和摊销并不需要支付现金，只是账上计提。

EBITDA受欢迎的实际原因之一，是EBITDA比营业利润**显示出**更多的利润，至少使投资者认为，这个项目交易起来更划算。它目前已经成了资本密集型行业、高财务杠杆公司在"表现"利润时的一种选择。

（三）EBITDA指标的缺陷

问题在于，EBITDA和EBIT这两个指标都把利润指标中的一些因素进行里剔除，如EBIT剔除了利息、税项，EBITDA剔除了折旧和摊销，**而这些因素却实实在在确实是在发生着的。**

资本性支出是几乎每个公司都必须且持续的一项开支，但也被EBITDA忽略了，例如在商业地产领域，房屋和设备大中修、重置更新也是必不可少的。

关于资本性支出被EBITDA忽略造成的案例是，一家整车厂在2006年的EBITDA为1.43亿元，同比上涨30%，但这是因为EBITDA忽略了公司极高的资本性支出。但事实上公司在2006年第4季度时就花费了4.69亿元新建厂房购置设备。为了今后的更好发展，公司每年还必须为这些固定设备支付维修升级和扩容费用。这笔费用十分巨大，却没有被记入EBITDA的计算中。

EBITDA的最大缺点反映在"E"上，即利润项上。如果一家上市公司大中修成本、重置开支以及备抵坏账的准备金不足或超支，那么它的利润项都会发生变化倾斜。

但是，当市场上广泛采用EBITDA作为一个**衡量指标（而非真实指标）**的时候，没有人会愿意放弃使用这个指标。所以，2013年，中国工商银行、中国农业发展银行等多家银行所通行的EBITDA的指标含义定义为：**净利润和所得税、固定资产折旧、无形资产摊销、长期待摊费用摊销、偿付利息所支付的现金之和**，以此作为银行对客户信用等级评定的一个衡量指标。

（四）如何正确使用EBITDA指标

我们使用这个指标的时候要保持清醒。要清醒地知道，**EBITDA只是一个账面利润指标，而不是真实的利润指标**，它的作用只是用于同其他类似项目**进行同口径比较和衡量。** 投资者也可用此于项目与行业之间的**比较分析**，但投资者必须知道的是，从这个公式中得出的公司或项目信息是具有局限性的。

尽管EBITDA指标剔除了折旧和摊销，但我们切不可真的让折旧和摊销不发生，真的如此的话，这个资产就会因功能退化而贬值。

同样，在投资者用EBITDA指标评价商业项目产生收益的能力的时候，也一定不要忘记认真对项目进行技术尽职调查，千万不能让**已经被掠夺性使用，存有致命疾患的资产**在不知情的情况下，落入自己的名下。

（五）息税折旧及摊销前利润EBITDA的计算

EBITDA在西方的表达式是：

EBITDA=销售收入-销售成本-SG&A（selling, general & administration cost）

其中，SG&A（类似我国的会计科目"管理费用"），不包括折旧和摊销等非现金项目。而我国的"管理费用"除了人员工资、福利、差旅、资产评估、起诉等等一大堆外，还包括了固定资产折旧和无形资产即商誉的摊销的。

EBITDA在我国会计准则中的表达式是：

EBITDA=净利润+所得税+固定资产折旧+无形资产摊销+长期待摊费用摊销+偿付利息所支付的现金

这两个算式相比，结果完全一致。但意义不同，一减一加，前者忽视了折旧和摊销，后者在剔除折旧和摊销的同时给予了关注。

在具体计算时，采用第二个算式，就可以很清楚地取得EBITDA的数据。因为在我国会计准则规范使用的财务报表中，净利润、所得税、固定资产折旧都被列入会计科目，进行了财务统计。

但如果现金流量表中没有填列或体现无形资产摊销、长期待摊费用摊销、偿付利息所支付的现金，我们可以通过以下方法计算：

（1）无形资产摊销≈无形资产期初余额-无形资产期末余额+本期新增加无形资产的原值-本期卖出无形资产的净值；

（2）长期待摊费用摊销≈长期待摊费用期初余额+本期新增加的长期待摊费用项目的初始金额-长期待摊费用期末余额；

（3）偿付利息所支付的现金≈财务费用，或用现金流量表中的"分配股利、利润或偿付利息所支付的现金"减去其中支付的股利或利润部分后的净额来代替。

此外，如果按照营业利润EBIT（即息税前利润）对EBITDA进行倒推，则可以将EBIT加上折旧和摊销便可。

二、营运净收入（NOI）

营运净收入（NOI）是近来许多国内商业地产业内人士特别是零售商业地产项目运营管理人员最为关切、普遍使用的一个经营收益指标。

但这个指标是个管理指标，而非会计指标，会计准则也没有就此进行规范。实际上这是商业地产的项目经营管理人员容易掌握并运用的收益指标。

（一）NOI的计算

NOI的算式是：

NOI=租金收入+服务性收入（商业管理费收入、物业管理费收入、营销推广费收入）-服务性支出（商业运营支出、物业管理支出、营销推广支出）

可见，NOI的计算也非常简单，收入减去支出。而收入则是租金收入和管理费收入，支出是管理费支出。凡是资产经营支出在计算中统统剔除，也就是说把资产持有人花的钱，无论是资产管理费、招商佣金、装修补贴，以及房屋修缮、设备大中修、建筑和构筑物重置、技术改造等都不予计算。

当把属于财产性收支与服务性收支进行区分，我们发现，当商业管理公司和物业管理公司受业主聘请管理物业并进行经营，并独立核算自负盈亏，实现服务性收支相抵之后，NOI实际上就等于毛租金收入。

（二）NOI指标的性质以及缺陷

由于剔除了全部资产经营支出，营运净收入NOI只是一个衡量指标，而非核算指标，更非真实的收益指标。在与市场上进行对标，在约定为一个同样的口径时，是一个相对的比较指标。虽然商业资产资本市场通常把NOI作为商业地产价值评价的根据，**但必须注意的是，当以NOI指标进行商业地产价值评价时，评价出的商业地产价值并不是这个资产真实的价值，而是市场比较价值。**

（三）NOI指标在管理中的意义

只要仔细观察，我们发现，被这个指标采用的收支项目都是项目的直接费用，**都是现场经营管理人员可以控制的。**相反的，被剔除掉不予计算的费用项目都是由业主在财务账目上进行处理，现场经营管理人员不仅无法控制，甚至经常无法发现。

由此可见，NOI指标是一个项目经理可以控制的经营管理指标。项目经营管理人员可以通过这个综合反映现场收支状况的经营指标，有效组织商业地产项目的现场经营管理。

（四）NOI指标对商业地产资产运行状况评价的作用

由于NOI指标忽视了全部资产经营支出项目，因此，通过NOI指标虽然**不能判断该商业地产的质量**，甚至也**不能直接全方位评价出该商业地产的价值**，但是，通过NOI指标可以清楚而准确地评价该商业地产资产的**运营能力**和**运营效果**。

三、物业资产净收益（NPI）

物业资产净收益（NPI）（英文全称Net Property Income）也是商业地产资产的一种收益指标。在新加坡、澳大利亚、中国香港等国家或地区，NPI是常用的收益指标。例如凯德商用中国信托基金（CRCT），就把NPI作为资产估值的评价依据。

比如2017年CRCT年报中，位于中国四川成都的凯德广场——成都新南（被CRCT收购前名为凯丹广场）估值为15.5亿元，NPI为0.94亿元/年，计算出净物业收益率为6.1%。

（一）NPI的算法

NPI同营运净收入相比，成本项目中加入了折旧、摊销、招商佣金、租户装修补贴、资产管理费、开办费摊销等除了财务利息以外全部的资产经营支出项目。

NPI的算式是这样的：

NPI=租金收入+服务性收入（商业管理费收入、物业管理费收入、营销推广费收入）−服务性支出（商业运营支出、物业管理支出、营销推广支出）−折旧和摊销、资产管理费−装修补贴−其他列入长期待摊费用的资产经营支出

在这个算式中，与租金这个**财产性收入**相对应的折旧、摊销等**财产性支出**呈现出来了。

（二）NPI的意义

我们在第五章第三节经营性现金流的内容中阐述过一个重要观点，房屋、设备等**固定资产折旧**和装饰装修等**递延资产摊销**，是**对租金的价值转移**。与包括NOI等相比，NPI反映了价值转移这个事实。

因此，与其他收益性指标相比，NPI是一个能够体现资产管理本质的收益指标。

（三）NPI核算的条件

像凯德商用CRCT这样的机构，能够很娴熟地使用NPI，是因为除了分散在各地的商业地产投资开发公司和商业管理公司等执行机构，其总部有建制完善的资产管理部门（不是商业运营专业管理部门），发挥着资产管理的强大职能，能够对资产经营收支涉及的各类业务实施专业化业务管理。

国内大多数商业地产机构是房地产开发公司转型，自发展商业地产业务以来，也组建了许多商业地产项目公司和服务性的商业管理公司，但是

除了战略投资、拓展、工程设计管理和商业运营管理专业部门以外，虽已沉淀了大量持有资产，而资产管理的业务机构一直虚位，各种资产管理业务职能更无从谈起，NPI的指标除了以账面形式存在于财务管理部门，但没有专业的业务管理部门进行管理，NPI的各项指标仍然不能真正受控。

这也就是NPI核算在国内许多商业地产企业实施困难的原因。

但无论如何，相对于EBITDA和NOI指标，NPI指标的确是最能反映商业地产资产质量和资产价值的收益指标。

第三节 商业地产资产收益的创成

为了更好地讲述商业地产收益的形成机制，我们先来看某一10万平方米建筑面积零售商业地产项目的10年现金流量示意图（图6-1）。

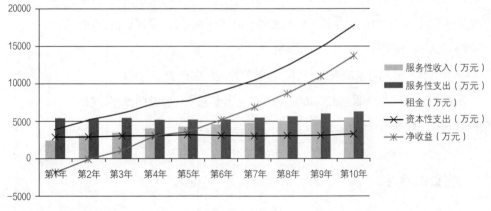

图6-1 某零售商业地产项目10年现金流量示意图

之所以选择零售商业地产项目作为样本，是因为零售商业地产资产收益的特征最为复杂，最具有典型性。

为了区分资产持有人的资产经营与管理人的服务经营之区别，在图6-1中服务性收入和服务性支出用柱状表示，租金、资本性支出和净收益用曲线表示。

净收益NPI＝租金＋服务性收入－服务性开支－资本性支出

从这张示意图，我们可以发现以下现象：

（1）从趋势上看，租金和净收益NPI的斜率远大于服务性收入、服务性开支和资本性支出，而净收益NPI的斜率又大于租金的斜率。换句话说，净收益的增长指数大于租金的增长指数，同时，两者的增长指数远大于其他的项目；

（2）从租金的曲线看，在首年到第10年，基本持续上扬，但在第4年与第5年出现拐点，原因是餐饮商户租约到期换铺比例较高，与零售商户持续换铺在这个时点出现叠加，但因此引发租金跳跃式增长；

（3）服务性收入的基本趋势跟随租金，但涨幅明显小于租金；

（4）服务性支出的趋势呈现凹型。前期数据比较大，如果以预期租金收入按5%计提营销推广费，在首年到第5年发生70%，剩余的30%在第6年到第10年发生，头5年的营销推广费主要发生在头3年，逐年下降。此外，除了营销推广费之外，变化比较大的是维修费，首年保修，此后随着时间延续，从第5年开始，维修量增大，维修费逐年增加；

（5）服务性支出大于服务性收入，管理人的管理费（商业管理费和物业管理费）收不抵支，反映了国内大部分现实情况。但从首年到第10年，服务性收入与服务性支出的差距在逐步缩小；

（6）资本性支出发生平稳，主要是按长期待摊费用处理，预提准备金的原因。除了从第5年开始出现大中修项目，在第10年部分主力店租约到期项目将进行定位调整，预提准备金将用于大量工程技术改造；

（7）最后，由租金、服务性收入、服务性支出、资本性支出共同作用下的净收益NPI的整个轨迹与租金轨迹相似，在首年和第2年呈现负值，在第4年到第5年出现拐点。

现在，我们开始分析商业地产资产收益的形成机制。

分析商业地产资产收益的形成机制，有三个要素——**收益的水平**、**收益的成长性**、**收益的稳定性**。

一、收益的水平

在既定面积规模的前提下，决定收益水平的是平均租金。

决定平均租金水平的宏观因素包括当地的社会经济状况和项目的区位、地段；决定平均租金水平的微观因素包括项目建筑特征（对于零售商业地产项目还有商场特征）、交通特征、租户特征、租约特征以及运营管理特征。

本书第四章就商务办公地产、零售商业地产和服务性公寓中对租金边际价格的各种特征变量进行过分析。

(一) 区位及各种微观因素对租金水平的影响

1. 区位和交通特征

对于商务办公地产和服务性公寓，中央商务区的概念的重要性自不待言；而对于零售商业地产项目，商圈分析则至关重要；城市道路、公共交通和轨道交通影响很大。

2. 建筑特征和商场特征

对于商务办公地产，建筑特征影响租金水平的因素按敏感度依次是单元面积、停车位配比、电梯数量、建筑物年龄和楼层。

对于零售商业地产，建筑特征和商场特征影响租金水平的因素按敏感度依次是楼层、商铺可见度、商铺可达性、建筑物中心可见度和停车位配比，但各因素敏感度都极高。因此通过建筑空间和交通流线的组织创造出更多的地面层、更加充分的共享空间和商场空间通透、杜绝商铺死角和高效的人流循环动线、主力店出入口对步行街商铺人流供应和输送的简捷、户外标志的鲜明以及充足的停车位都非常重要。

对于服务性公寓来说，建筑特征影响租金水平的因素敏感度依次是户型、公共休闲区、内部生活配套服务设施、楼层、公寓容量。

3. 租户特征

商务办公地产是有租户组合要求的，银行等金融机构和世界500强企业不仅有很强的租金承付能力，而且可以助推其他产业类型客户经济活动，从而引领整个项目平均租金水平的上升。服务性公寓应该按照文化、社交圈层选择和组织租户。

对于零售商业地产项目，租户组合对租金水平的影响是决定性的。所以整个租金标准和租赁政策、经营策略甚至建筑规划都应该以经营业态规划为依据。按照客流贡献度、形象贡献度、新鲜血液度和现金流贡献度四个维度进行品牌分组规划，根据不同经营阶段确定不同的比例进行组合。

（1）具有客流贡献度型特征的品类，往往承租能力并不是很强，但是，具有很强的聚客能力。它们是商业项目运行的引擎；

（2）具有形象贡献型特征的品类，通常具有很强的商业形象带动能力，因此具有很强的零售聚集的外部效应；

（3）具有新鲜血液型特征的品类，其表现在于独有性和前沿性，具有商业项目前沿标杆的体现效应，并引领消费升级，是商业项目维系新的生命力的重要脐带；

（4）具有租金贡献型特征的品类，往往毛利水平很高，因此具有很强的承租能力，它们是商业项目租金的主要贡献者。

4．租约特征

租约中有关计租方式、租赁期限、租金递增率、免租政策等有关指标和政策的约定，也对租金水平产生相关性。

5．运营管理特征

从设施设备运行和维护、商务商业环境营造、客户关系维护、对人货场的统筹组织安排、营销推广乃至到安全秩序的控制，GS指标体现了运营管理特征，它是较高收益水平的重要保障。

（二）租金水平的实现

毫无疑问，**出租率**和**租费收缴率**是展现租金水平实现能力的目标型指标。

但是，租金水平要得以有效实现，需要通过对下列重要的参数进行控制才能得到实现。以零售商业地产产品为例。

1．商业零售的营业额

商业零售营业额的充分实现，是租金水平得以实现的基础。

与商业零售营业额相关的几个重要指标，也需要受到监控：

（1）营业坪效

单位面积营业额产生的水平。这是对租户进行考核并进行经营调整的重要依据。

（2）营业额租金比

单位营业额的租金占比。这是租户的产能指标，也是表示商业运营稳定性的重要指标。如果营业额租金比过低，则就有租金增加的空间；反之，则容易出现掉铺的风险。

2．客流

对于零售商业地产产品来说，客流毫无疑问是实现营业额和租金的重要基础。

在商业运营过程中，客流不仅是一个总量的概念，而且还包含有更多的运行机制，通过它的运行机制对商业零售和商业物业的运营的经济活动产生影响，这些运行机制包括**客流流向、客流流速、客流黏性、客流对营业额的转化度、客流在各种经营业态之间的转换度**，等等。

商业地产经营性现金流的形成机制非常丰富。我们在本书第二章中讲到日本大阪环球影城的案例，也提到美国电影产业投资触发消费1∶20的巨大杠杆。

现在的零售商业地产项目一般都包含影院这样一个经营业态，但千万不要简单把影院当作一个娱乐经营项目独立考量。事实上，电影具有传媒属性，它的作用是通过一个个的**故事**衍生出一系列的消费，形成一条或多条消费的生态链。那么多条生态链植根于商业地产中的特定场所，就能**形成消费的巨大能量场**。

这是什么，这就是商业地产经营性现金流的基础，是租金溢价的基础，也是商业地产资产价值溢价的基础。**商业地产资产价值溢价的基础不是来自于土地溢价，也不是资本本身产生的溢价，而是来自于那么多活生生的消费生活及其经济内容的溢价。**

二、收益的成长性

商业地产资产价值增值，不是依赖收益水平，而是依赖收益的成长性。

我们在图6-1某零售商业地产项目10年现金流量示意图中，看到的不是静态的收益状态，而是动态的增长趋势——从净收益的负值到增长，然后是大幅度的增长，中间还不乏出现拐点。

那么收益成长性的形成机制是什么呢？

收益成长性形成机制的经济要素，包含**租金递增率**和**租约期限**。这是资产持有人对商业运营服务机构的活动进行关注、监督重要内容中的其中两个内容。

那么，租金递增率是多少才是恰当的，租约期限多久才是适当的？

（一）租金递增率、租约期限

一般来说，在零售商业地产项目中的各个经营业态、品类中，零售品牌的租约期限最短，一般1~3年；餐饮和服务性业态因为涉及租户比较高的装修成本，租约期限延长到3~5年，大的租户会延长到8年；主力店和次主力店需要承担更多的装修成本，租期会在10年以上。以前百货和超市会要求租期在15~20年，基本要耗尽资产的物理寿命。

对于资产的物理寿命，包括租户自有设施，基础和主体结构是50年，设备及管线是10~15年，装饰装修8~10年，电子设备3~5年。物理寿命穷尽，就必须报废，或者重置。

所以，对于零售商业地产项目来说，就如在第七章所讲的，它的生命周期一般不超过10年，**接近10年就必须部署重新定位、翻新、重新开业**。所以，最长的租期不宜超过10年。租期超过10年，需要进行定位调整时，很可能需要提前终止租约，代价太大。如果超过10年不进行定位调整，项目会失去再生的机会。而且现在消费升级的速度越来越快，这样的机会更加稀少。

因此，这个时段里，不断的品牌调整尤其重要。每年确定一定比例的调铺率，对业绩或贡献度未达到招商目的进行主动调整，到第4年至第5年，连同每年一定比例的零售品牌的调整，再加上餐饮品牌的调整，就出现调铺高峰。主动而积极的经营策略应该确定为，调铺应达到租金大幅度上涨的目标。我们在图6-1中看到的拐点以及之后的租金跳跃式增长，机理在此。

其实，租约约定中租金递增率是3%还是5%不是最重要，重要的是换租时，租金标准能否上涨到10%还是20%甚至30%。

（二）收益成长性的实现

实现收益成长性，关键在于积极的经营策略。首先，对消费升级要十分敏感；其次，积极实施品牌调整，并做好品牌调整的经营准备。

1．把握住消费升级的前沿

消费升级，有几个关键要素，即新的内容、新的传播、新的支付方式、新的服务、新的技术手段。

（1）新的内容

经济活动内容，始终是资产价值增值的唯一源泉。所谓内容，既包含了新的品牌的铺垫（在租户组合中精心准备的新鲜血液特征的品类就是其中一例），也包括营造消费生态链。

前者是消费升级内容中的个别化的因子，而后者是把一个个别化的因子形成相互助益的关系式。

之前，在传统经营业态中，一些商业运营者已经开始努力把各自独立经营的商户相互联系起来，特别是在经营业态之间客流转换方面做出过不少尝试。但还远远不够，就其经营的内容、营销推广等方面相互融合得还不够。

曾经有一个设想就很不错，根据影院当季影片的故事为主题，按照大阪环球影城的做法，把故事中的道具和景物呈现为商品，再以电子竞技还原故事情节，集中由商业管理公司系统组织传播和推广，从故事、道具、情节到体验，形成系列的衍生产品，整个商业体的各个经营业态都成为这些衍生产品的经营者和服务者。这就是所谓的能量场。这种聚集效应将超过原有任何一种商业形态，包括曾经产生过高坪效的百货商业形态。

（2）新的传播

在注重体验化和个性化的当下，新的传播已经有足够强大的技术资源（例如全息投影的出现）进行支撑，现在需要的是传播模式的转化，包括从无差别轰炸的流量营销转化为精准定位的精准营销，从关注客流总量到关注提袋率和复购率。

（3）新的支付方式

电子商务在支付方式的创新走在了传统线下卖场的前面。实际上，线下交易不必无论什么都跟在线上零售后面亦步亦趋。从条形码到二维码，紧接着就是以全息技术为基础的三维码。线下场景式实体商业具有大型消费能量场的优势，这种优势是线上所不具备的，只是这种潜力还没有充分挖掘出来。一旦新的零售形态被开发出来，符合这种交易需要的支付方式的变革就迫在眉睫了。

（4）新的服务

新的内容、新的传播、新的支付方式，同时需要随之革新而展现出来的是新的服务，包括客户关系维护、退换货、物流等。

（5）新的技术

新的技术，是指支撑消费升级的包括声光机电等各种科学技术，例如互联网技术、二维码以及未来将要出现的全息码等。

2. 经营调整中的经营策略和准备

经营调整包括定位调整和品牌调整，但商业地产资产生命周期当中，主要还是品牌调整。

品牌调整的目标是租金跳跃式增长，而不是因为掉铺而补铺。前者是积极的经营策略，后者是消极的经营策略。

既然品牌调整的目标是租金跳跃式增长，因此就需要做好充分准备。

（1）通过经营分析，决定品牌的扶、留、弃

品牌调整准备工作的核心，是经营分析。在经营分析中取得了一系列成果中，对品牌调整至关重要的，就是选择有哪些品牌需要扶持，哪些品牌需要保留，哪些品牌需要淘汰。然后，就是针对上述品牌制订出涨租方案，采取措施排除涨租中的障碍。

（2）品牌资源储备

品牌资源储备工作包括品牌资源收集、品牌资源分析评估、品牌资源管理。

（3）品牌调整执行

品牌调整执行工作，包括研究空铺和租约到期情况、研究在品牌调整过程中的困难商户、捕捉商户重组的机会、解析租金、设计品牌调整的执行动作。

三、收益稳定性

由于商业地产资产是长期资产，收益的稳定性至关重要，它标志着商业地产资产的可靠性。

从数理模型角度，以图6-1为例，租金和净收益曲线任何一点的斜率始终应该处于正值，这是收益稳定性的重要标志。

收益出现不稳定，主要由两个因素所导致，一是资产质量出现问题，二是资产经营中风险不受控。

1. 资产质量问题

资产质量出现问题，也有两方面的因素：一是资金状况出现问题，造成经营出现震荡；二是实体资产有质量问题，比如房屋设备失修或出现掠夺性使用，造成技术隐患，这些隐患就引发各种不可控的故障，当然会引发经营过程中的各种不确定。

2. 风险

商业地产资产运营即运行和经营过程中，风险源比较复杂。

（1）安全风险

商业地产资产运营过程中安全风险，涉及资金安全、资产安全、消防安全、房屋和设备安全、劳动安全、广告等经营设施安全、交通安全、治安安全、疫情等诸多方面。出现安全隐患很正常，但对风险源不加识别、不加评价、不加控制和防范，则不正常。安全风险不受控，则会引发灾害和事故。较大的灾害和事故会导致收益不稳定，严重的灾害和事故对资产将造成毁灭性的后果。

尽管资产持有人通过财产保险投保，管理人通过火险、机器损失险和第三方责任保险的投保，可以补偿部分灾害和事故造成的损失，但收益的不稳定在所难免。

（2）经营风险

商业地产资产运营过程中的经营风险是没有办法通过保险来减少损失的。经营风险包括合同风险等法律风险、公众形象和公共关系风险和经营管理风险。对这些风险，同样需要通过对风险源的识别、评价、防范和控制使其处于受控当中。

（3）现金流风险

①租户拒缴、抗缴租费

租户拒缴、抗缴租费肯定会引发现金流风险。租户拒缴、抗缴租费的原因会很多，包括租户经营困难、合同履行出现争议、对运营管理不满等。不管是什么原因，出现这些情况并不奇怪，但未予预判、预警或事后危机处理不当就不应该。例如，当进行品牌调整时，若想租户不出现不满意是不可能的。租户很可能会采用各种手段表达不满或进行博弈，比如以"合法"的手段损害商业体的经营形象等。那么就应该在制订品牌调整执行案的时候制订出应对预案，以合法方式与之博弈。

②品牌调整的时机和比例不当

每年都会确定一定的比例，进行品牌调整。但品牌调整阶段总有几个月时间装修，势必会对经营态势构成影响，现金流会部分跌落。但是，有两个问题需要注意：一是品牌调整是否处于销售淡季；二是当期品牌调整的比例是否过高，选择的时机和数量是否过于集中。数量过于集中，当然便于管理，但会导致现金流风险。

当然，品牌调整的比例，在制订租赁方案和租赁政策时就需要预判，使各个租赁合同的到期时间分布趋于合理，租赁合同千万不要赶在"金九银十"销售旺季的时候到期。

③营业额租金比过高

如果营业额租金比过高，将出现被动掉铺。品牌调整是主动行为，如果是因为掉铺而补铺，即便补铺成功，战略上却已经失败了。而出现营业额租金比过高，是可以通过经营分析预警的。如果在月经营分析中发现某几个品牌出现营业额租金比超过警戒线，就应该报警，视其情况采取对策，是需要通过缓解措施延时到合同期调整时解决，还是当即解决；是扶助，还是淘汰。

④租户组合不当

上面讲过，租户区分客流贡献特征、现金流贡献特征、新鲜血液特征、形象贡献特征四种类型。在培育期、成长期、成熟期，四种类型的配比是不一样的。如果不合时宜地出现配比不当的问题，就会出现现金流迟滞的故障现象。

四、收益水平、收益成长性和收益稳定性之间的平衡

把收益水平、收益的成长性和收益稳定性结合在一起，我们分析一下三者的相关性。

在很多情形下，要同时兼顾三者是困难的。

1．收益水平与收益的成长性、收益的稳定性

收益水平有时是与收益的成长性、收益性是有冲突的。收益水平与收益成长性的冲

突通常在培育期。如果在培育期对收益水平有比较高的要求，就有失去收益成长性的可能；反之，过于注重收益未来成长性，则可能会造成早期现金流困难。

至于收益水平与收益稳定性的负相关是显而易见的。收益水平要求越高，风险就会增加。

2．收益的成长与收益的稳定性

此外，收益成长性与收益稳定性也是呈现负相关的。收益成长性越强，其稳定性就不会太高。

3．收益水平、收益的成长性和收益的稳定性的博弈和平衡

那么，在收益水平、收益成长性和收益稳定性三者之间总需要进行博弈和平衡。平衡的原则有两点：

（1）在经营性现金流量图中，期限内租金或净收益总和的折现值为最高，用此来平衡收益水平与收益成长性的矛盾；

（2）在经营性现金流量图中，允许租金和净收益曲线出现拐点，但不能出现最小值，也就是说，任意一个时点租金和净收益曲线的切线不得出现斜率为负的情况。换句话说，租金和净收益的增长指数可以短暂出现回落，但租金和净收益不能出现回落。

第四节　商业地产资产的资本性支出

在国内各种媒体和论坛上有一个现象，不像资产价值和收益常常被人们所津津乐道，商业地产资产资本性支出的话题很少有人提及。这是增量经济思维的一种体现，也就是**忽视了资产的再生产**。

但理性往往使人觉悟。10年前，笔者曾经作为商业地产资产的管理者与澳大利亚一投资基金管理者进行过合作，该基金管理者在求证项目收益指标的同时，反复追问项目的资本性支出。他曾经有一句话至今都令人印象深刻："**没有资本性支出，就没有资产管理！**"经历过成熟商业地产资产运营的人，对持有资产的理解深刻许多，与国内增量经济阶段浮躁的经济心理迥然不同。

所以，讲商业地产资产管理，就必须关注资本性支出。

表6-1是国内某商业地产项目与境外投资基金资本性支出立项申请表。

表 6-1 资本性支出工程立项申请书（Capex Application Form）

城市 City			
工程项目概况 Scope of work			

a) 有无预算 Budgeted? □有 Yes, 预算金额人民币 budgeted amount RMB_____
　　　　　　　　　　 □无 No, 紧急维修 / 替换 emergency repair /replacement: _____
b) 工程性质 Nature of works:
　　□大 / 中修 Major / medium overhaul:_____
　　□现有设施优化 Improvement of existing facilities:_____
　　□新增设施 Addition of facilities:_____
c) 说明 Remarks:_____

报价 Quotations:	单位名称 Name	报价 / 合同金额 Contract amount（RMB）	建议选择 Selection "√"
承办商 1, Contractor 1			□
承办商 2, Contractor 2			□
承办商 3, Contractor 3			□
合同金额（人民币）Contract amount（RMB）	业主承担份额（人民币）MTML share（RMB）		申请金额（人民币）Amount applied（RMB）
项目总经理初审意见 Checked by Mall GM:	物业总部审核意见 Comments from pm:		
项目总经理签名 Signature: 日期 Date:	总经理签名 Signature: 日期 Date:		
业主最终审批 MTML Final Approval: 签名：Signature 日期 Date:	□不同意　Disapprove □审批金额 Approve RMB:_____		

①请附上 3 份报价单副本供复核 Copies of the 3 quotations should be enclosed for verification.
②本表格签署后即可作为授权 This form upon duly approved hereby authorizes:
　A. ×× 物业签署上述资本性支出合同, 监管工程质量及日后保养, 出具完工证明协调工程结算 ×××× to sign the related contract, monitor works quality, works progress and subsequent warranty, issue completion proof for payment;
　B. ×××× 代表业主审核承办商提供的付款资料, 记录其联系方式, 办理付款结算事宜 ×××× to verify payment details of the contractors, record their contacts and details, and to effect the above payment on behalf of the owne

一、资本性支出的涵义

（一）资本性支出的会计学定义

按照会计学的定义，资本性支出是指通过它所取得的财产或劳务的效益，可以给予多个会计期间所发生的那些支出。因此，这类支出应予以资本化，先计入资产类科目，然后，再分期按所得到的效益，转入适当的费用科目。

具象化的解释是，在企业的经营活动中，供长期使用的、其经济寿命将经历许多会计期间的资产如：固定资产、无形资产、递延资产等都要作为资本性支出。即先将其资本化，形成固定资产、无形资产、递延资产等。而后随着他们为企业提供的效益，在各个会计期间转销为费用，如固定资产的折旧、无形资产、递延资产的摊销等。

（二）资本性支出的内在涵义

资本性支出有其规定性：

（1）任何收益，都有其性质相对应的成本支出，也就是说天下没有免费的午餐。同时在性质上收益同成本是相互对应的，如财产性收入（如租金）对应有财产性成本支出；服务性收入对应有服务性成本支出。

（2）这些相对应的收益和成本费用之间，实际上是价值转移。成本费用是以某种物质形态的消耗，收益是这种消耗转换为另一种形式的价值。物质形态的消耗和收益的形成也就是价值的转移，有时是在一个时点或者是在一个期间完成的，有时是在若干个期间完成。

（3）有些收益在一个会计期间内实现的，有些收益是需要许多会计期间实现的，后者以"租"或"息"的形式呈现，租和息是产品价格的特殊形式，时间是其重要的计量单位。

（4）有些成本是在一个会计期间内发生的，有些成本是需要许多会计期间发生的。在一个会计期间发生的成本，例如人工、能源消耗、低值易耗品消耗等这些在一个会计期间就消耗或者被结算的，就计入当期成本和费用；需要许多会计期间来发生的成本或费用，就不能计入当期成本和费用，应该在许多会计期间进行摊销。**前者为现金成本（即营业成本），后者为资本性支出。**

二、资本性支出在商业地产资产中的物质基础和经济表现

（一）资本性支出在商业地产资产中的物质基础

商业地产资产中最基本的基础资产，是其有形资产即实体资产。

商业地产实体资产是有自己的生命命态的，会损耗会磨合，会是"健康""亚健康"和出现"疾病"，最终会报废。

1．生命折损

作为物质，商业地产实体资产有自己的生命周期，其自然寿命不以商业周期和金融周期为转移。例如：

①基础和主体结构的自然寿命是50年；

②机电设备和管路管线的自然寿命是10~15年；

③装饰装修的自然寿命是10年左右；

④电子信息设备的自然寿命是3~5年。

由于科技进步和实体资产中的构件的适用性被迭代，实体资产的某些

构件在生命周期里会被替代,因此还出现了新的概念——经济寿命。经济寿命短于其自然寿命,就像人的经济寿命短于自然寿命一样。

生命出现折损怎么办?就是进行更换,也就是重置。

2. 不健康和亚健康

商业地产实体资产在使用中还会出现磨损,技术性能会出现退化,实际出力达不到设计指标,灵敏度、可靠性和稳定性出现下降。例如,空调制冷机组原来该出力500冷吨冷量的,结果能源多消耗了一倍也最多只出力400冷吨的冷量;水泵经常发生腔体爆裂;智能设备经常出现传感器误报,控制驱动系统也常出现紊乱。

实体资产出现这些现象是很正常的,是符合其自然逻辑和技术逻辑的。

(二)商业地产实体资产生命命态的经济学原理

实体资产出现生命折损和疾病,是很自然的现象,不应该受到责难。

因为,你投资了这个实体资产就需要使用它,而使用了它就会出现折损出现损耗,出现折损出现损耗就应该进行恢复,而且为了防止意外,你必须进行预先控制。

商业地产资产生命命态的经济学原理就是,商业地产实体资产在被使用的过程中,以自身的价值损耗,把价值转移给了收益。一句话,实体资产的损耗换来了租金收入。

为了让这个商业地产资产创造收益的生产过程得以延续,就必须从租金里拿出一部分资金来对实体资产进行**再生产**,恢复实体资产的原有价值。

这部分资金,就是商业地产的资本性支出。

(三)资本性支出在商业地产资产中的经济表现形式

资本性支出就是用来商业地产实体资产再生产的资金,是用来补偿资产在创造收益时被转移掉的那一部分价值损耗。

具体的表现是:

1. 房屋和设备固定资产折旧、装饰装修的递延资产摊销

固定资产折旧和递延资产摊销,是用来积累、重置原资产的。

前文已有表述,实体资产构件出现生命折损,是它的第一个生命命态表现。生命折损了就需要更换,从原资产构件价值损耗转移到租金收入提取的一部分,叫作固定资产折旧和递延资产摊销的资金,就是用来更换新资产、新构件的。

国有企业就曾经有过明确规定,设备固定资产按13.5年计为综合折旧年限,根据设备原值每年计提7%左右的固定资产折旧费,用于折旧年限到期的固定资产重置。

买新设备的钱为什么不在买设备的时候出，为什么要在老设备使用的那么长时间计提积累？这是因为，重置新设备是因为老设备被产生**过去的收益而被消耗**，当然应该由"过去"使用年份获得的收益来承担，而不能**由未来收益来承担**。

2．大中修

商业地产实体资产的第二个生命命态，就是使用磨损造成的"不健康"和"亚健康"。

读者在生活中遇到"大中修"的概念，应该最常用的是自己的家庭财产——汽车，很重要的事情是当你的汽车行驶了规定里程之后，发动机要进行大修。为什么？因为发动机的运转次数超过设计标准的次数之后，其技术性能严重劣化，需要通过大修来恢复性能。

商业地产实体资产的许多构件，在使用中受到磨损，磨损超过一定程度就会导致技术缺陷，这些技术缺陷需要按照技术规范进行大中修，来恢复原技术性能。

房屋和装饰装修的大中修通常使用修缮的概念。住房和城乡建设部的标准，把房屋按其完损程度分为完好房、基本完好房、一般损坏房、严重损坏房、危房5个等级，每一个等级都有许多指标进行衡量，对每个指标都有修缮标准。当然，住房和城乡建设部这个房屋完损等级评定标准需要修订。

大中修不同于物业管理中的维修养护。物业管理中的维修对象中更换的是低值易耗品，不是长期资产；对长期资产进行的只是养护，比如除尘、防锈、补漆、清洗等，是出于使用中的防护和维护。

在资本性支出中，有大修理金，或者叫修理基金、修理准备金等，国内外提法不一样。

三、成本价值计量和公允价值计量下的资本性支出

我国会计准则中将投资性房地产的资产，采取两种价值计量方式：一种是成本价值计量；一种是公允价值计量。

这两种方法对资本性支出的处理作出了不同规定。

（一）成本价值计量下的资本性支出

成本价值计量下的资本性支出，按照财政部的规定，明确了固定地产折旧、无形资产和递延资产摊销的处理原则。就是明确出固定资产折旧和无形资产、递延资产摊销的会计核算科目，按照税务部门的规定计提固定

资产折旧和无形资产、递延资产摊销，并且就固定资产折旧和无形资产、递延资产摊销的计提，接受税务部门的稽查。

税务监管的目的主要是为了稽查成本摊入是否合法，由此涉及所得税计税是否合法，而不是为了监管固定资产的管理和维护。

（二）公允价值计量下的资本性支出

公允价值计量下的资本性支出，没有要求企业单独设立固定资产折旧和无形资产、递延资产摊销的会计核算科目，而是把固定资产折旧、无形资产和递延资产摊销列入长期待摊费用科目。

无论采取何种资产价值计量方式，国家除了通过国有资产管理部门严格防范国有企业资产，防止其资产劣化、流失，无所谓居民企业资产是否劣化、流失，只要不偷税漏税就可以。因此，并不代表税务部门不监管企业会计核算科目的设定和内容了，就可以不作资本性支出的安排。毕竟来说，资产质量如何，是企业自己的事情。只要视资产为企业自己的生命，对自己负责任的企业都不应该不作资本性支出的安排。否则，当企业走向资本市场的时候，精明的投资人是计较你的资产安排的。

四、商业地产资产中的其他长期待摊费用

长期待摊费用的处理，无论如何都是资产成本经营的重要行为。严格来说，除了现金成本（即营业成本），长期待摊费用都是资本性支出。

下列长期待摊费用，一般只是资产持有人财务部门进行账务处理的事项，不通过资产持有人资产管理专业业务部门进行专业管理。

（一）开办费

商业地产项目开业筹备期的开办费用金额庞大，应该由未来的租金收入进行补偿，所以，应纳入长期待摊费用逐年摊销。同时税法应该做出调整，开办费应长期持续地作为租金应缴增值税的进项抵扣项目，不能仅限定为2年。

（二）土地使用费

土地使用费，应该由未来的租金收入进行补偿，所以，应纳入长期待摊费用逐年摊销。同时税法应该做出调整，土地使用费也应长期持续地作为租金应缴增值税的进项抵

扣项目，不能仅限定为两年。

（三）建设融资成本

建设融资成本，应该由未来的租金收入进行补偿，所以，应纳入长期待摊费用逐年摊销。同时税法应该做出调整，开发建设融资成本也应长期持续地作为租金应缴增值税的进项抵扣项目，不能仅限定为两年。

（四）租户装修补贴

租户装修补贴是中国现阶段新出现的经济现象，情况比较复杂。从学理上，它应该是租金优惠折扣。但每个企业的处理方法不同，许多企业没有把它作为租金折扣，而是摊入工程建设成本。如果是这样，应列为长期待摊费用，由租金收入作为补偿。同时，因为接受装修补贴的租户缴纳租金时，资产持有人赋税时该租金未计算该补贴折扣。税法应该做出调整，该部分租户装修补贴也应长期持续地作为租金应缴增值税的进项抵扣项目，不能仅限定为2年。

（五）租户代建工程

部分租户特别是大型主力店，有委托资产持有人代建其部分工程项目的现象。如仅属代建，最后由租户出资的，该部分工程形成的资产属租户所有；而由资产持有人出资的，该部分工程形成的资产属业主租赁资产的递延，纳入租赁资产管理，其代建工程成本费用应列为长期待摊费用，由租金收入作为补偿。同时，税法应该做出调整，该部分代建工程成本费用也应长期持续地作为租金应缴增值税的进项抵扣项目，不能仅限定为两年。

同时，纳入业主租赁资产递延的这部分递延资产，其资产管理业务应移至业主资产管理专业业务部门进行资产管理。

第七章 商业地产的生命周期

同增量经济思维主张快速消费和消耗，缩短产品生命周期以促进产品更新换代不同，存量经济思维主张提高要素质量，提高资源使用效率和效益，使消费和资源消耗实现均衡，因此主张生产要素的再生产。商业地产不是快速消费品，需要以更长的生命周期来持续产生收益，因此商业地产的生命周期是资产管理的重要课题。在这里，我们着重研究商业地产的命态，研究商业地产资产的生命周期，以利于展开商业地产资产的再生产。

第一节 商业地产资产的命态

我们在第六章第三节"收益水平、收益的成长性、收益的稳定性——商业地产资产收益的创成"中，通过某一零售商业地产项目的10年现金流量示意图（图6-1）展示了零售商业地产收益表现的动态过程，这个过程与该资产公允价值的动态表现基本吻合。

但是，商业地产资产的命态远比收益的动态表现及资产公允价值的动态表现复杂得多。

以人体进行比较，一个人的生命命态无法单纯依照他在生命历程里**以其经济收支的变化**来表明一样。人体的各种器官所呈现的力量、速度、灵敏度、反应力、记忆力、观察力、判断力、推理力等大量的生理体征和社会行为体征，**无法用他经济收支的一张现金流量表**来加以简单衡量。

商业地产资产的命态，由建筑产品表现出的技术状态、与市场相联系的商业体系的自身运转机制、外界对资产影响等各个部分构成。

一、零售商业地产资产的命态

在各种类型商业地产中，零售商业地产资产所具有的命态最为丰富，正如之前各个章节中所提到的，它的技术系统最为丰富和复杂、系统集成性很高，它对所承载的商业零售经济的依存度非常高，它对消费升级等外部条件的反应更为敏感，它的现金流表现也比较复杂。

因此，在讨论商业地产资产命态时，我们还是以零售商业地产资产的命态作为标本。

（一）建筑产品的技术状态

描述建筑产品的技术状态，应按下列内容，进行识别、筛选、排序，进行关键点和重要度分析。

1．建筑构件

同其他类型商业地产产品一样，零售商业地产建筑产品的的建筑构件都包含基础工程，主体结构工程，供配电、给水排水、采暖通风、电梯、安保和消防、楼宇控制等机电设备和智能设备，比较特殊的是，零售商业地产资产的建筑构件还包括大面积公共部分的装饰装修、卸货平台等重要的配套服务设施。

2．建筑元素

更为重要的是，零售商业地产建筑产品中的包括空间布局、空间尺度、商业空间、柱网和载荷等要素的商业空间，包含轴线、节点等具有动静脉体征的交通组织，包含照明、装饰以及承载大量传播工具的场景，集经营、服务和管理为一体的多媒体、多触点的信息技术设施，所有建筑要素的功能和性能直接导致经营成果成败。

3．性能指标

零售商业地产建筑产品中的各个建筑构件和建筑要素包含出力率、灵敏度、稳定性、可靠性、易损性、维修性（维修难度、维修时间成本和维修经济成本）等技术性能指标。其中，建筑构件出厂时的使用指南所载明的技术性能指标，也要纳入技术性能指标管理。

4．建筑折损

零售商业地产建筑产品中的各个建筑构件和建筑要素在其生命周期中，通常会发生如下折损：

（1）自然损耗。使用中出现的自然损耗是资产对租金的价值转移，是合理的；

（2）非自然损耗。因操作不当（操作人员未按操作规程操作），维护不力（如未按维护标准除尘、清洗、防锈除锈）造成非自然损耗，应对管理人（管理公司）或使用人（承租方）问责；

（3）故障。故障会引发服务中止，并引发次生灾害；

（4）事故。事故会引发服务中止、资产毁损、人身伤亡，并引发次生灾害。

5．建筑产品在其生命周期中，其性能指标的动态变化

建筑产品在其生命周期中会经历磨合期、成熟期、老化期，性能指标会发生不同变化。

(二) 商业体系的运转机制

商业体系的运转机制在资产生命周期的各个阶段，也反映出不同特征。其包含的特征值是：对市场的反应能力、商业经营的产品和服务表现、营业表现、商业管理行为和抗风险能力。表7-1为商业体系运营期运转特征一览表，表示了商业体系的运转机制。[①]

商业体系运营期运转特征一览表　　　　表7-1

特征值	培育期	培育期之后的运营期
市场认知度	开始建立	形成市场认知，或者成见
市场判断	敏感，但是不确定	确定，但是相对迟钝
业态布局及结构	不成熟	趋于成熟
品牌表现	不成熟，不稳定	趋于成熟和稳定
客流表现	状态不确定	状态趋于确定
顾客购买行为	状态不确定	状态趋于确定
营业表现	状态不确定	状态趋于确定
承租能力	弱，不确定	趋强，趋于确定
服务行为	不成熟，但是意识强烈	成熟，但是意识趋于迟钝
管理行为	不成熟	成熟，但是趋于僵化
战略和战术选择	战略意识强烈，战术能力不足	战术能力增强，但战略意识和行为迟缓
抗风险意识和能力	抗风险意识强，抗风险能力弱	抗风险能力强，抗风险意识弱

(三) 影响零售商业地产资产命态的外部条件

外部条件对于任何一种生命命态所造成的影响，取决于生命体本身的感受性和耐受性。通常来说，感受性越强，则耐受性越弱。越是机智敏锐、活力四射，就越是脆弱。零售商业地产的感受性是所有房地产类型中最强的，所以能够呈现出很强的活力和产生很大的租金溢价。但是，正因为此，成长性高的特点也带来其稳定性不足的缺点。尤其外界一有风吹草动，对零售商业地产资产命态都会构成致命的影响。

因此，作为零售商业地产的投资者和持有人，需要重视零售商业地产的外部条件，并据此采取正确的战略选择。

影响零售商业地产资产命态最主要的外部条件是商圈变化、外部交通环境变化和消费升级。

1. 商圈变化

在零售商业地产的生命周期中，所在城市的商圈发生的变化，都可能是致命的。

[①] 郭向东,姜新国,张志东. 商业地产运营管理 [M]. 北京：中国建筑工业出版社. 2017.

有一个案例:

  四川省成都市中心城区曾经出现过红照壁商圈,它位于老南(北)门大街和人民南路这两条新老南北轴线的交汇点,在20世纪90年代具有CBD性质。因此,此处很长时间成为奢侈商品零售的聚集地,在美美力诚和仁恒广场,集中了Louis Vuitton、Hermès、Prada、Gucci、Maxmare等国际一线奢侈品品牌。

  但是,距此2千米的春熙路商圈出现IFS(国际金融中心),尤其是远洋太古里开业,成都市中心城区的商圈格局发生重大改变。照理春熙路是传统商圈,为普通市民中低端消费的首选之地,是集中商业区而非CBD,奢侈品牌很难落位,不料IFS尤其是远洋太古里改变了这一切。国际一线奢侈品品牌纷纷在IFS、远洋太古里落位,厂商优先在此铺货。

  接下来的情况就发生了变化。远洋太古里Hermès、Prada、Cartier等奢侈品销售额瞬间攀升到高位,接着刺激了IFS的Louis Vuitton、Prada、Ermenegildo Zegna、Maxmare等品牌的销售。相反的,红照壁商圈的奢侈品牌销售低迷,厂商的货品铺设更加单一、迟缓,最后品牌纷纷退铺。红照壁商圈的高端购物中心,尤其是美美力诚陷入困境。

对于零售商业地产资产命态,任何一种竞争市场所造成了影响,都无法与商圈变化相比,商圈变化所带来的影响可能是根本或致命的,甚至是无法抗拒的。

  但是,我们反过来认识,远洋太古里和IFS之所以在近年来成为成都市零售商业地产的领导者,也正是力挽狂澜**改变时势而不是顺应时势**所致。当然,创造一个以自己命名的时代,是需要极大的气魄和强大的实力的。

2. 外部交通环境的变化

  外部交通环境的变化,对零售商业地产资产命态也会产生致命的影响。

  从短期来看,项目所在地周边修路会产生很大影响,中心可见度和可达性大大降低,会极大影响商品销售,造成大面积退租,进而引发经营性现金流阻断。

  从长期来看,项目所在地周边规划建设快速城市道路、规划建设高架道路,路网变化引起项目主入口位置或方向偏移,特别是造成项目交通"孤岛"地段形成,会使中心可见度和可达性永久性降低。这种地段特征一旦形成,就会沦为商业地产的"绝地",如果项目尚未形成压倒性品牌优势,商业地产资产会大幅度贬值。

反之，包括轨道交通、公共交通等外部交通条件的改善，则大大提升商业地产的商业价值。

3．消费升级

消费升级，是零售商业地产资产溢价的真正源泉，同时它也是商业地产资产命态重要的影响因素。所以，对于零售商业地产来说，消费升级既是机遇也是挑战。

在1994年百货革命到2014年百货沦落的20年里，城镇居民购买力上涨了8.4倍，而商品零售价格指数只上涨了1.43倍的同时，社会消费品零售总额的涨幅却高达16.34倍，这说明了2014年的消费内容要放在1994年是无法想象的。这就是消费升级！

我们同样看到，20年过去，百货零售以及专业零售为什么陷入沦落，就是因为它们的商业形态20年一贯制，没有进行深刻的自我革命。

消费升级，就是消费内容和消费方式的快速迭代，是商业形态的不断升级。

那么消费升级，即消费内容、消费方式快速迭代，会对商业地产产生怎样的作用呢？有两方面：一是经营性现金流的跳跃式增长，其基础就是社会消费品零售总额的快速增长。20年社会消费品零售总额翻了四番，说明10年里它翻了两番。

另一方面，消费升级即消费内容、消费方式快速迭代，则对零售商业地产产品的生命命态产生了很大影响。

消费升级对零售商业地产资产命态产生的影响，主要在于对建筑产品有迭代变化的要求，对商业体系的运转机制有迭代变化的要求。

在商业运营实际工作中，都会遇到这样的情形。每当一个新的品牌需要落位的时候，招商人员向工程技术人员作技术求证，工程技术人员总会告诉招商人员，许多物业条件不能满足，不是结构上的问题就是供电供气排烟的问题，招商人员和工程技术人员之间总会相互埋怨指责。其实，这不是招商人员该不该招某个品牌的问题，也不是工程技术人员是不是当时就能解决的问题。问题的实质是，该项目的技术系统跟不上消费升级的步伐了，资产管理过程中没有针对消费升级进行必要的准备。

不仅仅是资产管理过程需要未雨绸缪，作消费升级的技术准备，而且需要商业体系从研策、招商、运营、服务以及管理各个环节做好运行机制的策应、准备和机制转换。

二、非零售商业地产资产的生命命态

商务办公地产和服务性公寓等商业地产资产命态，同样包含建筑产品技术状态、商业体系的运转机制和外部条件所构成的影响三个方面。

就建筑产品技术状态而言，非零售商业地产产品的建筑构件在技术层面略为简单一些，例如在公共地方的装饰装修主要集中在大堂和电梯厅和部分公共走廊，也不需要卸货平台；对于建筑要素，商务办公地产在建筑空间、交通流线、场景和信息技术设施等要素上，要符合商务平台的功能，服务性公寓则需要凸显居住功能和社交功能为主。

至于在建筑产品的性能指标、建筑产品折损和性能指标在生命周期的动态变化等方面，非零售商业地产与零售商业地产是一致的。

在商业体系的运转机制方面，非零售商业地产与零售商业地产比较相似，但商务的特性更为明显，在服务品质方面有更高的要求。

对于影响非零售商业地产产品生命命态的外部条件，区位状态的变化和外部交通条件都有比较大的影响，但不像零售地产那样，表现得那么致命。消费升级对非零售商业地产生命命态的影响比较间接。

第二节　商业地产的寿命周期、权利周期和商业周期

商业地产生命周期的概念，包含三个层次：第一个层次是商业地产的寿命周期；第二个层次是商业地产的权利周期；第三个层次是商业地产的商业周期。

一、商业地产的寿命周期

任何资产都是有寿命周期的，无形资产的寿命例如品牌等，当进行商标或商号注册，经过权利特许，也是有寿命期限的。权利特许为无期限则只是寿命期限的一种特殊情形。但这里，我们重点需要讨论的是商业地产有形资产的寿命周期。

所谓商业地产的寿命周期，是指商业地产的有形资产从投入使用开始，到在技术上或经济上不宜继续使用而退出使用过程为止所经历的时间，尤其对设备具体说就是从交付使用、维护、修理、改造和更新、调拨、调整，直至报废的过程。

商业地产寿命周期有三种涵义，即自然寿命、技术寿命和经济寿命。

（一）商业地产的自然寿命

商业地产的自然寿命，也就是物质寿命或物理寿命，是指商业地产有

形资产从投入使用开始,到由于有形磨损使资产在技术上完全丧失使用价值而报废为止所经历的时间。

商业地产的自然寿命主要是由有形磨损、老化、破损决定的,对资产正确使用、定期修缮和保养,可延长其自然寿命或避免其自然寿命的减少。

商业地产有形资产中的若干标的物,自然寿命数据的规定或取得,有的是由设计结合其技术寿命属性和经济寿命属性从性能指标高低的确定上取得,有的是由国家税务政策所规定。

商业地产有形资产下列主要标的物的使用期限大致为:

1. 房屋建筑

钢混结构60年为设计使用期限,砖混结构50年为设计使用期限。

2. 设施设备

(1)机电设备:变配电设备、电梯、中央空调、风机、水泵、消防设备等10~15年为设计使用期限;

(2)光学设备、电子设备:计算机、网络设备、监控设备及其他各类光学电子信息设备6~10年为设计使用期限。

3. 装饰装修及各类标识物

包括铺装、墙柱面装饰、天棚装饰、门窗及其他装饰装修工程、导视设施等8~10年为使用年限。

(二) 商业地产的技术寿命

商业地产的技术寿命,亦称有效寿命,是指商业地产有形资产从投入使用开始,到由于技术进步、性能更好、效率更高的新型替代物出现,使原有资产在未达到自然寿命之前就丧失使用价值而退出使用过程所经历的时间。

由此可见,技术寿命主要是由资产的无形磨损所决定的,它一般比自然寿命要短,而且随着科学技术进步的速度加快,资产的技术寿命越来越短。

商业地产技术寿命往往会短于其自然寿命,并不意味这些资产会重置,但意味新的替代物出现,使现有资产存在竞争压力。

(三) 商业地产的经济寿命

商业地产的经济寿命,是指从资产投入使用开始,到由于资产老化,使用费用急剧增加,继续使用在经济上不合理而退出使用过程为止所经历的时间。

资产的经济寿命与资产的年折旧费和年维持费用等因素有关,资产使用年限越长,资产每年所分摊的重置费就越少。但是随着资产使用年限的增长,资产需要更多的修理费维持原有功能;而且资产的维护成本及原材料、能源耗费也会增加,年运行时间、生产效率、质量将下降。因此,资产年折旧费的降低,也会被年度运行成本的增加或收益的下降所抵消。

商业地产的经济寿命,是资产管理中的重要参考参数。

二、商业地产的权利周期

资产首先是财产,而财产的根本属性是权利。只有特定主体拥有了权利,它才能支配这个资产,并从资产价值中获得收益。

商业地产的权利周期,在这里有两个涵义:一个就是权利周期的一般涵义,就是资本对于资产的运行周期;一个是就我国的土地制度而派生出的特殊涵义,就是土地使用权周期。

(一) 资本对于资产的运行周期

投融管退,也就是资本从进入到退出,通常被认为是资本在资产的一个运行周期。

但这个概念仅对投资主体才有意义,而对资产主体并没有绝对意义。**注意,我们有必要强调,投资主体不代表资产主体。同样投资主体资产管理的涵义也不是资产主体资产管理的涵义。**

投资的方式有许多,有短期投资也有长期投资,有债务投资,有股权投资,更有通过并购投资,**以新的资产主体整体替代原有的资产主体**。总之投资者或大或小,或众或寡,或长或短,但资产主体只有一个,就是法人所有制下的业主(割零销售产生的小业主不在这里的讨论之列)。

资本通过投资成为资产的主体,组织资产的形成和运行,在资产形成和运行的过程中包括以各种方式融资,对资产进行管理并获得收益,在条件适当的条件下又退出资产。这样,**由一个主体系统地组织完成**的上述过程,即**投融管退的过程**,才是**资本对于资产的运行周期**。

商业地产资产管理,核心不是资本,而是这个资产。

(二) 土地使用权周期

我国城镇土地所有权为国家所有,土地所有权性质决定了我国商业地产生命周期就有了特殊性。

我国城镇土地使用权是有期限的,对于商业地产用途的土地供应使用周期一般为40年。所以,特定资产主体掌握和控制商业地产资产的最长期限是40年。

由于土地资源是房地产最基础的资源，由于土地使用权期满之后土地税费的政策尚不明确，因此资产主体一般不会也无法对40年之后的资产处分做出预判。这就明确了这样一个概念，无论别的因素如何，40年为期，这是目前中国可预见的商业地产资产最长生命期限。

三、商业地产的商业周期

商业地产资产的商业周期，是指在既定的商业定位条件下，商业地产资产所承载的商业形态从培育期、成长期、成熟期到衰退期的周期。

（一）商业地产商业周期的影响性因素

1．商业地产商业周期决定于社会经济活动的周期

社会经济呈现出繁荣、衰退、萧条、复苏的周期性变化，这种周期性变化会决定商业地产的商业周期，波长长度大致相同。

但社会经济活动对于不同类型商业地产产生的影响各不相同。一般来说，商务办公地产对GDP增长率的敏感程度远远高于零售商业地产，而服务性公寓对GDP增长率的敏感程度介于商务办公地产与零售商业地产对GDP增长率的敏感程度之间。而且，零售商业地产商业周期对GDP增长周期有延时现象。

2．商业地产商业周期决定于房地产经济的周期

房地产经济周期反映整个社会投资扩张的状况，但投资与消费在社会购买力水平既定的情况下存在着彼消此长的关系。一般情况下，房地产经济活跃，会刺激商务办公经济，但会抑制零售商业的消费需求，营业额租金占比会上升。

3．所承载的产业经济状况会影响商业地产商业周期

在各种类型的商业地产中，商务办公地产的现金流表现一般最为稳定，对所承载的产业经济状况的相关弹性系数比较小，对所承载的产业经济状况敏感度最高的毫无疑问是零售商业地产。

在不同类型商业地产中，零售商业地产资产获益的不确定性是最为显著的，其成因是源于零售商业。为此，我们结合上述三个影响因素，重点研究一下零售商业、比如百货。

20世纪中国零售革命最显著的标志是90年代初的郑州亚细亚模式。在20世纪90年代中期的短短两三年里，太平洋、百盛、老佛爷、洋华堂、西武等百货商场迅速占领了中国大中城市的核心商圈，在计划经济下依靠一级、二级批发站调拨供应商品货源而存续的传统百货陷于沉寂。现在进行回顾，当时的零售革命就是供应链的革命，人们愿意流连于新型百货的原因是，它们能够提供品类如此丰富的商品，这是人们原来根本想象不到的。

这一浪潮维持了正好20年整。为什么正好是20年整？是因为这些百货商场的租约期限是20年。这20年里，我国GDP增长了13.2倍，城镇居民购买力上涨了8.4倍，而商品零售价格指数上涨了1.43倍。

租约期满，当百货商场拿到新的续租要约邀请时，发现租金比20年前上调了30倍，新的租金水平已经支持不了既有的商业模式了，于是百货关店潮席卷神州。

是不是百货的模式破产了？恐怕不能那么武断，因为无论怎么计算，百货的营业坪效始终都还是相当高的。

在这里，从GDP、房价、购买力，我们可以认识到这些因素所存在的强大影响力量。

（二）商业地产商业周期的内在机制

准确地说，商业地产商业周期的内在机制在于资产所承载的产业形态，在于这些产业形态自身周期性的变化。

在不同类型商业地产中，零售商业地产资产获益的不确定性是最为显著的，零售商业周期性的敏感度也高于其他的商业地产类型。

对于零售商业地产，其商业周期的内在机制在于资产所承载的零售商业形态，在于这些零售商业自身的周期性变化。

那么，零售商业的周期性又是由什么因素决定的呢？一句话，**消费升级**。

1. 消费升级的涵义

所谓消费升级，是指消费结构的升级，是各类消费支出在消费总支出中的结构升级和层次提高，它直接反映了消费水平和发展趋势。

决定消费升级的因素，一是需求端升级，二是供给端升级。

（1）所谓需求端升级，是指从**功能到精神**的精神追求升级、从**品质到精致**的审美表达升级、从**需要到想要**的心灵呼声升级和**从众到出众**的自我风格升级。

例如，人们消费逐渐从关注价格，到关注性能，到关注体验，到关注精神价值。

（2）供给端升级，是指产品的升级。例如，共享单车、移动支付的逐一出现。

以上面所举20年百货变化的数据，我们看到20年人均购买力8.4倍的涨幅远远高于商品零售价格指数1.43倍的涨幅，这看上去让人非常意外。但列举另一个数据后我们就不会吃惊了。

另外列举的数据是，1994—2014年我国社会消费品零售总额的涨幅为16.34倍。

这组数据可以这样解释：

（1）这20年里，消费升级的速度非常快，旧的品类迅速被新的品类替代，每一个品类的品种也在飞速换代。虽然每一种品类和品种商品的价格涨幅不高，但新的品类和品种商品的定价已经有了飞跃，而物价统计时是无法将新旧品类和品种的商品替代列为涨价的。例如，在通信产品中，手机在短短四五年里迅速全面取代了寻呼机，这就是品类的更新；再看手机这一品类，也在不断地进行品种换代，从模拟机升级为数字机，到现在发展为智能手机，iPhone从2007年问世以来已经换代多次。每一代品种的商品即使并未涨价，但新一代品种比旧一代的价格肯定高许多，价格指数统计时，只能对同一品种规格的商品涨跌进行价格对比。

（2）消费者对新诞生的、价值更高的商品具有更高的消费偏好和消费预期，其中最典型的就是对汽车的消费。一部分消费者在购买力有限的情况下，还进行了消费透支。

这同样也可以解释为什么百货零售自20世纪90年代经历了20年后为什么会被颠覆。因为履行过长期限租约的过程中，百货沉溺于"温水煮青蛙"式缓慢递增的低租金的承租红利，无意进行深刻的自我革命，没有跟上消费升级的飞速步伐。

在消费升级的进程中，与百货零售被颠覆的同时，家电和家具等专业零售也同样在被颠覆，除非进行自我革命。

2．消费升级的条件

消费升级从来就**不是缓慢而渐进的，而是跳跃式的**。从集市到百货，再到超市到便利店，每一种商业形态的出现都是在长时间沉淀之后在某一个阶段集中爆发的。

但是，消费升级需要条件。

试想一下，如果在20世纪40年代的黄包车遍地的上海，想要开一家出租汽车公司会怎样？高昂的汽车购置成本、维修费用与低廉的人工成本相比，怎么运营都是亏损的，人们大抵用一块银元就可以坐数十次黄包车。反过来在21世纪的现在我们去开一家黄包车行，那远远不如开一家出租汽车公司划算，因为人工贵而车便宜。

两者相比，我们发现，生产要素价格相互关系有天渊之别是根本的原因。从黄包车到汽车的消费升级，原因在于劳动力价格与生产资料价格关系的翻天覆地，原因在于购买力的大幅度提升。这印证了社会经济进步的一个重要标志：**劳动力价格在要素中的占比，越**

来越压倒性地超过生产资料价格的占比，——人类越来越努力于摆脱对自然资源的依赖，更加依靠人本身。

把经济关系理顺了还不够，因为技术条件也要解决。为什么现在工业产品价格与手工业品相比价格低多了，还不是因为生产技术发挥的作用。

所以，只有消除人口红利并促使劳动力价格上升才能消费升级的重要条件。与此同时，也只有发展科学技术才可以消费升级。

四、商业地产生命周期的最终涵义

商业地产的生命周期包含建筑寿命周期、权利周期以及商业周期。但是，这三个周期却存在着矛盾。三者如果一致或者接近，那么商业地产资产的生命周期管理就没有很大的问题。但是，如果不一致而且相差很大，就是出现很大矛盾和困难。

（一）权利周期与寿命周期、商业周期之间存在矛盾

建筑寿命周期、权利周期以及商业周期三者之间的矛盾主要就是权利周期与建筑寿命周期、商业周期之间的矛盾。

由于我国城镇土地使用权对商业地产用途的土地供应使用周期为40年，我国商业地产行业对各种长期待摊费用的摊销期限是按照这个周期来进行计算的。

> 例如，某商业地产开发商于2014年1月取得某一宗地，经过开发建设，商业地产项目于2016年9月开业运营。那么，根据会计准则等相关规定，自2016年9月至2054年1月共452个月为长期待摊费用的摊销期限。初始投资的财务成本、土地使用费、工程建设成本及费用等均按这个期限进行摊销。

这种计算规则看似正确，仔细分析就能发现存在很大问题。其中工程建设工程成本的摊销，实际上就是计提折旧和摊销。而从建筑各个构件的寿命周期来看，机电设备、光电设备和装饰装修能够维持37年8个月不重置吗？且不说计算机、网络设备、监控设备的寿命不到10年，就拿电梯来说，使用了15年不报废，技术监督部门能够答应吗？消防报警设备和自动喷淋系统到报废年限继续使用，消防管理部门能够答应吗？如果这些设备寿命穷尽，按37年8个月计提折旧和摊销的折旧摊销费不够用，资金从哪里来？

权利周期与商业周期的矛盾同样存在。因为商业周期根本熬不到37年8个月，20年一贯制都能使百货商业形态陷入困境，如果38年一贯制，情形难以想象。实际上，商业地产项目最多维持8～10年，就必须进行整体翻新

和技术改造，重新定位，重新招商，重新开业。

（二）建筑寿命周期以经济寿命为原则，统一于商业周期

除了光学电子设备，商业地产其他设施设备的自然寿命大都长于商业周期。但超过这个商业周期，在消费升级的巨大压力下，原有的一部分设施设备就不再适合了，这也就是说这些设施设备的经济寿命到期，必须重置。

但是，对于寿命周期少于商业周期的建筑构件，如大量的光学和电子设备，如计算机、网络设备、监控设备及其他各类光学电子信息设备，则应按照其自然寿命计算其生命周期。

正确的方法，是对建筑构件进行细分，结合商业逻辑、技术逻辑和法律逻辑来确定建筑构件各个部分的生命周期，并依此确定其年摊销额。例如：

（1）土地及基础工程、主体结构工程之外仍以土地使用年限为其生命周期；

（2）建筑构件中，其自然寿命不足于土地使用年限，但超过商业周期的，以商业周期为限；

（3）建筑构件中，其自然寿命不足于商业周期的，以其自然寿命为限。

（三）商业地产应该是怎样的生命周期

还是以零售地产资产为例。

零售商业地产资产合理的生命周期是8~10年。

我们再来看百货20年历程。

百货业出现断崖式坍塌，原因是设定的20年时间太长了。**因为任何一种形态的零售商业命态，少则3年多则10年，其周期不可能维持至20年。**

时间短了也不行。零售商业地产资产的培育期需要1~3年，然后是成长期，再到成熟期。过早终结其使命花巨资进行商业体的重置改造，无论对于主力店还是商业地产资产主体，其经济上的损失都是难以估量的。

事实上，新加坡和中国香港等地的零售商业地产项目，基本上都把其商业周期确定为8年。因此，主力店的租约期限一般不会超过10年，8年为一周期重新进行定位调整，停业进行翻新改造，重新招租，重新开业。

当然，随着消费升级越来越快，8年一个周期、5年一个周期甚至3年一个周期，各种消费内容、消费方式迭代速度越来越快，有可能会突破商业地产自身技术逻辑所能容纳的极限。极限的涵义在于：

（1）租户租约期限，尤其是主力店租约期限不断缩短，缩短到不能缩短；

（2）相应的，与主力店和非主力店以及租户组合相适应并具有效性的局部结构、商业空间、交通流线、机电设施设备和配套设施的经济寿命被缩短，缩短到不能缩短；

（3）投资性固定资产和递延资产的折旧和摊销周期不断缩短，缩短到不能缩短；

（4）单位期限内的资本性支出不断加大，加大到不能加大；

（5）资产稳定性越来越差，差到不能再差。

也就是说，极限的涵义是，到那个时候，商业地产对商业零售的支撑已经到了极限，那就是商业零售彻底告别土地资源的时候，商业地产也就完成了自己的历史使命。

（四）决定商业地产生命周期的因素

我们再一次明确商业地产资产的生命周期，那就是**指开业运营开始，直到其丧失商业功能，即关门停业之日。接下来，就是需要重新再生。**

那么，商业地产的资产生命周期究竟是多长呢？如果没有新的定义，那么一般是8～10年。

据此，由下列因素决定商业地产生命周期：

1．产品定位

根据经济周期和消费周期所确定的资产生命周期之内的产品方向。

2．主力店和次主力店

主力店和次主力店以及与之相适应的租户组合，反映了产品的定位。**主力店和次主力店的租约期限就是产品周期，也就是资产生命周期。**

3．技术资产的设计和建设（包括存量资产技术改造）

主力店和次主力店的需求，以及与租户组合一起作为重要依据的**局部结构、空间、交通流线、机电技术设施设备和配套设施要求，在资产生命周期之内产生有效性。**

当资产一个生命周期结束之时，也是新的生命周期开始之际，接下来的**新的生命周期，从定位调整、主力店招商、楼宇局部翻新到技术改造，重新开业开始。**

第三节　商业地产存量资产的再生产

天下没有免费的午餐！商业地产资产产生收益的过程，也是资产自身不断消耗的过程。资产不断消耗，也意味着生产收益的能力被消耗。就如人在从事生产劳动的过程中，会消耗自身的体力和智力，如果能量不加以补充，人的体力和脑力就会衰竭。

要使资产保持其生产收益的能力，就必须对资产进行再生产。正如人在从事生产劳动之余，需要饮食、睡眠、治疗、再教育，对自身的体力和脑力进行补充。

资产维持其生产收益的能力所进行的再生产，就是简单再生产；资产为增强其生产收益的能力所进行的再生产，就是扩大再生产。

简单再生产和扩大再生产的区别在于，在初始投资形成一个存量资产之后，是否追加投资，在原先形成的资产存量的基础上产生资产增量。为此，我们举一个例子。

有一个商业地产项目按照其建造标准，以初始投资10亿元人民币建设完成并投入运营。但是，通过经营，发现这个项目存在设计不足，原依据的建造标准不能满足经营的实际需要，于是追加投资3000万元增加了供电容量、追加投资500万元增加了燃气容量和供气点位、追加投资1000万元增加自动扶梯50台、追加投资300万元增加了1台离心式制冷机组、追加投资3000万元进行无柱网结构改造，再加上其他技术改造项目，累计追加投资1亿元。通过技术改造，产生了良好的现金流表现，根据某一个时点的NOI进行估值，发现该时点的资产价值估值达到15亿元人民币。那么，是否承认由初始投资10亿元所形成的资产存量和由追加投资1亿元所形成的资产增量共同派生出经营性现金流的？

要回答这样的问题，首先就要从商业地产存量资产的简单再生产开始进行讨论。

一、商业地产存量资产的简单再生产

（一）概念

商业地产存量资产简单再生产，就是在由投资形成存量资产之后，在既定的存量资产规模不变的情况下，不追加投资增加资产规模，一方面在既定存量资产规模基础上进行租金生产，另一方面通过租金收入中提取资本性支出，补充资产发生的消耗从而维持资产的生产能力的行为。这种行为发生在存量资产生命周期之内。

这个概念包含四层涵义：

1. 投资形成存量资产为既定

投资形成存量资产为既定，这样就在概念上把既定存量和追加投资形成的新增增量加以区别，以免出现不同投资产生的收益和增益相混淆。

此外，对于新形成的商业地产存量资产，其投资即为初始投资。

2. 在简单再生产过程中，租金生产过程是经营调整中的品牌调整，而非定位调整

与既定存量资产相对应的，也是既定的商业定位，具体体现的经营业态中，主力店和次主力店是确定的。

既然主力店和次主力店为确定，不存在定位调整。因为大家都知道，主力店和次主力店，尤其是主力店的确定，就是定位方向的确定。而在经营过程中，除了日常管理，租金生产的核心手段是经营调整。因此，在既定存量资产规模的前提下，经营调整就是品牌调整。

3. 对存量资产中的技术资产而言，既定存量资产，意味着保持其技术状态和生产能力不变

为了实现租金收益，商业地产资产进行了价值生产，从而产生了自身消耗，这个消耗就是使用中自然磨损、老化，这种消耗是一种价值转移，即价值从资产转移为收益。

那么，就需要从收益中进行补偿。具体的方式就是，从租金收入中提取固定资产折旧（递延资产摊销）和大修理金，前者用于资产重置——当资产构件寿终正寝时，换新的；后者用于大中修或修缮——资产构件未死亡前，对其"疾病"进行治疗。

无论是重置，还是大中修或修缮，目的是维持初始投资形成资产存量的技术状态，保持其既定的生产能力没有衰退。

4. 简单再生产仅存在于存量资产的生命周期之内

也就是说，当存量资产生命周期结束而再生，就必须重新商业定位，重新选定主力店和次主力店。那么，这不是简单再生产那么简单了。

（二）简单再生产条件下的租金生产

简单再生产条件下的租金生产，是通过品牌调整来进行。接下来，我们还是以零售商业地产为例，来讨论品牌调整。[①]

零售商业地产运营中的品牌调整，是为了适应市场的变化，满足消费者需求所作的一次战术行动。从行为本身，它的具体行动步骤是科学有序的作业。与此同时，它又不是一次按部就班的常规作业，就其整体而言，是需要进行精心部署和极大智慧的，甚至是有风险的活动。因此，品牌调整有原则，有规划，有策略，有包含高度技巧的行动。

品牌调整，通常在三种情况下进行：

第一种情况，非正常退租后需要补充租户；

[①] 郭向东，姜新国，张志东. 商业地产运营管理 [M]. 北京：中国建筑工业出版社. 2017.

第二种情况，是商业项目通过客流量和整体营业额的提升，经营状况不错，准备实行提租；

第三种情况，就是把经营状况不好，或者把对于整个项目没有价值的品牌淘汰出去。

但是，作为主动的，以租金提升为目标的关键战术行动，第二种和第三种情况应该是我们所主动追求的。

1．品牌调整的原则和方法

品牌调整应坚持定位为先原则、科学决策原则、整体规划原则、租金增长和品牌档次双重提升的原则、宣传推广策略与品牌调整相匹配的原则。

品牌调整采取集中调整和临时性调整相结合的方式。包括临时性调整、季节性调整和合同期调整。

2．品牌结构规划

根据定位，对业态规划进行评估，根据经营需要，对品牌结构进行调整，制订品牌结构规划方案。

经过开业期，在培育期、成长期和成熟期各个不同阶段和时期，进行品牌规划。

（1）培育期的品牌规划

培育期品牌调整的任务同商业运营管理的其他任务一样，主要是培育市场，增大客流量，并快速提升营业额。

因此，这个时期要重点选择其形象贡献度高、客流贡献度高和新鲜血液度高的业态和品类，尤其是功能性业态和品类。

那些形象带动力强、品牌带动力强、消费者带动力强的A类品牌要在品牌数量比例和品牌面积占比中有适当高的比例。

而客流贡献度高，具有聚客、滞客效应的餐饮及功能型业态的面积占比可以超过较高的比例，例如超过35%，甚至更多。

即使这个时期服装服饰类等租金贡献度高的业态及品类的销售状况不一定很理想，但是只要客流量能够保持在一定水平，功能性业态的销售能够稳定住，稳场的目标就能实现。

在确定各业态和品类的结构后，同一类型的业态和品类各个品牌中，在绩效和形象两项指标相比中，优先选择形象优异的品牌。

（2）成长期的品牌规划

当商业项目平稳度过稳场期，进入旺场阶段，就要以提升营业交易额为品牌调整和整体商业运营管理的首要任务。

在保持形象贡献度高、客流贡献度高的业态和品类维持合理比例的前提下，注意选择租金贡献度高的业态和品类。在维持足够的客流量的同时，均衡顾客在各个楼层各个区域的客流密度，努力提高顾客提袋率，增大商品交易走量。

在确定各业态和品类的结构后，同一类型的业态和品类各个品牌中，在绩效和形象两项指标相比中，继续优先选择形象优异的品牌。

（3）成熟期的品牌规划

当商业项目平稳度过旺场期之后，就要以提升营业交易额和租金水平为品牌调整和整体商业运营管理的首要任务。

要注意重点选择和租金贡献度高的业态和品类。在维持足够的客流量，均衡顾客在各个楼层各个区域的客流密度，努力提高顾客提袋率，增大商品交易走量的同时，重点挖掘承租能力强的业态和品类。

在确定各业态和品类的结构后，同一类型的业态和品类各个品牌中，在绩效和形象两项指标相比中，优先选择绩效优异的品牌。

在成熟期，绩效好形象好的品牌应占品牌总数的70%以上。

在这个阶段，租金收益型品牌的比例可达到30%～35%；客流贡献型品牌的比例达到35%～40%；形象贡献型品牌和新鲜血液型品牌各有15%的占比即可。

3．制订品牌调整策略

制订品牌调整策略，有五个重要内容，即研究空铺和租约到期情况、研究困难商户、捕捉商户重组的机会、解析租金、设计品牌调整的执行动作。

（1）研究空置铺面和租约到期情况

品牌调整，需要有空置铺面，要么是已经空出来的铺位，要么是需要腾出来的铺位。而需要腾出来的铺位，又与租约到期的问题有关。而租约到期，有的是租约已经或将要到期，有的是我们或者对方打算提前终止租约。因此，需要做的工作包括：确认空铺和租约到期的情况；确认需要作为空铺的铺位；确认不续租的风险；确认应该续约和不该续约的商户；确认哪些商户将被淘汰。

（2）研究在品牌调整过程中的困难商户

所谓困难商户，无非有几种，想要它留的它不想留，想要它走的它不想走，即使有一小部分租约到期的也决定让它走的，它可能也会伙同其他商户联合起来制造一点麻烦。

对困难商户，需要做的工作有两点：一个是确认哪些是困难商户，并根据其诉求和行为方式分组；一个是制订行动方针。例如：寻找取代的商家,和商户谈判,对希望挽留的商户提供租金补助、营销补助等援助;而对希望其提前解约的商户制订补偿方案,制订诉讼方案以及其他措施。

(3)捕捉商户重组的机会

从租约终止、租金流失等诸多现象,空铺整理的情况,品牌结构设计,对某些空铺较难出租、商户性格及行为的特殊情形等因素通盘考虑,来制订商户重组的计划和方案。

(4)解析租金

解析租金的工作包括:分析每月的租金报表;与市场的租金标准对比;制订并完成租金的增长目标;制订租金方案及租赁政策。

(5)设计品牌调整的执行动作

品牌调整的执行动作包括:制订品牌调整所要达到的标准;需要的情况下,修订装修手册;修订和完善维持时尚及最佳营业的设计标准,除了橱窗、门头、陈列,与开业前招商进场装修不同,应当考虑围挡的负面作用;制订掉铺预警机制,避免撤铺时商家和顾客的恐慌。利用关系较好的商家临时补场,衬托气氛;品牌调整执行的节奏,包括如何连接续约时间。

4.品牌调整与运营能力提升

品牌调整是一项系统工程,绝不能简单地归结为"二次招商"。应该说,品牌调整的工作的核心,还是全面提升商业项目的运营能力,全面改善各项经营条件,全面优化经营功能。

(1)品牌调整是项目商业运营管理升级的新阶段

不能把品牌调整简单看作是一次商户的调整。实际上,品牌调整特别是比较系统的品牌结构升级调整,应当是运营能力的升级。运营能力升级的内容包括:项目形象的升级;经营环境、经营条件和经营功能的改善;服务的升级。

(2)利用品牌调整的机会,优化经营功能,改善经营条件

优化经营功能,改善经营条件的内容包括:改善公共空间、公共环境、交通流线,使之适应于新的品牌体系的运营条件;改善照明、美术陈列以及各种环境艺术要素,使之形成更为优异的购物环境;对新的品牌要建立新的装修、陈列和运营标准,使之产生符合新的运营条件的商品形象。

(3)营销推广工作应围绕大的主题进行宣传

品牌调整时期的营销推广工作,不仅是一项招商推广工作。营销推广不能理解为是针对招商调整的一种宣传,一种保障,一种对商户进行忽悠的手段。营销推广工作必须

围绕营销策划所确立的方针，为整个运营能力的提升、各项经营条件的改善、经营功能的优化提供服务。

为此，营销推广应按照营销策划，围绕着品牌调整阶段项目整个商业运营管升级这个大的课题，进行主题推广。以形象提升、经营条件环境功能提升和服务提升作为题材，提炼出推广主题，用各种营销推广手段进行推广，把品牌调整的价值和意义讲大、讲深、讲透。

5．资产持有人对品牌调整的指导和控制

品牌调整是商业运营管理的工作内容，但资产持有人的商业地产资产管理对其的指导和控制也十分重要。资产持有人通过资产管理对品牌调整的指导和控制，其目标是确保收益水平、收益成长性、收益稳定性的实现。

就如本书第七章第三节所说，十分注意对租金标准和租赁政策的控制、对租金递增率和租约期限的控制、对合同风险的控制。

在对商业管理公司进行指导和控制过程中，十分关注商业管理公司品牌评价和分析、品牌资源储备、经营分析工作的开展情况，注意评价营业坪效、营业额租金比指标。

（1）注意把握商业运营管理中的业态品类及品牌的评价和分析

商业运营管理中的业态品类及品牌评价体系建设，是经营性现金流规划的基础和前提，也是反映商业管理公司运营能力的一个标志。对业态、品类的各种特征变量以及各种品牌对于这些特征变量的特征值的把握，是经营分析和品牌调整的基础。表7-2是某零售商业地产项目2014年制订的业态品类划分标准。

某零售商业地产项目的业态品类划分标准　　　　表7-2

业态品类划分标准			
业态	品类	描述	品牌举例
服装服饰	男装	男休闲/西装/正装	Jack&Jones/GXG/金利来
	女装	少女装/淑女装/少淑装/女休闲	Ochirly/玛丝菲尔/拉夏贝尔（单店）/E-LAND
	潮牌	潮流/时尚/牛仔	大嘴猴/Evisu/Bape/Cheap Monday/Hi panda
	集合店	快时尚/集合店	H&M/ZARA/Uniqlo/Gap/IT/Hollister/拉夏贝尔（集合店）
	运动装	运动装/户外服装	Nike/Adidas/哥伦比亚/火柴棍/三夫外
	内衣/家居装	睡衣/内衣/家居服	爱慕/Body Pop's/ck underwear
鞋包配饰	鞋类	女鞋/男鞋	Belle/ECCO/Le Saunda
	箱包	行李箱/钱包/背包	Fion/Samsonite/Galaday
	饰品	装饰性首饰/头饰	海盗船/AGATHA/PH7
化妆品	护肤	化妆品/香水	SK-Ⅱ/雪花秀/茉莉蔻/资生堂/Innisfree/Dior/Chanel
	彩妆	药妆/彩妆	FANCEL/理肤泉/欧美药妆/Sephora/Bobbi Brown/MAC
	香薰	香薰/精油	阿芙香薰/汇美舍

续表

业态	品类	描述	品牌举例
业态品类划分标准			
珠宝钟表	黄金珠宝	黄金 / 钻石 / 翡翠 / 珍珠	中国黄金 / 周大福 / 周生生 / I DO / 施华洛世奇
	工艺品	工艺品 / 艺术品	琉璃工房 / 古吴绣皇
	钟表眼镜	钟表 / 眼镜	Omega / 浪琴 /Swatch/ 溥仪 / 木九十
家用生活	家居家饰	家居用品 / 家具 / 杂货 / 厨具 / 精品文具	Hola/ 基本生活 / 泡泡玛特 / 双立人 /Moleskine/LAMY/ 傲胜
	运动户外用品	运动器材 / 户外用品	跑步机
电子产品	数码产品	视频及音频 / 照相机	Sony/Canon/Apple
	家用电器	大家电 / 小家电	国美 / 苏宁 /Honeywell
餐饮	中式正餐	传统老字号 / 地域特色	东来顺 / 全聚德 / 海底捞 / 大童 / 辉哥 / 花家怡园 / 羲和雅苑
	西式正餐	欧美正餐 / 创新西餐	马克西姆 / 莫斯科餐厅 / 王品
	亚洲风味	日韩餐 / 东南亚餐	胜博殿 / 元气寿司 / 一风堂 / 汉拿山 / 釜山料理 / 巴厘泰 / 荷花泰菜
	时尚人气餐饮	时尚餐 / 主题餐 / 人气餐	港丽 / 太兴 / 鹿港 / 小大董 / 新元素 / 西贝莜面村 / 云海肴 / 绿茶 / 外婆家 / 弄堂里 / 火炉火
	特色休闲餐饮	中西简餐 / 简式烧烤火锅 / 香锅	一茶一坐 / 避风塘 / 必胜客 / 澳门味道 / 胡椒厨房 / 呷哺呷哺 / 拿渡
	快餐	中式快餐 / 西式快餐	吉野家 / 味千拉面 / 和合谷 / 汉堡王 / 麦当劳 / 肯德基
	西点 / 饮品 / 零食	面包 / 甜品 / 咖啡厅 / 水吧 / 零食	巴黎贝甜 / 面包新语 / 鲜丰仙 / 满记甜品 / 星巴克 / 水果先生 / 快乐柠檬
	量贩餐饮	美食广场 / 自助餐厅	大食代 / 亚惠 / 金钱豹
	其他	酒吧 / 餐吧	蓝蛙
休闲娱乐	影院	影院	UME/CGV
	健身房	健身房	一兆韦德 / 宝力豪 / 威尔士
	电玩	成人电玩	大玩家 / 神采飞扬
	KTV	KTV	温莎 KTV/ 酷姿 /agogo
	冰场	真冰场 / 旱冰场	世纪星 / 冠军 / 浩泰
	其他	保龄球台球网吧另类体验会所	大鲁阁 / 网鱼网咖 / 云尚部落 / 高尔夫会所
儿童	儿童零售	童装 / 童鞋 / 食品 / 玩具 / 用品	玩具反斗城 / NIKE KIDS/Mothercare/ 博士蛙
	儿童娱乐	儿童游乐场 / 儿童电玩 / 儿童游泳 / 儿童体验	悠游堂 / 马博士游泳 / 卡通尼乐园 / 爱乐游
	儿童教育培训	儿童 / 早教培训	美吉姆 / 金宝贝 / 爱乐国际 / 天才宝贝 / 瑞思学科
	儿童服务	儿童理发儿童摄影	西瓜太郎 / 小鬼当家 / 皇家宝贝
配套服务	教育	成人培训机构	华尔街 / 英孚
	个人护理	美容 / 美体 / 个人护理集合店	思妍丽 / 贝黎诗 / 进巅美甲 / 屈臣氏 / 万宁
	药品医疗	中药店 / 医疗器械用品 / 诊所	同仁堂 / 固瑞齿科 / 金象
	音像图书	音像图书文具	PAGE ONE / 西西弗 / 启路文具
	金融资讯	银行 / ATM / 通讯 / 邮政	中国银行 / 招商银行 / 中国移动 / 中国联通
	生活服务	洗衣 / 改衣 / 修理钟修鞋 / 影印 / 家宠 / 便民店 / 烟酒	7-11 / 酷迪 / 柯达冲印
主力商户	超市	超市	TESCO/Carrefour/Ole/ 永辉
	百货	百货	新世界 / 百盛 / 王府井

（2）注意把握商业运营管理过程中的经营分析

经营分析是品牌调整的基础，对经营分析中关于营业坪效、营业额租金比的实际发生情况，反映了实际经营状况。表7-3是某零售商业地产项目2013年经营分析中的餐饮业态营业坪效、营业额租金比统计表，从中可以判断餐饮业态各个品牌的营业表现情况。

某零售商业地产项目餐饮业态营业坪效、营业额租金比统计表　表7-3

序号	品牌名称	楼层	铺位号	合同面积（m²）	经营分类	月均销售（元）	月均平销（元/m²）	日均平销（元/m²）	营业额租金比
1	…	一层	…	317.34	特色休闲餐饮	747544.99	2355.66	78.52	8.00%
2	…	三层	…	204.54	快餐	379274.08	1854.28	61.81	8.63%
3	…	一层	…	396.40	亚洲风味	673901.95	1700.06	56.67	8.00%
4	…	三层	…	224.24	快餐	376445.67	1678.76	55.96	9.23%
5	…	三层	…	240.57	快餐	380108.57	1580.03	52.67	9.81%
6	…	三层	…	695.09	时尚人气餐饮	938850.00	1350.69	45.02	11.29%
7	…	三层	…	732.78	时尚人气餐饮	970948.33	1325.02	44.17	11.70%
8	…	三层	…	332.89	特色休闲餐饮	432231.73	1298.42	43.28	11.94%
9	…	一层	…	406.10	特色休闲餐饮	521490.67	1284.14	42.80	8.00%
…									
22	…	三层	…	323.48	特色休闲餐饮	217322.80	671.83	22.39	23.82%
23	…	三层	…	399.37	特色休闲餐饮	266916.33	668.34	22.28	24.69%
24	…	三层	…	229.75	快餐	152545.33	663.96	22.13	23.34%
25	…	三层	…	223.77	快餐	146690.33	655.54	21.85	23.64%
26	…	三层	…	261.79	快餐	162623.33	621.20	20.71	23.34%
27	…	三层	…	1277.65	时尚人气餐饮	741018.36	579.99	19.33	20.69%
28	…	三层	…	168.66	快餐	96172.00	570.21	19.01	27.18%
29	…	三层	…	239.81	快餐	128870.00	537.38	17.91	27.91%
30	…	三层	…	357.75	特色休闲餐饮	181155.03	506.37	16.88	30.61%
31	…	三层	…	256.11	快餐	113946.07	444.91	14.83	33.71%
32	…	三层	…	99.22	快餐	32316.67	325.71	10.86	49.12%
33	…	三层	…	498.00	特色休闲餐饮	153877.73	308.99	10.30	48.55%

（3）准确控制营业额租金比标准

商业地产资产持有人要建立营业额租金比标准。这个标准用于衡量各个品牌的租金支付能力。品牌实际产生的营业额租金比值低于标准的，说明该品牌具有提升其租金的可能；高于标准的，说明该品牌有掉铺的风险。表7-4是某商业地产企业制订的营业额租金比控制标准。

某商业地产企业营业额租金比控制标准　　　表7-4

业态	品类	营业额租金比区间	备注
服装服饰	集合店	10%～20%	
	男装	15%～25%	正装、商务休闲
	女装	15%～25%	少女、少淑、淑女装
	运动	12%～20%	运动、户外
	儿童	15%～25%	童装
	休闲	15%～25%	量贩、牛仔
	内衣、家居	20%～30%	内衣、家居服
生活精品	服务	10%～30%	美容、美发、银行、药房、电信服务、各类咨询服务
	个人护理	8%～30%	个人护理集合店、化妆品、香薰精油、医疗保健器械
	文教类	5%～12%	数码、音像、书店书吧、培训类
	皮具鞋类	15%～30%	鞋、皮具、箱包
	精品	15%～30%	珠宝、眼镜、钟表、饰品、礼品
	食品	18%～30%	滋补品、袋装食品、烟酒
	其他	5%～30%	儿童摄影、玩具、乐园、日用品、茶叶、文具、其他等
餐饮美食	中餐	8%～20%	正餐、中式快餐、地方特色、火锅、特色小吃
	西餐	10%～15%	正餐、快餐、各国风味
	料理	10%～18%	日式、韩式、其他
	饮品	12%～30%	咖啡、茶吧、水吧、其他
	面包糕点	15%～25%	面包、甜品

（三）提取资本性支出，补充资产消耗，维持资产的生产能力

1. 资产消耗的确认

（1）房屋结构部分的资产消耗，因涉及安全，可以按照城乡建设环境保护部批准发布的《房屋完损等级评定标准（试行）》（1984年11月8日）（城住字〔1984〕第678号）、《房屋完损等级评定标准》进行确认。这里摘录了该标准中关于结构部分的节选内容。

房屋完损等级评定标准（节选）

3.1 完好标准

3.1.1 结构部分：

3.1.1.1 地基基础：有足够承载能力，无超过允许范围的不均匀沉降。

3.1.1.2 承重构件：梁、柱、墙、板、屋架平直牢固，无倾斜变形、裂缝、松动、腐朽、蛀蚀。

3.1.1.3 非承重墙：

a. 预制墙板节点安装牢固，拼缝处不渗漏；

b. 砖墙平直完好，无风化破损；

c. 石墙无内化弓凸。

3.1.1.4 屋面：不渗漏（其他结构房屋以不漏雨为标准），基层平整完好，积尘甚少，排水畅通。

a. 平屋面防水层、隔热层、保温层完好。

3.1.1.5 楼地面：

a. 整体面层平整完好，无空鼓、裂缝、起砂；

b. 砖、混凝土块料面层平整，无碎裂。

3.2 基本完好标准

3.2.1 结构部分：

3.2.1.1 地基基础：有承载能力、稍有超过允许范围的不均匀沉降，但已稳定。

3.2.1.2 承重构件：有少量损坏，基本牢固。

a. 钢筋混凝土个别构件有轻微变形、细小裂缝，混凝土有轻度剥落、露筋；

b. 钢屋架平直不变形，各节点焊接完好，表面稍有锈蚀，钢筋混凝土屋架无混凝土剥落，节点牢固完好，钢杆件表面稍有锈蚀；

c. 承重砖墙（柱）、砌块有少量细裂缝。

3.2.1.3 非承重墙：有少量损坏，但基本牢固。

a. 预制墙板稍有裂缝、渗水，嵌缝不密实，间隔墙面层稍有破损；

b. 外转墙面稍有风化，转墙体轻度裂缝，勒脚有侵蚀；

c. 石墙稍有裂缝、弓凸。

3.2.1.4 屋面：局部渗漏，积尘较多，排水基本畅通。

a. 平屋面隔热层、保温层稍有损坏，卷材防水层稍有空鼓、翘边和封口不严，刚性房水层稍有龟裂，块体房水层稍有脱壳；

b. 铁皮部分少量咬口或嵌缝不严实，部分铁皮生锈，油漆脱皮。

3.2.1.5 楼地面：

a. 整体面层稍有裂缝、空鼓、起砂；

b. 砖、混凝土块料面层磨损起砂，稍有裂缝、空鼓。

3.3 一般损坏标准

3.3.1 结构部分

3.3.1.1 地基基础：局部承载能力不足，有超过允许范围的不均匀沉降，对上部结构稍有影响。

3.3.1.2 承重构件：有较多损坏，强度已有所减弱。

a. 钢筋混凝土构件有局部变形、裂缝，混凝土剥落露筋锈蚀、变形、裂缝值稍超过设计规范的规定，混凝土剥落面积占全部面积的１０％以内，露筋锈蚀；

b. 钢屋架有轻微倾斜或变形，少数支撑部件损坏，锈蚀严重，钢筋混凝土屋架有剥落，露筋、钢杆有锈蚀；

c. 承重墙体（柱）、砌块有部分裂缝、倾斜、弓凸、风化、腐蚀和灰缝酥松等损坏。

3.3.1.3 非承重墙：有较多损坏，强度减弱。

a. 预制墙板的边、角有裂缝，拼缝处嵌缝料部分脱落，有渗水，间隔墙层局部损坏；

b. 砖墙有裂缝、弓凸、倾斜、风化、腐蚀，灰缝有酥松，勒脚有部分侵蚀剥落；

c. 石墙部分开裂、弓凸、风化、砂浆酥松，个别石块脱落。

3.3.1.4 屋面：局部漏雨，钢筋混凝土屋板局部下滑，屋面高低不平，排水设施锈蚀、断裂。

a. 平屋面保温层、隔热层较多损坏，卷材防水层部分有空鼓、翘边和封口脱开，刚性防水层部分有裂缝、起壳，块体防水层部分有松动、风化、腐蚀；

b. 铁皮部分咬口或嵌缝不严实，铁皮严重锈烂。

3.3.1.5 楼地面：

a. 整体面层部分裂缝、空鼓、剥落，严重起砂；

b. 砖、混凝土块料面磨损，部分破损、裂缝、脱落，高低不平。

3.4 严重损坏标准

3.4.1 结构部分：

3.4.1.1 地基基础：承载能力不足，有明显不均匀沉降或明显滑动、压碎、折断、冻酥、腐蚀等损坏，并且仍在继续发展，对上部结构有明显影响。

3.4.1.2 承重构件：明显损坏，强度不足。

a. 钢筋混凝土构件有明显下垂变形、裂缝，混凝土剥落和露筋锈蚀严重，下垂变形、裂缝值超过设计规范的规定，混凝土剥落面积占全面积的10%以上；

b. 钢屋架明显倾斜或变形，部分支撑弯曲松脱，锈蚀严重，钢筋混凝土屋架有倾斜，混凝土严重腐蚀剥落、露筋锈蚀，部分支撑损坏，连接件不齐全，钢杆锈蚀严重；

c. 承重墙体（柱）、砌块强度和稳定性严重不足，有严重裂缝、倾斜、弓凸、风化、腐蚀和灰缝严重酥松损坏。

3.4.1.3 非承重墙：有严重损坏，强度不足。

a. 预制墙板严重裂缝、变形，节点锈蚀，拼缝嵌料脱落，严重漏水，间隔墙立筋松动、断裂，面层严重破损；

b. 砖墙有严重裂缝、弓凸、倾斜、风化、腐蚀、灰缝酥松；

c. 石墙严重开裂、下沉、弓凸、断裂，砂浆酥松，石块脱落。

3.4.1.4 屋面：严重漏雨。木基层腐烂、蛀蚀、变形损坏、屋面高低不平，排水设施严重锈蚀、断裂，残缺不全。

a. 平屋面保温层、隔热层严重损坏，卷材防水层普遍老化、断裂、翘边和封口脱开，沥青流淌，刚性防水层严重开裂、起壳、脱落，块体防水层严重松动、腐蚀、破损；

b. 铁皮部分严重锈烂，变形下垂。

3.4.1.5 楼地面：

a. 整体面层严重起砂、剥落、裂缝、沉陷、空鼓；

b. 砖、混凝土块料面层严重脱落、下沉、高低不平、破碎、残缺不全。

> **4 房屋完损等级评定方法**
>
> 4.1 钢筋混凝土结构、混合结构房屋完损等级评定方法。
>
> 4.1.1 凡符合下列条件之一者可评为完好房:
>
> 4.1.1.1 结构部分各项完损程度符合完好标准。
>
> 4.1.2 凡符合下列条件之一者可评为基本完好房:
>
> 4.1.2.1 结构部分各项完损程度符合基本完好标准。
>
> 4.1.2.2 结构部分除基础、承重构件、屋面外,可有一项符合一般损坏标准,其余符合基本完好以上标准。
>
> 4.1.3 凡符合下列条件之一者可评为一般损坏房:
>
> 4.1.3.1 结构部分各项完损程度符合一般损坏的标准。
>
> 4.1.3.2 结构部分除基础、承重构件、屋面外,可有一项完损程度符合严重损坏的标准,其余符合一般损坏以上的标准。
>
> 4.1.4 凡符合下列条件之一者可评为严重损坏房:
>
> 4.1.4.1 结构部分各项完损程度符合严重损坏标准。
>
> 4.1.4.2 在结构部分中有少数项目完损程度符合一般损坏标准,其余符合严重损坏的标准。[①]

(2)对于装饰装修部分,直接涉及建筑形象和经营形象,无论铺装、天花、柱面墙面、门窗、穿顶出现破损,均属消耗。

(3)对于设施设备,凡出力率、灵敏度、稳定性、可靠性、易损性、维修性未达到设计指标,均属消耗。设施设备超过其寿命的,应当重置。

2. 资本性支出的提取

至于固定资产折旧和递延资产摊销、大修理金的提取方式和提取数额,我们在之前的章节中讲过。

(1)提取的方式

对于采用成本价值资产计量方式的,按财政部税务总局的规定,在租金中计提,形成固定资产折旧和无形资产(递延资产)摊销;对于采用公允价值资产计量方式的,在租金中提取计入长期待摊费用。

---

① 城乡建设环境保护部. 房屋完损等级评定标准(试行)[J/OL]. 百度文库, 2014-8-8.https://wenku.baidu.com/view/df1e5ccddd88d0d232d46a4b.html.

（2）提取的数额

按照我们在本章第二节建筑构件的生命周期，按建筑构件的重置价值，逐年摊销。一般大修理金的年提取金额为该构件年折旧（摊销）额的40%。

3．资本性支出的使用

（1）对大修理金的使用

资产所有人的资产管理部门对房屋、装饰装修的技术状态进行管理，建立完损等级标准，对损坏部位对照完损等级标准，对物业管理机构制订的年度修缮计划和预算进行业务审核，提交财务部门进行财务审核后，支取费用组织施工单位实施修缮。

对机电设备的大中修，则由资产所有人的资产管理部门建立设备修理标准，由资产管理部门责成物业管理机构和租赁设备资产的承租使用人按使用标准和维护标准进行使用、维护，根据其运行记录对设备缺陷进行判断，对物业管理机构提请年修理计划和预算进行业务审核，提交财务部门进行财务审核后，支取费用组织修理单位实施修理。

（2）对固定资产折旧和递延资产摊销费的使用

根据资产所有人的固定资产管理制度和相关规定，对建筑构件达到报废标准的，进行残余价值估算，按规定流程进行报废处置。由资产管理部门提请购置，经资产所有人批准后，支取费用进行购置。购置的固定资产纳入固定资产管理。

二、商业地产存量资产的扩大再生产

（一）概念

商业地产存量资产扩大再生产，就是在由投资形成存量资产之后，追加投资增加资产规模，一方面在扩大存量资产规模基础上进行租金生产，另一方面追加投资，增强资产的生产能力的行为。这种行为既可发生在存量资产生命周期之内，但更多是在存量资产生命周期结束时延续资产生命的行为。

这个概念也包含四层涵义：

（1）追加投资形成既定存量资产基础之上新的增量，构成新增资本

这是一种追加投资，从而在既定存量资产基础之上形成新的增量。这种追加投资，是新增资本，是既定存量资产资本（即租金和资本性支出）的循环之外的经济形式。

（2）租金生产的行为通常为经营调整中的定位调整

与新增增量资产相对应的，也是新的商业定位，具体体现的经营业态中，主力店和次主力店出现调整。

主力店和次主力店，尤其是主力店的确定，就是定位方向的确定；主力店的调整，意味着项目定位方向的调整。

（3）追加投资，不是恢复原存量资产的生产能力，而是对生产能力的增强

同商业地产资产简单再生产不同，追加投资扩大再生产不是为了补偿原有资产的损耗，而是为了增加新的收益而进行的新增资产的投入。

因此，追加投资与初始投资，在既定存量资产基础上进行了新增增量资产的叠加。最后形成的收益，也就是原有存量资产形成收益和新增增量资产形成收益的叠加。

而叠加出来的收益，是有扩大或增强的生产能力所派生。因此，追加投资也是为新叠加形成的收益，所构筑而成的增强了的生产能力。

（4）扩大再生产主要发生在存量资产的生命周期结束的生命再生阶段，也可能发生在存量资产生命周期之内

通常情况是资产的生命周期结束，在主力店租约到期，项目进入再生期，重新进行主力店招商，并随之进行局部结构改造、项目全部或部分停业，重新装修，重新开业。

另一种情况是，在资产生命周期当中，对定位作出适度调整，调整或新增主力店等新型业态，在项目整体依然营业的情况下，在局部进行投入进行技术改造，以适应调整后的新的经营业态的运营。

我国典型商业项目中，大悦城就有包括在沈阳、天津等多个在运营期增设新型主力店经营业态从而追加投资的案例。

（二）扩大再生产过程中的定位调整

我们在本章第二节中提到，由**产品定位**、**主力店和次主力店**和**技术资产的设计和建设**（包括存量资产技术改造）是商业地产生命周期中的三个决定性因素。商业地产资产的扩大再生产恰恰就表现出了三个因素。

这三个因素相互作用的机制在于，主力店和次主力店以及与之相适应的租户组合，反映了产品的定位；而主力店和次主力店的需求，以及与租户组合一起构成了追加投资进行局部结构、空间、交通流线、机电技术设施设备和配套设施技术改造的依据。

这三个因素相互作用的机制，就是**定位调整**。

定位调整是一个战略调整。如果一个商业项目到了需要调整定位的阶段，那么就意味着这个项目必须伤筋动骨了[①]。从性质上说，是这个项目的基本性质要发生大的改变；

---

① 郭向东，姜新国，张志东. 商业地产运营管理[M]. 北京：中国建筑工业出版社. 2017.

从技术层面说，这个项目的建筑规划也需要进行一次改变。

到目前为止，国内已经有了不少定位调整的案例。但是，似乎很少是资产经营者主动的行为，而是这个项目已经出现了很实质性的问题，局部甚至全部陷入瘫痪，实在经营不下去了，才不得不做出一个痛苦的选择去进行定位调整。未雨绸缪地进行定位调整，这应该成为商业地产行业普遍存在的一种意识和行为。与其被动挨打，不如主动出击。

1．定位调整的特征

在经营调整的范畴，品牌调整和定位调整是不同的。一个是战术调整，一个是战略调整。一个是优化和改良，相当于一次维护；一个则是变革甚至革命，是一次更新改造。两者具有不同的特征。

（1）定位调整与品牌调整的特征差异

定位调整与品牌调整的差异表现在：

①定位调整要作定位上的改变，而品牌调整不需要作定位上的改变。

②定位调整有可能需要调整主力店，而品牌调整不需要调整主力店。

③定位调整往往需要建筑规划需要作大的调整，而品牌调整不需要进行建筑规划的调整。

④定位调整要系统地大面积地重新招商，而品牌调整只需要对所新调整的品牌进行招商。

⑤定位调整是对项目原有状态的变革，而品牌调整则是项目的运营。

⑥定位调整需要项目全部或者局部停业，而品牌调整过程中商业项目基本处于正常营业状态。

（2）重新审视主力店

主力店是商业项目的核心引擎，是项目商业定位的载体。

在商业地产行业，对主力店及其功能有许多不同的理解。有的认为面积大的就是主力店，有的仅仅认为有了主力店，才能好卖铺子或者便于散铺招商，有的认为租期长、租金少的就是主力店。

实际上，大家看到的都是主力店的显在特征，但这都不是它的内在特征。主力店的内在特征在于，主力店决定了这个商业项目的定位是什么。主力店就是商业项目的定位载体。选了什么样的主力店，这个商业项目就有了什么样的定位。商业项目就是靠主力店来展现自己的定位的。

一句话，**主力店的意义在于，有什么样的主力店，就有什么样的定位**。要想改变定位，就必须改变主力店。

一个以大型超市为核心主力店的商业项目，它的定位与家庭消费脱离不了干系；一个以特大型影院、剧院为核心主力店的商业项目，那很有可能是以引导文化消费为鲜明特点的；如果装了一个迪尼斯乐园为核心主力店,那才真正符合儿童体验定位。如果随心所欲装进去一些大家都在装的主力店,那么很遗憾,这个项目就是同质化产品,再怎么用绚丽的噱头去包装也不会有差异性。

2. 定位调整的原则和方法

(1)定位调整,应纳入资产经营的预先控制管理项目

定位调整应当未雨绸缪,而不应该是被动反应的举措。

以实体资产管理为例,设备要大中修,要更新改造,需要进行预先控制,需要预先进行技术状态管理和缺陷管理。根据技术状态管理,预先计划、预算并开展各项准备工作的。

有国外零售不动产资产管理机构总结出规律,零售不动产需要每8年进行一次定位调整。他们也是依照这个规律,进行不动产资产管理和资本运作的。

相对来说,国内商业地产发展较晚,不动产资产管理仍处于起步阶段,大多数商业地产企业并未建立不动产资产管理的制度和方法,许许多多的定位调整项目都是应急权变的行为,谈不上预先控制。但是,定位调整的预先控制是势在必行的。

(2)定位调整,市场调研和营销策划要先行一步

在日常市场调研工作中,除了每月每季度搜集商圈经济信息、竞争者信息、客群信息、市场租金状况及变化的信息、所在城市同行业经营环境的信息、城市商业项目的状况及变化的信息、竞争对手营销策略的信息、品牌状况及变化的信息等技术信息,用于品牌调整和日常经营管理所需之外,还要在每年进行一次战略经济信息的搜集。

战略经济信息搜集的目的,是为未来若干年对项目进行定位调整作准备的。

与此同时,在营销策划工作中,根据市场调研工作所搜集的战略经济信息,进行未来定位调整的系统研究。

(3)定位调整,需要关键战略资源的整合和运用

主力店、未来新型业态和未来新型商业技术是定位调整中的关键战略资源,因此对**主力店、未来新型业态和未来新型商业技术**应当及早进行搜集、整理和研究,做好战略资源的储备。

(4)定位调整,应统一进行业态规划、品牌规划和建筑规划

定位调整,意味着要进行一次全新的业态规划和品牌规划,即比较系统和彻底的一次业态规划和品牌规划调整。与此同时,除了土地指标和规划指标、基础工程和主体工程不作大的调整之外,其他的建筑规划都需要重新做一次。因此,需要统一进行业态规划和品牌规划和建筑规划。

（5）定位调整，应进行系统的整合营销

定位调整既然是项目的一次变革过程，又需要对战略资源进行整合运营，因此，也需要进行系统的整合营销。

（6）定位调整，应进行从投资到经营整个过程系统的经济技术分析

定位调整，从经济角度是一次整体再投资，需要进行投资分析、经营预测。

（7）定位调整，应作为房地产组合投资的一个重要内容

定位调整，也是资产所有人评估对资产进行出让、收购还是投资进一步持有经营的选择决策阶段。因此，定位调整的研究，也是房地产组合投资的一项重要行为。

（8）定位调整的方式

与品牌调整临时调整、季节性调整和合同期调整方式不同，定位调整的方式是结合合同期调整进行的一次大的集中调整。

3．定位调整的过程、方法和策略

定位调整包括市场调研和现状分析、定位分析、制订定位调整目标、针对问题制订资源组织和行动措施、制订调整策略、主力店调整、建筑规划调整、确定楼层及区域主题定位和品牌落位方案、组织营销推广、确定工作进度这十个重要事项和环节。

（1）市场调研和现状分析

了解客户群特征，如年龄、客群价值观特点、客群对于品牌选择的动机，等等。

所谓现状，即项目现有的业态构成、配比和过往几年经营业绩、建筑及功能存在的问题、主力店的表现等。

（2）定位分析

对原定位进行描述，指出其问题及症结；提出新定位。

（3）制订定位调整目标

（4）针对问题，制订资源组织和行动措施

资源的组织包括内部资源的组织，也包括外部资源的组织。资源包括品牌资源、技术资源、资金资源和组织资源。

（5）制订调整策略

调整策略包括即分期调整策略、主力品牌定位策略、对各类商户进行系统整合的策略、功能业态分配比例策略、直营品牌分配比例策略等策略。

（6）主力店调整

根据定位调整的需要，如果需要调整主力店的种类、位置、面积，应对相关技术要求，重新进行规划技术条件确认。

（7）建筑规划调整

如果根据定位调整的需要，对项目空间形态、布局、动线、内部装饰、铺面划分、设施设备等进行调整的，还需要进行规划调整。

（8）确定楼层及区域主题定位和品牌落位方案

（9）组织营销推广

作为定位调整，应该普通营销策略之上，推出发展和重建策略的概念。向消费者及商户传达在"他们"的广场所发生的事情。

从第一天开始，就必须确保向各界提供的信息是一致的和有凝聚力的。正面的报道始终是无价的。

要精心选择和运用各种传播媒介，包括画册、信息表、气球、购物袋、笔、吉祥物、广播、报刊，甚至是给受众的函件。

（10）确定工作进度

为了有效推动定位调整的工作，还应当制订工作计划，确定工作进度。

（三）扩大再生产过程中的技术改造

扩大再生产过程中的技术改造，其内容是新增技术设施和原有技术设施完善，其实质就是存量资产改造。

1. 存量资产改造，虽服从于主力店和新的租户组合需求，但也是系统性改造

存量资产改造，其最终的落实之处往往是针对主力店和次主力店的需求及与租户组合需求，对局部结构、空间、交通流线、机电技术设施设备和配套设施进行改造。但这种目标导向很容易形成误区，即给既有存量资产打补丁，最后形成零敲碎打和头痛医头、脚痛医脚或拆东墙补西墙的局面。

商业地产技术系统具有高度技术集成的特征，各个组成部分形成非常复杂的技术逻辑联系，因此应从整个大系统的集成运行方面考量。

在技术决策时，不宜做加法而是做减法，即不是将进行改造的项目一一进行叠加，而是以整体全面改造为假设，将不需要进行改造和不进行改造不致造成影响的项目一一排除。

2. 区分新增技术设施和原有技术设施完善，两者不可混淆

在存量资产改造中，既包含用追加投资所形成的新增技术设施，也包含用资本性支出进行原有技术设施完善，资金来源和核算各不相同，虽然两个投资性现金流最终合

流,并为经营性现金流提供支持,但性质完全不同。

(四)扩大再生产的资金来源、价值评价和账务处理原则

在初始投资形成既定存量资产之后,存量资产简单再生产使租金和资本性支出产生资金循环运动。租金与资本性支出的差额形成租金收益,成为投资者权益的来源。

扩大再生产所需资金,即追加投资,来源多种多样,可以是股东自有资金投入,可以是向债权人借款,或者通过资本市场向其他投资者募集。

这个资金包一旦形成,不能将此与初始投资形成的既定存量资产的资金循环运动混淆起来。特别当存在通过资本市场向其他投资者募集资金的情形,应在初始投资人和其他投资人对资产的权利和收益的权益分配方面达成解决方案。

第八章 商业地产实体资产管理

商业地产实体资产是商业地产资产的实物形态。实体资产**通过使用和实体资产的消耗，实现向租金收益的价值转移**。商业地产实体资产管理的目的，是以实体资产在产生经济收益过程中自身不断消耗这样一个技术逻辑，通过投资性现金流的运用，对资产机能实现恢复和优化，使资产对于租金收益的生产能力得以保持、恢复和优化。

本章将讲述商业地产实体资产管理的四个主要内容，即**固定资产管理**、**对商业地产实体资产使用和维护的监管**、**固定资产大中修管理**及**固定资产技术改造管理**。其中，固定资产管理是实体资产管理的基础；固定资产大中修管理和固定资产技术改造管理是实体资产机能恢复和优化的重要业务，三者都涉及投资性现金流即资本性支出以及追加投资的使用。对商业地产实体资产使用和维护的监管，旨在防止在经营者在经营过程中对资产进行掠夺性和破坏性使用，避免和减少资产的不必要消耗。

第一节 商业地产固定资产管理

商业地产固定资产的价值是根据它本身的磨损程度逐渐转移到租金收益中去的。固定资产管理的基本要求是：保证固定资产的完整无缺；提高固定资产的完好程度和利用效果；准确核定固定资产的需用量；采用适当的折旧方法，正确计算固定资产折旧额；科学地进行固定资产的投资预测。

固定资产管理有下列三个基本任务：

（1）严格管理固定资产卡片，对固定资产卡片进行管理，包括卡片的增加、删除、查询、打印、按月汇总、分类汇总等；

（2）正确、全面、及时地记录固定资产的增加、减少、使用等情况，保护资产安全完整；

（3）正确计算固定资产的折旧和修理费用，并进行固定资产折旧和修理的核算，保证固定资产简单再生产的实现。

一、固定资产的定义和分类

（一）固定资产的定义

固定资产是指使用期限超过一年的房屋、建筑物、机器、机械、运输工具以及其他与生产、经营有关的设备、器具、工具等。不属于生产经营主要设备的物品，单位价值在2000元以上，并且使用年限超过1年的，也应当作为固定资产。

（二）固定资产的分类

固定资产按照两种不同维度进行分类：一是按照固定资产属性分类；一是按照使用性质分类。

1．按照固定资产属性划分为11类

（1）土地类；

（2）房屋建筑类；

（3）通用机械设备类；

（4）专用机械设备类；

（5）交通运输设备类；

（6）电器设备类；

（7）电子产品及通信设备类；

（8）仪器仪表及量具衡器类；

（9）文化体育设备类；

（10）图书类；

（11）家具用具及其他类。

2．按照使用性质划分为2类

（1）生产、经营用固定资产，包括生产和经营用的房屋及建筑物、施工机械设备、运输设备、试验设备及仪器、对外经营餐厅的设备和其他生产经营用固定资产。

（2）非生产经营用固定资产，包括办公设备、职工宿舍、俱乐部、职工食堂、医务室等单位使用的房屋、文体宣教用具、炊事用具、医疗器械和其他（福利用、办公用）固定资产。

二、固定资产管理的职责划分

固定资产持有企业，由财务部门、资产管理部门承担管理职责，固定资产的使用单位接受固定资产持有企业的财务部门和资产管理部门的监督管理。

（一）固定资产持有企业的财务部门负责固定资产财务管理

（1）负责制定固定资产管理制度；

（2）负责固定资产的分类编号；

（3）负责固定资产卡编制和录入的组织；

（4）负责固定资产台账编制和录入的组织；

（5）负责计提固定资产折旧；

（6）会同资产管理部门完成固定资产定期盘点。

（二）固定资产持有企业的资产管理部门负责固定资产业务管理

（1）参与固定资产卡编制和录入；

（2）固定资产台账编制和录入；

（3）负责固定资产的统计工作；

（4）负责固定资产购置的业务组织；

（5）负责固定资产处置过程的组织；

（6）负责固定资产档案的建立和更新。

（三）使用单位

使用单位包括资产持有企业使用非生产经营类固定资产的部门。

对商业地产资产来说，生产经营类固定资产的使用单位包括：

（1）依据租赁合同使用业主租赁资产的承租人；

（2）受托进行业主共用设施设备资产使用的商业管理公司和物业管理单位。

使用单位对于固定资产管理的职责，是配合资产持有企业财务部门和资产管理部门对其使用的固定资产的管理。其固定资产管理的配合义务应列入租赁合同和管理委托合同、物业服务合同。

三、固定资产的编号、台账卡片建立、定期盘点和统计

（一）固定资产编号

由固定资产持有企业财务部门负责建立固定资产统一分类和编号的标准，并会同资产管理部门，对固定资产进行逐一编号。

编号由英文字母（或汉语拼音字母）与数字结合，应包含资产所有单位名称、资产属性类别、资产使用性质类别等要素和序列号。

固定资产编号完成后，由固定资产管理部门组织建立固定资产铭牌，铭牌内容包括资产所有单位名称、固定资产名称、固定资产编号、固定资产投运时间，并由固定资产

使用单位配合下，安装在固定资产本体上。

（二）固定资产卡和固定资产台账建立

对固定资产，由资产所有企业财务部门组织，资产管理部门共同参与，按照固定资产统一分类及编号目录建立台账、固定资产卡。图8-1是某企业的固定资产卡，图8-2是某企业的固定资产台账。

固定资产登记卡

（正面）

总账科目：＿＿＿＿＿＿＿＿ 本卡编号：＿＿＿＿＿＿＿＿

明细科目：＿＿＿＿＿＿＿＿ 财产编号：＿＿＿＿＿＿＿＿

中文名称		抵押权设定、解除及保险记录	抵押行库				
英文名称			设定日期				
规格型号			解除日期				
厂牌号码			险　别				
购置日期			承保公司				
购置金额			保单号码				
存放地点			投保日期				
耐用年限			费　率				
附属设备			保险费				
			备　注				

日　期	凭单号码	摘　要	单位	数量	资产价值			每月折旧额
					借方	贷方	余额	

（反面）

移动情况									折旧提列情况			备注
年	月	日	使用部门	用途	保管员	年	月	日	本期提列数	截止本期累计数	资产净值	填表注意事项： （1）本卡适用于机械设备、运输设备、机电性设备、新卡的填写由会计部门填制。 （2）本卡编号由保管卡片单位自编。 （3）附属设备栏：应填名称、规格及数量。 （4）折旧提列情况栏的填写： 1. 日期写开始填列的日期，以后各年度如无变列则填该年的元月一日，年度增减时另行填写变动提列的开始日期。 2. 本期提列为以会计年度为准。如期中有所变动时可分填几行。 3. 资产净值为资产价值余额减截止本期累计后的余额。

图8-1　某企业固定资产卡

固定资产管理台账

序号	资产编号	资产名称	类别	规格/型号	单位	数量	制造商	购入日期	资产额（元）	资产保管部门/责任人	文书保管责任人

图8-2　某企业固定资产台账

（三）固定资产定期盘点

由资产持有企业财务部门会同资产管理部门对固定资产的固有数据及动态作必要的记录（固定资产的增、减及转移记录）。每年进行定期核实，半年或一年盘点一次，做到账、卡、物相符。具体要求是：

（1）对各商业地产项目每半年或一年进行一次全面的盘点清查。固定资产盘点工作应由财务部和资产管理部门，通过全面清点实物，以实物与账、卡相对照，查清固定资产的数量、质量和技术状况，填制固定资产盘存表；

（2）在清查中，资产管理部门对固定资产盘盈、盘亏，要查明原因，分清责任，提出处理意见，并向资产持有人企业领导报批。固定资产的非正常废弃、毁损、丢失及非正常事故的过失人，应按情节轻重，依照合同约定追究责任；

（3）对盘点结果，财务部门要及时进行账务处理，调整账面结存数。盘盈的固定资产，按照原价与估计折旧的差额计入营业外收入。盘亏及毁损的固定资产，按照固定资产净值扣除收到的残料变价净收入、过失人及保险公司赔款后的差额计入营业外支出。

（四）固定资产统计

对固定资产由资产管理部门按资产管理的需要积累各种原始数据资料进行分类、整理、计算、汇总等统计工作。

主要统计项目有：

（1）固定资产数量统计；

（2）分类型号分规格统计

（3）资产役龄统计；

（4）资产新度系数统计等。

四、固定资产的购置和计价

（一）固定资产购置

商业地产存量固定资产投入运行后，需要更新、重置的固定资产购置纳入资产所有企业预算管理，不得出现预算外购置。

生产经营用固定资产根据租赁合同和物业服务合同交由承租人和物业管理公司使用的，其购置请求由资产持有企业的资产管理部门提出；非生产经营用固定资产按资产持有企业职责划分，其购置请求由使用部门提出，交由资产管理部门审核。

购置申请符合预算内要求的，固定资产购置在付款和签订合同前，经资产持有企业财务负责人和企业总经理审批。

固定资产购置完毕，由资产管理部门的经办人员填写固定资产验收交接单，由使用单位、资产管理部门、财务部签字后代表验收合格，该单据一式三联签字后，第一联由资产管理部门留存，第二联送财务部门记账，第三联由使用单位留存。固定资产随后进行编号、录入固定资产卡和固定资产台账，设置固定资产铭牌，交给使用单位使用。

（二）固定资产计价

固定资产按原值计价，应按其不同来源渠道分别确定。

（1）购入新的固定资产，按照实际支付的买价、运杂费、包装费、保险费和安装成本等作为原价，从国外进口设备的原价还包括按规定支付的关税和附加税；

（2）购入旧的固定资产，按照售出单位的账面原值，扣除原安装成本，加运杂费、包装费和安装成本等作为原价；

（3）投资者投入的固定资产，按照评估确认或合同、协议约定的价值记账；

（4）融资租入的固定资产，按照租赁协议确定的价款加运输费、途中保险费、安装调试费等记账；

（5）接受捐赠的固定资产，按照发票账单金额加上运输费、安装调试费记账，无发票账单的，按照同类物品的市价记账；

（6）在原有固定资产基础上改扩建的固定资产，按照原有固定资产的原价，加上改扩建支出，减去改扩建过程中发生的固定资产变价收入后的余额记账；

（7）盘盈的固定资产，按照同类固定资产重置完全价值计价；

（8）因购建固定资产而发生的借款利息和汇兑损益，在资产尚未交付使用或虽已交付使用但未办理竣工决算之前的，记入固定资产价值。

五、固定资产折旧

各商业地产项目的各项固定资产，均采用平均年限法按月提取折旧，计入成本、费用。

（一）下列固定资产不计提折旧

（1）房屋建筑物以外的未使用、不需用固定资产；

（2）以经营租赁方式租入的固定资产；

（3）已提足折旧继续使用的固定资产；

（4）在建工程项目交付使用以前的固定资产；

（5）破产、关停各项目的固定资产；

（6）已经估价单独入账的土地等国家规定不提折旧的其他固定资产。

（二）下列固定资产要计提折旧

（1）房屋建筑物；

（2）在用的机械设备、仪器仪表、运输工具；

（3）季节性停用和大中修停用的设备；

（4）以经营租赁方式租出的固定资产；

（5）以融资方式租入的固定资产。

（三）折旧率和折旧额的计算

年折旧率＝（1−预计净残值率）÷折旧年限

月折旧率=年折旧率÷12

月折旧额=固定资产原值×月折旧率

折旧方法和折旧年限一经确定，不得随意变更。

正常营业期间，当月开始使用的固定资产，当月不计提折旧，从下月起开始计提折旧。当月减少或停用的固定资产，当月照提折旧，从下月起不计提折旧。提前报废的固定资产，其净损失计入营业外支出，不再补提折旧。

折旧费应用于购置、更新和技术改造，不得挪作他用。

六、固定资产处置

（一）固定资产报废的条件

固定资产报废要符合下列情况：

（1）主要结构和部件损坏严重，无修复价值；设备陈旧、技术性能很低，无改造价值；

（2）因事故和意外灾害造成严重破坏，无修复价值；

（3）因新建、改扩建需拆除；

（4）上级主管部门有文件规定，强行报废。

（二）固定资产报废的流程和注意事项

固定资产报废，应由使用单位提交呈文，由固定资产持有企业资产管理部门组织进行技术鉴定，以签报的形式由固定资产持有企业负责人审批。在办妥批准手续后，由固定资产持有企业财务部门将有关固定资产转入固定资产清理，此后方可开始固定资产的拆除清理。

固定资产的非正常废弃、毁损、丢失，将按情节轻重，追究相关人员的责任。

固定资产转让、报废、毁损情况应在当年会计报表的财务状况说明书中加以说明。

固定资产有偿转让或清理报废的变价净收入与其账面净值的差额，作为营业外收入或者营业外支出。其中，固定资产变价净收入是指转让或变卖固定资产所取得的价款扣除清理费用后的净额；固定资产净值是指固定资产原值减累计折旧后的净额。

七、固定资产档案管理

资产管理部门对固定资产应建立技术档案，从购置开始直至报废全过程中不断积累并整理应归档保存的档案，对于设备固定资产，每台设备各建立一个档案袋，其编号与设备的统一编号一致。

固定资产档案的内容包括：

（1）投入使用前的资料和凭证；

（2）设备装箱单；

（3）合格证；

（4）安装移交验收单；

（5）设备附件工具清单；

（6）固定资产移交验收证；

（7）性能检查记录；

（8）投入运行后的使用和维修记录资料；

（9）重大修理和改造记录；

（10）事故报告单和重大事故分析处理记录，以及其他有关记录。

第二节　对商业地产实体资产使用和维护的监管

商业地产实体资产出现损坏、事故、技术寿命减少，90%以上的原因是使用不当、维护不当。

所谓使用不当，是指操作人员未按规定的技术规定进行操作，造成资产损坏和事故。例如电气操作人员在供电倒闸操作时，进行逆向倒闸操作，造成电路元器件击穿，引发电气故障和事故、电气设备损坏；水泵操作人员在开闭阀门时违反操作顺序规定，造成水泵、管道爆裂，等等。

所谓维护不当，是指维护人员未按维护技术标准对资产进行清洗、除尘、润滑、防腐、除锈、保温等维护，造成设备或管道部件严重锈蚀、堵塞、短路、超负等损害、故障和事故。

某购物中心根据租赁合同，将一中央空调机组随其机房租赁给百货主力店，并由百货店后勤机构负责其操作、维护和管理。但百货主力店后勤人员未对冷水机组进行维护，法兰盘过滤网从未清洗，蒸发器严重锈蚀，金属构件长期浸泡在积水之中。结果设备使用不到两年，这台价值500万元的设备提前报废。百货店以业主未在租赁合同中明确提供设备使用和维护标准为由，要求业主无条件承担重置其设备的义务。由于租赁合同存在瑕疵，业主也未予监管，不能提供使用人违规使用、维护的举证，最后裁定根据租赁合同由业主出资为百货店重置冷水机组。

在国内商业地产项目中，资产持有人通过租赁合同，将租赁资产交由承租人使用和维护;通过物业服务合同,将房屋共用部位和共用设施设备等共用资产交由物业管理公司使用和维护。但一纸合同之外,并没有通过资产管理部门对承租人和物业管理公司使用和维护其资产的行为进行管理。资产良莠完全取决于使用人的自觉。

商业物业与一般物业不同,除了集中使用、维护和管理的供配电、中央空调、消防报警主机等共用设备和公共场地以外,大量场地和设备作为租赁技术资产为承租者所直接使用并维护,而承租人对于租赁资产的掠夺性使用,出于节约经营成本和费用的考量,是比较普遍的经济行为。如果监管不力,承租人对承租的技术资产展开的掠夺性使用不仅严重危害整个商业项目的安全运行,并且将造成业主持有租赁技术资产物理寿命的减少,技术资产价值急速贬值。

监管不力而造成实体资产被掠夺性使用通常出现以下状况:

(1)设备运行环境安全条件恶劣;
(2)设备机房被不合理占用;
(3)场地、设施和设备缺乏必要的维护保养;
(4)场地和设备存在大量的安全隐患。

可见,对商业地产实体资产使用和维护的监管,是实体资产管理的重要内容。

一、商业地产实体资产使用和维护监管的目标

商业地产实体资产使用和维护监管的根本目标就是,保持资产的技术性能和安全性能,使其获得良好的使用和维护,实现资产价值的保值,保持并尽可能延长资产的物理寿命。

具体目标是:

(1)改善设备运行环境安全条件;
(2)杜绝设备机房被不合理占用;
(3)按规范进行租赁场地、设施和设备的操作和使用;
(4)按规范进行租赁场地、设施和设备的维护保养;
(5)杜绝一切安全隐患。

二、商业地产实体资产使用和维护监管的基本方法

（一）建立标准和规程

依照合同和技术规范，制订主力店及商户有关租赁场地、设施、设备、机房等业主持有出租技术资产的使用和维护技术标准、机房设备运行环境安全标准以及安全操作规程。

主要内容包括：

（1）根据不同租赁设备的使用要求，编制完成各类机房的设备运行环境安全标准。标准包括：

①机房管理标准：对房屋、水电、清洁卫生、值守巡视等要素的管理要求以及机房使用的限制性要求；

②设备运行环境标准：包括防尘、温度、湿度、防静电、防风、防水、通风、防火、防鼠等要素的要求。（表8-1为某商业地产企业编制的中央空调机房运行环境标准）

某商业地产企业中央空调机房运行环境标准　　表8-1

项目	内容	标准	实施要求
房屋	结构	结构梁预埋标准件无锈蚀松动现象，结构梁柱无裂纹，无钢筋外漏现象	
	顶棚	顶棚无裂纹，粉刷均匀，无污染，无破洞，过楼板桥架、管线封堵严密、平整	
	地面	地面平整，无尘土、无杂物、无裂纹、无油垢、设备基础牢固	
	墙面	墙面无裂纹，粉刷均匀，无污染吸音板安装平整，无污染。墙体无破洞、过墙桥架、管线封堵严密、平整，无杂物悬挂	
	门	防火门、木门门面平整、油漆粉刷均匀、洁净，开启灵活无磕碰现象，门扇附件齐全完好、处于常闭状态，门锁常闭、门框无松动、无明显裂纹，机房名称标识牌安装完好、整洁	
	窗	窗户完好无破损、表面洁净、开启自如、处于常闭状态	
照明	一般照明 事故照明	（1）一般照明完好率百分之百，照度为200lx，照明灯受控，开关面板安装平整无缺损，表面洁净，杜绝长明灯。照明灯安装牢固、整齐，灯具洁净无灰尘。 （2）非制冷、保养工作时，保留机房内通道照明，照度控制在50lx，24小时开启	
给水排水	给水管路	给水排水管线吊杆支架安装牢固、平整，并作防锈处理。给水管线无锈迹、无渗漏，阀门受控处常闭状态，无乱接乱拉水管现象	每月对排水沟进行清洗并喷洒消毒液二次
	排水沟渠	排水沟渠无积水，无异味，沟渠盖板安装牢固，无缺失现象无破损，地面无积水	
	排水水泵	排污井盖板安装牢固、平整与地面水平，井盖网格无破损，踩踏安全，手动、自动控制有效，排水功能齐备	
通风	空调	制冷机控制室、空调值班室空调功能完好，表面无破损、洁净。室外机、冷凝水管线安装、冷凝水排放合理	
	送排风	送、排风机运行正常，风阀处常开状态，开度可调，电动控制有效，排风管线软连接无损坏，无漏风，排风量满足要求，管线、风机表面洁净，吊杆支架安装牢固、平整，并作防锈处理	
	排烟	排烟风机运行正常，消防排烟口常闭，风阀常开，特殊情况下可做排风机使用。电动控制有效，排烟管线、软连接无损坏，无漏风，排风量满足要求，管线、风机表面洁净，吊杆支架安装牢固、平整，并作防锈处理	
附属设施	桥架、管线、检修通道	固定桥架管线所用横断安装牢固、水平，桥架安装牢固无松动现象，线槽盖板安装完整，无漏线现象，线槽外壳接地良好	

续表

项目	内容		标准	实施要求
标识	安全提示、应急处理流程、操作规程		（1）机位线、检修通道标线清晰，范围完整，值班室、机房内禁止吸烟标识上墙，危险止步警示牌； （2）制冷机操作流程图、制冷机应急流程图看板安装于控制室内，内容直观醒目，可操作性极强； （3）制冷空调安全操作规程，看板安装于值班室内，便于日常学习、领悟	
防范条件	防火	★★★★★	机房内控制室内入口处侧面放置 4kg 灭火器 2 具，值班室放置 4kg 灭火器 2 具，热力站入口处侧面放置 4kg 灭火器 2 具，机房严禁烟火，不得存放易燃易爆物品	
	防盗	★	机房出入口门常闭，无人上锁	
	防潮	★	非管路清洗和地面保洁时地面、排水沟渠无积水，利用排风设备和吸湿设备及时将保洁和保养造成的地面积水进行清理，通风除湿，保证机房空气湿度控制在 80% 以内	
	防尘	★★	机房地坪漆粉刷均匀，无掉漆、无起皮，天花、墙面无起皮、脱落，无灰尘。机房外走廊地面清洁，无明显沙粒和灰尘。配电柜无灰尘	
	防冻	☆		
	防噪声	★☆	机房内吸声板安装平整无缺损，表面整洁，减少制冷主机工作时的噪声	
	防雷击	☆		
	防感应雷	☆	防感应雷电源柜、配电柜、控制柜应可靠接地，信号线屏蔽接地	
	防静电			
	防腐蚀			
	防小动物	★★★★	制冷机房控制室挡鼠板安装牢固，满足高度要求，美观。每年 5 月、11 月分别在机房内投放鼠药，并记录投放的位置和数量	
	防有毒物质泄漏			
	防投毒			
	防辐射			
	防高温	★★	制冷机房控制室温度不得高于 36℃	

（2）提出租赁场地、设施和设备的管理要求，包括：

①设备操作人员以及维修养护人员或单位的资格或资质要求；

②各类附属装备、工位器具、仪器仪表的配置要求；

③业主有权定期检查其设备运行记录、维护保养记录、检测记录、故障和事故记录的要求；

④各类工位器具和仪器仪表的定期检测要求；

⑤各类识别标识、安全警示标识、引导指示标识和状态标识的设置要求；

⑥设备值守或巡视的要求。

（3）根据不同设备的使用特性和安全运行要求，编制完成各种设备的安全操作规程和设备运行技术标准。编制技术标准的原则是，防止设备误操作、超负荷运行和带病运行。

下面是某商业地产企业编制的《冷水机组运行技术标准》。

冷水机组运行技术标准

开机前的准备

1. 检查电源、开关（合闸状态）、冷却水及冷冻水环路阀门，保证阀门开启、水路畅通；

2. 查看电脑中心的故障显示屏是否有异常情况；

3. 故障显示正常后，再查看冷冻和冷却水压力和温度是否正常；

4. 如果水压和温度正常，先开启冷冻水泵，水泵起动运转正常后，再启动冷却水泵；

5. 开启对应冷却塔风机，如室外温度很低，也可启动一台或不启动，但要保证冷却效果；

6. 冷冻、冷却水泵开启7分钟后，检查进出水压力、压差；油泵压力、压差是否正常（水进、出口压差为200~350kPa油泵压差为80~130kPa）；

7. 确认正常后，按下操作盘的绿色按钮，启动冷水机组；

8. 机组启动后注意观察电流、电压和冷冻机负载情况以及核对机组运行的各项参数，并做好相关的记录；

9. 负荷较大时，根据实际情况启动多台冷水机组。

开机后

1. 在全系统负载没有拉下来之前，必须经常观察机组运行状态；

2. 机组负载正常后，每2小时巡查并记录一次机组的运行数据，记录在《冷水机组运行记录表》中；

3. 根据负载情况的大小，调整冷冻机的运行台数及出水温度，便于机组达到最佳的运行状态。严格控制能耗。

停机操作

1. 根据运行时间的要求，先开启主机自动停机程序，关闭主机；随后关闭相应的冷冻泵；

2. 再关闭冷却水泵和冷却塔风机；

3. 关机后半小时内不能再次起动冷冻机。

机组运行参数

机组运行电流：不大于设定值的95%；

油位：应在视镜中线以上；

排油压力：55~80kPa油压差：80~120kPa；

油温：47~66℃；

冷凝压力：15～80kPa 冷凝温度：小于40℃；

蒸发压力：-60～-40kPa 蒸发温度：高于5℃；

冷冻水出水温度：7℃，回水温度：12℃；

冷却水进水温度：小于32℃，出水温度：小于37℃。

完成设备运行技术记录、机房值班记录、机房巡视记录的模板。

（4）根据不同设备的技术特性，编制完成各种设备的维护技术标准。标准对设备的日常维护保养和定期维护保养提出细致的技术要求。

下面是某地产企业编制的《配电设备维护技术标准》。

配电设备维护技术标准

1. 值班电工负责高压柜、变压器外部壳体每月进行一次的保养、清洁，要求外壳整洁、无浮灰。

2. 配电室设备故障维修一般不超过8小时，若在8小时内无法解决的主要部位故障，应将故障原因、解决方案、解决时间书面上报总经理室，待批准后实施。

3. 设备进行维修时，电气专业主管等负责人必须到场，并亲自参加维修。

4. 低压柜（含直流屏、电容补偿柜）预防性维护项目

（a）柜体面板清洁，要求外壳整洁、无浮灰，每月一次；

（b）电气仪表：外表面清洁，显示正常，固定可靠，每月一次；

（c）继电器、交流接触器：外表面清洁，触点完好，无过热现象，无噪声，每月一次；

（d）控制回路：压接良好，标号清晰，绝缘无变色、老化，每月一次；

（e）指示灯、按钮、转换开关：外表清洁，标志清晰，固定可靠，转动灵活，每月一次；

（f）电容无功补偿：功率因数达南宁供电局要求以上，电容器及电容接触器完好，无发热变色现象，电容补偿三相平衡，每月一次；

（g）母排：压接良好，色标清晰，对地绝缘电阻不低于0.5MΩ，每年一次；

（h）柜体对地测试：接地良好，接地电阻不大于4Ω，每年一次。每年雨季来临前，对接地装置及避雷针应进行全面检查及测试，防雷接地系统电阻应不高于1Ω；

（i）直流屏：蓄电池不变形，蒸馏水在L位和H位之间，桩头连接正常，每

月一次。

5. 干式变压器预防性维护项目

（a）外观：扫尘，要求无浮灰、标志清晰、整体完好，每月一次；

（b）绝缘电阻值：一次侧相间及对地，二次侧相间及对地绝缘良好，绝缘电阻不低于50MΩ，每年一次；

（c）一次侧接线端：压接良好，牢固可靠，每年一次；

（d）二次侧连接母线：压接良好，牢固可靠，每年一次；

（e）绝缘子：扫尘，整体完好无损，无浮灰，每年一次。

6. 低压电气设备预防性维护项目

（1）熔断器

（a）新熔体的规格和形状应与更换的熔体一致；

（b）每周检查熔体与保险座是否接触良好，接触部分是否有烧伤痕迹，如有则应进行修整，修整达不到要求的则应更换。

（2）交流接触器

（a）每月清除接触表面的污垢，尤其是进线端相同的污垢；

（b）每月拧紧所有紧固件；

（c）每半年清除触头表面及四周的污物，但不能修锉触头，烧蚀严重不能正常工作的触头应更换；

（d）每半年清洁铁芯表面的油污及脏物；

（e）每半年清除灭弧罩内的碳化物和金属颗粒。

（3）电容器

（a）每月清理冷却风道及外壳灰尘，使电容器散热良好；

（b）每月检查电容有无膨胀、漏油或异常响声，如有则应更换；

（c）每月检查接头处，接地线是否有松脱或锈蚀，如有则应除锈处理并拧紧；并观察接线头有无发热变色现象；

（d）每月检查电容三相不平衡电流是否超过额定值的15%或电容缺相，如是则更换电容。

（4）热继电器

（a）每月检查热继电器上的绝缘盖板是否完整，如损坏则更换；

（b）每月检查热继电器的导线接头处有无过热痕迹或烧伤，如有则整修处理，处理后达不到要求的应更换。

（5）断路器（自动空气开关）

（a）每月用500V摇表测量绝缘电阻，应不低于10MΩ，否则应烘干处理；

（b）每半年清除灭弧罩内的碳化物或金属颗粒，如果灭弧罩破裂，则应更换；

（c）每月检查接地线有无松动或锈蚀，如有则除锈处理并拧紧；

（d）每月检查接头处有无过热或烧伤痕迹，如有则修复并拧紧；

（e）每半年传动机构应注入润滑油；

（f）每月检查分励脱扣、欠压脱扣、热式脱扣是否可靠，否则应修复；

（g）每月检查手动（3次）、电动（3次）闭合与断开是否可靠，否则应修复；

（h）检查主触头表面有小的金属颗粒时，应将其清除，但不能修锉，只能轻轻擦拭；

（i）在使用过程中发现铁芯有特异噪声时，应清洁其工作表面；

（j）断路器（自动空气开关）在闭合和断开过程中，其可动部分与灭弧室的零件应无卡住现象。

（6）主回路

（a）每月检查标示牌是否清晰或掉落，如是则补上新的标示牌；

（b）每月检查接头处是否有过热或烧伤痕迹，如是则修复并拧紧；

（c）每月检查母线排分色热缩套管是否脱落，如是则重新更换。

（二）租赁合同、管理合同文件应具有资产使用维护事项的约定

在租赁合同尤其是主力店租赁合同中，应包含有明确地对租赁资产使用和维护要求的约定；在物业服务合同或商业管理委托合同中，也应包含有明确地对房屋共用部位、共用设施设备使用和维护要求的约定。

约定中应包含的要素包括：

（1）约定构成对上述标准、规程和要求强制执行的合同支持，上述标准、规程和要求可作为合同附件；

（2）约定明确业主对使用人、管理人进行资产使用、维护状况进行检查和监管的权利；

（3）约定应包含资产使用人、管理人进行资产使用、维相关违约责任事项的规定。

（三）资产租赁、委托管理过程的交验

资产租赁、委托管理过程的交验，业主资产管理部门依照房屋设备的清单和固定资产台账及固定资产卡进行交验，并在交验过程中如实记载资产技术状态的检查记录。交验时必须取得使用人和管理人正确使用和维护所租赁或受托管理资产的书面保证。

（1）在房屋和设备交验时，根据技术性能指标对房屋、设备的技术状态进行详细的检查，并做好检查记录；

（2）向使用人和管理人做认真的技术交底和管理交底，提交设备运行环境安全标准、设备管理要求、安全操作规程、设备运行技术标准和维护技术标准，并要求使用人和管理人签署承诺。

（四）定期对使用人和管理人进行资产使用和维护的检查

业主资产管理部门应制定计划，定期按照使用人和管理人有关场地、设施、设备、机房等资产的使用和维护技术标准、机房设备运行环境安全标准以及安全操作规程对上述资产的使用和维护情况进行检查，如实记载使用人和管理人使用维护的检查记录，监督使用人和管理人正确使用和维护上述资产；对使用人和管理人不能正确使用和维护的行为要及时进行纠正并取证。

（五）使用人和管理人的运行记录、维护保养记录

对设备资产的运行记录和维护保养记录，是资产重要的技术资料，业主资产管理部门应定期检查设备资产的运行记录和维护保养记录，并收集和归入固定资产档案，作为资产技术状态管理的技术依据。

第三节 商业地产固定资产大中修管理

固定资产大中修理管理是十分重要的资产管理行为。通过大中修管理能够有效使用资本性支出，及时恢复资产的技术性能，确保资产技术质量。

一、固定资产大中修的概念

固定资产大中修，是指由有专业资质的单位承担的工作量较大的、需要对固定资产全部解体或部分解体、修复或更换磨损或腐蚀的构件，力求固定资产性能恢复和达到应有的标准和技术要求，使固定资产能正常运转到下一次修理。

固定资产大中修又按修理程度不同，划分为大修和中修。

（一）固定资产大修

1. 房屋大修

凡需要牵动或拆换部分主体构件，但不需全部拆除的工程为房屋大修。房屋大修工程主要适用于严重损坏房屋。

大修后的房屋必须符合按照住房和城乡建设部《房屋完损等级评定标准》基本完好或完好标准的要求。

房屋大修工程一次费用在该建筑物同类结构新建造价的25%以下。

2．设备大修

设备大修，是指对设备定期进行全面检修、全部解体，更换主要部件或修理不合格的零部件，修复设备的附件以及翻新外观，使设备基本恢复原有性能。

设备大修是工作量最大的计划修理。大修时，对设备的全部或大部分部件进行解体；修复基准件，更换或修复全部不合格的零部件；修复和调整设备的电气及液、气动系统；修复设备的附件以及翻新外观等，达到全面消除修前存在的缺陷，恢复设备的规定功能和精度。

设备大修中，零部件更换率一般不超过30%。

（二）固定资产中修

1．房屋中修工程

凡需牵动或拆换少量主体构件，但保持原房的规模和结构的工程为房屋中修。房屋中修工程主要适用于一般损坏房屋。

中修后的房屋70%以上必须符合住房和城乡建设部《房屋完损等级评定标准》基本完好或完好的要求。

中修工程一次的费用在该建筑物同类结构新建造价的20%以下。

2．设备中修

设备中修，又称项目修理简称项修，它是对状态已经劣化难以达到工艺要求的部件的针对性计划修理，是指对设备进行正常、定期的全面检修，部分解体修理和更换少量的零部件，保证设备正常运转并能够恢复、达到应有的标准与技术要求。

中修时，一般要进行部分拆卸、检查，更换或修复失效的部件，必要时对基准件进行局部维修和调整精度，从而恢复所修部分的精度和性能。

零部件更换率一般为10%～20%。

（三）固定资产大中修与维护保养的区别

固定资产大中修与承租人和物业管理公司对所使用和管理的房屋、设备进行的维护保养是有区别的。

维护保养是指对资产进行清洗、润滑、防腐、除锈、除尘，是对资产的日常护理，而大修是指对固定资产进行全面彻底的修理，如对机器设备进行全部拆修和更换主要部件、配件。其特点是：修理次数少，间隔时间长，修理范围大，支出费用多。形象的比喻是，维护保养类似护士或护工对人体的护理，而大修理类似执业医师对人体疾病的治疗。

此外，房屋和设备的小修，即日常维修纳入维护保养工作，由房屋和设备的使用者和管理者即承租人和物业管理公司负责进行。

房屋小修工程亦称零星工程或养护工程，是为确保房屋正常使用，保持房屋原来的完损等级而对房屋使用中的正常的小损小坏进行及时修复的预防性养护工程。这种工程具有很强的服务性，要求经常持续地进行。小修工程的综合年均费用为所管房屋现时造价的1%以下。

设备小修是工作量最小的维修。小修的内容是针对日常点检、定期检查和状态监测下诊断发现的问题，拆卸有关部件，进行检查、调整、更换和修复失效的零件，以恢复设备的正常使用状态。

表8-2是设备大修、中修和小修的内容比较。

（四）修理周期

修理周期是指两次大中修的间隔时间。表8-3是房屋部分构件及设备修理周期的参考表。

设备大修、中修、小修一览表　　　　表8-2

标准要求	大修	中修	小修
拆卸分解程度	全部拆卸分解	针对检查部位，部分拆卸分解	拆卸、检查部分磨损严重的机件和污损部位
修复范围和程度	维修基准件，更换和修复主要部件、大型件和所有不合格零件	根据维修项目，对维修部件进行修复，更换不合格零件	清除污秽积垢，调整零件间隙及相对位置，更换和修复不能使用的零件，修复达不到完好的部位
刮研程度	加工和刮研全部滑动接合面	根据维修项目决定刮研部位	必要时局部刮研，填补划痕
精度要求	按大维修精度及通用技术标准检查验收	按预定要求验收	按设备完好标准验收
表面修饰要求	全部外表面刮腻子，打光，喷漆，手柄等零件重新电镀	补漆或不进行	不进行

房屋部分构件及设备修理周期参考表　　　　表8-3

修理项目	修理部位	中修周期（年）	大修周期（年）	备注
屋面防水	钢筋混凝土平屋面	3~7	5~12	
	金属屋面	3~8	5~15	
	采光顶屋面	2~10	5~20	
外立面	贴墙砖外墙面	2~10	10~30	
	幕墙（玻璃、金属、石材）	2~6	10~30	
	外门窗	3~7	5~15	
	外露及悬挂物	1~5	5~12	
室内装修	楼地面	2~8	10~15	
	吊顶系统	2~5	7~10	
	室内门窗	2~7	10~15	
	栏杆、扶手	2~5	7~10	

续表

修理项目	修理部位	中修周期（年）	大修周期（年）	备注
承重构件	现浇混凝土构件	5～10	10～30	
	钢结构	3～10	6～30	
	砖结构	5～10	10～30	
承重结构支架	钢结构支架（网架、桁架）	3～10	6～15	
	消能阻尼器	0.5～5	6～7	
	隔振支架	0.5～5	6～7	
设备	生活水泵/中水泵/稳压泵	3～5	7～10	
	污水泵电动机	2～3	3～5	
	消防类水泵/风机电动机	7～10	15～20	
	送排风风机/新风机电动机	3～5	7～10	
	备用发电机	5～7	7～12	
	防火卷帘	1	3	
	进口电梯	5	8	
	合资电梯	4	6	
	国产电梯	3	5	
	中央空调系统设备	3～5	5～10	
设施	道路设施	2～5	6～15	
	无障碍设施	2～5	5～15	
	各类管井	2～5	5～20	
	设施设备铭牌	1～5	5～9	
	其他构筑物	2～7	6～10	

二、固定资产大中修管理实施

（一）固定资产大中修立项

固定资产大中修计划编制

（1）计划立项依据

计划立项依据包括：

——连续运行的机电设备，根据运行时间、设备运行记录和维护保养记录以及平时故障修理所积累的设备状态信息，确认其技术状态劣化，必须通过大中修恢复其性能的；

——电梯、锅炉、压力容器、起重设备等特种设备通过平时运行检查和按规定进行的检验中，发现存在隐患和缺陷，必须通过大中修进行消除的；

——建筑物、构筑物经过有关专业部门检测后，确认其存在隐患和缺陷，必须通过大中修进行恢复的；

——由于事故损坏的设备、建筑物，必须通过大中修恢复的；

——运行时间已到或超过大中修周期的。

（2）计划申报时间

一般在每年第三季度前安排第二年的大中修计划，每年可在6月安排年度大中修理计划调整。

（3）大中修立项申报审批

一般由固定资产使用单位提出大中修立项申请，但属于特种设备和建筑、构筑物需要提交大中修的，应提交专业机构的检测依据。

资产管理部门根据大中修申请的内容，审核大中修所需材料、备件的数量，估算大中修费用，汇总编制年度大中修计划。大中修计划经成本管理部门等相关业务部门和财务部门审核会签后，由资产持有企业负责人签发。

（4）大中修计划的调整

根据固定资产的技术状况和经营情况，可在每年6月对当年的大中修计划进行调整。

设备技术状态劣化速度加快，必须追加安排大中修。

经过复查发现设备技术状态劣化速度比预计减缓，在年内可暂不安排大中修。

大中修理调整计划的形成程序与年度计划的形成程序相同。

由于设备发生事故等原因必须及时安排大中修才能恢复设备性能，经过持有负责人批准增加该项目进入大中修计划。

（二）大中修资金管理

1. **资本性支出**

大中修资金由财务在资本性支出列支，专款专用。

2. **跨年度资金**

凡当年不能完成竣工结算的项目，由资产管理部门提出，在第二年的大中修计划中另行立项。

3. **大中修资金的使用范围**

大中修资金的使用仅限于列入大中修项目中的备件、材料、施工过程中所发生的人工费、机械台班时和辅料费、检验费等，费用支出单据应注明大中修编号。

4. **应由经营成本费用和物业管理支出的费用项目**

大中修在经营现场施工中所用的水、电、气等费用，应由使用人或管理人在经营费用或物业管理支出中承担，所发生费用不应列入大中修资金。

(三) 大中修项目的备件、材料供应

1. 甲供备件、材料

大中修所需甲供材料备件、材料计划由资产管理部门申报,相关采购部门采购。

2. 承修单位的备件、材料供应

备件、材料也可委托承修单位采购。

(四) 大中修施工管理

1. 大中修时间控制

大中修项目应在大中修计划安排的时间内实施修理,不能随意变动和调整。

2. 资产管理部门和固定资产使用单位的准备工作

资产管理部门和固定资产使用单位应按大中修计划时间提前做好大中修的准备工作,落实甲供备件、材料到位情况。开工时,资产管理部门要填写开工报告,确定具体的施工时间、周期、项目、质量要求。

3. 承修单位的准备工作

承修单位要预先做好施工前的准备工作,如施工所需的图纸、资料,修理的质量要求,主要备件、材料的检查、核对,并编制详细的施工方案、施工进度计划及安全措施送资产管理部门、固定资产使用单位和有关单位审核、签字。开工前要填写开工报告,并履行相关手续后方可开工。

4. 施工作业

承修单位应按照大中修内容和及审定的施工方案、施工进度进行修理,施工的质量按相关检修标准和技术资料进行,检修标准和技术资料不全的,参照现行建筑安装规范进行。在检修过程中,对拆卸和装配的有关检测数据、零配件的更换都应认真记录。

5. 资产管理部门和固定资产使用单位的监督管理

资产管理部门和固定资产使用单位应指定专人对修理过程中的质量控制和检修安全进行监督检查,对修理过程中的质量问题及时提出,对修理过程中碰到的问题,由资产管理部门组织有关单位进行技术商讨,确定技术方案。

6. 技术签证

资产管理部门对修理的工程量、零配件的更换数量、材料代换等进行技术签证,作为工程结算的依据。

7. 试车和验收

大中修施工结束完毕,由承修单位填写竣工报告和试车方案送资产管理部门,资产管理部门检查核实后,组织试车,承修单位做好试车的全过程记录,待试车合格后交给固定资产使用单位认可,试车记录认可后,承修单位和资产管理部门完成有关的验收签证手续。

表8-4是某企业固定资产大修验收表。

某企业固定资产大修验收表　　　　　　表8-4

设备名称型号		设备编号		设备位号		
出厂编号		出厂日期		生产厂家		
安装地点		启用日期		开工日期		
承修单位		合同编号		完工日期		
大修原因						
大修内容						
更换备品配件详单						
设备配件名称	规格型号	数量	承修人	使用单位	资产管理部门	备注
大修前技术状况	大修后技术状况	设备技术指标		能否满足经营需要		备注
验收意见						
验收人员签字						
使用单位		承修单位		资产管理部门		

注：以上内容填写要真实；
该表存入固定资产档案；
使用单位留存一份。

8. 竣工资料

大中修工程验收合格后,承修单位应将施工方案、安全措施、修理过程中的数据、零部件更换记录、试车记录等作为交工资料装订成册,交资产管理部门纳入固定资产档案管理。

9. 废旧物资处理

大中修更换下来的旧零件等经资产管理部门、财务部门作废旧物资回收处理。

10. 特种设备大修理工程的报备和验收

对于特种设备的大修理工程,在实施过程中应向当地特种设备管理部门上报,承修单位必须具有专业资质。大中修理工程完成后,承修单位负责上报当地特征设备管理部门,由当地特种设备管理部门检验合格后方可交工验收。所发生费用由承修单位承担。

(五) 大修理工程的结算

大修理工程的结算书由承修单位编制，交由资产管理部门审核，经资产持有企业财务负责人审核，由资产持有企业负责人审批。固定资产修理结算可按照全国统一安装工程预算定额当地基价表，或根据合同约定结算。

表8-5是某企业固定资产大修理流程图，表8-6是该企业固定资产大修理流程说明。

某企业固定资产大修理流程图　　　　　　表 8-5

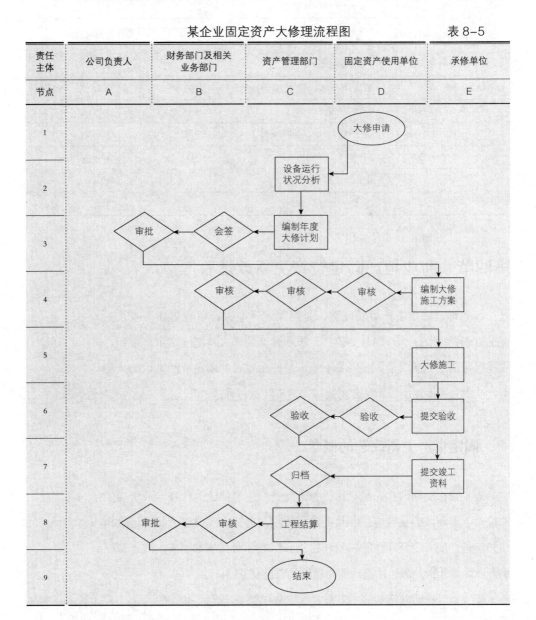

某企业固定资产大修理流程说明　　　　　　　　表 8-6

节点	任务名称	任务重点	时限
C2	固定资产运行状况分析	资产管理部门根据设备运行记录、维护保养记录、事故报告、专业机构出具的检测记录等，对固定资产年度运行状况进行分析，以确定是否需要列入大修理计划	10月1日前
C3	编制固定资产年度大修理计划	根据固定资产运行状况分析，资产管理部门确定需要大修理的固定资产，编制年度大修理计划，定项目、定时间、定标准	11月1日前
B3	审核会签固定资产年度大修理计划	财务部及相关业务部门对固定资产年度大修理计划进行审核、会签	12月1日前
A3	审批固定资产年度大修理计划	公司负责人审批固定资产年度大修理计划	12月10日前
E4	编制大修理具体方案	根据固定资产年度大修理计划，编制具体项目的大修理实施方案	大修计划时间提前一个月
D4	审核	对大修理方案的可行性进行审核	3日
C4	审核	对大修理方案的可行性和费用进行审核	5日
B4	审核	对大修理方案的费用进行审核	5日
E5	对项目进行大修理	承修单位对大修理项目实施大修理，承修单位由资产管理部门负责，施工现场管理由固定资产使用单位负责	根据方案执行
E6	提交验收	由承修单位试车，提交验收	根据方案执行
D6、C6	验收	资产管理部门和固定资产使用单位共同对大修理项目进行验收	5日内
E7	提交竣工资料	承修单位提交竣工资料	1个月内
C7	竣工资料归档	资产管理部门将项目大修理竣工资料纳入固定资产档案	1个月内
C8	办理工程结算	资产管理部门办理工程结算	3日内
B8	审核	财务部审核工程结算	5日内
A8	审批	公司负责人批准工程结算	5日内

第四节　商业地产固定资产更新改造管理

商业地产固定资产更新改造，是对固定资产进行重置更新，以及对固定资产进行改造、改建甚至扩建，重新装饰装修，新增固定资产项目。通过固定资产更新改造，或者将不能满足使用要求的固定资产进行淘汰更新，或者为了适应市场和经营需要对固定资产进行升级。

一、固定资产更新改造的概念

固定资产更新改造，是指由设备固定资产生产供应商和有专业资质的单位对需要淘汰的建筑构件和设备进行拆除，重新更换或建设新的建筑构件和设备，使固定资产性能恢复和达到应有的标准和技术要求，或者使固定资产性能获得升级，以适应变化着的经营需要。

固定资产更新改造划分为更新、改造两种类型。

(一）固定资产更新

固定资产更新，是对原有固定资产需要淘汰时，在既定标准和技术要求保持不变的基础上进行重置，使固定资产性能恢复和达到应有的标准和技术要求。固定资产更新是资产的简单再生产。

在商业地产实务中，固定资产更新主要是对设备固定资产进行重置。例如，对达到或超过使用年限的监控设备、供配电设备、水泵、风机、电梯、空调设备等进行更换。

固定资产更新的特征包括：

（1）既定的标准和技术要求不发生改变；

（2）资金来源是资本性支出，是以成本价值为计量方式下计提的固定资产折旧费，或以公允价值为计量方式下计提的长期待摊费用中的设备折旧部分。不需要追加投资；

（3）固定资产更新管理，在立项完成后，根据固定资产管理中固定资产购置的规范性管理流程进行办理。

（二）固定资产改造

固定资产改造，是对原有固定资产需要淘汰时，对既定标准和技术要求进行提升，使固定资产性能获得升级。固定资产改造是资产的扩大再生产。

固定资产改造包含以下情形：

（1）设备改造，即提升设备性能和技术指标。例如电梯改造中，将非群控改为群控，改变额定速度、层站数量等；

（2）建筑物改建，即改变建筑空间布局，建筑结构的局部载荷、柱距、层高，交通流线中轴线形态、节点形态，照明、装饰、舞台、传播媒介等场景，信息技术设施，建筑材料，以及各种建筑元素改良；

（3）建筑物扩建，即为重新报规报建前提，改变建筑高度、建筑层数和建筑面积等；

（4）新增固定资产项目，比如增设客流计数设备、多媒体查询机、停车自助缴费设备等。

固定资产改造的特征包括：

（1）标准和技术要求发生改变；

（2）资金来源主要依赖追加投资，需要投资人增资，或通过债务融资或股权融资获得新增资本；

（3）不宜单独立项，需要通过系统论证和决策，实施固定资产专项技术改造。

二、固定资产更新改造立项

（一）立项依据

固定资产更新改造立项依据包括：

（1）建筑构件及设施设备已经抵达或超过寿命年限，必须重置更新的；

（2）建筑构件及设施设备虽未抵达寿命年限，但已严重老化，技术性能落后，或严重污染环境的，经过大修其技术性能仍不能满足要求，或经论证大修后性价比不如进行重置更新的；

（3）按原建造标准建设，但经过运营和论证，证实其标准无法满足经营需要的；

（4）由于市场和经营变化以及产品定位调整，经论证，建筑及设施设备、装饰装修必须改建、扩建或提升技术性能的。

（二）固定资产更新改造立项的申请

一般由固定资产使用单位提出更新改造立项申请。

立项申请，根据固定资产更新和固定资产改造类型的不同，采取不同方式：

（1）建筑构件及设施设备已经抵达或超过寿命年限，需要进行技术改造的，由固定资产使用单位提出更新改造立项申请，列为固定资产更新类型；

（2）建筑构件及设施设备虽未抵达寿命年限，但已严重老化，技术性能落后，或严重污染环境的，经过大修理其技术性能仍不能满足要求，或经论证大修后性价比不如进行更新，需要进行更新改造的，由固定资产使用单位提出更新改造立项申请，但申请单位应提交专业机构的检测依据。立项申请符合条件的，列为固定资产更新类型；

（3）按原建造标准建设，但经过运营，其标准无法满足经营需要，需要进行更新改造的，由固定资产使用单位提出申请，经资产持有企业的商业专业业务部门和技术设计部门进行论证，其论证结论作为申请的依据。立项申请符合条件的，列为固定资产改造类型；

（4）由于市场和经营变化以及产品定位调整，需要进行更新改造的，由固定资产使用单位提出申请，资产持有企业负责人召集财务部门、资产管理部门、商业专业业务管理部门和工程设计管理部门等有关部门进行专题论证，作出技术改造决定，其决定作为申请的依据。立项申请符合条件的，列为固定资产改造类型。

一般在每年第三季度前安排第二年的固定资产更新改造计划。

（三）固定资产技术改造立项审批

对固定资产更新和固定资产改造，审批方式有所不同。

1. 固定资产更新项目的立项审批

固定资产更新项目，即在资本性开支中支取资金的，由资产管理部门根据更新改造申请的内容，汇总编制年度固定资产更新计划。固定资产更新计划经相关专业业务部门和财务部门会签后，由资产持有企业负责人签发。

2. 固定资产改造项目的立项审批

固定资产改造项目，即需要在新增投资中支取资金的，由资产管理部门根据论证和决策，组织商业专业业务管理部门、工程管理部门、财务部门，制订专项技术改造方案，经资产持有单位负责人审批后，报请投资人决策，项目立项并组织增资。

三、专项技术改造方案的制订

（一）商业专业业务管理部门在专项技术改造方案制订中的主要工作

商业专业业务管理部门负责组织商业项目市场调研及分析、商业项目的商业定位，并可行性研究和评估；负责组织商业项目定位规划及功能布局。在此基础上，提出专项技术改造需求，并对专项技术改造后经营性现金流进行预测。

1. 商业项目市场调研及分析

（1）宏观经济调查与分析；

（2）项目周边环境调研；

（3）商业市场调查；

（4）消费群体需求分析；

（5）商户访谈；

（6）对标项目的调研；

（7）主力店等专项技术内容调研；

（8）收入成本预测调研。

2. 商业项目定位规划及功能布局研究

（1）研究主力店、商业定位、功能布局、业态占比、铺位分割、招商策略、目标客群、租金水平；

（2）研究规划方案、房产技术条件、业种业态划分及功能布局、铺位分割优化；

（3）研究提供项目整体营销方案和费用。

3．专项技术改造需求

（1）局部结构改良需求；

（2）空间改良需求；

（3）交通流线改良需求；

（4）机电设备改良需求；

（5）配套服务设施改良需求。

4．专项技术改造后的经营现金流预测和未来资本性支出分析

（1）10年期租金现金流量分析、其他经营收入（即物业管理费等服务性收入）现金流量分析、经营成本和费用（即物业管理支出等服务性支出）现金流量分析；

（2）未来资本性支出分析。

（二）工程管理部门和成本管理部门在专项技术改造方案制订中的主要工作

工程管理部门在专项技术改造方案制订中的主要工作包括：

（1）负责对商业专业业务部门提出的技术改造需求进行技术评估；

（2）负责制订技术改造的工程技术方案。

成本管理部门专项技术改造方案制订中的主要工作包括：

（1）负责制订技术改造工程预算方案；

（2）组织对设备、材料及承建单位等招采事项的招标投标管理。

（三）资产管理部门在专项技术改造方案制订中的主要工作

资产管理部门根据商业专业业务部门提出的技术改造需求和经营性现金流、资本性支出分析，根据工程、成本管理部门提出的工程技术方案和工程预算方案，进行投资分析，提出投融资方案。

（四）财务部门在专项技术改造方案制订中的主要工作

财务部门结合商业项目收支现状、现有资产及负债状况及内部收益率，较之技术改造后的商业项目收支预期、专项技术改造后资产及负债及内部收益率预期，企业资金状况等，进行财务分析，提出意见。

最后，由资产持有企业负责人召集上述各部门，最终形成专项技术改造方案和投资方案。

四、专项技术改造工程的技术设计

专项技术改造项目立项后,由工程管理部门组织专项技术改造工程的技术设计。

(一)编制并下达《设计任务书》

(1)工程设计管理部门负责编制《设计任务书》;

(2)《设计任务书》应经商业专业业务管理部门根据其专项技术改造需求进行确认;

(3)由工程管理部门委托建筑设计单位;

(4)建筑设计单位依照《设计任务书》进行方案设计和施工图设计。

(二)设计成果确认

设计成果应交由商业专业业务管理部门进行确认。确认的具体内容为:

1.平立图确认

商业专业业务管理部门应确认的内容除层高、平面布局、功能区域设置、机房管井布局、人流物流动线是否满足招商营运和物业管理要求外,还包括:主入口、主出入口商铺、避风阁、室内通道、主力店、出入口交通、客流计数系统、采光廊结构和顶棚、LED屏幕、商铺装修标准、商铺面积、商铺开门、商铺层高、商铺天棚、商铺铺位调整的条件、电梯、电梯厅、中庭、卫生间、顾客通道、夜间通道、货物通道、地下设施、配套设施、室内步行街油烟排放、空调、用电设施、屋顶设施、系统计量、设备房和商业信息机房、地下停车场、地下室广告、卸货区、商户库房等。

2.消防设计确认

商业专业业务管理部门应确认的内容包括:防火分区设置、疏散出口设置、疏散楼梯布局、疏散宽度对业态、铺位及人流导向产生的影响。

3.外立面设计确认

商业专业业务管理部门应确认的内容包括:墙体颜色和材质、广告位、商业项目出入口、商铺对外采光、橱窗设置等。

4.夜景照明设计确认

商业专业业务管理部门应确认的内容包括:泛光及照明设计包含商业氛围和泛光效果、照明方式、控制方式等。

5.园林设计确认

商业专业业务管理部门应确认的内容包括:交通流线、坡道及无障碍设计、功能分区、竖向及坡度设计、铺装、小品、绿植、给水排水及强弱电、商业辅助设施等。

6．精装设计

商业专业业务管理部门应确认的内容包括：商铺立面、室内步行街通廊地面、电梯及其装饰、灯饰和防护、商铺、广告、中央大厅、卫生间、穹顶设计、空调设施、服务台及其他运营服务设施、休闲设施、卫生设施、美术陈列设施、室外导示、室内导示、智能化系统等。

7．施工图

可由工程管理部门专业技术人员对系统、材料、工艺做法进行审图确认，商业专业业务管理部门会签。

五、专项技术改造项目的采购和招投标

专项技术改造工程中的工程施工单位、监理单位的选聘，以及建筑和装饰材料可由成本管理部门按照企业的招标投标和采购管理规定进行采购和招标投标。

精装主材（墙顶地材料、灯具、洁具）及样板确认，应由商业业务专业管理部门和项目商业管理公司进行随同检查、确认。

六、固定资产更新改造的资产管理和资产核算

（一）固定资产更新改造的资产管理

在固定资产更新改造中被拆除的固定资产，应按照固定资产管理中资产处置的规定进行报废处理。

在固定资产更新改造中更换、新增和修建的固定资产，按照固定资产管理的规定，进行编号和安装铭牌，登记固定资产卡片、固定资产台账，定期盘点、统计、计价、计提折旧，进行固定资产档案管理。

（二）固定资产更新改造的资产核算

根据会计准则的规定，对固定资产更新改造进行资产核算。

（1）拆除、报废设施设备的处置收入减去拆除费用作为已拆除、报废的固定资产的净值；

（2）原固定资产继续使用的基础工程和部分房屋主体结构工程和设施设备未计提完折旧的，计算其净值；

（3）将上述两项转入在建工程；

（4）将更换和新增的固定资产原值转入在建工程；

(5)将在建工程,加上工程改造费用,减去改造过程中的变现收入,即作为固定资产的入账价值。

七、专项技术改造工程的实施管理

(一)专项技术改造施工前准备

1. 专项技术改造工程实施计划

由项目管理部门制订专项技术改造工程实施计划,并制订工程施工工时计划表,报资产持有企业负责人批准。

2. 专项技术改造工程现场管理机构

专项技术改造工程现场管理机构由项目管理部门负责组建,工程施工单位、监理机构及商业专业业务管理部门和项目商业管理公司(物业管理公司)参加。

项目管理部门派驻工地工程师组织工程施工单位和监理工程师进驻工地现场。

3. 施工平面图和现场施工条件落实

项目管理部门负责审查工程施工单位提交的施工平面图,并要求施工单位按照工程组织设计落实,负责施工现场用水、用电的抄表、登记,负责施工现场用水总阀门和用电总箱的控制与管理。

(二)专项技术改造工程施工过程的管理

(1)项目管理部门负责工地进度、质量、安全的控制管理和存在问题的协调和处理;

(2)由工程施工单位提交开工报告;

(3)工程开工初期,项目管理部门应及时对已通过监理单位审核的施工单位施工组织设计和重要部位分项工程的施工方案进行审查,并以工程联系单形式,将审查意见通知监理单位,由监理工程师批准并督促施工单位组织实施;

(4)项目管理部门应会同监理单位对工程的进度、质量、投资方面进行控制,形成事前控制、事中检查、事后核验的工作步骤;

(5)施工阶段质量控制:

①项目管理部门应对监理公司进驻现场工程师进行资质审查,要求持证上岗。同时,会同监理单位对中标施工单位进驻现场工程师及其他管理人员进行资质审查,要求持证上岗;

②项目管理部门应会同监理单位对施工单位选定的劳务分包单位进行观察、了解和

评价,一旦发现力量不够、施工质量太差、管理混乱等情况,立即通知施工单位另选队伍,以保障工程施工满足质量和进度的要求;

③项目管理部门派驻工程师应对施工各阶段和各分项的质量进行严格控制,经常巡视或旁站监督监理、施工单位的执行情况;

④隐蔽工程在施工单位自检(班组自检、互检、交接检、专检)合格后,经监理单位验收合格,依据监理提交的隐检记录进行核验,部分隐蔽工程还需报请工程质量监督机构验收后才可隐蔽或进行下道工序施工;

⑤分部、分项工程在施工单位自检合格后,项目管理部门应组织监理、施工单位共同检查验收,再报请设计、质量监督机构验收;

⑥若发现施工单位违规操作或有经检验不合格情况,项目管理部门应及时下发整改通知单责成监理单位下达监理通知,要求施工单位整改,不整改或整改不力的,通过监理单位下达停工通知,整改完毕达到要求后再复工;

⑦若发现监理人员对质量控制不严或控制不当,项目管理部门应当即书面通知监理单位总监进行整改;

⑧项目管理部门应会同监理单位对施工单位的材料进行检查,查出厂合格证、质量证明、产品说明及材料实体质量,并监督监理单位和施工单位及时取样送试验室复试。合格后才能认可,用于工程施工;

⑨工程竣工后,在施工单位验收合格后,项目管理部门应会同监理单位及商业专业业务部门、商业管理公司(物业管理公司)验收,合格后及时审查施工单位竣工验收技术资料监理单位与技术资料,合格后上报质监站,请质监站验收备案。

(三)专项技术改造工程技术签证

技术签证的要求包括:

(1)技术签证单要求采用通用格式,书写规整,文字叙述明确,涂改处加盖公章。

(2)技术签证的工程量应经发包人、监理人、承包人三方共同实测实量,并做好记录备查核对。

(3)技术签证内容应注明发生的原因、范围和所在工程的部位。现场只对工程量、图纸类别、用工性质等进行认证,费用根据合同及相关规定结算,涉及需确定单价的应提前3日提交,经与承包人协商确定后,办理价格认证单。

(4)施工现场道路、场地硬化及围护等,实施前应提交方案和预算,批准实施后实测实量办理签证。

（5）技术签证单由施工单位填写，其经办人和派驻工程师签字盖章后交监理人签署意见报业主代表。

（四）专项技术改造工程竣工验收和工程结算

专项技术改造工程竣工验收和工程结算的要求包括：

（1）工程施工完成后，项目管理部门应及时向施工单位提出整理竣工资料准备，并对竣工资料进行审查。审查合格后，项目管理部门应会同商业专业业务管理部门和项目商业管理公司（物业管理公司）组织工程验收，形成验收文件；

（2）竣工验收前，安装施工单位先行完成消防报验、特种设备专业报验；

（3）验收合格后，所有竣工资料和验收文件送资产管理部门进行审查和存档。竣工资料归档要档案管理和固定资产管理等有关规定的要求。竣工资料只有经资产管理部门审查确认并出具有关手续后，方可办理；

（4）工程验收合格后，施工单位可在一个月内办理工程结算，由资产管理部门、项目管理部门组织审查工程结算。

上述手续完成后，施工单位方可办理费用结算手续。

第九章 存量时代商业地产企业的转型

商业地产企业是商业地产资产的主体，尤其对于持有商业地产，商业地产企业更是其资产的控制主体，也就是资产管理主体。存量时代意味着，商业地产企业的核心业务将由商业地产的开发建设转化为对持有商业地产的资产管理，因此企业的组织及职能、对核心业务的控制方式和控制模式应当进行转型。

第一节 商业地产企业组织及职能的转型

商业地产企业组织及职能转型，必须要研究对商业地产资产运行的控制，一次首先就要讲商业地产的控制主体以及控制主体的控制机能。

我国目前大多数商业地产存量资产持有和控制主体，大多是商业地产开发建设企业，而商业地产资产运行控制主体的建设，就要从现有商业地产开发建设企业转型开始。

商业地产开发建设企业转型，宗旨是**将商业地产存量资产的经营管理**而不是把商业地产开发经营管理业务作为企业的核心业务，这是存量时代对商业地产存量资产管理的客观需要所决定的。

一、我国现阶段开发建设企业的组织及职能

我国现阶段开发建设企业从现状来看，具有如下特征：

（1）基本的经济活动内容，主要是开发建设，即商业地产的增量生产。

（2）其基本的组织机能，仍然适合于开发建设。即便有一些企业已经持有并正在运营大量存量资产，但是，组织机能却未必适用于存量资产的运行。

在此，对我国现阶段商业地产企业的典型组织结构进行分析。图9-1是我国现阶段商业地产企业典型的组织结构示意图。

在图9-1中，商业地产开发建设企业的组织结构分为三个板块，即职能管理板块、综合业务板块和专业业务板块。

（一）职能管理板块

人力资源管理部门、行政管理部门、财务部门、风险管理部门，分别进行人事、行

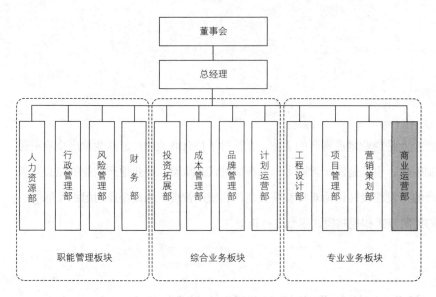

图9-1 现阶段商业地产企业典型组织结构示意图

政事务、财务和法务的职能管理。

（二）综合业务板块

综合业务板块，是企业对房地产业务进行综合性管理的业务板块，划分为投资拓展部门、品牌管理部门、成本管理部门和计划运营部门。

（1）投资拓展部门，一般开展选址、土地获取、投资分析和投融资业务；

（2）品牌管理部门，一般开展房地产开发销售业务的品牌宣传和品牌管理业务；

（3）成本管理部门，一般开展房地产开发业务的招采和造价管理业务，有的企业将招采和造价管理分设为不同部门；

（4）计划运营部门，一般开展企业及下属经营单位经营计划、经营指标管理，并作为企业管理部门保持企业的体系运行。

（三）专业业务板块

房地产开发企业的专业业务板块，通常包括工程设计、项目管理和营销策划三个板块。

（1）工程设计部门，一般开展建造标准建立，并通过设计任务书组织建筑设计单位，组织方案设计和施工图设计等专业业务的开展；

（2）项目管理部门，通过组织施工单位和监理单位，组织各项目房地产项目部进行房地产工程施工专业业务的开展；

（3）营销策划部门，制订营销策划方案，组织广告公司、代理销售机构或自行组织销售团队组织房地产销售业务的开展。

(四) 其他专业业务部门的加设

在城市综合体开发建设过程中，一些房地产开发建设企业，针对其不同的经营类型，在专业业务板块中增设了许多专业业务内容，例如酒店、写字楼、商业等专业业务部门，进行招商租赁经营。

商业运营部门就是这样一个在房地产开发建设企业组织结构中，在专业业务板块中被**"加设"**的这样一个专业业务部门。

商业运营部门，名称有许多种，例如商业运营部、商业运营中心、商业管理中心或公司化为集团商业管理公司等，都是商业运营部门的名称，实际上它就是商业专业业务机构，商业专业业务机构实际上是包括招商、运营、企划、工程、物业管理等专业业务在内的**商业运营管理**的服务性专业机构，而不具有资产管理综合业务管理职能，特别是公司化为商业管理公司后，更成为具有经营核算功能和利润主体性质的服务商。

所以，把图9-1所示意的商业地产企业的典型组织结构加以分析，除了商业运营部这样一个加设的专业业务部门，它就是一个典型的房地产开发企业的组织结构。

那么，房地产开发建设企业这样一个组织结构的各个部分，它们与商业地产资产运营是一个什么关系呢？

（1）职能管理板块的人事、行政、财务和法务，具有很强的通用性，它们在主管房地产开发业务相关职能管理的相关事项的同时，也兼容了资产运营业务相关职能管理的事项；

（2）专业业务板块中的工程设计、项目管理业务与商业专业业务，产生了分工，所谓前者负责建设，后者负责运营。而营销策划业务与商业专业业务并没有这样的分工；

（3）综合业务业务中，只有计划运营部门按照企业统一运营的要求，统管了开发和运营两个业务的计划管理和体系运行，其他的综合业务则**只是为开发业务进行服务**，如成本管理是熟悉并管理开发业务的招采和造价管理；品牌管理是熟悉并管理开发销售业务的品牌宣传和管理；而投资拓展则突出了前期功能，即前期选址、拿地和投融资。除了计划运营管理业务，**综合业务基本上与资产运营业务不相干，与它们相干的只是开发业务**。

显然，这样一个以房地产开发建设业务为核心业务，并以此构建成的具有严格的**具有开发建设逻辑**的组织结构，**把商业专业业务予以加设**，是无法真正适应商业地产存量资产运行要求的。

二、商业地产资产运营企业的组织结构

那么，商业地产存量资产的资产运营企业的组织结构又应该是如何的呢？我们来看图9-2商业地产资产运营企业组织结构的示意图。

把房地产开发企业与资产经营企业的组织结构加以对照，可以发现一个简单的区别，就是资产运营企业少了营销策划部。这是因为收益性商业地产不适合散售。

但是，根本的区别在于综合业务板块，它与房地产开发建设企业的综合业务板块有着很大的区别。

对于一个企业来说，**综合业务部门的管理业务的侧重点，直接反映为这个企业的核心业务是什么。**房地产开发建设企业中综合业务板块与资产运营是几乎不发生关联，而资产运营企业中的综合业务板块却直接为存量资产业务提供支撑。

我们来看图9-2所示意的综合业务板块。

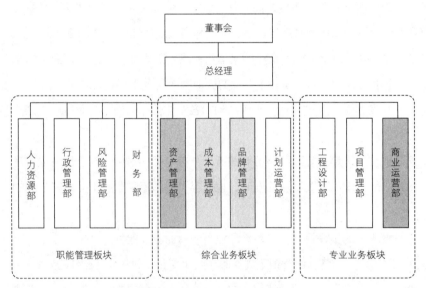

图9-2　商业地产资产运营企业组织结构示意图

（一）资产管理部门

资产运营企业少了投资拓展部，取而代之的是资产管理部。既然进行的是存量资产的运营而不是增量资产的生产，投资拓展、拿地的业务被存量资产管理业务所取代。

资产管理部门的管理业务包括：

（1）投资分析，投融资业务，是企业与基金管理人建立业务联系并进行合作的归口业务管理部门；

（2）开展建筑及设施等固定资产管理；

（3）对租赁资产和共用设施设备资产使用和维护行为进行监管；

（4）开展固定资产大中修管理；

（5）开展固定资产更新改造管理。

上述是资产运营企业资产管理部门的管理业务。但是，虽然随着存量时代的到来，存量资产的经营日益成为商业地产企业的核心业务，但并不代表就丝毫没有房地产增量生产的业务了，因此除上述存量资产的资产管理业务外，资产管理部门仍然保留选址和土地资源获取的业务。当然，具体名称可以是"资产管理部"，也可以是"投资与资产管理部"，但继续使用投资拓展部的名称是不合适的。

对于商业地产企业来说，存量资产的资产管理是一个全新的业务，所以其转型不仅只是修改名称、修订权责，更重要的是需要进行专业管理人员转型。资产管理需要专业的设备管理人员和专业工程技术人员。资产管理人员既是经济师，更是工程师。

（二）成本管理部门

随着存量资产经营管理业务成为核心业务，成本管理部门的业务需要发生转型，既包含对资本性支出的成本管理，也包括对现金成本的成本管理。其主要管理业务包括：

（1）固定资产大中修的材料、设备招采及造价管理；

（2）固定资产更新改造的材料、设备招采及造价管理；

（3）商业运营中的房屋、设备以及业主投资的商业信息技术设施的维护保养、保洁、绿化，特别是石材护理专项工程、微生物治理工程、美术陈列和景观小品工程，各种特种设备专项维修养护等材料、设备或分包方招采及造价管理；

（4）商业运营中的能耗成本等经营成本管理；

（5）商业运营中各种承包商的招标投标管理等。

目前商业地产企业的现状是，资本性支出等成本业务管理并未展开，现金支出成本由商业管理公司或商业专业业务部门进行成本业务管理。这是由于商业地产企业作为综合业务的成本管理只服务于房地产开发业务。商业运营和商业地产资产经营的成本管理有所欠缺和不规范的原因，应当通过资产经营企业综合业务转型来得到纠正。

虽然除了一部分商业技术设施之外的大多数房屋构件和主要设备等从增量变为存量，但是技术形态却相同，大部分材料、设备及修建工程的招采和造价管理的基本方法和基础手段例如工程预算定额等也可以沿用。

基础工作和基础手段变化不大，但是业务范围却发生很大变化，主要是对商业运营过程的成本管理方面。这些是成本管理专业业务人员需要转型学习的。

（三）品牌管理部门

目前，作为综合业务的商业地产企业品牌管理同样仅为房地产开发业务服务，而商业专业业务部门自己设立了营销推广部门即企划部门实施商业运营的宣传推广。

这里就出现了问题：一方面商业专业业务部门的宣传推广是专业业务，主要着眼点在于推广的具体专业策划和执行，不可能顾及商业地产企业的品牌战略和品牌管理，不可能以资产经营单位无形资产建立和培育作为出发点；另一方面，商业地产企业品牌管理部门又无法指导商业运营的品牌推广工作。事实上，大多数商业地产企业的品牌管理部门同商业专业业务部门的企划推广部的工作关系直接进行了切割，商业运营的企划推广和开发建设的品牌管理被机械地切割开来。

商业地产企业品牌管理必须从资产经营的高度，必须是作为综合业务而不是专业业务进行业务管理的。所以，品牌管理部门也应该转型。

商业地产企业品牌管理部门转型，需要实现的目标就是，以品牌的无形资产维护和管理作为出发点，同时要使品牌管理真正适合商业运营的实际需要。解决的具体方法也很简单，就是把商业地产运营的品牌管理划归为企业的综合业务。

商业地产资产经营企业的品牌管理的主要管理业务包括：

（1）建立并维护资产CI标准；

（2）产品形象（外立面、标志物、广告、多种经营）控制；

（3）服务形象（礼仪用语、仪容仪表、服装规范管理）控制；

（4）广告、营销、活动、美术陈列的效果和成本评价；

（5）媒体发布管理；

（6）第三方满意度评价管理；

（7）重大投诉事项管理。

提到品牌是无形资产，就不能不提商业地产无形资产管理的问题。

商业地产企业无形资产管理目前存在的现状是，商户品牌资源、经营数据、专业技术标准虽都属于企业的无形资产，但却分属各个不同的专业业务部门进行管理，处于撒开篱笆随便放羊的状态，标准、方法、深度都难以达到统一。但这个问题尤其复杂，一时难以解决。商业地产企业如何对无形资产的管理确立目标和指标，怎样划分权责，这是商业地产企业需要进行长期探索的。

商业地产企业的转型，不仅仅是机构名称的改变，更重要的是职能的转变，思维的转变，以及人员专业技能的转变和调整。

第二节 商业地产资产运行的控制方式

控制主体对受控主体的控制方式有两种，即**过程控制（亦即程序控制）**和**目标控制（亦即目标管理）**。商业地产资产运行的控制方式应采取将目标控制与过程控制相结合的控制方式，并且在**目标控制的基础上，逐步强化和深化过程控制**。

一、过程控制和目标控制的概念

按照控制理论，控制主体对受控主体的控制按其关联结构划分为简单控制和分级控制（多级递阶控制），分级控制又划分为集中控制和分散控制；按信息反馈划分为开环控制（即硬性控制）和闭环控制（即反馈控制），闭环控制又划分为过程控制和目标控制；按问题类型划分为自动控制（自适应控制，自调节控制）和最优控制（图9-3）。[①]

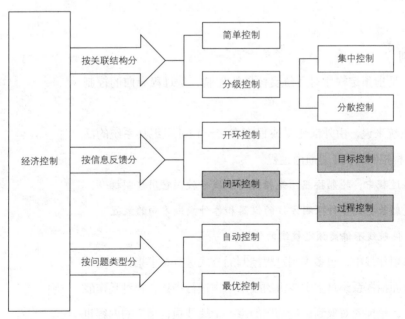

图9-3 控制方式一览图

经济系统控制，究竟是采取过程控制还是目标控制的问题，在控制理论中尤显突出。

---

① 何维凌，邓英淘.经济控制论[M].成都：四川人民出版社，1984.

（一）目标控制

控制理论把目标控制定位为：按一个先行量来改变受控量的控制。它是**结果导向**的控制方式。

对于一个系统来说，目标控制存在的前提是，系统必须具有对环境干扰和受控系统特性发生变化的自适应能力。最典型的目标控制的例子是动物的追捕过程。

> 鹰击兔或狼赶羊以及猎手猎取猎物，都只是预先确定猎取目标然后以随动的方式追杀猎物，并不规定其预先设计好的线路轨道、速度和力量。

在传统作战的指挥中，也多采取目标控制的方式。在抗日战争期间，延安对各个分散的根据地，并不是对其具体的战术进行细致安排，也不会对其兵员、给养给予具体动作的一一指挥，而是指令其予完成目标，如歼敌多少、根据地面积扩展到多大、兵员数量达到多少、减租减息完成多少等，然后根据地相机自行组织兵员、生产给养、组织弹药。

在企业经济活动中，经营目标责任制及承包制是目标控制方式的具体体现。

目标控制方式的优点是简单、高效，受控主体发挥出积极性和能动性。

目标控制方式的缺点是原始、粗放，不适合目标多元、高度集成的系统。

（二）过程控制

过程控制，是指预定程序对系统受控量的控制，是**过程导向**的控制方式。

对于一个系统来说，由外部变量或程序直接干预并组织其系统的活动。最典型的过程控制的例子是航海过程。

> 在航海过程中，轮船按照预先指定的航线行驶，它用控制机构（一般是船长）把各种探测方位的仪器和各种操纵方向的装置联系起来，使航线不偏离预定航线的范围。

在现代化军事作战中，也多采用过程控制的方式进行军事指挥。空军作战，就需要地面指挥系统对空中战机的战术动作进行指挥；特种兵作战和电子战对抗中，指挥的对象到达最基层的每一个战斗员，指挥的内容也细化到具体的战术动作。在陆海空火箭军多军种协同作战中，也是采取了过程控制。

在商业运营活动中，开闭店作业也是采取了过程控制，值场经理不是把工作任务分派给各个部门由各部门分解指挥，而是直接指挥最基层每一个员工的开闭店作业动作。

在企业经济活动中,预算管理,特别是对预算控制率的控制就是过程控制方式。

过程控制的优点是科学、集约,适合于目标复杂、要素多样多元的高度集成系统。

过程控制的缺点是控制系统设计比较复杂,要求控制变量的设计必须细致、周到、完美,需要系统各个单元有很高的战术素养。

(三) 目标控制和过程控制中的系统和控制要素

目标控制和过程控制涉及的系统和控制要素包括:

1. 系统和子系统

系统,特别是高度集成的系统中,系统往往由若干个子系统所构成。子系统由系统进行控制,是系统的受控单元。而子系统之间形成相互之间条件输入和成果输出互为因果的关系。

在经济系统中,人口系统、资源系统、技术系统、金融系统分别构成了经济系统的各个子系统。在商业地产资产运行的系统中,商业运营系统、商业实体资产系统等构成了子系统。把商业运营系统作为系统,租户既是系统的状态变量,也是作为商业运营系统子系统的租户系统。

2. 系统的控制要素

(1) 系统目标

系统以及系统中的子系统,都有自己的系统目标。系统目标是系统要达到预定目的所必须达到的具体指标,是系统状态变量作用下的因变量。目标通常都需要定量描述。经济系统往往具有多个系统目标。例如对于商业地产资产,系统目标既包括收益指标,也包含资产质量指标。因此,经济系统数学模型往往无法用一个因变量的数学函数来进行描述,而是需要采用泛函分析的数学方法。

(2) 系统的状态变量

状态变量是能够表示系统状态的自变量,它能确定系统未来的演化行为。对于物理系统,例如气体,理想气体的状态变量为温度T、压力P和体积V,一维质点运动的状态变量为它的位置和速度。对于经济系统,反映经济系统状态行为的特征即为系统的状态变量,如人口、资源、技术等。

在商业运营管理中,构成商业经营系统的状态变量包括场地设施资产的收益生产能力、商业服务的运营能力以及能源、材料等自然资源的产出能力,租户系统的状态变量就是它的特征变量，包括承租能力、聚客能力、消费季节性和业态关联度等。

（3）系统的输入变量和输出变量

输入变量的外部变量，是需要输入的资源或媒介等条件。经济系统的输入变量是人、财、物、技术、信息等生产要素的投入，通常以货币形式呈现，表现为现金流入。

输入变量即成果，是系统状态变量派生的外部变量，在经济系统中是生产经营成果，即产出，以货币形式呈现为现金流出。

在系统的子系统序列中，一个子系统的输出变量往往是另一个子系统的输入变量。

（4）控制主体对受控系统的控制变量

控制变量是控制主体对受控系统施以的，对受控系统状态变量产生影响的外部变量，是控制主体对受控系统的控制手段。宏观经济系统的控制变量是货币投放量、利率和税率；微观经济系统的控制变量是价格和定额，价格即商品和劳务定价；定额包括劳动（工时）定额、设备消耗定额和材料消耗定额。

商业地产资产持有企业对受控商业运营系统的控制变量包括租金收缴率、房屋及设备完好率、经营收入及成本预算控制率和用户满意度指数CSI。

在微观经济活动中，控制变量的具体体现形式可以是指令、政策，也可以是合同。其中，合同约定的内容最为广泛，既包含了控制变量的指标，也约定了输入变量和输出变量，确定了边界条件，在委托合同中甚至约定了受控系统目标。不仅如此，与指标、指令、政策等经济性和行政性措施不同，合同是法律性措施，具有最高的效力。

（5）系统的边界条件

在系统的数理模型中，各种变量的相互作用都具有合理或合法的边界。按控制理论，边界条件是控制方程有确定解的前提。

在商业地产资产经营系统中，合理的边界条件确认甚为关键，例如既定的社会经济政策、商业周期、租赁政策等。

二、商业地产资产运行过程中的控制方式

商业地产资产运行的控制方式应采取将目标控制与过程控制相结合的控制方式，并且在**目标控制的基础上，逐步强化和深化过程控制**。

(一)以目标控制为基础,强化和深化过程控制

我国在经济管理特别在改革开放之后,形成了目标控制的传统。改革开放初期的农业联产计酬承包责任制就是典型的案例。随后,在城市改革尤其是工矿企业中也大力推行经营目标责任制。这种经营目标责任制,实质上就是大包干,特别适应于长期自然经济土壤中成长起来的中国经济人。当国外管理人的服务经济进入中国之后,例如物业管理行业,国外以酬金制计酬的核算方式迅速被国人所推翻,在国内广泛实行起了利润分成形式呈现的包干制的核算方式。

目标控制的优势是明显的,尤其是能够发挥人的积极性、创造性和能动性。这就是经营目标责任制在我国长盛不衰的原因。

在商业地产资产特别是零售商业地产资产的运营过程中,仍然需要保持目标控制的控制方式的另一个重要原因就是,零售市场的多变性和丰富性,需要商业运营人员必须时刻保持灵敏、自觉的状态,通过自身不断变化来应对市场的变化。

但是,对商业地产资产运行的控制,仅仅依靠目标控制是远远不够的。

1. 经济系统是由多因变量构成的体系

如果一个系统是由多个自变量对一个因变量产生作用,如$y=f(a,b,c,d,e)$,只要把y确定为系统目标,通过系统对$a、b、c、d、e$的自适应控制,就能够实现系统最优。但是,经济系统的因变量不是唯一的,因此经济控制仅靠目标控制是不够的。

我国在实行农业联产计酬承包责任制的过程中,把粮食产量作为系统目标,其他要素由承包农民自行调节。结果不少地区出现的情况是,粮食产量提高了,但单干农民对于联合整修水利灌溉系统没有积极性,造成农业基础设施损害严重;由于大量使用有助于粮食快速增产的工业无机化肥,造成土壤严重劣化。

工业领域也是如此,国有工业企业在实行经营目标责任制特别是实行承包之后,经营责任主体片面追求利润,对资产进行破坏性和掠夺性使用,造成国有资产流失和劣化。

商业地产资产运行过程同其他经济系统一样,其应当追求的系统目标绝不仅仅是收益指标那么简单。所以,仅仅用目标控制显然是不足的。

2. 商业地产资产运行是持续的过程,其现金流也是长期现金流

仅仅靠目标控制,利益驱动机制会触发经济人的经济行为短期化。

商业地产资产运行同房地产开发销售和建设安装工程迥然不同。房地产开发销售可以是一次性交易,建设安装工程可以是一次性建设安装,但作为收益性资产,商业地产

资产运行是长期持续的过程，以收益而言也绝不是某一时段收益水平那么简单，收益包含了收益水平、收益成长性和收益稳定性这些丰富而此消彼长的内容，今年实现了收益指标，同时也给未来收益成长性和稳定性不足埋下了隐患。

更何况，商业地产资产经营追求的并不仅仅是租金收益，资产质量也是必须追求的目标。

所以，在商业地产资产运行中，必须强化和深化过程控制，也就是说商业地产资产持有人不仅要求商业管理人完成收益指标，而且必须关注商业管理人的每一个动作，并对其战术实施予以必要的控制。

(二) 对受控商业管理人严格进行预算控制，杜绝包干

商业地产资产运营不仅要在实行目标控制的基础上，强化和深化过程控制，而且在收支评价和考核中，杜绝包干，实行预算控制。

所谓预算控制，有两层涵义：一是实行收支两条线，分别进行收入和成本的核算、评价和考核；其二，不主张鼓励管理人追求"增收节支"，而是要求受控方严格按照预算进行收支，以预算控制率指标进行考核，即考核收支实现值与预算值的偏差。

同时，在我国的长期资产的运营中，要逐渐杜绝资产所有人对受托管理人的承包制和包干制，实行酬金制。说到底，承包经济对于发包方来说，就是懒人经济。

第三节 商业地产资产运行的控制模式

一、商业地产资产运行的控制模式结构

(一) 商业地产资产运营模式

商业地产资产运营模式应以图9-4所示建立起关系。

(二) 商业地产资产运营模式设计逻辑

商业地产资产运营模式的设计逻辑如图9-5所示，企业战略决定价值链设计，由企业战略、价值链设计和控制功能设计决定组织架构设计。

企业的价值链设计、控制功能设计和组织架构设计，都是由企业战略所决定的，例如万达集团极速扩张、标准化复制的战略和龙湖集团产品扩张优先于区域扩张的战略，就决定了这两个企业采取了截然不同的价值链设计、管控设计（控制功能设计）和组织架构设计。

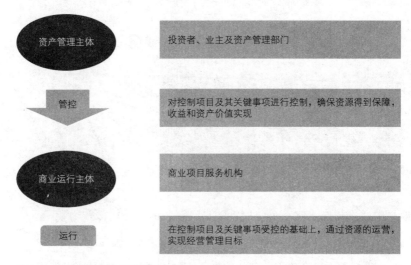

图9-4　商业地产资产运营模式示意图

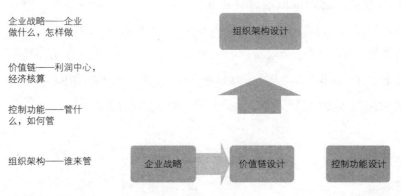

图9-5　商业地产资产运营模式设计逻辑示意图

价值链设计，包括利润中心设计、经济核算层级和方式的设计，是由企业战略所决定的。

企业对各项经营业务和管理活动的控制功能设计（即管控模式），是由价值链设计成果所决定的。

企业的组织设计，包括机构设置和职责分配，则是由控制功能设计成果所决定的。

一些企业在进行功能性制度设计时，没有很好地认识到上述逻辑关系，有的把上述内容割裂起来分别对待；有的则首先进行机构设置和职责分配设计。这些都是错误的。

（三）商业地产资产运营模式设计原则

商业地产运营模式设计原则如图9-6所示，即战略导向原则、功能导向原则、价值链导向原则、定位清晰原则。

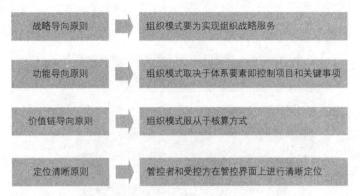

图9-6　商业地产资产运营模式设计原则示意图

商业地产资产运营模式四个设计原则，是"商业地产资产运营模式设计逻辑"的具体展现，在这里不再赘述，但关于定位清晰原则需要强调一下，管控方和受控方一定要确定清晰的管理界面，谁编制、谁审核（复核）、谁会签、谁审批、谁执行、谁监督、谁稽核。

（四）商业地产资产运营价值链设计逻辑

商业地产资产运营价值链设计逻辑如图9-7所示。通过商业运营，使资产在自身消耗过程中产生租金收益；从收益中提取资本性支出用于恢复资产所产生的消耗；收益的其余部分形成投资者权益；从投资者权益中可以对资产追加投资，以优化资产和扩大资产规模，增强生产收益的能力。

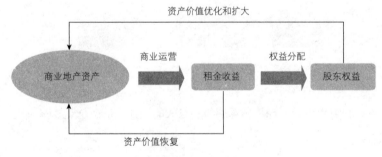

图9-7　商业地产资产运营价值链设计逻辑示意图

（五）商业地产资产运营控制功能设计逻辑

商业地产资产运营控制功能设计逻辑如图9-8所示。首先确定控制项目和关键事项；其次，确定控制模式；最后，确定控制方法。

图9-8 商业地产资产运营控制功能设计逻辑示意图

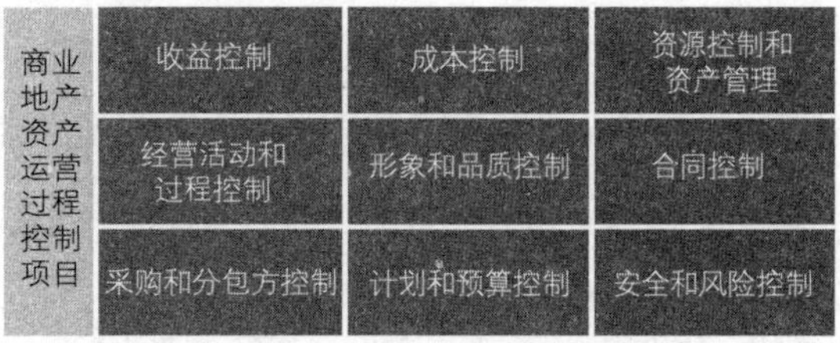

图9-9 商业地产资产运营过程控制项目示意图

（六）商业地产资产运行过程中的控制项目和关键事项

商业地产资产运营过程中的控制项目如图9-9所示。商业地产资产运营过程有9个控制项目。

（七）商业地产资产运营过程中的控制模式

如图9-10所示，商业地产资产运营过程的控制模式，将目标控制与过程控制相结合，形成制度和标准、决策和协调、数据和信息、评价和考核四个组成部分。

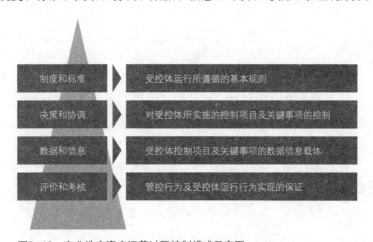

图9-10 商业地产资产运营过程控制模式示意图

二、商业地产资产运行过程中的控制方法

（一）制度和标准

制度即各类管理制度，包括了职责、规定和流程，是强制性要求。

标准是所提供的工作方法，包括管理标准、业务及技术标准、作业标准。

制度和标准由文件编制和发布、宣贯执行、监督检查、总结完善四个环节形成。尤其必须重视的是宣贯执行和监督检查这两个环节。

(二) 决策和协调

决策包括请示签审、协调、计划和指令四种形式，具体方法和手段包括邮件、签报、工作联系单、计划。

协调的通常形式是会议，包括例会、专题会和协调会。

请示签审是最为常用的决策形式。如图9-11所示，审核、会签、审批的依据十分重要，其判断不能单凭审核人、会签人和审批人的个人经验和能力。所以，事先制订的各类业务标准十分重要。**业务标准是审核、会签、审批中的判断依据。**

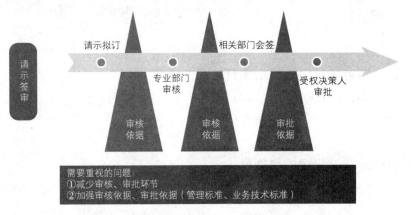

图9-11 请示签审流程示意图

(三) 数据和信息

数据和信息属于记录范畴的包括档案、台账和记录，应该在建立、保管、更新、使用、管理五个环节进行规范。

数据和信息属于流转状态的主要是报表，也要在编制、上报、查阅、管理四个环节进行规范。

(四) 评价和考核

对租金收缴率、房屋及设备完好率、经营收入及成本预算控制率、用户满意度指数CSI、事故发生率采用KPI指标进行目标控制：

1．租金收缴率

租金收缴率=实收租金额/应收租金额×100%。

2．设施完好率

根据固定资产台账所载建筑构件和设备，以完损等级评定标准进行评定：

设施完好率=（完好的建筑构件和设备数量+基本完好的建筑构件和设备数量）/全部建筑构件和设备数量×100%。

设施完好率作为KPI指标进行目标控制,是为了防止管理人为了完成经营目标对资产进行破坏性和掠夺性使用。

3. 经营收入及成本预算控制率

商业运营过程中包括租金、物业管理、推广服务等各种收入以及各项现金成本支出根据经营计划和预算,逐项进行预算控制率评价和考核:

$$预算控制率=(实际发生额-预算发生额)/预算发生额×100\%$$

预算控制率为0是理想水平,预算控制率超出允许±范围,均应受到责罚。

4. 用户满意度指数(CSI)

由第三方调查机构在管理人不知情的情况下,对商业项目租户和消费者进行调查:

$$CSI=\sum(单选样本数×分值)÷总样本数$$

5. 事故发生率

对于商业项目发生的火情火灾、治安案件、交通事故、第三方责任事故、建筑安全事故、设备安全事故、劳动安全事故、合同及法律纠纷、不正常退租等经营事故、影响商誉的舆情事件,根据事先制订的管理标准,对事故性质和责任进行认定和评价:

$$事故发生率=实际发生数/允许发生数×100\%$$

发生重大责任事故,在符合合同约定的情形下,可实行一票否决。

对商业地产资产运营过程控制项目和关键事项,建立GS业务管理评价考核评价体系,进行过程控制。

在GS业务管理评价考核体系中,应对控制项目中的关键事项,分别确定符合性标准和计分规则,由资产持有企业的相关管理部门组成审核组,进行定期的外部审核。根据控制项目中关键事项的属性,外部审核包括远程资料审核、现场资料审核和现场实地审核三种方式。

根据审核结果,审核组向管理人出具严重不符合审核意见单和一般不符合审核意见单,责令管理人进行纠正、采取纠正措施和采取预防措施。

对审核结果和管理人整改的情况,进行评价和考核。

第四节 商业地产资产运行控制项目中的关键事项

资产主体对资产运行的控制,可以划分为收益控制、成本控制、资源控制和资产管理、经营活动和过程控制、形象与品质控制、合同控制、采购和分包方控制、计划和预算控制、安全和风险控制九个控制项目。下面，以零售商业地产为例，阐述资产运行控制项目中的关键事项。

一、收益控制

（一）租赁物的租赁收入控制

1．租赁台账

以可供场地及设施作为租赁物进行出租，必须事先对商铺铺面、广告位、中岛、库房等租赁点位建立并更新租赁物台账，租赁台账应向商业专业业务部门、固定资产管理部门上报，固定资产管理部门应定期对台账和租赁物实物进行核对。

根据租赁台账中载明的租赁物基础信息，需要整合为制订租赁方案和计划的租赁基础信息表，其内容包括：

（1）建筑面积，包括零售、餐饮、娱乐、服务及其他业态的建筑面积以及各业态合计指标，包括：总建筑面积；地上总建筑面积；地下总建筑面积；地上各层建筑面积；地下各层建筑面积。

（2）可经营面积，包括零售、餐饮、娱乐、服务及其他业态的经营面积以及各业态合计指标，包括：整体经营面积；地上整体经营面积；地下整体经营面积；地上各层经营面积；地下各层经营面积。

（3）其他经营面积，包括库房数量和面积、车位数量和面积和各类型其他经营面积的合计指标，包括：整体其他经营面积；地上整体其他经营面积；地下整体其他经营面积；地上各层其他经营面积；地下各层其他经营面积。

（4）其他面积，包括设备用房、管理用房、自行车库、垃圾房、卸货区的面积以及各类型其他面积的合计指标，包括：整体其他面积；地上整体其他面积；地下整体其他面积；地上各层其他面积；地下各层其他面积。

（5）其他可经营资源，包括广告位、多种经营摊点等可经营资源的数量和面积以及各类型其他可经营资源面积的合计指标，包括：整体可经营资源面积；地上整体可经营资源面积；地下整体可经营资源面积；地上各层可经营资源面积；地下各层可经营资源面积。

根据经营实际需要，管理人可在公共场地设立临时租赁点进行出租。但是，事先应向商业专业业务部门和固定资产管理部门申报，申报内容包括点位位置、面积、拟设立的经营服务业态或类型、租赁期限、租金标准和备选品牌名录，经批准后方可出租。但临时租赁点的设置，必须仅供丰富经营氛围，不得与既定的经营业态相冲突，不得影响经营环境和经营秩序。

2．租金标准

租金标准的定价采取市场比较法和投资回报定价法相结合的方法，基础是成本定价法。同时，需要进行租金的弹性系数分析。之前，我们用大量篇幅介绍了租金边际价格，这里不再赘述。

制订和审批租金标准，应具备以下前提：

（1）在制订业态规划和品牌规划之前的可研阶段中，资产管理部门和计划运营部门已经形成租金收益目标；

（2）根据市场调研报告，已经作出当地市场同类地段、相同商业项目类型租金市场价格及价格趋势的分析；

（3）根据项目定位，已经提出不同业态的营业额租金比标准范围。

由管理人拟订租金标准，内容包括：

（1）楼层租金标准：根据可参照城市商业项目楼层租金、项目地理位置、主力店情况、品牌资源情况等因素确定；

（2）业态租金标准：根据业态行业特点以及当地业态的市场租金情况确定；

（3）铺位租金标准：根据楼层、业态租金及铺位所处位置的好坏差异及主力店接临程度及未来客流走向及数量来确定；

（4）年度总租金标准：根据铺位租金、招商满场率、优惠条件以及对未来租金的市场预测来确定年度总租金；

（5）一铺一价明细表。

为了便以说明和帮助决策人进行评价，管理人应提交以拟订租金标准为基础的现金流量预测表。

拟订租金标准由管理人提交商业专业业务部门，由商业专业业务部门初审，组织财务部门、计划运营部门和资产管理部门进行会审，各部门依据资金计划、经营计划和投资回报需求等因素进行评审。拟订租金标准经各部门审核会签后，由资产持有企业负责人批准或根据企业确定的权责设定的机构或人员批准，成为正式租金标准。租金标准一旦批准生效，必须严格执行。

广告位租赁、多种经营点位租赁、库房等其他设施租赁的租金标准制订、审核和批准，参照商铺铺位租赁租金标准制订、审核和批准的要求、方法、流程进行。广告位租赁和多种经营点位租赁，涉及资产形象和品质，品牌管理部门参与审核。

3．租赁政策

租赁政策与租金标准同时进行制订、审核和批准。租赁政策包括：

（1）合作年限：根据不同的业态业种、商户投资程度以及和战略合作程度来确定。为确保租金收益，可控制租金水平低的品牌的合作年限。此前应制定品牌评价的具体标准，据此根据品牌评价的标准提出具体的合作期限政策，并且经过论证后，可单独呈请审批；

（2）优惠条件及执行方案：根据前期对当地市场租金的调查、对手与商户合作条件以及项目所在地段商圈来确定。有关装修免租期和经营免租期以及装修补贴的政策，应根据品牌评价的标准提出具体的政策；

（3）递增比例：根据企业品牌对项目地段的市场影响程度以及对未来市场的提升情况来确定，同时亦考虑业态业种的行业特性；

（4）押金及租金交纳方式：根据当地的市场情况及企业品牌项目在市场的认知和商户对企业品牌的忠诚度来确定，当然还要结合业态业种以及战略合作程度来确定。应当根据品牌评价的标准提出押金及租金交纳方式的具体方案。

租赁政策的拟订、初审、会审、审批权责和流程，与租金标准的形成相同。租赁政策一旦批准生效，必须严格执行。

4．租赁计划

租赁计划和租金收入计划按年度逐年计算。每一年经营计划中租赁计划的当年按月度逐月计算。

商铺铺位租金收入的各项有关指标，均按零售、餐饮、娱乐、服务及其他业态分别计算以及各业态汇总计算：

（1）租金收入，包括固定租金收入和流水分成收入；

（2）租赁面积，包括可经营总面积、累计签约面积、累计空置面积、累计起租面积、累计签约未起租面积、到期面积、退租面积、新签约面积（其中有续租面积、换租面积、新签约面积）；

（3）日租金，包括当年签约整体有效日租金、当年签约续约有效日租金、当年签约新租换租有效日租金、年度平均有效日租金、可经营面积有效日租金；

（4）出租率，包括累计起租出租率、年度平均起租出租率、累计签约出租率、年度平均签约出租率；

（5）其他指标：包括累计已签约商户数量、累计已签约商户面积、累计已开业商户数量、累计已开业商户面积、总开业率、签约商户开业率（按数量计算）、签约商户开业率（按面积计算）、商户签约率（按面积计算）。

广告位租赁收入计划的内容包括:

(1) 广告位租金收入;

(2) 广告位租赁面积,包括可经营总面积、累计签约面积、累计空置面积、到期面积、退租面积、新签约面积(其中有续租面积、换租面积、新签约面积);

(3) 广告位出租率、累计出租率、年度平均出租率。

多种经营收入计划的内容包括:

(1) 多种经营点位的租金收入;

(2) 多种经营点位租赁面积,包括可经营总面积、累计签约面积、累计空置面积、到期面积、退租面积、新签约面积(其中有续租面积、换租面积、新签约面积);

(3) 多种经营点位出租率、累计出租率、年度平均出租率。

库房等其他可经营设施,按照上述要素,形成租赁收入计划。

租赁计划为经营计划的组成部分,由管理人编制,商业专业业务部门初审后,交由资产管理部门、品牌管理部门、计划运营部门和财务部门根据权责进行审核,由资产持有企业负责人审批。

根据经营形势的变化,租赁计划每年可调整一次,一般安排在当年半年期。其调整权责和程序与计划制订、审核、审批权责和程序一致。

5. 租金标准、租赁政策、租赁计划的执行

由管理人负责执行已经批准的租金标准、租赁政策和租赁计划。

6. 租赁标准、租赁政策、租赁计划执行过程中的审核、评价和考核

租赁收入完成情况的审核、评价和考核以KPI评价和考核,以租金收缴率指标为对象。

对管理人执行租赁标准、租赁政策和租赁计划的行为,按照业务标准和上述权责、规定、流程以及方法,进行符合性审核、评价和考核,进行过程控制。

(二) 服务性收入控制

服务性收入包括物业管理费及相关服务费收入、商业运营费收入和推广服务费收入。

物业管理费,是管理人向租户收取的用于支付物业服务人员的薪资以及物业服务成本费用的服务性收入。

商业运营费,是管理人应得的商业运营服务收入,包括所支付的商业运营人员的薪资以及营运成本费用支出。目前,这部分收入并未直观呈现,**实际包含在租金当中**。在

我国这对资产持有人和管理人双方的税务筹划是不利的。因为，租金作为财产性收入，其增值税率为11%，而商业运营费收入作为服务性收入，其增值税率为6%。

无论商业运营费收入是否显在，这里依然把它作为一个核算项目。

推广服务费收入是管理人向租户收取用于商业项目的品牌建设费用和商业项目整体宣传的服务性收入，它不包括为特定或局部商户举办的商业宣传推广费用。

相关服务性收入，是指管理人向租户单独收取的包括租赁合同约定单独计算的能源费（加时能源费、单独计量的水电气费、装修临时水电费）、消防泄水费、装修管理费、装修押金、消防器材租赁费、施工人员出入证费、垃圾清运费、POS机租赁费等相关服务性收入或代收费用。

1．收费标准

服务性收入收费标准的制订一般采用成本计价法，辅之以市场比较法。

（1）物业管理费的成本构成

物业管理费的构成要素包含：物业服务人员的薪酬、共用设施设备的运行费用和维护保养费用、公共区域秩序维护费用、公共区域环境维护费用、物业服务机构专用固定资产折旧费、物业管理服务的办公费用和相关税费。物业管理费不包含商业运营工作的人员、办公等费用。物业管理相关服务性收入，由相关服务的成本所构成。物业管理费的构成要素中必须剔除收费性停车场的所有物业服务成本费用开支；

（2）运营服务费的成本构成

运营服务费的构成要素包括：非物业管理人员的工资、商业运营管理过程中的物料、商业运营机构的专用固定资产折旧费、商业运营管理的办公费用和相关税费；

（3）相关服务性收入的成本构成

相关服务性收入收费标准的构成要素，由相关服务的成本所构成。

由于目前我国部分商业服务企业向租户收取的推广服务费只是象征性的，无法弥补商业项目的品牌建设费用和商业项目整体宣传的开支。因此，商业项目的品牌建设费用和商业项目整体宣传的开支只是推广服务费的定价基础，但收费标准按照市场比较法确定。

服务性收入收费标准由管理人提出测算依据后，经商业专业业务部门初审，交由成本管理部门、计划运营部门和财务管理部门及人力资源管理部门、行政管理部门进行专业审核。推广服务费收费标准由品牌管理部门审核会签。审核完成后的服务性收入收费标准由资产持有企业负责人批准或根据企业确定的权责设定的机构或人员批准，成为正式收费标准。

相关服务性收入收费标准由管理人提出测算依据后,经商业专业业务部门审核,由资产持有企业负责人批准或根据企业确定的权责设定的机构或人员批准,成为正式收费标准。

2. 服务性收入计划

服务性收入计划中,包含物业管理费收入计划;运营服务费收入计划;推广服务费收入计划;商铺、广告位和多种经营点位租赁酬金收入和物业管理酬金收入计划;其他经营收入计划。

服务性收入计划的编制以租赁计划为基础,所采用的基础信息与租赁计划中的基础信息相一致。其中,租赁酬金收入和物业管理酬金收入的依据是资产持有人与管理人签订的商业管理委托合同和物业服务合同关于管理者酬金的约定。

商业运营管理服务经营收入计划按年度逐年计算。每一年经营计划中商业运营管理服务经营收入计划的当年按月度逐月计算。

服务性收入计划为经营计划的组成部分,由管理人编制,商业专业业务部门初审后,计划运营部门和财务部门根据权责进行审核,由资产持有企业负责人审批。

根据经营形势的变化,服务性收入计划每年可调整一次,一般安排在当年半年期。其调整权责和程序与计划制订、审核、审批权责和程序一致。

3. 服务性收入收费标准、服务性收入计划的执行

由管理人负责执行已经批准的服务性收入收费标准、服务性收入计划。

4. 服务性收入收费标准、服务性收入计划执行过程中的审核、评价和考核

对管理人执行服务性收入收费标准、服务性收入计划的行为,按照业务标准和上述权责、规定、流程以及方法,进行符合性审核、评价和考核,进行过程控制。

(三) 停车场收入控制

按照商业地产资本市场的交易规则,收费性停车场作为独立资产进行核算,因此对停车场收入进行独立控制。

停车场收入包括停车场月租费收入、停车场临时停车费。

(1) 停车场收费标准

停车费收费标准采用市场比较法定价。

停车场收费标准由管理人提出后,经商业专业业务部门审核,审核完成后的收费标准由资产持有企业负责人批准或根据企业确定的权责设定的机构或人员批准,并交当地交通管理部门核定。核定后成为正式收费标准。

（2）停车费收入计划

停车费收入计划按年度逐年计算。每一年经营计划中停车费收入计划的当年按月度逐月计算。

停车费收入计划为经营计划的组成部分，由管理人编制，商业专业业务部门初审后，计划运营部门和财务部门根据权责进行审核，由资产持有企业负责人审批。

根据经营形势的变化，停车费收入计划每年可调整一次，一般安排在当年半年期。其调整权责和程序与计划制订、审核、审批权责和程序一致。

（3）停车费收入收费标准、停车费收入计划的执行

由管理人负责执行已经批准的停车费收入收费标准、停车费收入计划。

（4）停车费收入收费标准、停车费收入计划执行过程中的审核、评价和考核

对管理人执行停车费收入收费标准、停车费收入计划的行为，按照业务标准和上述权责、规定、流程以及方法，进行符合性审核、评价和考核，进行过程控制。

表9-1为商业地产资产运行收益控制职责分配一览表。

商业地产资产运行（收益控制）职责分配一览表　　表9-1

| 类别 | 事项 | 资产持有企业 ||||||||| 下属或受托经营单位 ||
| | | 综合管理职能部门 ||| 综合业务管理部门 ||| 专业业务部门 ||| | |
		综合管理	人力资源	财务管理	风险控制	计划运营	资产管理	品牌管理	成本管理	工程设计	项目管理	商业管理	项目管理人	商业管理人
收益控制	租金标准、租赁政策制订、审核及执行			●		●	●					●		▲、■
	租赁计划制订、审核及执行			●		●	●					●		▲、■
	广告位租赁计划制订、审核及执行			●		●	●	●				●		▲、■
	多种经营点位租赁计划制订、审核及执行			●		●	●					●		▲、■
	库房等其他可经营设施租赁计划制订、审核及执行			●		●	●					●		▲、■
	物业管理费标准制订、审核及执行	●	●	●		●			●			●		▲、■
	商业运营费标准制订、审核及执行	●	●	●		●			●			●		▲、■
	推广服务费标准制订、审核及执行			●		●		●				●		▲、■
	相关服务性收入收费标准制订、审核及执行			●		●						●		▲、■
	服务性收入计划制订、审核及执行			●		●						●		▲、■
	停车费收费标准制订、审核及执行			●		●						●		▲、■
	停车费收入计划制订、审核及执行			●		●						●		▲、■

▲：制订　●：审核、监督　■：执行

二、成本控制

资产持有人对资产经营支出和**实行酬金制**的商业管理公司（物业管理公司）的成本经济活动应该进行过程控制。

（一）成本标准控制

成本控制的目的，不是为了无限制地压低成本，而是使实际成本趋近于合理成本，这个合理成本就是成本标准。在招投标实务中，"标底"就是合理成本。

1. 人力资源成本标准控制

由资产持有人与管理人签订的管理委托合同和物业服务合同中，如确定采取酬金制的，合同应明确约定人力资源配置方案和各岗位的薪酬标准。

其中，人力资源配置方案中包含岗位、职数、服务期限等要素；薪酬标准，应包含岗位薪资、绩效薪资、年终薪资和考核方法以及按国家规定和政策制订的养老保险、医疗保险、工伤保险等劳动保险方案。

需要强调的是，在人力资源配置方案中，运营服务人员、物业服务人员、停车场服务人员需要分开编制。

在实际工作中，人力资源配置方案和薪酬标准发生动态变化的，应由管理人提出申请，交由人力资源部门审核，其中，人力资源配置方案还需要由商业专业物业部门初审。审核后的人力资源配置方案和人力资源薪酬标准，由资产持有人负责人审批。

在管理人经营管理期间，人力资源部门应通过GS审核过程，核查管理人团队是否按人力资源配置方案进行人员配置和出勤，核查其薪酬标准执行情况。

2. 行政费用标准控制

由资产持有人与管理人签订的管理委托合同和物业服务合同中，如确定采取酬金制的，合同同样需要明确约定行政费用标准，包括差旅标准、服装标准、办公费标准、招待标准和公务用车标准。此外，管理人自有专用固定资产应当在合同中附有清单，并按标准计提折旧进入行政管理费用。

在实际工作中，行政费用标准发生动态变化的，应由管理人提出申请，交由行政管理部门审核。审核后的行政费用标准，由资产持有企业负责人审批。

在管理人经营管理期间，行政管理部门应通过GS审核过程，核查管理人执行合同约定的行政费用标准的情况。

3．营销推广费用标准控制

除了管理人向租户收取推广服务费用于商业项目整体营销推广之外，资产持有人可按租金计划收入的若干比例提取营销推广费用交由管理人使用。

营销推广费用实行预算管理。管理人应提出营销推广方案，并依此为据，提出费用预算，交由商业专业业务部门初审后，由品牌推广部门进行审核。审核完成后由资产持有企业负责人审批。

原则上，资产持有企业承担的营销推广费用，以10年期总额计，一般不超过10年租金收入的5%～8%。

4．低值易耗品成本控制

管理人在经营过程中所消耗的低值易耗品有两类：一类是材料，如灯具、管件、墙砖地砖等；一类是工具，即单体价值不超过2000元但使用年限超过1年的，如易拉宝、手钳、仪器仪表等。低值易耗品消耗的特点是金额小，笔数多。

低值易耗品成本实行预算控制。管理人应提出低值易耗品消耗的品种、规格、型号、数量，并依此为据，提出费用预算，交由商业专业业务部门初审后，由成本管理部门进行审核。审核完成后由资产持有企业负责人审批。

5．设备维护保养成本控制

设备维护保养实行预算控制。管理人提出维护保养方案和技术标准，交由商业专业业务部门初审，初审合格后交由成本管理部门和资产管理部门审核，审核完成后，由资产持有企业负责人批准。

对变压器定期检测、电梯维护保养、消防设备维护保养、空调水系统清洗等设备维护，除特殊情形实行协议外，应实行招标投标管理。由管理人负责经办，成本管理部门负责组织，商业专业业务部门、资产管理部门和财务部门参与评标议标。

6．能源成本控制

能源消耗有两个概念，一是标准能耗，二是综合能耗。标准能耗是满足规定运行指标基础上最科学、最经济的能源消耗指标；而综合能耗是因设备功能性缺损、操作不当、维护保养不当以及未满负载运行或频繁启动的无效运行所最终反映出的实际能耗。

能源的合理成本，就是其标准能耗。标准能耗需要根据设备运行的期量标准，针对特定的使用环境和条件，对设备运行各技术参数进行实验和调整所实测取得。尤其像制冷机组这种耗能巨大的设备，需要对环境、负荷、蒸发压力、蒸发温度、进出水温度等技术指标反复进行实验。

在有条件的情况下，资产管理部门会同商业专业业务部门与管理人对设备进行运行实测，取得大量数据后取得各种耗能设备的标准能耗数据。

能耗控制还需要采取措施，以缩小综合能耗与标准能耗的差距。主要措施是：制订并实施科学的设备运行技术标准；制订并实施科学的设备维护保养技术标准；适时实施设备大中修，消除设备功能缺陷；严格各种计量仪器仪表的定期检定，确保仪表准确。

在经营管理过程中，能源消耗成本实行预算管理，由管理人提出能源消耗成本预算，经商业专业业务部门初审后，由资产管理部门审核，由资产持有企业负责人批准。

7. 保洁、景观、美术陈列、广告公关等外包工程成本控制

各种外包工程的成本费用，均实行预算控制。由管理人提出技术方案和费用预算，经商业专业业务部门初审后，交由成本管理部门审核，美术陈列、广告公关等宣传类外包工程，还需交由品牌管理部门审核会签，由资产持有企业负责人审批。

8. 资本性支出成本控制

建筑构件和设备的大中修和重置更新等资本性支出预算，由资产管理部门组织方案，经财务部门审核，资产持有企业负责人批准。

(二) 成本计划的制订和执行

1. 经营成本和费用计划的制订和执行

计入"现金成本"科目的经营成本和费用，包括人力资源成本支出、行政费用支出、营销推广费用支出、低值易耗品成本支出、设备维护保养成本支出、能源成本支出和保洁、景观、美术陈列、广告公关等外包工程成本支出，按年度逐年计算。每一年经营计划中成本费用计划的当年按月度逐月计算。

经营成本和费用计划为经营计划的组成部分，由管理人编制，商业专业业务部门初审后，计划运营部门和财务部门依据成本标准，根据权责进行审核，由资产持有企业负责人审批。

根据经营形势的变化，经营成本和费用计划每年可调整一次，一般安排在当年半年期。其调整权责和程序与计划制订、审核、审批权责和程序一致。

由管理人负责执行已经批准的经营成本和费用计划。

对管理人执行经营成本和费用计划的行为，按照业务标准和上述权责、规定、流程以及方法，进行符合性审核、评价和考核，进行过程控制。

2. 资本性支出计划的制订和执行

资本性支出计划，由资产管理部门按照固定资产大中修管理制度的规定和固定资

重置更新管理制度的规定进行制订,由计划运营部门和财务部门审核,由资产持有企业负责人审批。审批后的计划由资产管理部门负责组织实施。

表9-2为商业地产资产运行成本控制职责分配一览表。

商业地产资产运行(成本控制)职责分配一览表　　表9-2

类别	事项	资产持有企业											下属或受托经营单位	
		综合管理职能部门				综合业务管理部门			专业业务部门				
		综合管理	人力资源	财务管理	风险控制	计划运营	资产管理	品牌管理	成本管理	工程设计	项目管理	商业管理	项目管理人	商业管理人
成本控制	人力资源成本标准控制		●									●		▲、■
	行政性费用成本标准	●												▲、■
	营销推广费用标准							●						▲、■
	低值易耗品成本控制			●			●							▲、■
	设备维护保养成本控制			●			●							▲、■
	能源成本控制						●							▲、■
	保洁、景观、美术陈列、广告公关等外包工程成本控制			●			●		●					▲、■
	资本性支出成本控制						▲、■							
	经营成本和费用计划的制订和执行					●						●		▲、■
	资本性支出计划的制订和执行					●	▲、■							

▲:制订　●:审核、监督　■:执行

三、资源控制和资产管理

(一)固定资产管理

由财务部门制订固定资产管理制度,由资产管理部门具体执行。

固定资产管理制度应包含:编号、台账卡片建立、定期盘点和统计;固定资产的购置和计价;固定资产折旧;固定资产处置;固定资产档案管理等内容。

(二)公共场地、共用设施、配套设施使用、维护

由商业专业业务部门制订公共场地、共用设施、配套设施使用、维护的制度和业务标准,包括房屋使用维护技术标准、设备运行技术标准、设备运行环境技术标准、机房管理标准、设备维护技术标准以及各种管理规定和工作流程。

上述制度和业务标准经资产管理部门审核,交由管理人执行。

资产管理部门和商业业务部门按权责应通过GS审核过程,对管理人就公共场地、共用设施、配套设施使用、维护情况进行监督性审核、评价和考核。

（三）广告位、多种经营点位、停车位等经营资产的使用、维护

由商业专业业务部门制订广告位、多种经营点位、停车位等经营资产的使用、维护管理制度和业务标准。

上述制度和业务标准经资产管理部门、品牌管理部门审核，交由管理人执行。

资产管理部门、品牌管理部门和商业业务部门按权责应通过GS审核过程，对管理人就广告位、多种经营点位、停车位等经营资产的使用、维护情况进行监督性审核、评价和考核。

（四）租赁资产使用、维护监管

按合同约定租赁给租户的租赁资产，包括房屋、设备及设施，由商业专业业务部门制订使用和维护业务标准，包括房屋使用维护技术标准、设备运行技术标准、设备运行环境技术标准、机房管理标准、设备维护技术标准。

上述制度和业务标准经资产管理部门审核，交由租户执行。

资产管理部门、商业业务部门按权责，对租户就租赁资产的使用、维护情况进行监督、检查性，对租户违反业务标准和租赁合同的行为进行纠正，依照合同进行处理。

（五）固定资产大中修管理

固定资产需要进行大中修的，按照固定大中修管理制度，由使用人出具申请，资产管理部门编制计划，经商业专业业务部门、工程设计部门、成本管理部门、品牌管理部门审核会签后，由资产持有企业负责人审批。审批立项后，由项目管理部门制订大中修施工方案，由商业专业业务部门、工程设计部门、成本管理部门、品牌管理部门、财务部门审核。项目管理人负责组织施工，交使用人和资产管理部门验收合格，进行工程结算。

（六）固定资产更新改造

固定资产需要更新改造的，按照固定资产更新改造管理制度，由商业专业业务部门提出需求，由资产管理部门启动，工程设计部门提出技术方案，成本管理部门提出预算，资产管理部门、品牌管理部门和财务部门进行评估，经资产持有企业负责人批准立项。

工程立项后，由工程设计部门组织设计，项目管理部门组织施工，成本管理部门组织招采。项目需要重新筹备开业的，由商业专业业务部门和管理人组织开业筹备。

（七）品牌资源管理

商业专业业务部门，组织管理人进行品牌评价和分析和进行品牌资源收集和管理。品牌搜集的内容包括基础数据、商品数据、营运数据、合作方式以及包括资质、许可等其他资料。对品牌资源实行分级管理。

在商业专业业务部门建立租户品牌资源库，建立品牌储备档案。

（八）经营数据信息管理

数据信息系统包括电子数据信息技术系统和手工数据信息系统。内容包括租赁报表、经营报表和品牌资源报表。

经营数据信息的基础信息包括合同台账、租费台账、铺位台账、客流统计台账、车流统计台账、气候疫情记录、营销活动记录、突发事件记录等。

应按照权责，按管理人、商业专业业务部门、计划运营部门的工作模块，要求及时准确录入数据库，包括铺位数据、租赁合同数据、POS机销售数据以及手工对账数据等，并需要备份。

应按照权责，按各部门或工作模块，对不能进入信息技术系统的数据，及时准确地记录、传递和汇总各类手工台账和记录的数据信息，并设置专人管理。

表9-3为商业地产资产运行资源控制和资产管理职责分配一览表。

商业地产资产运行（资源控制和资产管理）职责分配一览表　　　表9-3

类别	事项	资产持有企业											下属或受托经营单位	
		综合管理职能部门				综合业务管理部门				专业业务部门				
		综合管理	人力资源	财务管理	风险控制	计划运营	资产管理	品牌管理	成本管理	工程设计	项目管理	商业管理	项目管理人	商业管理人
资源控制和资产管理	固定资产管理			▲			■							
	公共场地、共用设施、配套设施使用、维护						●					▲		■
	广告位、多种经营点位、停车位等经营资产的使用、维护						●	●				▲		■
	租赁资产使用、维护监管						●					▲、■		
	固定资产大中修管理			●		●	▲	●	●	■	●		■	
	固定资产更新改造管理			●		●	●	●	●	●	■	▲		
	商户品牌资源管理							●					▲、■	
	经营数据信息管理					●、■						●、■	▲、■	

▲：制订　●：审核、监督　■：执行

四、经营活动和过程控制

(一) 经营分析

经营分析是在数据信息管理的基础上,通过经营分析报告的方式对经营数据进行统计、分析,对整体经营情况进行解析,从而为经营调整提供依据。

管理人每月度、每季度、每半年和每年应进行经营分析,经营分析应至少包括以下内容:各楼区、各业态和品类的销售额和营业坪效;客流分析,包括客流量;周末及促销、重大活动情况以及对销售额、客流量的相关性分析;存在的主要问题及采取的对策。

管理人完成经营分析后,应向商业专业业务部门和计划运营部门呈报经营分析报告。

(二) 业态规划

在开业前招商和定位调整前招商中,管理人组织商业项目业态规划和品牌规划工作。

业态规划和品牌规划方案的内容包括:市场调研报告;总体定位描述,包括经营档次、功能、业态种类、目标顾客群体、经营主题、品牌定位;档次定位;功能定位;品牌定位;主题定位;客层定位;楼层定位及业态描述。将业态及品类落位到平面图,并将目标品牌落位到各商铺,每个商铺宜确定3个以上目标品牌。

商业专业业务部门应组织业态规划和品牌规划论证会,计划运营部门、资产管理部门、财务部门、工程设计部门参加论证。

论证后的业态规划和品牌规划应由资产持有企业按企业权限设定的机构或人员批准。

审批业态规划和品牌规划,应结合项目租金标准及租赁政策的方案。

业态规划和品牌规划一经确定,必须严格执行。

若执行中有调改意见应提请调改方案,经按企业权限设定的机构或人员批准;有重大调改的,应重新组织论证。经审批后的调改方案方可执行。如对租金收益水平造成影响的,必须组织专题会,应由资产持有企业资产管理、财务、计划运营等各部门共同进行论证。

(三) 品牌调整

品牌调整是运营期进行的经营调整,包括临时调整、季节性调整和合同性调整。品牌调整是实现租金跳跃式增长的战术行动。

由管理人制订品牌调整实施方案,实施方案中应包含业态结构优化、品牌结构优化、品牌调整策略、优选品牌和淘汰品牌的租金对比、整体租金分析等内容。

由商业专业业务部门对品牌调整方案进行初审，初审后与计划运营部门、财务部门进行会审。审核时，应注意调集业态品类及品牌的评价和分析的资料和经营分析报告，并依据营业额租金比指标对方案进行评估。

审核完成后，品牌调整方案经资产持有企业负责人审批。管理人根据审批后的方案执行。

品牌调整后，商业专业业务部门、计划运营部门和财务部门对调整后的品牌经营情况进行重点监测。

（四）营销推广活动

运营期的营销推广包含了广告营销、活动营销、体验营销、网络营销等全方位的营销策略和方式。

管理人负责制订营销推广方案，方案包括：推广目的；推广对象；推广依据；推广主题；推广期；推广的策略和实施；媒体选择；费用预算。年度营销推广方案还需要包括各季度、各月度营销推广实施方案和媒体投放计划。

商业专业业务部门对方案进行初审后，报请品牌管理部门、成本管理部门、计划运营部门和财务部门审核。审核完成后，由资产持有企业负责人审批。

营销推广活动后，要进行评估。评估的内容包括：费用的评估；营业额和营业坪效的评估；客流的评估；媒体效果运用的评估；对同业反应情况进行分析；提出活动成效、不足以及改进方法。

（五）美术陈列布置

环境美术陈列布置方案，在管理人制订完成之后，应该经由商业专业业务管理部门初审，并经品牌管理部门、计划运营部门、成本管理部门、财务部门进行评审，并获得批准方能实施。

（六）媒体宣导

媒体宣导应完全服从于营销推广策略，具体实施包括：媒体宣传委托代理；户外广告规划、制作和发布；电视片等大型制作；印刷品制作；媒体费用结算；负面新闻报道处理。

商业专业业务部门、品牌管理部门、成本管理部门和财务部门均应加强对管理人媒体宣导工作的控制。包括：

（1）对广告媒体合作单位的选择、合作条件与价格的确定、广告投放等事项的控制；

（2）对外广告、新闻稿、软文、广播稿、电视宣传片等发布的内容、

形式、发布的时段、版面,以及费用预算、相关合同等文件,应当按照成本控制的要求履行评审和审批;

(3)财务部门应稽核媒介运用工作,重点对广告合同的条款、补充协议等进行审核;并对媒体发布后是否与合同一致,是否发布在指定版面、时段等进行核验。

(七)会员营销

商业专业业务部门和品牌管理部门要加强对管理人会员营销业务的控制。主要内容包括:

1. 会员管理的基础工作

建立会员档案和台账,包括联盟商户会员的档案、台账和消费者会员的档案的台账,并随时更新。

2. 会员营销的经营评估

根据会员营销的经营分析成果,进行会员营销评估,修订会员政策和积分政策,并按制度流程履行审批。

3. 会员营销数据信息管理

根据会员消费记录,分析会员消费习惯,将零售记录和会员消费记录进行比对,并统计客户成本、首购单价、复购率、复购客单价、转介绍率等会员营销经营数据。

4. 会员关系维护

按照客户关系维护的方法,进行会员关系维护,接受会员对服务、求助、建议、问询、质疑等各类信息的收集和反馈,并及时处理,有回访制度和记录。

(八)经营规范

就经营规范需要进行管理的项目包括:开闭店、晨会、广播、吊旗、店招、POP、橱窗、物价签、总服务台、商品和陈列、空铺。

商业专业业务部门通过GS审核,对管理人经营规范管理,进行监督性检查。同时,要关注管理人巡场管理工作的执行情况。

(九)经营环境

经营环境管理主要的活动内容包括:商户装修现场环境管理;出入货管理;特种行业管理;商业物理环境管理。

商业专业业务部门通过GS审核,对管理人经营环境管理,进行监督性检查。

（十）多种经营

由商业专业业务部门、品牌管理部门、计划运营部门、财务部门按权责对管理人的多种经营业务通过GS审核进行监管。监管的内容包括：

（1）是否存在未经资产持有企业批准，擅自设置多种经营点位和临时摊点进行租赁经营的；

（2）经营业态、品类是否与商铺经营商户产生冲突，与项目商铺经营品类形成互补；

（3）是否符合多种经营商户的形象标准和安全标准的；

（4）是否存在多种经营业务中侵害资产及资产持有企业权益的其他行为。

（十一）客户服务

商业专业业务部门和品牌管理部门通过GS审核，对管理人的客户关系维护工作进行监督性检查，重点是客户档案和客户投诉处理。

表9-4为商业地产资产运行经营活动和过程控制职责分配一览表。

商业地产资产运行（经营活动和过程控制）职责分配一览表　　表9-4

类别	事项	资产持有企业											下属或受托经营单位	
		综合管理职能部门				综合业务管理部门				专业业务部门				
		综合管理	人力资源	财务管理	风险控制	计划运营	资产管理	品牌管理	成本管理	工程设计	项目管理	商业管理	项目管理人	商业管理人
经营活动和过程控制	经营分析					●						●		▲、■
	业态规划			●		●	●			●		●		▲、■
	品牌调整			●		●	●	●				●		▲、■
	营销活动及宣传			●		●		●	●			●		▲、■
	美术陈列			●		●		●				●		▲、■
	媒体宣导			●	●			●				●		■
	会员营销						●					●		■
	经营规范											●		■
	经营环境											●		■
	多种经营			●		●		●				●		■
	客户服务					●						●		■

▲：制订　●：审核、监督　■：执行

五、形象和品质控制

（一）资产VI及品牌管理

在品牌建设中，对视觉识别（VI）的管理是一项营销策划和推广的一项重要工作。它是以商业地产资产的标志、标准字体、标准色彩为核心展开的完整、体系的视觉传达体系，是将其理念、文化特质、服务内容、服务规范等抽象语意转换为具体符号的概念，塑造出独特的形象品牌。

品牌管理部门负责就资产VI建立完整的业务标准、流程和限制性规定。

管理人应认真管理和维护VI系统，在商业运营和商户经营活动中各种手册、文件、宣传品、广告、POP、物价签、营运人员和营业员服装和标牌以及各种标识等，在强制使用、授权使用等运用VI系统的事项中，应确立有明确的标准规定、流程规定和限制规定。

品牌管理部门通过GS审核，对管理人的资产VI的使用和管理进行监督性检查。

（二）产品形象（外立面、标志物、广告、多种经营）控制

品牌管理部门根据VI业务标准，对商业地产资产的产品形象（外立面、标志物、广告、多种经营）通过GS审核，对管理人的行为进行监督性检查。

（三）服务形象（礼仪用语、仪容仪表、服装规范）管理

服务形象是CI系统中BI（行为识别）的具体展现。品牌管理部门根据BI业务标准，对管理人属员的服务形象（礼仪用语、仪容仪表、服装规范）通过GS审核，对管理人的管理进行监督性检查。

（四）媒体发布管理

管理人对外广告、新闻稿、软文、广播稿、电视宣传片等发布的内容、形式、发布的时段、版面，涉及对外形象宣传的事项，应当按照企业品牌管理的要求应履行评审和审批。

品牌管理部门就此通过GS审核，对管理人的行为进行监督性检查。

（五）第三方满意度评价

由品牌管理部门通过第三方调查机构，对租户和消费者进行暗访，以及开展管理人的客户满意度指数（CSI）调查。

（六）重大投诉事项管理

品牌管理部门可设立监督电话，就租户和消费者对管理人管理行为的重大投诉事项进行管理。

表9-5为商业地产资产运行形象和品质控制职责分配一览表。

表 9-5

商业地产资产运行（形象和品质控制）职责分配一览表

类别	事项	资产持有企业											下属或受托经营单位	
		综合管理职能部门				综合业务管理部门			专业业务部门			项目管理人	商业管理人
		综合管理	人力资源	财务管理	风险控制	计划运营	资产管理	品牌管理	成本管理	工程设计	项目管理	商业管理		
形象与品质控制	资产 VI 及品牌管理							▲						■
	产品形象（外立面、标志物、广告、多种经营）控制							▲						■
	服务形象（礼仪用语、仪容仪表、服装规范）管理							▲						■
	媒体发布管理							▲						■
	第三方满意度评价							▲、■						
	重大投诉事项管理							▲、●						■

▲：制订　●：审核、监督　■：执行

六、合同控制

商业地产资产运行中涉及和合同种类包括租赁类合同、管理服务类合同、服务外包类业务合同、物资采购类、工程建设安装类合同四种。

合同管理涉及合同编制、合同办理、合同履行、合同评估、合同续签和解除五个重要环节。

（一）合同编制、审核和审批

合同编制包括合同文本编制、合同决策信息形成、合同确定三个阶段。

1．合同标准文本编制、审核和审批

合同标准文本由企业风险管理部门编制，各有关业务和管理部门参与评审，并依照企业法定程序完成审批。

2．合同非标准文本编制、审核和审批

对企业尚未发布合同标准文本的，合同主办部门可以自行编制合同非标准文本，但应确保合同的内容完整、表述准确。合同文本须经相关专业业务部门、财务部门和风险管理部门进行业务、财务和法务评审后，经过法定程序审批，方能使用。

对于合作对象提出的合同文本，也应经相关专业业务部门、财务部门和风险管理部门进行业务、财务和法务评审后，经过法定程序签批方能使用。

3．合同决策信息编制、审核和审批

合同决策信息包括合同主体、合同标的、数量、质量、合同期限、合同价款、合同价款的支付方式、优惠政策、对合同标准文本进行针对性修订的条款等。

合同决策信息由合同主办部门负责编制，相关业务部门和管理部门审核后，交由财务部门和风险管理部门审核，经过法定程序完成签批。

4. 合同文本确立

合同主办部门将审批后的合同决策信息编入合同标准文本或合同非标准文本，再提交相关业务部门和管理部门审核、财务部门和风险管理部门审核，最后经过法定程序完成签批。

（二）合同办理、履行、评估、续约或解除

合同办理（合同谈判、修订签批、合同签订）、合同履行、合同续约或解除，由合同主办部门负责，相关业务部门、管理部门、财务部门和风险管理部门进行监管。

财务部门、风险管理部门、各相关业务部门、管理部门通过GS审核，对合同主办部门合同办理、履行、评估、续约或解除工作进行监督性检查。

合同控制工作尤为重要。这里举一个在合同中合同主体处理不当引发纠纷的例子。

  有一家商业地产企业，设立有一家商业管理公司。在开设一个商业项目过程中，由地产项目公司以所有权人的名义与租户签订了租赁合同，租赁合同中附有大量商业管理和物业管理内容。之后，商业管理公司以管理人的名义签订了多种经营点位使用合同和广告位使用合同。两年后，该商业地产企业将该商业项目转售给其他企业，同时转售的还有管理这个商业项目的商业管理公司的子公司。转售完成后，在交接合同时，在租赁合同主体变更过程中，交易双方发生纠纷。买受人指出原合同有严重瑕疵，包括租赁合同带有服务业务内容、服务性合同带有租赁业务内容，拒绝支付交易尾款。承租方也借机联合提出了索赔主张。

如果这个商业地产项目不转让，合同存在的瑕疵都可以掩盖。但一旦涉及资产转让，合同主体进行变更，合同瑕疵就会引发很大的法律问题。无论引发纠纷的动机怎样，合同瑕疵就可以演变为极其严重的社会事件。

所以，合同编制和管理尤其要严谨、严谨、再严谨。

表9-6为商业地产资产运行合同控制职责分配一览表。

表9-6 商业地产资产运行（合同控制）职责分配一览表

类别	事项	资产持有企业											下属或受托经营单位	
		综合管理职能部门				综合业务管理部门				专业业务部门				
		综合管理	人力资源	财务管理	风险控制	计划运营	资产管理	品牌管理	成本管理	工程设计	项目管理	商业管理	项目管理人	商业管理人
合同控制	租赁类合同标准文本编制、审核和审批			●	▲		●	●	●			●		
	管理服务类合同标准文本编制、审核和审批			●	▲		●	●	●			●		●
	服务外包类合同标准文本编制、审核和审批			●	▲			●	●	●		●		●
	物资采购类合同标准文本编制、审核和审批			●	▲		●		●			●		
	工程建设安装类合同标准文本编制、审核和审批			●	▲		●		●	●		●		
	租赁类合同非标准文本编制、审核和审批			●	●		●	●	●			▲		
	管理服务类合同非标准文本编制、审核和审批			●	●		●	●	●			●		▲
	服务外包类合同非标准文本编制、审核和审批			●	●			▲	●	▲		●		▲
	物资采购类合同非标准文本编制、审核和审批			●	●				▲					
	工程建设安装类合同非标准文本编制、审核和审批			●	●				●		●		▲	
	租赁类合同决策信息编制、审核和审批			●	●		●	●	●			▲		▲
	管理服务类合同决策信息编制、审核和审批			●	●		●	●	●			●		▲
	服务外包类合同决策信息编制、审核和审批			●	●			▲	●	▲		●		▲
	物资采购类合同决策信息编制、审核和审批			●	●				▲					
	工程建设安装类合同决策信息编制、审核和审批			●	●				●		●		▲	
	租赁类合同文本确定			●	●		●	●	●			●		▲、■
	管理服务类合同文本确定			●	●		●		●			●		▲、■
	服务外包类合同文本确定			●	●			▲、■	●	▲、■		●		▲、■
	物资采购类合同文本确定			●	●				▲、■					
	工程建设安装类合同合同文本确定			●	●				●		●		▲、■	
	合同办理、履行、评估、解除			●	●		●	▲、■	▲、■	▲、■		▲、■		▲、■

▲：制订　●：审核、监督　■：执行

七、招采控制

(一) 供应商管理

供应商划分物料供应商和服务供应商。物料，包括固定资产和低值易耗品。使用年限一年以上，单位价值2000元以上的如房屋、设备等，为固定资产。低值易耗品中，使用年限一年以下的为材料；使用一年以上的为工具。

物料供应商包括各类机电设备供应商、物料供应商、机具（器材）供应商、防护用品供应商、日常耗材供应商等。

服务供应商包括建筑设计单位、工程建设安装单位、监理机构、市场调查机构、广告公司、保洁公司、绿化公司中央空调维护保养公司、电梯维护保养公司、智能安防系统维修保养公司、建筑消防设施功能检测维修保养公司、柴油发电机组维护保养单位、供配电高压检测单位、防雷装置检测单位等。

由成本管理部门建立合格供应商资源库。物料和服务的供应应从合格供应商资源库中选择使用。

供应商使用单位负责提供供应商及所提供产品或服务的项目、品种、规格、价格等相关资料，由成本管理部门会同各使用单位进行评审，将评审合格的供应商纳入供应商资源库。资源库经逐年评审选拔、淘汰并更新。

(二) 供应商招投标

物料供应商和服务供应商，除专利产品、政府专属经营产品或服务外，应采取招投标方式，在合格供应商中选择使用。

招投标由成本管理部组织，编制招标文件和评标标准，由相关业务部门、管理部门和财务部门组成评标小组，对投标文件进行评标。与评标优胜者订立供应商合作合同。

(三) 固定资产购置

使用年限一年以上，单位价值2000元以上的房屋建筑、设备为固定资产。

固定资产购置按照固定资产管理制度规定的流程办理。关于固定资产管理，本书在第九章第一节讲述。

(四) 低值易耗品的保管、使用和报销

管理人对低值易耗品应设置库房，由专人进行建账保管。材料凭入库单和发票报销；凭工作单方可领取出库，固体材料出库时原则上以旧换新。工具必须建账建卡，入

库时不得报销，记账时挂库存账户；凭工具卡领取使用，遗失或损坏需要折价赔偿，工具年限到期方可办理报废和财务报销。

财务部门应通过GS审核过程，核查管理人低值易耗品消耗和保管情况，注意查阅其账卡，核查库存账户，核查材料和工具领用手续。

表9-7为商业地产资产运行招采控制职责分配一览表。

商业地产资产运行（招采控制）职责分配一览表　　表 9-7

类别	事项	资产持有企业											下属或受托经营单位	
		综合管理职能部门				综合业务管理部门				专业业务部门				
		综合管理	人力资源	财务管理	风险控制	计划运营	资产管理	品牌管理	成本管理	工程设计	项目管理	商业管理	项目管理人	商业管理人
招采控制	合格供应管理			●		●	●	▲	●	▲	●	●	▲	▲
	供应商招投标			●		●	●	▲■	●	▲	●	●	▲■	▲■
	固定资产购置			●		●	●	●			■	▲		
	低值易耗品的保管、使用和报销			●								●		■

▲：制订　●：审核、监督　■：执行

八、计划与预算控制

年度预算是经营计划的基础。

（一）经营计划

商业管理人和项目管理人构成两个经营主体：一个承担租赁计划、服务性收入计划和经营成本和费用支出计划；一个是包括固定资产大中修和固定资产更新改造的资本性支出计划的承担者。

经营计划由计划运营部门发起，分别由这两个经营主体编制，由相关业务部门、管理部门及计划运营部门、财务部门审核，经资产持有企业负责人审批后，由经营主体具体实施，在计划运营部门归口监督和考核。

（二）年度预算

年度预算由财务部门发起。其中：

（1）租赁收入预算由商业管理人编制，经商业专业业务部门初审后，经资产管理部门和财务部门审核；

（2）服务性收入预算由商业管理人编制，经商业专业业务部门初审后，经财务部门审核；

（3）服务性支出预算由商业管理人编制，经商业专业业务部门初审后，经品牌管理部门、成本管理部门、人力资源部门、行政管理部门和财务部门审核；

（4）资本性支出预算由项目管理人编制，经项目管理部门初审后，经工程设计部门、资产管理部门、成本管理部门和财务部门审核。

租赁收入预算、服务性收入预算、服务性支出预算和资本性支出预算由财务部门汇总平衡，交由资产持有企业负责人审批。

经营计划和年度预算，每年可调整一次，调整程序相同。

表9-8为商业地产资产运行计划和预算控制职责分配一览表。

商业地产资产运行（计划和预算控制）职责分配一览表　　表9-8

类别	事项	资产持有企业											下属或受托经营单位	
		综合管理职能部门				综合业务管理部门			专业业务部门				
		综合管理	人力资源	财务管理	风险控制	计划运营	资产管理	品牌管理	成本管理	工程设计	项目管理	商业管理	项目管理人	商业管理人
计划和预算控制	经营计划			●		●	●	●	●	●	●	●	▲■	▲■
	租赁收入预算			●								●		▲■
	服务性收入预算			●								●		▲■
	服务性支出预算	●	●	●			●					●		▲■
	资本性支出预算			●						●	●		▲■	

▲：制订　●：审核、监督　■：执行

九、安全和风险控制

安全和风险控制包含资产安全、经营风险、消防安全、公共安全、交通安全、劳动安全、营销及活动安全和形象安全、法律安全。

资产持有企业各业务部门、管理部门依照权责，制订安全标准、规范和要求，管理人按照安全标准、规范和要求，落实安全责任制，层层落实。

资产持有企业各业务部门、管理部门应通过GS审核过程，核查管理人安全和风险控制工作。

表9-9为商业地产资产运行安全和风险控制职责分配一览表。

商业地产资产运行（安全和风险控制）职责分配一览表　　表9-9

类别	事项	资产持有企业											下属或受托经营单位	
		综合管理职能部门				综合业务管理部门				专业业务部门				
		综合管理	人力资源	财务管理	风险控制	计划运营	资产管理	品牌管理	成本管理	工程设计	项目管理	商业管理	项目管理人	商业管理人
安全和风险控制	资产安全			●			▲					●		■
	经营风险											▲、●		■
	消防安全	▲、●										●		■
	公共安全	▲、●										●		■
	劳动安全		▲、●									●		■
	交通安全											▲、●		■
	营销及活动安全、形象安全							▲、●				●		■
	法律安全				▲、●									■

注：▲：制订　●：审核、监督　■：执行

# 第三篇

存量时代商业地产资本市场

第十章 商业地产资本市场概述

同任何经济活动一样，商业地产的经济活动归根结底就是资金的运动，因此商业地产资本市场，首先是资金市场。没有这个资金市场，商业地产的资产运行就会凝滞甚至停滞。所以，商业地产资产管理需要通过资本市场进行融资。

此外，与一般商品不同，商业地产流通市场是租赁市场而不应当是销售市场，但这并不意味商业地产的资产不能上市流通交易。但是通过房地产交易——直接投资的方式买卖房产，因商业地产价值量巨大而系统高度集成，不宜分割散售；但如果采取整售，却只适合于拥有大量资金的机构投资者而不适合中小投资者。因此，通过房地产证券在资本市场的流通，可以使资产交易的参与对象更加广泛，资本市场才有充分的资金确保融通。

由此，商业地产资本市场不仅具有资金市场的属性，同时也具有房地产交易市场的属性。本章就涵盖增量经济和存量经济的商业地产资本市场展开概述，包括商业地产投融资、商业地产投资策略、商业地产证券化产品以及资本对于资产的退出的制度性安排，并导入存量商业地产资本市场建设的原理和规则。

第一节 商业地产投融资

这里所述商业地产投融资概念涵盖了商业地产增量开发和存量经营的内容。

（一）投融资的基本概念

1. 债权融资和股权融资

融资主体的融资方式有两类，债权融资和股权融资。

（1）债权融资

所谓债权融资，是利用债券、银行信贷等方式向债权人筹集资金的融资形式，形成的是负债，需要到期还本付息。它的特点是：

①通过债权融资获得的资金，只拥有使用权而没有所有权。负债的资金是有成本的，到期要还本付息。

②债权融资能够提高企业所有权资金的资金回报率，为企业带来财务杠杆的效益。

③由于债权融资不会产生所有权结构的变化，因此不会产生债权对企业的控制和干预问题。

（2）股权融资

所谓股权融资，是指企业向股东募集资金，或者股东通过出让部分所有权，通过增资的方式引进新的股东的融资形式。股权融资获得的资金成为企业的资本，具有所有权的性质。它的特点是：

①股权是企业的初始产权，是企业承担清偿责任和自主经营、自负盈亏的基础，是投资者对企业进行控制和取得利润分配的基础。

②股权融资是决定一个企业对外举债的保证。

③股权融资形成的所有权资金的分布特点及股本额大小和股东分散的程度，决定了一个企业的控制权、监督权和剩余索取权的分配结构，反映的是一种产权关系。

采用债权融资还是股权融资，受制于企业的财务杠杆和资本结构等因素的约束。对于企业来说，股权融资的风险较小，但若比例过高就会影响企业的控制权和投资收益，而债权融资会使企业面临到期还本付息的压力，因此负债要适度，否则会造成过高的财务风险。

2. 直接融资和间接融资

按照融资过程中资金运动的不同路径，资金是否会通过银行等金融中介，可以把融资划分为直接融资和间接融资。

（1）直接融资

直接融资是指企业自身或通过证券公司在资本市场向金融投资者出售股票、债券或私募股份而获得资金的方式。由于直接融资借助股票、债券等直接融资的金融工具，投资者和融资者直接进行资金融通，跳过了银行等媒介。它的特点是：

①直接性。融资者是从投资者那里直接获得资金，二者之间建立直接融资关系。

②长期性。通过直接融资获得的资金，属于长期资金，使用期限一般在一年以上。

③流通性。直接融资的股票和债券在资本市场上有高度的流通性。

（2）间接融资

通过银行等金融机构，把广大的、分散的资金集中起来，供给资金的需求者，可见，融资者是通过银行等金融媒介间接获得投资者的资金。它的特点是：

①间接性。融资者是从银行获得贷款，与具有资金的供给者并不直接联系，银行等金融机构是资金的经销商。

②短期性。在发达的金融体系里，银行贷款一般以中短期为主，具有短期性。

③非流通性。银行贷款不能像股票和债券一样在证券市场上流通。

直接融资和间接融资的根本区别,就在于在资金供需双方之间是否存在一个独立的机构。

在间接融资中,这个独立的主体,首先通过存款等形式汇集分散的资金作为中介主体总资产的一部分,然后把大额集合资金以贷款的形式提供给资金需求者,依靠存贷利息差获得收益,并承担者资金的运作风险,风险较为集中。

而在直接融资中,中介机构只是为资金的供需双方提供平台,其交易资金不是中介主体总资产的一部分,中介机构只收取中介佣金。不承担资金运作的风险,风险较为分散。

由于历史的原因,在我国,间接融资在整个融资结构中占据绝对的优势,银行贷款融资成为我国融资的主要形式,相反的直接融资一直发育不良。随着经济的发展,特别像商业地产资产运行这样财务、市场风险极大的领域,依赖间接融资容易产生系统和集中的风险;而系统而集中的风险控制会极大地抑制经济的运行。因此,建立机能健全的以直接融资为新的融资形式的金融市场迫在眉睫。

3. 直接投资和间接投资

投资主体的投资方式,按投资渠道也划分为直接投资和间接投资。

(1)直接投资

直接投资是指投资者将货币资金直接投入投资项目,形成实体资产。在房地产投资中,直接买入房屋是直接投资,收购房地产公司也是直接投资。它的特点是:

①对投资项目具有直接控制权,直接投资实现的是所有权和使用权、管理权和控制权的统一。

②对投资者的资金数额有较高的要求。

③通过投资风险组合规避风险的可能性比较小。

④流动性差。

(2)间接投资

间接投资是指投资者以其货币资金购买公司债券、金融债券或权益类证券等各种有价证券,以预期获取一定收益的投资。在房地产投资中,投资者购买的是特定房地产的有价证券。它的特点是:

①投资者对投资项目没有控制权,间接投资实现的是所有权同使用权、管理权的分离。

② 对投资者的资金数额的要求比较灵活。
③ 可以通过投资风险组合分散风险。
④ 流动性好，可以通过资本市场进行交易。

4. 金融市场

金融市场是从事各类资金交易的市场，由资金供需主体、市场中介和金融工具三个要素所构成。

（1）资金供需主体

资金供需主体是指金融市场上资金商品的买卖双方，包括家庭、政府部门、企事业单位以及相关金融机构等。

（2）市场中介

市场中介包括交易商和经纪人。交易商和经纪人的区别在于，经纪人单纯代理买卖，收取一定的佣金或手续费；而交易商除了代理买卖之外，还为自己买卖各种金融工具。

（3）金融工具

金融工具是指可以在金融市场上同货币相交易的各种金融契约，其中包括有价证券，如股票、抵押贷款、商业地产抵押贷款证券（CBMS）、房地产投资信托基金（REITs）等。

（二）房地产投融资的基本概念

1. 公募基金和私募基金

公募基金（public fund）是向社会大众公开募集的资金；而与之对应的私募基金（private fund）是私下或直接向特定群体募集的资金。

为了更清晰地描述公募资金和私募基金，我们用列表10-1进行说明。

公募基金和私募基金对照一览表　　　　表10-1

	公募基金	私募基金
发行对象	面向社会公众公开发行	面向特定投资人
募集方式	公开发售	非公开发售
投资人人数	较多（200人以上）	较少（50人以下）
投资金额	≥1000万元	≥100万元
募集规模	1亿元以上	几千万元到1亿元
法律约束	遵守基金法律法规的约束，接受监管部门监管	运作相对灵活，受到的限制和约束较少
标的与运作	较为严格	较灵活，可以投资衍生金融产品进行买空卖空交易
风险和收益	风险和收益相对较低	风险和收益相对较高

2. 基金载体

基金可以有三种载体：股份公司、合伙企业、信托公司，三者差异如下：

(1) 公司制

优点：

①最易被国内投资者接受；

②可以承诺出资；

③或可争取税收优惠。

缺点：

①管理效率会受影响；

②本金分步退出需做减资处理；

③对管理人激励处理复杂。

(2) 合伙制

优点：

①与国际接轨；

②出资灵活；

③激励GP。

缺点：

①国内税收配套不完善；

②信用度不易被投资者接受；

③IPO退出时证券开户难。

3. 信托制

优点：

①信用为投资接受；

②自身有成熟融资渠道；

③可做结构化设计。

缺点：

①需要一次性出资；

②投资期较短；

③有额外的信托成本。

4. 投资方和融资方

投资方即资金的供给方；相对应的，融资方即资金的需求方。

图10-1展示了投资方与融资方的关系。

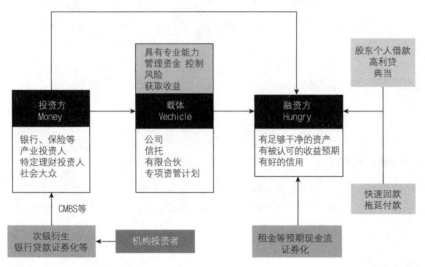

图10-1 投资方与融资方的关系

第二节 我国商业地产投融资的基本情况

一、中国房地产金融现状

房地产业作为一个资金密集型行业，对金融有极强的依赖性。而所谓**房地产金融**是指在房地产开发、建设、经营、流通和消费过程中，通过货币流通和信用渠道所进行的筹资、融资及相关金融服务的的总称。

（一）中国房地产企业的资金现状

图10-2所示是中国房地产企业的资金来源。

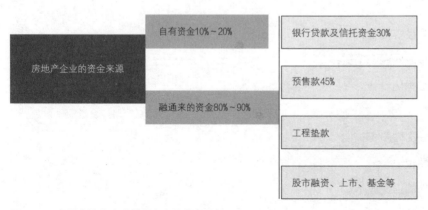

图10-2 中国房地产企业的资金来源示意图

负债率高，是增量经济阶段中国房地产企业的很重要的特点。

中国房地产企业为了融通资金，形成了许多资金来源，其中主要的包括16种资金来源：

1. 自有资产

通过股东个人借款和关联公司借款的渠道形成，优点是长期持有，自行支配，灵活使用；缺点是数量太少，风险很大。

2. 预售款

对房地产开发企业来说，预售款最优质，风险低，而且部分市场风险转移给了购房者。问题是从"五证"到结构封顶周期太长，而且最缺钱的时候还不能预售。

3. 工程垫款

拖延支付给工程承包商和材料供应商的工程款和材料款。但是金额不多，而且被国家禁止。同时，容易引发建筑质量问题。

4. 银行贷款

银行贷款使用便捷，成本不算特别高，杠杆大，而且长短结构可以调节资金压力。但是门槛比较高，而且受宏观政策影响大，今后门槛越来越高。

5. 房地产信托

专业理财，灵活，范围广。但是融资成本太高，流动性比较差，需要依赖银行资金介入以退出。

6. IPO

房地产企业上市，可以迅速筹集巨额资金，并作为资本永久使用。但中小房企迈过不了上市的门槛。

7. 资产证券化

资本大众化，经营专业化，风险分散化。但是，法律、政策、税收政策及证券流通市场仍有许多问题。

8. 联合开发

分散风险，优势互补。但公司及项目治理结构方面是难点。

9. 贴息贷款

卖方信贷，快速实现销售回款，但实际上是变相降价。

10. 售后回租

还是为了快速实现销售回款。但销售后的物业运营困难，购房者财产无法保值增值。

11. **海外融资**

可以融通大量资金，但是中间商的差价实在太高。而且主体和项目有很高的门槛。

12. **融资租赁**

变相的售后回租或变相抵押贷款，资金成本较高。

13. **增资扩股**

实际上是私募股权融资，门槛高、成本高。

14. **发行企业债**

融资量大，周期长，成本较低。但是要求主体信用要好。

15. **夹层融资**

介于债券与股权之间，灵活，要求相对较低，成本介于债权融资和私募股权融资之间。

16. **项目融资**

项目资产、收益权抵押，风险隔离，金额大，周期长。但综合融资成本高，项目门槛高。

在上述16种资金来源中，真正称得上房地产金融的没几个。许多在我国房地产资本市场不能支撑房地产业的情况下，房地产企业通过合理或不合理的方式寻求资金来源，不乏乱象丛生。

（二）我国现阶段的房地产金融

房地产要健康发展，当然缺不得钱，但是更缺不得健康的房地产金融。从图10-3所示的房地产金融体系中，商业贷款和股票债券发行是传统的金融模式。与此同时，私募基金也在尝试当中。

在这里，我们将股市融资、银行贷款和私募股权融资作一个对比（表10-2）。

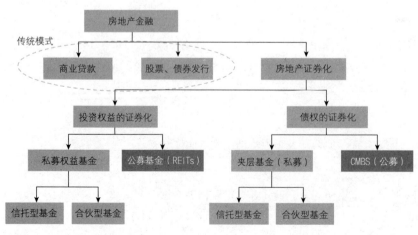

图10-3 房地产金融体系示意图

三种融资方式对照一览表　　　　　　表 10-2

项目	股市融资	银行贷款	私募股权融资
主要融资人	上市公司	所有企业	中小企业
一次融资平均规模	较大	较小	较小
对企业的资格限制	较高	较低	较低
表面会计成本	最低	最高	较低
实际经济成本	较高	较低	最高
投资人承担风险	较高	较低	最高
投资人是否分担企业最终风险	平均分担	不分担	部分分担
投资人是否分享企业最终利益	分享	不分享	部分分享
融资对公司治理的影响	较强	较弱	最强

股市融资门槛太高，而银行贷款资金成本太高，因此，房地产企业无奈间只能尝试采用私募股权融资。

（三）私募股权融资

房地产私募股权基金是指通过非公开发行方式，面向少数个人或机构投资者募集资金而设立，以房地产为投资对象的投资基金。房地产私募股权基金的主要特点是集合资金、专业投资、风险分散、期限较长、双重收益（土地增值、房产升值）。

目前，国内房地产企业参与私募方式融资日益频繁起来，有些房地产企业不仅利用私募方式进行融资，还主动发起设立房地产私募股权基金。房企办金融，这也是国内房地产金融渠道不畅的无奈之举。但是，此举较之于20世纪70年代末安徽凤阳小岗村18户农民大包干之创举有更大风险，这种融资模式存在法律问题及风险。主要法律问题及风险包括：

（1）私募股权投资基金设立形式的法律风险；

（2）私募股权投资基金管理团队运作的法律风险；

（3）私募股权基金与关联企业交易的法律风险；

（4）私募基金运作过程中政策"空白"法律风险。

上述内容是我国房地产金融所展现的现状。

二、商业地产投融资的独特特征

商业地产投融资具有鲜明的独特性，这种独特性在于：一是与商业地产从增量资产的生产，到向存量资产转化，再到存量资产经营并产出，是一个接续性的过程；二是商业地产增量资产和存量资产这两个阶段中，投融资又具有各自不同的运行逻辑。简而言之，商业地产投融资具有**阶段性**和**接续性**既矛盾又统一的特征。

商业地产投融资接续性的这个特征，是由商业地产这个产品特性所决定的；而商业地产投融资阶段性这个特征，又是由金融逻辑所决定的。

（一）商业地产的独特特征

商业地产是不同于住宅等其他物业类型的具有独特性的物业类型。

1. 物业需求的引致性

商业物业作为商业服务业功能的载体，其物业价值是以项目建成后其承载的商业服务业的成功运营来实现的，即消费者的需求催生商业，商业的需求催生商业地产。

2. 物业功能和权利的不可分割性

物业功能不可分割性的涵义是，商业物业具有功能上的整体性，经营系统与服务系统密不可分；经营系统各部分各单元同样密不可分。

物业权利的不可分割性的涵义是，基于商业物业功能的不可分割，商业物业的所有权、管理权也不可分割。除了沿街商铺，**被分割销售的集中式商业物业，不可能产生高的价值。**

由于商业地产价值的实现是以其承载的商业服务业的成功运营来实现的，而商业服务业成功运营的前提要求其承载的商业服务业具有集聚效应、品牌效应，这就决定了要想实现商业地产项目的价值最大化，就应该保持物业权利的整体性。**物业的整体性，还表现在它不像别的物业类型可以分步骤开发，而是要整体一次性运作，特别是零售商业物业，整体满铺开业是项目成功的重要条件。**

3. 物业投资的巨大性

由于商业地产在土地获得成本以及建安成本等方面比其他类型的物业要高，所以开发持有一个整体的商业地产项目对资金的投入要求是非常高的，动辄十几亿元甚至几十亿元资金的集中投入。

4. 投资回收期的长久性

由于商业地产价值的实现是以其承载的商业服务业的成功运营来实现的，所以，增量资产生产阶段的巨额投资是在转化为存量资产形成产能之后，由商业服务业运营产生的现金回收的。

商业地产资产现金流特征是，在增量资产生产阶段短期集中流出，在存量资产产能发挥之后长期缓慢流入。由于增量资产生产投入很大，存量资产收入每年相对很少，所以整个资产周期的投资回收期比较长。商业地产投资回收期一般需要5~10年。

因此，**商业地产投融资必须作出连续性的安排。**也就是说，增量资产生产与存量资产产能发挥这两个阶段各自不能孤立，尤其增量资产生产阶段不能孤立。

(二) 商业地产投融资过程中的金融逻辑

任何一种投融资，其金融逻辑用六个字来概括，就是**高周转、高收益**。

对商业地产来说，金融逻辑也是如此，**这种逻辑与商业地产产品的独特特征特别是投资回收期的长久性，产生了深刻的矛盾。**

目前我国商业地产的融资，包括外部债务融资、外部权益融资以及内部融资手段，除了大型房地产企业可以采用股市融资以外，实际上可以运用的主要还是银行贷款、债务性信托和预售款、销售回款。

这些主要运用的融资方式，资金成本较高，资金回报要求尽快兑付，无一例外地要求尽快回款，只能通过房地产销售才能适应。而从商业地产的独特特征来看，商业地产必须沉淀为存量资产，短期内是不能产生回报，以租金收益形式产生回报，周期是缓慢而漫长的。

换句话说，**商业地产究其本质，就是存量经济。而我国的房地产融资，却只能是适应于增量经济的。**

(三) 我国增量经济模式是造成商业地产困境的根源

我国房地产经济采取增量模式，是造成商业地产困境的根源。具体地说，对商业地产接续性和阶段性特征认识不足是造成商业地产困境的根源。我国商业地产产业发展遭遇困境，自然有许多成因。

(1) 我们可以说，中国房地产金融制度设计、税收制度设计等一系列制度设计滞后；

(2) 我们可以说，现行体制多照顾大型国有企业，没有给所有居民企业以一致的国民待遇，体制改革也相对滞后；

(3) 我们也可以说，金融机构只追求高周转、高收益，让房地产企业为了适应高周转的金融要求，为了加快资金周转，加速"去化"，不得不大量建设销售型房地产，把资产一个个地变成积压库存资产，甚至是不良资产。

其实，造成商业地产困境的根源，是我们所选择的房地产增量经济发展模式，是从商业地产增量资产生产，到向存量资产转化，乃至到存量资产发挥产能，未能形成把此作为一个完整体系来对待的共识，没有清醒地认识到商业地产投融资从增量资产阶段到存量资产阶段具有接续性和阶段性特征。

商业地产资产周期都需要投融资。开发建设需要投融资，这个自不待言；而且，运营阶段也需要持续的投融资以维持其持续的价值生产能力。这就决定了商业地产投融资是一个复杂的系统工程，而**最终的落脚点却是在于存量资产的资产管理**。

商业地产投融资就是一个既有阶段，又相互接续统一，大规模集中投资，然后细水长流获得收益，而且在资产生命周期里不断追加投资又获得收益的进一步增长的复杂过程。

对这样一个系统而又丰富的金融过程，我国渠道单一，金融工具并不丰富的资本市场很长时间既不能适应，也无法提供支持。

第三节　商业地产投资选择和策略

一、国内投资者对商业地产的投资选择

（一）中小投资者

由于我国商业地产公募基金的设立还有待时日，我国中小投资者对商业地产的投资都采用了直接投资的方式，也就是直接从房地产开发商手中购买散售的商铺。

房地产企业根据房地产销售的策略，按照总价控制原则对商业体的各个铺位进行划铺，确定其销售单元的面积大小。中小投资者按照自己的财力所能承受的总价购取相应面积大小的铺面。

除了沿街商铺可以独立经营以外，只要涉及集中商业体，因业权分割，单元的面积组合无法支持各种经营业态所需的面积组合，加之管理控制权难以统一，这种类型的商业地产既无法实现投资所要求的直接经济收益，也难以实现资产价值的溢价。

虽然房地产企业为了推动商铺的销售，采取了售后返租等策略，但基于所有权绝对性的特性，统一经营和管理的权能是无法与分散的所有权强大权能相抗衡的。售后返租最后的经济现象实际上就是表现为降价销售，降价的折扣额就是房地产企业最后因无法取得较为满意的经营成果而不得

不从销售款中支取一部分以支付给业主作为返租租金的补偿。

尽管中国的房地产企业以及它们所聘请的商业管理公司为了摆脱这个困境长期作出了非凡的努力并付出了很大牺牲，但**分散出售的商业地产单元属于不健康类型的商业地产资产的这种性质无法改变**。

（二）机构投资者

商业地产是高度集成化的不可分割的系统，在中国国内间接投资渠道不畅的情况下，能够对庞大的商业地产进行整体直接投资的只能是机构投资者了。

能够通过直接投资获得商业地产资产并加以持有并经营的国内机构投资人，主要以保险公司、银行、信托、地产基金以及央企、国企、大型民企等产业资本为主。

以保险公司为例，近几年保险业资产规模迅速扩张，让险资投资背负着较大压力。根据中国保险监督管理委员会网站统计数据显示，到2017年第一季度，中国保险行业资金运用余额达14.07万亿元，行业总资产达16.18万亿元。[①] 随着银行利率的不断下调、经济步入下行周期，相对高收益的固定收益类资产变得相对稀缺。此外，险资投资渠道的全线放开，对保险业投资的专业化要求更高了，这也让行业面临着前所未有的挑战。在此情况下，更加注重长期性和安全性的保险资金表现出对不动产领域的青睐，投资正在向基础设施和不动产领域倾斜，其中，商业地产存量资产就是很好的选择。

那么，国内机构投资者对商业地产的投资策略是怎样的呢？

1. 投资策略

国内机构的投资策略包括自用型、自用+投资型以及纯投资型三种。

（1）自用型投资

自用型的投资机构对收益率的要求不高，更多是看物业的用途是否符合组织的战略，所以出价比较高，典型的投资机构包括央企、国企。

（2）自用+投资型投资

自用+投资型的投资人要考虑部分自用加上投资的性质，所以出价也不是很市场化，这种类型的投资机构主要包括银行等金融机构。

（3）纯投资型投资

纯投资型的机构，其策略是按目前国内非增殖性价值增值观念指导下价值评价的思维方式进行收购，更看重物业溢价升值空间，仍然与国外投资者追求增殖性价值增值的

---

① 险资如何筛选不动产投资项目［J/OL］. 仁达评估，2017-6-2. https://www.sohu.com/a/145405763_761133.

投资理念有很大差别。

2．投资标准

（1）投资目标

主要投资目标是核心城市的核心物业，以写字楼为主，现也基本覆盖了酒店、公寓、商场、物流等其他类型物业。

（2）评价模式

投资的评价模式与国外投资者不同，境内投资机构的估值模式主要有四种：

——按散售的思路来评估，比如按散售每平方米的价格；

——按拍地成本来评估；

——按周边市场成交价来评估；

——更看重未来物业升值的收益，与国外投资者更看重物业本身的租金现金流不同。

国内机构投资者的投资标准与国外投资者不同，国内机构投资者博弈的是资产价格增值红利。但是，当资产价格已经很高的前提下，国内的投资应当更加依赖国际化的理性投资理念，运用国际成熟的市场投资模型。

二、国外投资者对商业地产的投资选择

近年来，国外机构投资者也在中国对商业地产进行投资。与国内投资者一样，大都采用收购等直接投资的方式进行投资。

市场上比较活跃的主要国际投资者包括主权基金、投资银行、房地产基金、PE基金房地产部门，例如高盛、大摩、德意志银行、雷曼、美林等投资银行；此外还有QIC、CPPIB、ADIC、KIC、NPS等主权基金和凯雷、基汇、ARA、AIP、KKR、黑石等房地产基金。但是，最近像ARA、基汇、AIP、凯雷这些机构投资人都在逐渐出售资产。出售资产的原因是：

（1）面临平安、中信产业资本等我国本土投资机构的竞争；

（2）人民币贬值的压力对冲了收益率；

（3）国内资产价格太高，收益率下降。

（一）国外投资者的投资选择

国际资本投资主要的路径是股权收购，通过收购境外的股权，包括BVI、开曼、香港公司的股权间接持有项目，收购结构通常采用WOFE结构（外商独资企业/外商控股合资企业）。

国外投资者青睐的中国国内商业地产，主要是甲A办公楼和酒店式服

务公寓，并也逐渐投资星级酒店、商场和工业物流园区等存量资产，并长期持有。

（二）国外投资者的投资策略

投资策略主要包括两种：

（1）core（核心资产）或者core-plus（核心资产+），即收购出租率高的、现金流稳定的甲A级别写字楼或者公寓酒店，追求稳定的租金收益，这种策略以保险公司和主权基金为代表；

（2）value-add增值型，即收购一些经营不善、有提升空间的物业，通过重新改造、翻新、提升，重新招商运营、调整租户等手段来提升物业的租金和总体收入。这种策略以基汇资本、凯雷、ARA为代表。

国外投资者投资策略的主要参考标准是资本化率（cap rate），通常控制在3%~5%，即通过买入时的资本化率、退出时的资本化率来测算收益率（IRR）。

①cap rate compression（资本化率压缩）；

②如资本化率平进平出，通过提升NOI（营运净收入）的方式来实现获利。通常core/core-plus的收益率after leverage的自有资金部分要求在IRR 8%~12%之间，value-add投资策略的要求15%~18% IRR。

三、国内增量时代向存量时代转化过程中，商业地产市场的变化所产生的投资机会

如今，中国国内大规模房地产开发周期已经过去，或者说房地产增量时代已经过去，现已进入存量资产的时代。因此，对地产的认知应该有很大的变化。这包括：

（1）政府的城市规划和发展理念应当发生变化，发展模式应从粗放式向集约式转化，财政收入的获得方式从土地地租增值向实体经济增长经济效益的实现转化。

（2）企业应从房地产开发销售和后期物业管理的认知上进行提升，迅速从开发商向资产运营商转化。

目前这个阶段，针对增量时代商业地产行业遗留下的问题，主要机会和投资策略有如下四类：

（一）经营不善的资产

这类资产的特征是租金低、出租率低。投资者可以通过更系统的运营、改良、变

性、招商来提升运营租金，从而提高物业价值。这类投资标的主要以写字楼和零售商业地产项目为主。

（二）存在变性、改变用途可能性的资产

诸如住、商、办、工等各种类型的物业实现类型转化。这涉及土地管理、城市规划、房政管理、税收管理、交通管理以及城市水电气配套设施供应管理的一系列调整，需要国土、规划、建设、房管、税务、交管等政府职能部门以及电力、自来水、燃气等公共事业部门通力统筹，制订并实施系统解决方案。

（三）存在资本运作空间的资产

诸如通过资产证券化、P2P金融、资产市场并购重组等方式组合资产包，或者做成金融产品出售的资产，像商铺、工业物流地产及二三线城市的核心商业地产都可以通过这种方式去运作处置。

（四）不良或者困境商业地产

还包括通过债务重组、操盘水平和定位提升、解决法律瑕疵等方式盘活资产的机会。投资人通过收购债权、法院拍卖、债务重组、债转股、上市公司资产剥离等方式低价收购资产后，可以用复杂的资本及债务重组+资本市场+资产证券化手段实现资产获取和退出的机会。

其中，通过专业化手段，建立健全商业地产资本市场，发展房地产专业金融机构，发展房地产资产证券化尤其是发展房地产公募基金尤为重要。

四、资本对商业地产资产的理性判断

我国房地产资产证券化的四种模式包括类REITs、CMBS、物业费及购房尾款证券化等。其中，涉及商业地产资产的主要是类REITs、CMBS两类。

以CMBS为例，采用目标物业抵押，以物业租金和未来的增值作为还款来源。其基础资产类型与交易结构使其拥有以下特点：

（1）基础资产的筛选相对严格。CMBS最大的风险来源于租金收入的不确定性。因而只有那些信誉优良、地理位置优越、知名度高和运营状况好的商业地产才得以顺利发行，并成功吸引投资者的青睐；

（2）入池资产数量多样化，包括商场、写字楼、酒店、仓储、工业地产、购物中心、医护社区、混合用途等；

（3）项目周期长，证券的期限与租户的租期存在错配，风险溢价高。商业房地产抵押贷款的期限决定了CMBS的期限不会太短（一般在十年以

上），两者期限也不完全一致。而一般来说，金融产品期限越长，其风险溢价也越大；

（4）抵押物类型为商业地产。其价值受到多种因素的影响，包括地理位置、房屋质量、物业类型、运营管理、经济周期等，这决定了在评估时需要充分的历史数据和较高的专业能力。

（一）选择客户

在原始权益人选定方面，要求经营状况及信用良好、履约能力强，具体表现为以下几个方面：

（1）最强增信主体评级应不低于AA；

（2）标的物业对应的存量债务规模不超过其评估价值的60%；

（3）具有较强的物业管理运营能力。

（二）筛选基础资产

底层物业应为借款人合法持有的成熟商业物业（写字楼、购物中心、酒店等），建议位于一线城市或二线城市的核心地段。优选顺序：写字楼>商场>酒店。

底层物业须权证齐备（《国有土地使用证》、《建设用地规划许可证》、《建设工程规划许可证》、《建设工程施工许可证》"四证"及《房屋所有权证》），由借款人合法持有，且不得附带抵押或者其他权利限制。如存在权利限制情况的如有银团贷款、租赁借款等，应提前沟通判断银团贷款等债权人出具同意函的可行性。

物业估值以收益还原法为主，融资总额原则上不超过物业估值的70%（一线城市可接近70%，二线城市核心地段一般在60%左右）。

若无额外增信主体，物业资产的经营收入能够足额覆盖各优先级资产支持证券的利息以及优先A档资产支持证券的本金兑付（通常覆盖倍数为1.3倍）。若有额外增信主体，物业资产的经营收入需覆盖最优先一档资产支持证券的本息，优先B档不足的部分可由增信主体通过在专项计划端支付权利维持费的形式予以补足。

（三）尽职调查

除了大多数ABS产品普遍存在的一般风险（并不意味着并不重要），如基础资产合规合法性与可转让性、原始权益人的持续经营风险、相关机构的资质问题等，CMBS在尽职调查期间尤其需要注意以下问题，并在交易结构设计与增信措施设置上做出相应风险控制措施：

1. 租金收入的不稳定风险

CMBS还本付息的主要资金来源为商业地产的租金收入,而租金收入是企业的未来债权,因而在基础资产特定化和现金流的稳定性(前期租赁合同不稳定、商户可能不续约等)方面存在问题。在专项计划存续期间,若承租人拒绝履行租约、物业合同或拖欠租金或物业费、租金市场价格产生波动、目标物业出现空置,或除不可抗力之外的其他因素导致目标物业无法正常运营等情况时,可能会对目标物业的租金收入及物业管理费收入产生不利影响。

面对未来还本付息现金流的不稳定性,可以嵌套信托或者委托贷款进行风险隔离;设置优先/次级分层、现金流超额覆盖、原始权益人差额支付承诺、担保、加速归集机制、循环购买机制等增信安排,即使出现现金流预测偏差,优先级资产支持证券面临的风险也比较低;在尽职调查环节聘请资产评估公司对基础资产未来的现金流进行了压力测试。

2. 存量债务风险

通常CMBS商业物业在发行CMBS之前本身有存量债务,大部分物业涉及银行经营性物业贷或其他信托贷款,存在权利限制。这就要求计划管理人安排解除权利限制的措施,将募集资金用于偿还标的物业上的存量债务,通常商业物业在专项计划成立后T+60或T+90自然日或工作日完成解押流程。

3. "优质资产+低评级主体"困境

一些优质资产,所在地段地区或主体不够好,会对专项计划的评级、承销等产生不利影响。

可行的解决方法有两种:

(1)构建多主体、多物业资产包

引入多笔贷款,提高借款人笔数、适当降低对标的物业及主体的要求,增加底层资产分散性,通过结构化安排,在借款人主体级别的基础上提高债项级别;增加底层物业的多样性、除写字楼、购物中心、酒店等物业外,可在公寓、大型超市、物流仓储和专业门店等物业领域创新开展CMBS。

(2)担保+地产基金

担保可以对CMBS进行外部增信,提升发行成功率,降低融资成本;地产基金使担保公司代偿后,接盘标的物业,进行运作、处置,最终实现退出。

4. 过桥资金

过桥资金无法偿还、过桥资金占用时间长的风险。过桥资金方向信托提供过桥资金,发放形成信托贷款,但专项计划未成立,无募集资金偿还过桥资金,或过桥资金占用时间过长。

5. 物业解质押

融资主体收到信托贷款但不办理物业解质押手续的风险。一般情况下,物业经营会涉及银行贷款,物业的权属在银团,该情况下,融资主体发行CMBS融资后,需要先偿还银团贷款,后办理解质押手续。如融资主体不办理解质押手续,专项计划将作为第二顺位受益人。

6. 现金流归集兑付

在现金流归集兑付环节存在现金流混同风险。CMBS基础资产的现金流可能来源于几个不同的经营主体,入池资产数量多样化,包括商场、写字楼、酒店、仓储、工业地产、购物中心、医护社区、混合用途等,需要关注将资产池内的资产与其自有资产既其他受托资产相区别、与基础资产有关的现金流是否通过独立账户管理。

第四节 商业地产资产证券化概述

商业地产资产证券化,是将商业地产直接投资转变成有价证券形式。也就是说,商业地产资产的证券化把投资者对商业地产的直接物权转变为持有证券性质的权益凭证,即将直接商业地产投资转化为证券投资。

从物权交易转化为证券交易,在实现商业地产资产交易的同时,确保了资产功能和权利的统一,而不是在物权交易时特别是商业地产散售时出现的资产功能和权利的割裂。

从理论上讲,商业地产资产的证券化是对传统商业地产投资的变革。它的实现与发展,是因为商业地产和有价证券可以有机结合。它实质上是不同投资者获得商业地产投资收益的一种权利分配,是以商业地产这种有形资产做担保,将商业地产股本投资权益予以证券化。其品种可以是股票、可转换债券、单位信托、受益凭证等,其中很重要的品种就是商业地产抵押贷款支持证券(CBMS)和房地产投资信托基金(REITs)。

一、商业地产资产证券化概念

1. 商业地产资产证券化是投资者对物权的占有和收益权转化为债权或股权

商业地产资产证券化的实质是**物权的债权性扩张**。

2. 商业地产资产的证券化体现的是资产收入导向型融资方式

传统融资方式是凭借资金需求者本身的资信能力来融资的,而商业地产资产证券化则是**凭借原始权益人的一部分资产的未来收入能力来融资**,资产本身偿付能力与原始权益人的资信水平被彻底隔离开来。

3. 商业地产资产的证券化的范围更广泛

较之于其他资产的证券化,商业地产资产证券化远远超出了贷款债权的证券化范围。贷款证券化的对象为贷款本身,投资人获得的只是贷款净利息,然而,商业地产投资的参与形式多种多样,如股权式、抵押式等,其证券化的方式也因此丰富多彩,只有以抵押贷款形式参与的房地产投资证券化的做法才与贷款证券化相似,其他形式的证券化对象均不是贷款本身,而是具体的商业地产项目。

所以商业地产资产的证券化包括**商业地产抵押贷款债权**的证券化和**商业地产投资权益**的证券化两种形式。

(1) 就商业地产抵押贷款债权的证券化而言,它是指以发行市场上抵押贷款组合为基础发行抵押贷款证券的结构性融资行为。

(2) 而商业地产投资权益的证券化,是指以商业地产投资信托为基础,将商业地产直接投资转化为有价证券,使投资者与投资标的物之间的物权关系转变为拥有有价证券的债权关系。

商业地产资产的证券化,从金融机构角度出发,将其拥有的商业地产债权分割成小单位面值的有价证券出售给社会公众,即出售给广大投资者,从而在资本市场上筹集资金,给商业地产项目供给资金;另一方面是从非金融机构出发,商业地产投资经营机构将商业地产价值由固定资本形态转化为具有流动性功能的证券商品,通过发售这种证券商品在资本市场上筹集资金。

总之,商业地产资产的证券化是一种资产收入导向型融资。其宗旨是将巨额价值的商业地产动产化、细分化,利用证券市场的功能,实现商业地产资本大众化、经营专业化及投资风险分散化,为商业地产市场提供充足的资金。

二、商业地产资产证券化的内容

(一) 商业地产资产证券化的关键要素

商业地产资产证券化包含以下关键要素:

1. **基础资产**

即在未来能够产生现金流的资产,即商业地产资产。

在资产证券化操作中，发起人能否实现融资目的，最需要关注的是**基础资产的品质问题**。被证券化的资产之所以能吸引投资，**并非是因为发起人或发行人的资信，而是因为基础资产本身的信用**，这种信用才是产生投资价值的源泉。

而基础资产本身的信用，一是其实体本身所具有的价值，二是这个实体预期产生多少未来现金流。

2．原始权益人（发起人）

是指商业地产资产的原始持有人。

3．投资者

期望从基础资产的未来收益获益的广大投资者。

4．特设机构（Special Purpose Vehicle，简称SPV）

SPV即特别目的载体，是整个资产的证券化过程的中枢，负责控制基础资产并实现基础资产与破产等风险隔离开来，并为投资者的利益说话做事。

5．证券承销商

负责推广，组织向广大投资者出售有价证券。

6．相关金融机构

负责对资产的证券化过程进行管理和服务的监管银行、托管银行、证券公司等金融机构。

7．各类中介服务机构

包括为资产的证券化过程提供法律、会计、评估、评级、增信等服务的中介服务机构。

（二）商业地产资产证券化的交易架构

商业地产资产证券化的交易架构是把商业地产资产证券化的诸多关键要素组织起来，所确立的组织体系。图10-4所示的是最基本的商业地产资产的证券化的交易架构。

（三）商业地产资产证券化的基本流程

商业地产资产证券化的流程共分为以下步骤：

（1）发起人明确其将要实施证券化的基础资产，必要情况下也可以将多种相似资产进行剥离、整合组建成资产池；

（2）设立特别目的载体（SPV），其作为证券的发行机构，并保证其能够实现和发起人之间的破产隔离。计划管理人作为SPV的管理人和代表，是发起人和投资者之间的桥梁，同时负责整个业务过程中SPV的运营；

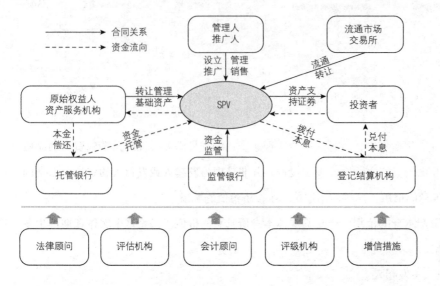

图10-4 商业地产资产的证券化最基本的交易架构

（3）发起人将其欲证券化的资产或资产池转让给SPV，且转让必须构成真实出售；

（4）发起人或者第三方机构对已转让给SPV的资产或资产池进行信用增级；

（5）由中立的信用评级机构对SPV拟发行的资产支持证券进行信用评级；

（6）SPV以特定的资产或资产池为基础，进行结构化重组，通过承销商采用公开发售或者私募的方式发行证券。证券发行完毕后到交易所挂牌上市，实现流动性；

（7）SPV以证券发行收入为基础，向发起人支付其原始资产转让的款项；

（8）由SPV或其他机构作为服务商，对资产或资产池进行日常管理，收集其产生的现金流，并负责账户之间的资金划拨和相关税务和行政事务；

（9）SPV以上述现金流为基础，在资产支持证券的存续期间，向持有资产支持证券的投资者支付其收益。

图10-5是商业地产资本证券化基本流程。

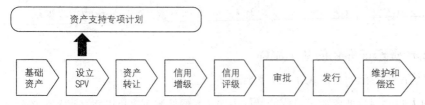

图10-5 商业地产资产证券化基本流程

（四）国内商业地产投融资适用的证券化产品

1. 类REITs产品

在房地产投资信托基金应用中，由于国内REITs相关法规和税收政策尚未完善，大多数REITs融资产品应用实际上是对标准化REITs做了细微调整，通过券商或基金子公司的"资产支持专项计划"等方式嫁接私募合格投资者，被称之为**类REITs**。但由于专项资产管理计划并不能直接收购基础资产公司的股权，所以一般通过私募基金收购基础资产公司的股权。国内在REITs投资方面主要还是采用的固定收益投资逻辑，以银行资金为主，股权投资者较少。

在常见的"**类REITs**"产品中，一般需要券商或基金子公司设立并管理资产支持专项计划，从合格的机构投资者处募集资金投入REITs的私募基金中，并通过REITs私募基金所分派的物业现金流向投资者分配收益。写字楼、酒店、购物中心等物业则是以项目公司股权形式装入REITs私募基金，并由REITs私募基金持有。

从基础资产上看，我国"类REITs"主要模式为物业+租金的证券化模式。

2. 商业地产抵押贷款支持证券CMBS

CMBS是一种不动产证券化的融资方式，将单个或多个商业物业的抵押贷款组合包装构建底层资产，通过结构化设计，以证券形式向投资者发行。CMBS具有发行价格低、流动性强、充分利用不动产价值等优点。CMBS和类REITs的融资模式十分相似，而且CMBS会更加方便快捷，由于CMBS资产并不需要出表，不必像发行类REITs产品，需要成立有限合伙公司，并且完成股权交割等较为繁琐的事项，同时，又能与类REITs一样，实现较大额度的融资。

由于CMBS对应到资产层面来控制杠杆率，实际上也是一种稳健的融资工具。CMBS会要求锁定底层资产，通过先计算未来的现金流，融资金额方面评级机构一般会在未来租金现金流的现值基础上打一定折扣。

CMBS的底层资产为商业物业的租金，所以在资产的选择方面与"类REITs"租金的要求一致，即：

（1）企业的空置率应当较低且相对稳定，而且由于空置等原因不能产生稳定现金流的物业也被列入了负面清单；

（2）租户的履约能力较强；

（3）租金金额持续稳定，已签订租约覆盖整个专项计划续存期，或者可以形成合理租金预期。

3. 运营收益权证券化

运营收益权是指获取写字楼、商场、酒店及物流仓库等物业在特定期间的运营收入的权利，运营收入包括租金收入、管理费收入等。

租金收入是指租赁合同项下的债权。租赁债权的特点包括受限于租赁期限，债权的持续形成有赖于业主持续地提供租赁物业以及租赁双方均享有法定的租赁合同解除权等。因此，租赁债权实现与原始权益人的破产隔离较为困难，除非将租赁物一并转让给特殊目的载体。**运营收益权是典型的未来债权，现金流严重依附于企业自身的日常经营状况，所以在搭建交易结构的时候一般会采取双SPV的结构。**

对于既有债权的租金收入，可以选择基础资产，即租金债权转让给专项计划的简单结构。如果涉及未来债权，更简单的方式，可以采用双SPV模式，即委托人将信托资金委托给信托公司设立信托并取得信托受益权，信托资金用于向融资方发放信托贷款，而形成的信托受益权作为基础资产转让给专项计划。此时，专项计划所取得基础资产对应的底层资产是信托贷款，信托贷款是实实在在的债权，没有任何争议；未来债权将作为贷款债权的主要还款来源，并可以将未来债权进行质押担保。

目前，在我国，已经批准的资产证券化产品包括购物中心、办公楼、酒店、物流仓储、长租公寓、文化创意园、停车场PPP项目等。

（五）商业地产资产证券化产品设计中的典型特点

1. 计划规模、分红或本息偿付安排

应与基础资产评估或预测的现金流状况匹配。也就是说，商业地产资产证券化，必须**围绕商业地产产品以及它预期产生的未来收益本身出发**。

2. 计划存续期

根据基础资产的存续期限和收益偿付安排确定。也就是说，金融周期服从于商业周期。

3. 信用增级

可以采用结构分层的内部信用增级方式，或者第三方担保的外部信用增级方式。

4. 收益凭证收益率和价格

由券商（计划管理人）通过公开询价方式确定。

5. 计划推广销售

向特定的机构投资者发行，最低认购金额不低于人民币100万元。

6. 登记结算

在我国，由中国证券登记结算有限公司办理收益凭证的登记结算、发放投资收益。

7. 流动性安排

收益凭证在证券交易所转让。

8. 信用评级

计划存续期间，资信评级机构至少每年出具一次评级报告。

三、商业地产资产证券化遵循的原则

（一）确立多方利益主体严谨的法律关系

商业地产资产证券化参与者众多，法律关系复杂。在整个证券化过程中，从基础资产的选定到证券的偿付，有众多的法律主体以不同的身份参与进来，相互之间产生纵横交错的法律关系网，其涉及面之广是其他资产证券化所不能及的。

例如，借款人和贷款人之间的借贷法律关系；委托人和受托人之间的信托关系；SPV（特设机构）和原始权益人的资产转让关系；SPV和证券承销商的承销关系；还有众多的中介机构提供的服务而产生服务关系，等等。一个证券化过程中，有着多种多样的法律关系，牵涉各种利益的调整，任何一个法律规定的制订和施行，都将影响证券化的过程和细节。

（二）充分有效的融资模式设计

充分有效的融资模式设计主要体现在两个方面：

1. 融资结构设计

商业地产资产证券化的核心是设计出一种严谨有效的交易结构，通过这个交易结构来实现融资目的。

2. 负债结构设计

利用证券化技术进行融资不会增加发起人的负债，是一种不显示在资产负债表上的融资方法。通过证券化，将资产负债表中的资产剥离改组后，构造成市场化的投资工具，这样可以提高发起人的资本充足率，降低发起人的负债率。

（三）有效的风险隔离机制

投资者的风险由于证券化风险隔离的设计，只取决于基础资产现金流的收入自身，不是以发起人的整体信用为担保，并且与发起人的破产风险相隔离，与SPV（特设机构）的破产风险相隔离。SPV或者是为证券化特设一个项目一个SPV，或者对证券化的基础资产实行专项管理，SPV的经营范围不能有害于证券化，对基础资产的现金流收入委托专门的金融机构专款专户。

这样的设计降低了风险，提高安全系数。另外，证券化的信用级别也不受发起人影响，除了取决于自身的资产状况以外，还可以通过各种信用增级手段提高证券化基础资产的信用级别，降低风险，提高安全性。

此外，商业地产证券具有流通性，可以通过各种方式流通，提早收回投资，避免风险的发生。

四、商业地产资产的证券化在我国存在的障碍

（一）法律法规上还存在不少冲突

商业地产资产证券化是一项极其复杂的系统工程。将银行债权转化为投资者有价证券持有权的过程中，涉及原始债权人、证券特设机构、信用评级机构、贷款服务、证券投资者等方面的利益。但是，我国尚且还没有针对商业地产资产证券化的法律法规，现行《证券法》的相关条款中，缺乏对商业地产资产的证券化在房地产融资业务应用中的规定，这势必增加商业地产资产的证券化的推进难度，在对SPV的建立和解散、资金池的管理，都没有相应的法律法规。

同时，在建立风险隔离机制所要借助的相关法律有《破产法》和《信托法》，由于这两种法规在国内出现的时间还不长，实施过程中难免存在种种困难。

（二）税收制度也有明显冲突

商业地产资产的证券化在我国仍然面临着税收方面的障碍。法律并没有规定SPV可以采用的法律形式和税收条款，在现行法律上SPV组建并能合理避税比较困难。再者，我国税法规定，无形资产的转让要缴纳营业税，资产转移过程要缴纳印花税，这与国际通行的规则不同。

例如以REITs为例，目前我国税法规定在资产转移至SPV时，原始权益人还需根据物业评估价值缴纳25%公司所得税以及30%～60%的土地增值税以及其他一般增值税、印花税等。如果在《公司法》允许的条件下，以公司制运营REITs则面临在REITs运营期间缴纳公司所得税和个人所得税的双重征税困境。

（三）国家监管体质存在不适应

由于商业地产资产的证券化涉及多种金融业务，并且一般都会涉及外汇结算。但国内在涉及资产证券化的监管主体方面，许多职责尚不明确。

（四）信用评级机制亟待完善

国外发展商业地产资产的证券化，是以信用高度发达为基础的。而我

国在信用建设方面一直很缓慢，这有制度方面的问题，也有文化方面的问题。信用及信用评级机制的缺失，也是商业地产资产的证券化发展的一个障碍。

第五节　商业地产资本退出的制度性安排

对于一项资产，资本退出有两个重要基础：其一是资产生命周期的机理；其二是投资退出的市场化机制。对于商业地产的资产也不例外。

一、商业地产资产生命周期机理

本书第七章讨论了商业地产资产的生命周期。商业地产资产的生命周期的概念，包含三个层次：第一个层次是商业地产资产的商业周期；第二个层次是商业地产资产的权利周期；第三个层次是商业地产有形资产的寿命周期。

商业地产资产的商业周期受经济周期等宏观经济因素影响，而且最重要的是受消费升级所带来的商业形态的跳跃式变化，一般周期在8~10年。

商业地产资产的权利周期受土地使用年限所致。在我国商业用地的土地使用年限是40年，这就是商业地产资产的权利周期。

商业地产资产的寿命周期受实体资产的自然寿命、技术寿命和经济寿命所限，主体工程的寿命为50年，设备的寿命为10~15年，装饰装修寿命为10年左右。

商业地产资产的生命周期最终由商业周期决定，8~10年就是商业地产资产整体的生命周期。跨过这个周期，这个资产应该进行根本性的调整，也就是这个资产的再生。

但是资本退出机制的作用，也就是说商业地产具体一个资本的**金融周期会服从于商业周期吗**？如果不服从，甚至由金融主导实体经济，会对资产本身的生命命态造成怎样的影响呢？

二、资本退出机制

资本退出机制是指投资机构在其所投资的资产发展到一定的阶段后或特定时期，将所投的资金由股权形态转化为资金形态，即变现的机制及相关的配套制度安排。

虽然资本就其本质是逐利的，但是通过资本跨时间、跨空间的价值交换，从总体来说，整个经济资源可以得到最优的配置。因此，投、融、管、退，形成一个完整的闭环系统，整个资本市场才能良序运行。

因此，在投融资系统设计时，就具有资本退出机制的制度性安排。

当然，在资本根据利益最大化原则，自由选择进入和退出某一项资产，其金融周期必定不会服从商业周期，也或多或少时资产运行本身产生震荡。

因此，做出商业地产资本的制度性安排是必要的。这只是设置一个通道，建立一个秩序而已，并不是鼓励资本退出。

第十一章 商业地产资产证券化产品

本章介绍两个商业地产资产证券化产品,即REITs——房地产投资信托基金和CMBS——商业抵押担保证券。

第一节 REITs——房地产投资信托基金

一、标准化REITs

(一) REITs的定义

房地产信托投资基金(Real Estate Investment Trusts)简称"REITs",是一种以发行收益凭证的方式汇集特定多数投资者的资金,由专门投资机构进行房地产投资经营管理,并将投资综合收益按比例分配给投资者的一种信托基金。是基于租金收入稳定的物业资产,较低风险、较低回报(介于债券和股票之间)的证券。

图11-1所示是REITs在房地产资产运行及融资过程中所处的位置。

REITs是一种以发行收益凭证的方式汇集特定多数投资者的资金,由专门投资机构进行房地产投资经营管理,并将投资综合收益按比例分配给投资者的一种信托基金。**REITs选择的资产,一般是成熟的收益性物业**,REITs中包含的资产不仅能够提供长期的资产增值,同时亦可以提供稳定的租金收入,并通过定期的红利分派为投资者带来稳定的收入。

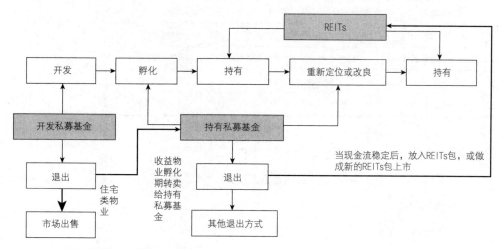

图11-1 房地产资产运行及融资过程

国际意义上的REITs（即所谓的标准化REITs）在性质上等同于基金，既可以封闭运行，也可以上市交易流通，类似于内地的开放式基金与封闭式基金。

美国的部分REITs亦参与房地产项目的融资活动，美国和澳大利亚REITs可以是私有也可以上市，大多数是上市的。

（二）标准化REITs具有的特性

为便于认识标准化REITs的特性，我们将它分别与当前资本市场中最常见的房地产信托产品和资产证券化产品CMBS作一比较。

表11-1是标准化REITs与房地产信托产品的比较。

标准化 REITs 与房地产信托产品比较一览表　　表 11-1

	标准化 REITs	房地产信托产品
募集方式	公募（广大中小投资者可参与）	私募（合格投资人）
流通性	资本市场交易	不易流通
期限	无期限	较短期限
投资方向	成熟的商业地产（收租物业-通过租金分红），权益投资	大多投向开发销售物业，通常设计成"类债"的夹层融资
管理人	资产管理公司（AMC）	信托公司

表11-2是标准化REITs与CMBS的比较。

标准化 REITs 与 CMBS 比较一览表　　表 11-2

	标准化 REITs	CMBA
性质	权益类投资工具	债权投资工具
是否持有物业	持有物业	不持有物业（股权不转让）
收益来源	租金收益+资产增值	租金收益
资产多样性	可以有丰富的投资组合，分散性较好	基础资产较为单一，不利于分散
原始权益人	原始权益人出让物业的所有权	原始权益人偿还债务后保留所有权
标的资产转让	涉及转让但通常存在回购或置换安排	不涉及转让
底层现金流分配形式	以强制股息或者分红形式向SPV分配	直接偿还借款本息
SPV时效性	永续投资主体	临时投资主体
运营管理	对物业进行主动管理	物业运营参与度较低

因此，标准化REITs的特性可以概括如下：

（1）REITs是一种公募基金，它所募集的是各方面的社会资金，包括中小投资者的资金；

（2）REITs向投资者发行的有价证券，可以上市流通；

（3）REITs选择的资产，一般是成熟的收益性物业，即成熟的、能够产生稳定租赁现金流收入的存量资产，主要是商业地产存量资产和工业房地产存量资产，例如已经投入使用的办公楼、购物中心、酒店、公寓和工业厂房；

（4）标准化REITs的收益来源主要是租金收益+资产增值；

（5）标准化REITs是权益性投资工具，直接持有所选择投资资产的所有权，也就是说原始权益人应出让物业的所有权，标的资产涉及转让；

（6）REITs是长期投资；

（7）REITs其特别目的载体（SPV）是永续投资主体；

（8）REITs虽同样是杠杆经营，但杠杆较为适中，美国的REITs资产负债率长期低于55%。

REITs相当于一种特殊的证券化安排。首先是完成股权并购，再将部分股权证券化，因此与传统的证券化在交易结构及税收筹划方面有显著区别。

（三）标准化REITs的交易结构

资产支持专项计划与传统证券化产品相同，为证券载体SPV结构，通过契约型基金通过股权的方式控制项目公司，最终持有REITs物业。图11-2为契约型标准化REITs基本交易结构。

REITs在底层资产层面有较大的相同点，以商业物业为主。

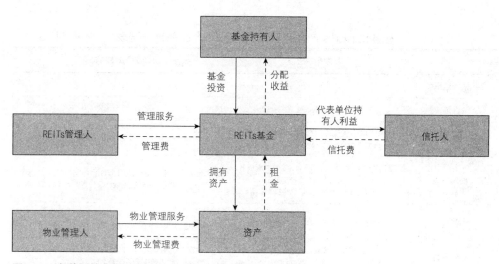

图11-2 契约型标准化REITs基本交易结构示意图

（四）REITs项目的准入标准

（1）物业已建成并权属清晰。

（2）商业物业正常运营且产生持续稳定的现金流。

（3）需要叠加对未来商业地产资产价格走势的判断。

（4）原始权益人是否提供业绩补足。

（五）退出安排

目前主要的退出方式有三种：

（1）二级市场转让证券化载体份额；

（2）REITs上市或者份额转让；

（3）处置底层SPV公司股权或者REITs标的物。

二、国内的类REITs

由于我国目前没有成熟的REITs法规，目前我国发行的REITs均为不能上市流通的**类REITs**产品。

（一）标准REITs和类REITs

我国类REITs产品与标准化REITs产品的差异如表11-3所示。

标准REITs和类REITs之间的差异包括：

1. 交易结构组织形式不同

美国的REITs多采用公司制的模式，而亚洲较为流行的则是信托制/基金制REITs。前者投资者通过认购股票成为公司的股东，间接持有了物业资产的股份。公司将投资收益以股利的方式分配给投资者；后者REITs持有人持有的是信托凭证或基金份额，REITs本身即为信托/基金实体。

标准化 REITs 产品与我国类 REITs 产品差异一览表　　表 11-3

	标准化 REITs	我国类 REITs
交易结构组织类型	公司型/契约型	契约型
性质	权益性投资工具	股权+债权融资工具
税负水平	REITs收益分配达到一定比例（90%）后，分配给投资者的部分免征公司层面的所得税	资产转移过程中需缴纳公司所得税、土地增值税
收入来源	有法律支持，REITs公司或计划会购买新资产，但大部分收入来源于可产生稳定收入的房地产租金、相关处置收入或其他投资收益	未设法律法规，目前大部分来自于项目公司成立时的基础物业公司运营收入、处置收入等
分配要求	90%收益分配给投资者，可长期持有	分设优先级或B级或次级，优先级享受固定收益，B级和次级可享有物业处置收益，但通常期限较短
募集形式	具有公募REITs，成立时在100人以上，上市公开发行时股东数量更高	一般在200人以下，原始权益人拥有优先回购权，可能影响最后以公募REITs退出

国内目前的操作模式主要是通过发行专项资产管理计划。专项资产管理计划不能直接收购资产持有人的股权，所以一般通过私募基金收购资产持有人的股权。

2．面临承担的税负水平不同

国外标准REITs产品通常可以享受一定税收优惠。如美国国内税法规定，在满足投资范围、收入比例、组织形式等各方面要求后，如果将REITs公司应税收益的90%以上分配给投资者则可以免征公司层面的所得税，仅投资者个人需缴纳个人所得税；但REITs公司分配后的留存收益仍需缴纳公司所得税。

而在我国，在基础物业资产转移给SPV时，由于所有权发生转移，根据现行法律原始权益人还需缴纳25%的企业所得税，如果原始权益人为房地产公司还另需按照累进税率缴纳30%～60%的土地增值税，如在以后《公司法》允许的条件下通过公司制成立REITs公司，在REITs公司运营层面还需缴纳公司所得税，因此我国REITs所承受税负还处于比较高的水平。

3．运营方式收益来源不同

以美国为例，由于采用公司型组织结构，REITs公司的运营多以不断提高盈利水平，为股东谋求长期回报为目的。因此在REITs公司发展过程中通常会适时不断收购新的物业资产，扩大REITs经营规模。但为达到美国国内税法免交公司所得税的要求，在投资范围上仍需满足不少于75%的比例投资于可产生稳定租金收入的房地产或地产相关产业。

我国当前类REITs产品多采用专项计划购买私募基金份额，私募基金全额收购基础物业资产的方式。在专项计划成立之初便确定若干物业资产作为基础资产，即类REITs的规模一般是固定的。其项目收入也仅限于基础物业公司的运营收入以及产品到期退出时物业资产的处置收入或原始权益人支付的权利对价等。

4．收益分配方式不同

美国、新加坡、中国香港等成熟市场在REITs收益分配方面，都采用了需将应税收益的90%以股利或分红形式分配给投资者才可享有税收优惠的规定。

我国由于没有针对REITs的法律法规在收益分配方面的具体要求，在受益权形式上出现了优先级、次级等多种类别的收益类型。其中优先级证券大多只享有发行时确定的固定利率或享有部分在计划退出资产处置时产生的增值收益，大部分资产处置的收益分配权由次级或称权益级享有；而享有物业处置收益的次级或权益级通常期限较短，不能达到长期持有享受增值的目的。

5. 募集形式不同

国外成熟市场REITs产品的投资人范围广，投资期限长。以美国为例，REITs在成立时受益人即须在100人以上，持股最多的5名股东所持份额不能超过总流通值的50%；如要满足上市要求则需更多的股东持股或满足一定交易量；投资者通常可长期持有也可交易转让。

我国当前产品受限于专项资产管理计划形式的限制，多为私募形式，募集范围一般在200人以下。在3~5年后产品到期退出时即使我国在各方面都具备了发行公募REITs的条件，因为原始权益人拥有优先回购权，如果原始权益人如果需要支付的权利对价较少的话，根据不同交易条款的设置也可能影响产品最后以发行公募REITs形式退出。

6. 权益性投资工具和股权+债权融资工具的不同

国外成熟市场REITs虽也包含权益型、抵押型、混合型等多种类型的模式，但权益性投资工具仍然是其基本属性；而国内类REITs采用的却是股权+债权的混合模式。

国内私募类REITs是专项计划通过持有相关项目公司股权来控制目标物业，并以物业经营性收益和物业本身价值保障所发行的证券偿付，结构设计中通常附有债权。目前市场上已出现"专项计划+Pre+REITs"的特殊产品形态，在发行时是一种债务融资产品，后续主要是通过公募REITs方式退出，具有权益+债权属性。

股权加债权的模式，主要是税务筹划的考虑，通过有息债务的形式，实现税前抵扣，降低税率。产权抵押，主要考虑在目前国内的信用体系下，原始权益人出现重复抵押等道德风险。

分析类REITs的底层融资逻辑，债的构造出发点是为了实现增信、稳定现金流、避免重复纳税、减小费用支出等，股权即权益型才是类REITs该有的本质，就类REITs而言，物业不仅需要抵押给信托或委贷银行，更重要的是物业需要入池，即物业可以作为入池基础（底层）资产入池。这样的融资逻辑，更进一步地表现为融资规模的认知，就类REITs而言，融资规模可以为物业租金流入+物业估值，物业租金流入只要能满足覆盖利息支出，本金部分靠物业估值即可。

从发行规模上来看，REITs的规模接近或等于物业资产评估价值。可以通过多种方式实现退出，目前融资方往往通过回购方式重新获得不动产所有权。

从税收上来看，REITs操作过程中，股权变更和不动产转移环节涉及土地增值税、企业所得税、契约等，涉及的税务成本较高。

总之，类REITs一般操作思路为将项目公司股权转让给私募基金或信托计划，同时以私募基金或信托计划向项目公司发放股东借款或信托贷款的方式构建债权，形成股债结合的交易结构。

此外，类REITs除了物业经营收入用于偿还贷款债权外，还可以项目公司的净利润作为分红向专项计划偿付本息。由于涉及物业项目公司的股权转让，因此对资质较好的物业资产一般可做到发行规模与物业评估价值接近或相等。

（二）类REITs的交易结构

类REITs的交易结构如图11-3所示。

1. 构建基础资产

（1）原始权益人成立项目公司；

（2）原始权益人将待证券化的不动产转移到项目公司；

（3）基金管理人设立私募基金，原始权益人认购私募基金全部份额，履行实缴初始基金出资；

（4）私募基金收购项目公司股权。

2. 设立专项计划，购买基金份额

（1）计划管理人设立专项计划发行资产支持证券，投资者以募集资金认购资产支持证券；

（2）专项计划从原始权益人处购买基金份额（资产对价），并实缴剩余基金出资。

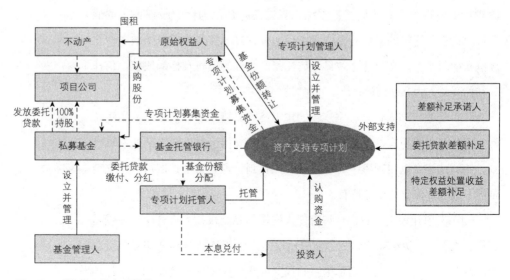

图11-3 类REITs的交易结构

3．资金投放

（1）私募基金向项目公司发放委托贷款，提供不动产抵押；

（2）项目公司偿还存量债务（主要是对原始权益人的债务）。

4．现金流归集、转付机制

（1）债权分配1：项目公司监管账户—委贷账户—私募基金账户—专项计划账户；债权分配2：项目公司监管账户—原债权人账户—专项计划账户；

（2）股权分配：项目公司监管账户—私募基金账户—专项计划账户；

（3）优先回购人支付优先权维持金。

5．处置

（1）优先回购人行使优先回购权，支付证券回收金额；

（2）通过基金份额的转让实现REITs整体上市或处置，获得处置收入；

（3）处置不动产获得处置收入。

三、REITs在商业地产资产中的应用案例

（一）苏宁广场REITs总体交易结构概述

（1）委托人苏宁商通将其依据《债权债务确认协议》和《债权转让合同（一）》对项目公司享有的未偿本金金额为人民币935947400.00元的标的债权及其持有的项目公司100%股权（对应的注册资本人民币57000万元，实缴注册资本人民币57000万元）信托给受托人，作为信托项下的信托财产。苏宁商通所交付信托财产的价值合计为人民币19.50亿元；

（2）为确认苏宁商通将标的股权和标的债权信托并转让给受托人的行为，苏宁商通与受托人（代表信托）、项目公司签署《股权转让协议（二）》和《债权转让合同（二）》，并将根据《股权转让协议（二）》的约定办理完毕标的股权的工商变更登记手续，将受托人登记为标的股权项下的股东。信托在前述标的股权的工商变更登记手续办理完毕等信托生效条件全部满足之日生效，在信托生效日，信托财产为标的债权及标的股权。信托的初始受益人为苏宁商通；

（3）计划管理人设立苏宁广场2017年资产支持专项计划，以募集资金购买原始权益人持有的全部信托受益权。资产支持证券投资者认购专项计划，将认购资金以专项资产管理方式委托计划管理人管理，取得资产支持证券，成为资产支持证券持有人；

（4）专项计划设立后，计划管理人根据与原始权益人签订《信托受益权转让合同》，以专项计划资金向原始权益人购买其持有的全部信托受益权。交易完成后，专项计划承接原始权益人在信托文件及其他相关文件项

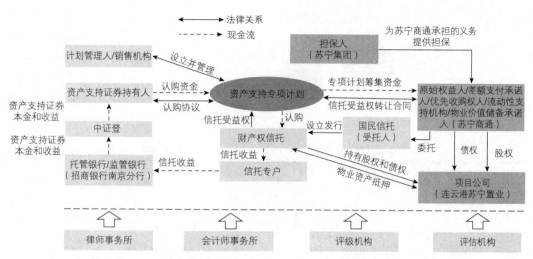

图11-4 苏宁广场REITs总体交易结构

下作为信托受益人的权利义务。①

图11-4所示是苏宁广场REITs总体交易结构。

(二)中信起航偏股权资产证券化案例分析

2014年1月16日,中国证监会《关于核准中信证券股份有限公司设立中信启航专项资产管理计划的批复》,同意中信证券设立中信启航产品,以私募REITs的形式推动国内不动产金融实践。中信证券旗下拥有的两幢办公楼(北京中信证券大厦及深圳中信证券大厦)将作为中国首个REITs,募集资金近51.6亿元,进行非公开发售,并于2014年5月在深圳证券交易所挂牌综合协议交易平台交易,产品存续期间,优先级及次级投资人均可在交易平台交易,这是中国房地产投资信托基金的里程碑。

中信启航专项资产管理计划[见图11-5中信起航资产管理计划(REITs)交易结构和表11-4中信起航资产管理计划产品简介]的基金管理人是中信金石基金管理公司,它于2013年7月8日在天津成立,注册资本1亿元。每年收取中信启航专项资产管理计划1.5%的基金管理费。退出方式包括以REITs方式实现上市退出,以及按市场价格出售给第三方实现退出。退出时非公募基金将所持物业100%的权益出售给由金石基金发起的、在交易所上市的REITs。对价75%将以现金方式取得,剩余25%将以REITs份额的方式由基金持有并锁定一年。优先级投资人将在IPO时点以100%现金方式全部退出;相应的,次级投资人将获得部分现金分配及REITs份额。

---

① 资料来源:金融首席观察。

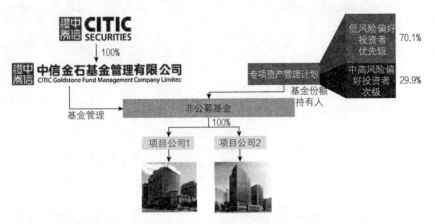

图11-5 中信起航REITs交易结构

中信起航资产管理计划产品　　　　　表11-4

产品名称	中信启航专项资产管理计划	
规模	52.10亿元	
分级	计划按70.10%：29.90%的比例划分为优先级和次级： ■ 优先级份额存续期间获得基础收益，退出时获得资本增值（注①）的10%（浮动收益部分） ■ 次级份额存续期间获得满足优先级基础收益后的剩余收益，退出时获得资本增值的90%（浮动收益部分）	
分级	优先级	次级
优先级规模/比例	36.50亿元/70.10%	15.60亿元/29.90%
产品期限	预期3年，不超过5年（产品有权提前结束）	预期4年，不超过5年（产品有权提前结束）
投资者预期收益率（基础收益）	每年5.50%～7.00%（根据询价结果确定）	日常收入满足优先级基础收益后的剩余收益
投资者预期收益率（注②）（整体收益含资产增值预期）	约7%～9%	约12%～42%
基础收益分配时点	每年最后一个工作日分配，分配金额为完整年度的基础收益（首年分配金额为产品设立日至12月31日的应计利息）	
评级	优先级AAA	无评级
产品发售对象	合格机构投资人	

注①　此增值部分为扣除相关费用和当年优先级基础收益后的数额；
　　②　该预期收益率为该市场不出现大幅度波动的情况下，上市退出后基于一定敏感性分析测得的结果，本身不构成投资者收益率的承诺。

税收优惠：券商专项资产管理计划。国内目前没有税收优惠政策，物业资产转让和投资者购买REITs产品两个中，各方都需要缴纳较高税费，并且存在重复征税的问题，这使得REITs产品的净回报率很难达到市场要求。但通过资产管理计划，"免除"了投资收益这部分税收。①

该案例的创新性体现在：

（1）载体和交易机构设计、分层安排、交易所挂牌转让；

（2）优先级主要针对类固定收益投资人，收益主要来自物业日常的租

---

① 张健. 房地产资产管理、基金和证券化 [M]. 北京: 中国建筑工业出版社. 2019.

金收益,产品退出时分享增值收益的10%。次级部分主要针对权益类投资人,退出时分享增值收益的90%;

(3)由非标标准化产品递延为标准化产品,对接大量机构投资者通道。

(4)局限性为:但仍非公募,转让门槛高,流动性不好;国内没有政策免税。

(三)新派公寓——服务性公寓权益型类REITs

"新派公寓权益型房托资产支持专项计划"已于2017年10月11日正式获批发行,于11月3日正式发行设立,并在深交所综合协议交易平台挂牌转让。新派公寓专项计划是全国首单住房租赁类REITs产品(表11-5),也是首单长租公寓权益型类REITs产品。[①]

表 11-5 新派公寓权益型房托资产支持专项计划

	新派公寓权益型房托资产支持专项计划
发行时间	2017-11-3
发行规模	2.7亿元
产品期限	3+2年
基础资产	私募基金份额
物业资产	新派公寓CBD公寓楼
优先级占比	48%
优先级发行利率	5.3%

1. 基础资产为私募基金份额,物业资产为新派公寓CBD公寓楼

新派类REITs的基础资产是契约型私募基金份额,物业资产是新派公寓CBD公寓楼(含101间青年公寓)。新派公寓与其投资机构赛富投资基金联合发起的赛富不动产基金于2013收购了位于北京国贸核心区域的70年住宅产权物业新派公寓CBD公寓楼,然后对其进行全面改造成品牌公寓长期持有并运营。其中赛富不动产基金(契约型私募基金)通过SPV持有通达富的全部股权和债权,青年乐从通达富整租新派CBD物业并对外分租。

2. 采用"契约型私募基金+专项计划"架构

新派公寓专项计划由渤海汇金证券资产管理有限公司担任计划管理人,以位于北京市国贸CBD区域的"新派公寓"作为标的物业资产,产品总规模2.7亿元,期限为5年(前3年为运营期,后2年为处置期),其中优先级产品规模1.3亿元,获得AAA评级,发行利

---

① 谢皓宇、白淑媛.长租公寓ABS及REITs运作和实操模式全解析[J/OL].搜狐,2018-5-2. https://www.sohu.com/a/230192556_100040101.

率为5.3%。该产品不依赖于主体信用,凭借公寓资产的租金回报和良好的物业增值预期获得了优先级和权益级投资者的认可。

该类REITs产品,以私募基金份额作为基础资产的证券交易所挂牌的资产证券化产品,属于标准化产品标的物业经营净收益用以分配资产支持证券投资人预期收益,基础资产的处置所得用以分配投资者本金;而资产支持专项计划发行资产支持证券募集合格投资者的资金,用以收购和持有私募基金份额,进而持有项目公司股权及标的物业产权、债权,以标的物业经营净收益和处置收益向合格投资者进行收益与本金分配。

3. 专项计划的增信措施

(1)优先/权益级结构化分层

新派公寓专项计划发行规模为2.7亿元,按48:52的比例划分为优先级和权益级证券。优先级证券每年付息,付息资金来自于标的资产现金流,到期一次性还本;而权益级证券期间不付息,获得标的资产处置偿还本金后的部分超额收益。

(2)青年乐差额支付

物业运营商青年乐承诺从2018年起,SPV可分配净现金流不低于800万元/年(系指可实际向契约型私募基金进行分配的金额);若SPV的可分配净现金流不足上述标准的,青年乐承诺无条件不可撤销地予以差额补足。

(3)储备金差额支付

专项计划成立时,契约型私募基金向专项计划分配500万元,留存于专项计划账户内作为储备金,并计入"储备金"科目,该笔用于在物业自然现流不足以支付当期优先级投资人派息时,向优先级投资人付息。而且储备金存续期间可以进行合格投资,合格投资收益留存在保证金子账户中。

(4)现金流超额覆盖,本金超额覆盖

现金流超额覆盖(DSCR):根据当前类似证券发行预期收益水平,标的物业租金、综合配套收入扣除所有运营税费后的金额(可分配现金流),考虑储备金的情况下对当期优先级证券利息超额覆盖1.7~2.1倍以上。

本金超额覆盖(LTV):根据戴德梁行《房地产估价报告》,标的物业评估值合计约为3.15亿元,对优先级证券的覆盖倍数为2.42,对资产支持证券的覆盖倍数为1.17,可为优先级资产支持证券提供有效增信。

(5)跟踪评级机制、跟踪评估机制保障可以根据市场变化保障优先级投资者权益

专项计划聘请专业评级机构、专业资产评估机构对资产支持证券、标的物业进行跟踪评级与评估,并设置对应的评级、评估阀值,触发阀值之后召开持有人大会以决定是否提前处置。

第二节 CMBS——商业抵押担保证券

一、CMBS的概念

(一) CMBS的定义

商业房地产抵押贷款支持证券（Commercial Mortgage-backed Securities, CMBS）是一种将单个或多个等商业物业（包括写字楼、酒店、会议中心、商业服务经营场所）的抵押贷款组合包装构建基础资产的产品，通过结构化设计，以证券形式向投资者发行，以相关地产未来收入（如租金、商业管理费、物业管理费等）为主要偿债本息来源的资产支持证券产品。

虽然每个CMBS成功发行的各方面条件不一样，但总体上该项产品需要具有放贷成数高、发行价格低、流动性强、充分利用不动产价值等优点来吸引资产持有人。

(二) CMBS的特性

作为债券，CMBS相比较于经营性物业抵押贷款，优势在于融资期限较长，融资规模较大，资金使用灵活，流动性高，融资成本低（表11-6）。

CMBS 与经营性物业抵押贷款比较一览表　　表 11-6

	CMBA	经营性物业抵押贷款
融资规模	经营性现金流的12～16倍，最高可达标的物业评估价值的70%	经营性现金流的6～8倍
期限	最长18～24年，可设计开放期3～8年一次，多期续发，例 3+3+3+3+3+3	最长10～12年
费用用途	根据融资人需要，使用灵活	严格按照《固定资产贷款管理办法》使用
定价	根据债项评级，结合增信强度，市场化定价；通过结构设计，可使产品评级高于主体评级	银行审批政策
增信措施	主要通过物业自身增信，同时辅以外部增信	通常要求股东提供保证担保
操作流程	公、私募产品，公开透明	银行内部流程，不确定性大
融资成本	依靠债项信用，成本相对较低	依靠主体信用

与REITs相比，CMBS是债权投资工具；不持有物业；基础性资产比较单一，不利于分散；标的资产只做出抵押，不涉及转让，原始权益人偿还债务后保留所有权；债权人不参与底层资产现金流分配，只需要收取贷款本息；SPV为临时主体。

CMBS具有以下特性：

1. 丰富了商业地产融资工具的选择

传统的经营性物业抵押贷款在抵押率、贷款期限、资金用途、本金摊还、融资人股权结构等方面均有严格标准限值，不能完全满足商业地产经营期间的内在需求。而在同等成本条件下，CMBS的融资规模相比经营性抵押贷款有适度放大，一般可贷比例达到资产评估值的60%~70%；在资金使用上更具灵活性，且适用物业范围更广。

2. 融资成本有望低于银行贷款利率，竞价体制与分级使得定价更有竞争力

与传统银行根据内部审批标准进行定价相比，CMBS发行通常采用簿记建档的竞价模式，这一比价系统的设计可以合理降低结构性产品的配资成本。此外，CMBS通常被设计为结构化产品，通过债券分级（在国内为资产支持证券品种分级），从而实现每个等级的极致定价，优化加权平均成本。

3. 相对标准化产品，具有市场流动性

CMBS作为资产证券化产品，可以在交易所挂牌转让，相较于单个债权，从产品属性上就具有更好的市场流动性和更大变通性。

4. 不涉及产权转移，物业持有人能充分享有未来资产的价值增值

CMBS作为债类资产证券化产品，不要求产权拆分或转移，保留了融资人（资产持有方）对资产所有权的完整性。

5. 促进商业地产运作规范和整体运营能力的提升

由于CMBS的主要偿付来源为其物业资产的租金收益，这将一定程度激励商业管理者采取更为有效的资产运营策略来创造更为持续稳定的项目现金流（租金收入），尽可能提升资产的增值收益。

（三）CMBS交易结构

CMBS产品通常采用"信托计划+资产支持计划"的双SPV结构（图11-6）。信托计划的还款来源是商业物业未来收入，资产支持计划以信托受益权作为基础资产。此外，要求商业房地产抵押、商业房地产未来收入进行质押，实现项目收益的封闭运作。

与国内主要的融资租赁类、企业应收账款类资产证券化相比，CMBS由于涉及底层物业资产、贷款的发放、物业未来收益（租金等）的监管、资产的管理、开放退出与回购、物业的出售和置换等特殊安排，交易结构明显更为复杂。

CMBS的底层核心是向借款人发放贷款并形成债权。虽然支撑CMBS的现金流是底层物业资产未来收益产生的现金流，但底层物业的所有权、未来租金受益权等相关权益并不直接作为底层基础资产，而是以附属担保权益方

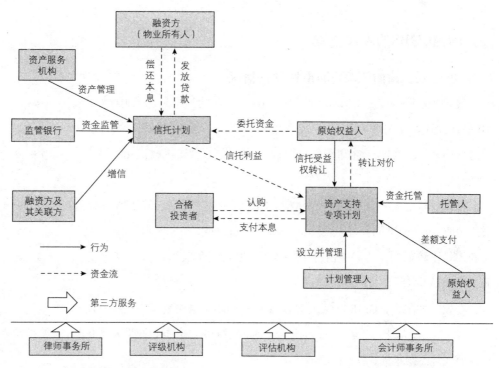

图11-6 CMBS典型交易结构示意图

式构成CMBS底层基础资产的一部分。原始权益人仍然保留对底层物业资产的所有权。

证券交易所发行的CMBS产品多采用信托贷款形式的双SPV结构，并以商业房地产抵押、商业房地产未来收入进行质押等作为信托贷款还款来源，以信托受益权作为基础资产设立资产支持专项计划。

（四）我国CMBS项目现行准入标准

1．对物业区位和类型的要求

目标物业位于一二线城市，二线城市物业应位于城市核心商圈，产业地产物业应位于全国重点产业园区或全国性、区域性节点城市，优先选择写字楼、商场或物流地产；

2．对主体信用的要求

增信主体评级不低于AA（国企）或AA+（民企，若目标物业资产很好则主体评级可放宽至AA）；

3．对物业的要求

目标物业运营时间超过2年（若物业特别优质可放宽到1年），平均每年毛租金为1亿元以上，净租金7000万元以上；

目标物业不存在产权问题，土地性质为出让地且办理完房产证，其他竣工结算手续也很完备；

若目标物业位于一线城市且增信主体实力较强，则融资规模预计最高可达到目标物业评估价值的60%～70%（一般项目融资抵押率最高为50%）。

二、国内CMBS的发展情况

（一）近年来，国内CMBS的市场发行情况

截至2018年6月26日，CMBS通过交易所审核的共34只，其中越华2017-1已停售；正在发行期4只，规模为118.58亿元；已发行29只，发行规模为854.13亿元，已发行中未清偿总数29只，未清偿总额848.61亿元，平均次级证券占比为3.34%。[①]

在发行利率上，优先级评级为AAA的发行利率仅略高于一年期AAA评级公司债，但CMBS的发行期限较长，如剔除发行期限的影响，CMBS的发行利率是比较低的，有一单创置2017-1，其发行利率仅为4.83%，甚至要低于1年期AAA评级的公司债。

在发行期限上，CMBS的发行期限较长，剩余年限主要集中在10～12年和16～18年，占比分别为32.87%和42.94%，还有9.42%的期限要大于18年，而经营性物业贷一般不超过10年。

在底层资产类型分布上，主要有商业、写字楼、写字楼/商业混合体、商业/酒店混合体、写字楼/商业/酒店混合体及公寓等。

在交易结构及次级占比上，在所有已发行的CMBS产品中，主要采用双SPV结构，次级占比5%以内占比约55.33%，次级占比5%～10%占比约26.67%，次级占比超过10%的比重较小，总体来看，次级对于优先级的支持力度较小。

从国内CMBS的市场发行情况进行总结，有这样一些情况：

（1）从发行规模上来看，CMBS的规模一般在评估价值的60%～70%。底层物业资产的基础现金流多以EBITDA为依据（税息折旧及摊销前利润）。到期还本付息退出，最终不动产所有权仍归融资方所有。

（2）从税收上来看，CMBS操作过程中，不涉及股权变更的税费问题，纳税特点更多体现在信托（SPV）层面缴纳的税费。

就CMBS的发行而言，国内适用的情况是：

[①] 中房俱乐部CREC.CMBS最新发行情况、交易结构及操作关注要点[J/OL].搜狐，2018-7-2. https://m.sohu.com/a/238947534_803365.

（1）高信用等级企业；

（2）主体信用不足而质量较高的资产；

（3）分散性物业，通过资产打包模式，提高融资人市场参与度，同时降低投资人的单一资产风险。

（二）我国CMBS产品运用的分析

（1）就CMBS而言，物业只是用于抵押，是债权融资，物业抵押是为了增信，不能入池，入池的只是物业产生的现金流以及物业作为抵押增信手段产生的附属担保权益。因此，发行CMBS，其融资规模一般只能对应为一段融资期限内的物业租金流入。

（2）最核心的是对基础资产的筛选要严格，CMBS的主要偿付来源为其底层物业资产的租金收益。

（3）入池资产数量多样化，包括商场、写字楼、酒店、仓储、工业地产、购物中心、医护社区、混合用途等。避免单一资产现金流受限带来的影响。

（4）商业物业运营的成熟度，商业物业的价值受到多种因素的影响，资产评估需要较为重合的历史数据以及专业评估能力。

（5）项目资金的封闭运作。通常以信托计划和委托贷款作为SPV，对母公司无追索权，不需要考虑主体信用。

三、CMBS交易结构和交易流程

在当前CMBS的法律法规监管条件下，信托贷款架构（双SPV结构）在CMBS交易结构中运用比较广泛。对此类产品结构进行搭设。因此，大多产品架设信托贷款架构。

2018年1月，根据银监会发布《商业银行委托贷款管理办法》（银监发〔2018〕2号），对与非标资产和通道业务有关的委托贷款业务进行了明确且具有针对性的规定，委托贷款通道业务受限，因此以后CMBS交易结构只能是"信托计划+专项计划"双SPV结构。嵌套信托计划因商业物业运营收入产生的现金流不稳定，形成信托收益权既可以解决现金流稳定性的问题，又可以解决计划管理人无法办理抵押手续的问题。

根据《中华人民共和国信托法》第7条的规定，"设立信托，必须有确定的信托财产，并且该信托财产必须是委托人合法所有的财产。本法所称财产包括合法的财产权利"。

据此，学理和实际操作中通常将信托计划分为资金信托、财产权信托、民事信托等；作为基础资产的信托受益权可以区分为两类，即资金信托项下的信托和财产权信托项下的信托收益权（表11-7）。对于这两类基础资产的选择一般会关注资金的使用成本及信托项下抵质押手续的办理（资金信托更容易办理抵质押手续），两者的具体标准如下：

资金信托和财产信托对比一览表　　　表11-7

信托计划类型	信保基金缴付金额	交付主体	交付时间
资金信托	按新发行金额的1%认缴	属于购买标准化产品的投资型信托，由信托公司缴付；属于融资性资金信托，由融资者缴付	在每个资金信托产品发行结束时，缴入信托公司基金专户，由信托公司按季向保障基金公司集中划缴
新设财产信托	按信托公司收取报酬的5%计算	信托公司缴付	未规定

注：因资金信托发行结束时需向中国信托业保障基金有限责任公司缴存1%的信托业保障基金，该信托业保障基金至信托计划安全兑付后才退还给信托公司，该笔资金占用的成本信托公司会转嫁给发行人，费率大概在发行金额的5‰左右。

关于资金信托和财产信托的双SPV结构：

1. 资金信托项下的增量新设双SPV结构

对于CMBS项目，如果原始权益人并没有合格的与CMBS项目规模相匹配的存量债权作为信托财产委托信托公司设立财产权信托，则可通过构建资金型信托作为基础资产，并将资金信托受益权转让给专项计划实现融资。其基本交易架构如下：

（1）原始权益人（通常会以过桥资金）委托信托公司成立资金信托计划，并向融资方发放信托贷款；

（2）物业资产抵押及物业运营收入质押：融资方以底层资产所产生的应收账款（如租金）作为担保质押给信托计划，并将其持有的物业资产抵押给信托计划，形成"信托结构+底层资产产生的应收账款质押+物业抵押"模式；

（3）原始权益人以享有的信托受益权作为基础资产，通过券商或基金子公司发行资产支持专项计划，并在交易所发行。

2. 财产权信托下的存量转出双SPV结构

实践中，一般作为银信合作、证信合作、信信合作等模式中的资金方（如银行、证券公司、信托公司）的退出通道。如对于无法满足银行信贷政策的融资主体，银行与信托公司合作设立信托计划，由信托计划发放信托贷款，并通过信托受益权转让方式实现退出，实现循环放款之目的。

在CMBS项目中，信托受益权一般指的是单一资金信托下的信托收益权，因为财产权信托一般只能受托债权类资产，无法受托收益权类资产，而原始权益人可能没有合格的与CMBS相关规模相匹配的存量债权作为信托财产委托信托公司设立财产权信托。

（一）搭建信托计划层面交易结构

1. 设立单一资金信托计划

非特定原始权益人作为委托人，设立单一资金信托并成为唯一受益人，享有信托受益权。

2. 发放信托贷款

单一资金信托向项目公司发放信托贷款，单一资金信托受托人享有对项目公司的债权。

3. 物业资产抵押和物业运营收入质押

单一资金信托受托人与项目公司分别签署抵押合同和应收账款质押合同，项目公司将其持有的物业资产作为抵押物，享有的物业运营收入作为质押物为信托贷款提供担保。

（二）搭建专项计划层面的交易结构

1. 设立专项计划

管理人设立资产支持专项计划向原始权益人受让全部信托受益权，以此为基础资产发行资产支持证券。

2. 购买基础资产

管理人以募集资金作为购买价款用于向原始权益人支付信托受益权转让对价，并据此成为信托受益权的唯一受益人。

3. 信托贷款偿还与信托利益分配

物业资产的运营收入在单一资金信托存续期间成为偿还信托贷款本息的主要来源，单一资金信托受托人基于信托贷款的偿付向单一资金信托受益人定期分配信托利益。

4. 现金流的管控

管理人为专项计划在托管银行设立专项计划账户，用于接收募集资金专户划付的认购资金、接收所转付的回收款及其他应属专项计划的款项、支付基础资产购买价款、支付专项计划利益及专项计划费用。

5. 专项计划收益分配

在相应的分配日，管理人根据《计划说明书》及相关文件的约定，向托管人发出分配指令，托管人根据分配指令，进行专项计划费用的提取和资金划付，并将相应资金划拨至登记托管机构的指定账户用于支付资产支持证券本金和预期收益。

四、CMBS实际操作应关注的问题

（一）CMBS项目的准入标准

1. 客户筛选

国有企业选择AA以上主体评级，民营企业选择AA+以上主体评级（若目标物业资产很好则主体评级可放宽至AA），具有较强的物业管理运营能力。

2. 基础资产选择

底层物业应为借款人合法持有的成熟商业物业，目标物业位于一二线城市，二线城市物业应位于城市核心商圈，产业地产物业应位于全国重点产业园区或全国性、区域性节点城市，优选：写字楼>商场>酒店，底层物业须权证齐备，标的物业对应的存量债务规模不超过其评估价值的60%~70%。

3. 物业存续时间

目标物业运营时间超过2年（若物业特别优质可放宽到1年）。

4. 产权情况

目标物业产权清晰，土地性质为出让地且办理完房产证，其他竣工结算手续也很完备，尚未办理完毕产权证的，原则上需房管局出具无违规、可办理的证明且由融资人承诺办理期限。

5. 物业类型及涉及抵押的处理办法

选择商业物业，写字楼/商场/酒店，或者综合业态。如有银行抵押贷款在前，可以承诺发行前解除抵押或者定向解除抵押，原有债权人愿意出具同意函提前还款解除抵质押等权利限制。

6. 发行规模及租金覆盖要求

按物业的评估值折扣与租金覆盖本息倍数1.3倍孰低发行；收入覆盖本息的1.3倍，EBITDA覆盖存续期利息。

7. 发行期限

12~18年，设计回售条款，每满3年投资人有权选择回售。

8. CMBS抵押率控制

写字楼7折、商场6折、酒店5折。

9. 评估要求

住房和城乡建设部一级资质，并且以收益法为主要测算方法。

（二）CMBS的风险点及缓释措施

CMBS的风险点及缓释措施见表11-8。

CMBS 的风险点及缓释措施 表 11-8

CMBS 风险点	缓释措施
租金收入不稳定风险	在现金流预测时采取谨慎态度，对增长率设置要合理，对基础资产未来的现金流进行压力测试；设置目标项目抵押，目标项目运营收入质押、优先/次级分层、现金流超额覆盖、原始权益人差额支付承诺、担保、加速归集机制等增信安排
目标项目运营收入回款不足导致基础资产现金流风险不足风险	在进行现金流预测时，现金流预测机构采取谨慎和保守原则，对增长率的设置要合理，进行严格的现金流情景模拟和敏感性分析；在 CMBS 交易设计中，设置严格的租金覆盖倍数要求，CMBS 抵押率折扣要求
目标项目抵押权的无法解除风险	在信托抵押合同中约定，专项计划账户于收到募集资金后 T+60 或 T+90 工作日内办理原有抵押权注销手续及信托计划抵押权的设立登记手续。若未完成，将影响信托计划的抵押登记，触发专项计划提前终止
目标项目处置风险	在相关文件中对处置底层物业资产需满足条件和必要程序进行详细规定，并附有诸如合格资产置换等特殊安排，尽力避免由于物业出售可能对资产支持证券持有人的利益产生的不利影响；考虑到抵押物规模及价值量较大，处置难度较大，设置较低的折扣率，一般写字楼 7 折，商场 6 折，酒店 5 折
资金混同风险	管理人应建立相对封闭、独立的基础资产现金流归集机制；设立监管账户，用于归集、监督、记录专项计划基础资产产生的回收款；设置"回收款转付日调整"机制
原始权益人持续经营风险	要求发行主体评级至少"AA"，目前市场上已经发行的 CMBS 的主体多为"AA+"；对发行主体的经营情况/资产负债水平进行分析，防范持续经营风险

五、CMBS在国内商业地产资产中的应用案例

（一）北京银泰中心资产支持专项计划CMBS

2016年8月，"北京银泰中心资产支持专项计划"抢得国内CMBS首单，该项目合计75亿元，期限18年，入池资产位于北京市朝阳区建国门外大街，含写字楼、酒店、商场等。表11-9、表11-10和图11-7分别表示北京银泰中心CMBS产品要素、产品分级和交易结构。①

北京银泰中心 CMBS 产品要素 表 11-9

原始权益人	中国银泰
基础资产	中国银泰通过单一资金信托计划向项目公司发放信托贷款形成的信托受益权。信托贷款分为优先信托贷款 40 亿元、次级信托贷款 35 亿元
发行规模	75 亿元（物业估值 105.19 亿元，约 7.1 折）
增信措施	中国银泰、北京国俊作为计划的增信主体，并作为信托受益权的优先收购权人，按约定支付权利维持费、提供流动性支持
其他安排	计划设置了投资者回售权、票面利率调整权

---

① 张健. 房地产资产管理、基金和证券化 [M]. 北京: 中国建筑工业出版社. 2019.

北京银泰中心CMBS产品分级　　　　表11-10

	规模（亿元）	期限	还本付息	评级
优先A级	40	18年（每3年设利率调整权和回售选择权，可提前结束）	每年还本付息	AA+
优先B级	33	18年（每3年设利率调整权和回售选择权，可提前结束）	每年付息，到期还本	AA
优先C级	2	18年（每3年设利率调整权和回售选择权，可提前结束）	每年付息，到期还本	AA

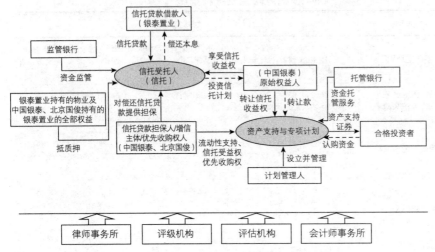

图11-7　北京银泰中心CMBS交易结构

（二）高和招商—金茂凯晨资产支持专项计划（CMBS）

2016年8月24日高和招商—金茂凯晨资产支持专项计划（CMBS）成功发行，原始权益人将40.01亿元委托给方正东亚设立北京凯晨置业贷款单一资金信托计划，从而拥有信托受益权。方正东亚与凯晨置业签订《信托贷款合同》，向凯晨置业发放信托贷款：金额40.01亿元，期限18年，按年付息，每3年末由借款人和受托人重新协商确定贷款利率。在信托贷款存续期间内，贷款人、借款人每三年均有权要求提前偿还全部信托借款未偿本金。[①]

此项目交易方案也是采用双SPV（图11-8）。

1. 信托计划层面

委托人：（原始资金提供方）；

受托人：方正东亚信托有限责任公司；

融资方：北京凯晨置业有限公司；

担保方：中国金茂集团（00817.HK）、金茂上海。

2. 增信措施

抵押担保：凯晨置业以凯晨世贸中心提供抵押担保；

---

① 张健. 房地产资产管理、基金和证券化[M]. 北京：中国建筑工业出版社. 2019.

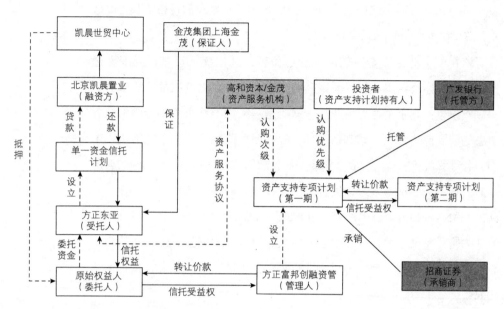

图11-8 高和招商—金茂凯晨资产支持专项计划交易结构

保证担保：中国金茂集团（00817.HK）、金茂上海（均为央企，评级分别为AAA/AA+）对凯晨置业的信托贷款提供连带责任保证担保；

租金监管：信托贷款存续期间，凯晨置业按照约定将租金划入监管账户。

3．资产支持计划层面

管理人：北京方正富邦创融资产管理有限公司；

第三方资产服务机构：天津高和股权投资基金管理有限公司、金茂；

承销商：招商证券股份有限公司；

托管人：广发银行股份有限公司；

认购方：投资者（资产支持证券持有人）。

管理人根据与原始权益人签订的《信托受益权转让合同》，将专项计划资金用于向原始权益人购买基础资产，专项计划承接原始权益人与方正东亚的信托关系，成为信托受益人。认购人通过与管理人签订《认购协议》，认购人取得资产支持证券，成为资产支持证券持有人。

资产支持证券共两档。优先级规模40亿元，期限3年，预期收益率3.3%，评级AAA；次级规模100万元，期限3年，由第三方资产服务机构认购。

专项计划的续发方面，借款人未行使提前还本权利的，专项计划管理人应每3年将新一期专项资产管理计划募集款项划付至本专项计划的托管银行账户。新的专项计划继续将信托项下信托受益权作为基础资产发行资产支持证券。

(三) 金融街威斯汀酒店资产支持专项计划

2018年8月,金融街威斯汀酒店资产支持专项计划成功发行,优先级规模30亿元,发行利率4.96%。本项目是自2018年以来市场最低利率发行成功的CMBS项目,体现了中信证券雄厚实力,全场收到投资人报额88亿元,募集倍数2.93倍,最终利率4.96%。

项目位于北京市金融街区域核心位置,区位优势显著,周围交通便利,商业办公氛围浓厚,大型高端购物中心、文化设施及生活服务机构一应俱全;北京金融街威斯汀大酒店是一家位于北京西单金融街商务中心的涉外商务酒店,紧邻西二环,毗邻西单购物中心、金融街购物中心、老佛爷百货、前门、故宫和天安门。酒店约有483间套房,1/4的客房及套房面积大于60平方米,拥有更多的设施及服务,包括超大工作台,HERMANMILLER设计的座椅、BOSE收音机以及"浸浴专家"特别调和的活力再生精油,使住客在舒适、休闲、浪漫的度假生活中彻底放松身心,放飞心情。2017年8月31日物业市场价值人民币50.02亿元,抵押率达60.6%。[①]

金融街威斯汀酒店资产支持专项计划见表11-11。

金融街威斯汀酒店资产支持专项计划　　表11-11

债券名称	金融街威斯汀酒店资产支持专项计划
品种	资产支持证券——ABS
拟发行金额(单位:亿元)	30.3
发行人	北京金融街投资(集团)有限公司
承销商/管理人	中信证券股份公司
交易所确认文件文号	上证函〔2018〕478号
项目状态	通过
更新日期	2018-5-16

此期项目基础资产为信托受益权,穿透底层的物业资产为北京金昊房地产开发有限公司持的位于中国市西城区融大街丙9号、乙9号的北京金融街威斯汀酒店和北京金融街威斯汀公寓。期中威斯汀酒店拥有客户约483间,戴德梁行评估总价预计在33.7亿元;威斯汀公寓拥有205套房间,184套可供出租,戴德梁行评估总价预计在16.3亿元,合计50亿元。

增信措施方面,优先次级结构化增信,次级档由金融街集团认购并持

---

① 张健. 房地产资产管理、基金和证券化[M]. 北京:中国建筑工业出版社, 2019.

有且不得转让;现金流超覆盖;标的物业抵押担保;标的物业运营收入应收账款质押;金融街集团和金昊房地产作为合同项下的连带责任人对信托贷款本息偿还义务承担连带清偿责任;担保时间;违约事件等。

图11-9为金融街威斯汀酒店资产支持专项计划的交易结构。

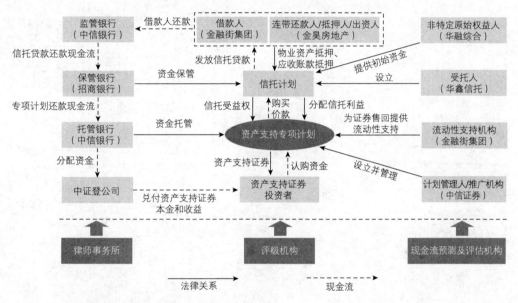

图11-9 金融街威斯汀酒店资产支持专项计划交易结构

第十二章 商业地产资产证券化的运行

本章将讲述商业地产资产证券化的运行,重点讲述商业地产证券化过程中的尽职调查、商业地产证券化过程中的信用增信和信用评价和商业地产证券化过程中税务筹划。

在商业地产证券化运行中,此前人们通常都以其金融资产的属性作为出发点,例如在尽职调查中仅进行财务尽职调查,即便需要进行业务调查的也只是财务调查的从属。在这里,商业地产资产证券化的运行,则是以资产的金融和实体双重属性作为出发点,例如在尽职调查中,把技术尽职调查TDD与财务尽职调查相平行。

第一节 商业地产资产证券化过程中的尽职调查

(一)我国房地产行业发展过程中的尽职调查

我国房地产业发展过程中,涉及房地产企业主体收购、房地产项目并购、转让的事件层出不穷,这些都属于房地产投资。但是有两个特点:一是这些房地产投资都是直接投资;二是这些投资行为都是在增量资产生产阶段也就是房地产开发建设阶段。

既然涉及投资,投资者自然需要尽职调查。这些尽职调查,**在性质上都属于财务尽职调查**,在财务人员主导下,有法律、经济、工程等专业人员参加,共同完成尽职调查工作。

尽职调查,在性质上是财务尽职调查,这是增量经济发展阶段房地产尽职调查的突出特点。财务尽职调查中涉及法律的和业务的调查内容,都从属于财务尽职调查。

通常意义上(财务)尽职调查,调查的内容涵盖了股权瑕疵调查、资产完整性调查、经营风险调查、偿债能力调查、或有债务调查、法律诉讼调查,以及现实价值调查、未来可能价值调查。

但房地产开发同一般产业的产品生产的过程迥然不同,几乎所有的资产都是由一大沓的权证、许可证、合同和票据所构成,土地的合法使用、规划许可建设许可销售许可以及股东出资、各种债务、购房者的预付购房款、工程建设单位的工程垫款,成了调查的重点。

合法性、国家许可、股东出资、债权债务,是尽职调查的重点,这是目前我国房地产尽职调查的第二个特点。

当商业地产转为存量资产投入运营再融资的过程中,也陆续出现了转让、并购等投融资行为。既然有投融资行为,投资者还是需要尽职调查。这个时期的尽职调查进了一大步，增加了一些经营分析内容，对运营能力和盈利能力进行调查和分析。**但所谓的资产，还是一大摞的权证、票据、现金和合同。**

(二) 资产证券化条件下，对商业地产尽职调查的新要求

在资产证券化条件下，能够在资本市场上进行投资交易的商业地产，**必须是存量资产，而且是质量良好的成熟的物业资产**。这是第一个前提。

在资本市场上进行投资交易的商业地产，**必须是能够持续提供稳定租金收益的资产**。这是第二个前提。

商业地产采取资产证券化的，**必须在资产证券化的框架下进行投资交易**。这是第三个前提。

在这三个前提下，商业地产投资过程中的尽职调查体系应该整合。

(三) 适合资产证券化的商业地产存量资产投资过程的尽职调查

尽职调查又称谨慎性调查，是指投资人在与目标企业达成初步合作意向后，经协商一致，投资人自行或通过专业尽职调查机构对目标企业一切与本次投资有关的事项进行现场调查、资料分析的一系列活动。

商业地产投资过程极其复杂。一是实体资产是一个价值量巨大，技术复杂程度很高、集成性很强的技术系统，专业技术尽职调查不能再成为依附在财务尽职调查之内的子系统。其二，由于涉及巨大资产的并购，资产证券化涉及极其复杂的法律问题，法律尽职调查也不能成为财务尽职调查其中的一个部分。

在商业地产实施资产证券化的情况下，尽职调查也成为整个资产证券化业务的首要基础性工作。一方面，对资产证券化业务开展尽职调查能够较为全面地了解原始权益人及基础资产的相关信息，发现项目的潜在风险，初步了解项目是否符合资产证券化的条件；另一方面，尽职调查有利于管理人根据项目的具体情况合理设计交易结构、最大限度地保护投资者的利益。

为此，若干政策性规定纷纷出台。例如，《证券公司及基金管理公司子公司资产证券化业务管理规定》第十三条第一款规定："管理人应当履行下列职责：（一）按照本规定及所附《证券公司及基金管理公司子公司资产证券化业务尽职调查工作指引》对相关交易主体和基础资产进行全面的尽职调查，可聘请具有从事证券期货相关业务资格的会计师事务所、资产评估机构等相关中介机构出具专业意见。"《证券公司及基金管理公司子公司资产证券化业务尽职调查工作指引》第二条规定："本指引所称尽职调查是指证券公司及基金管理公司子公司（以下简称管理人）勤勉尽责地通过查阅、访谈、列席会议、实地调查等方法对业务参与人以及拟证券化的基础

资产进行调查,并有充分理由确信相关发行文件及信息披露真实、准确、完整的过程。"《上海证券交易所资产证券化业务指引》《上海证券交易所资产证券化业务指南》《深圳证券交易所资产证券化业务指引》《深圳证券交易所资产证券化业务问答》《深圳证券交易所资产支持证券挂牌条件确认业务指引》等"业务指引"都新增了商业物业抵押贷款类基础资产的评审关注要点。

这些规范都明确,由(金融)资产管理人作为商业地产资产证券化尽职调查的主体。

当然,鉴于现阶段对商业地产的认知水平,这些规范把商业地产投资过程的尽职调查仍局限在财务尽职调查体系的范畴,法律尽职调查和业务尽职调查仍然在财务尽职调查范畴之内。

但本书希望突破这种限制,并将尽职调查体系进行整合。

因此,应该对商业地产尽职调查进行专业划分。

尽职调查是一项专业性的活动。按专业种类,可以划分为**财务尽职调查**、**技术尽职调查**和**法律尽职调查**。

1. 财务尽职调查

狭义的财务尽职调查,是指财务尽职调查主要是指由财务专业人员针对目标企业中与投资有关财务状况的审阅、分析等调查内容。

但现行的财务尽职调查已经涵盖了法律、经济、技术等所有要素,已经不仅仅是财务专业本身那么单纯。通行的财务尽职调查模式,从各个专业领域看虽显粗糙,但体系要素是比较完整的。

2. 技术尽职调查

技术尽职调查(国际术语通称为TDD),是针对实体资产进行的尽职调查。国内长期沿袭的财务尽职调查,虽然聘请了工程师进行现场勘查,但就其技术体系是不完备的,多依赖个人经验。

技术尽职调查(TDD)是一个全新的领域。在我国,真正开展技术尽职调查(TDD)的机构和业务还没有系统呈现,也因此,它应该受到特别的重视,使之成为与财务尽职调查相平行的体系。

3. 法律尽职调查

一般涉及企业或经济活动的法律尽职调查事务都已经涵盖在已有的财务尽职调查体系中了。这里指的法律尽职调查,是指资产证券化过程中需要深化进行的专门法律事项的调查,它的对象是资产证券化过程中的相关主体。

(四）商业地产投资过程中尽职调查的要求

本书不赘述尽职调查的全部任务,但就在商业地产存量资产投资过程,需要赋予其新的任务。

（1）对财务尽职调查,重点在于调查和评价商业地产资产运行过程中其价值的变化和盈利能力,尤其是租金现金流的表现;

（2）对技术尽职调查,是全面建设起对商业地产实体资产技术状态的调查和评价体系;

（3）对法律尽职调查,重点在于对基础资产、原始权益人、SPV、增信主体及相关主体和运行规则的合法性的调查和评价。

（五）尽职调查的步骤

在尽职调查的组织实施过程中,技术尽职调查（TDD）先行;财务尽职调查随后;法律尽职调查收尾。前者为后者提供依据。

一、财务尽职调查

（一）通用性调查

现在通行的财务尽职调查,由财务专业人员为主,法律、经济、技术各类专业人员共同参加的,针对目标企业与投资有关事项的现场调查、资料分析等活动。图12-1展示了财务尽职调查的基本框架。

在目标企业的注册、股东、组织结构、主要资产、融资和担保、债权债务、重大合同、知识产权、劳动人事、税务、诉讼、公司财务、保险等事项的调查,可以依照规范进行调查。

对项目的调查,与规范所列的房地产开发过程中的土地、在建工程中的各个属项,在商业地产存量资产的调查项目上有明显的不同。取代调查

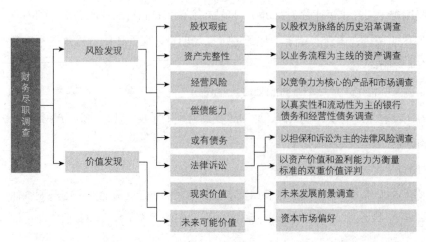

图12-1 财务尽职调查的基本框架

的房地产开发项目中的土地出让、规划条件和许可、报建、施工许可、工程招标投标、销售许可等各属项的是土地使用权证、房屋权属证明、工程竣工报告、消防验收报告、房屋测绘报告、租赁许可、收费许可、银行开户证明等有权部门准予经营的各种权利证明文件。

相关联的客户、供应商以及其他相关方的合作关系以合同协议等法律形式固定下来的，也应该按照存量资产经营过程和活动的对象来进行识别，并按照需要进行调查。

在这里需要强调的是，租户关系是商业地产资产经营中最重要的关系，对租赁文件的调查尤其重要。

租户关系最实质的是业主与租户之间的资产关系。因此，根据对租约的解读，谨慎识别租户对每一个租赁物的使用权及其衍生的其他权利，这些租赁物包括出租单元内的房屋、家具、内部的机电设备和管道，可能还包括出租单元区域以外的广告位、停车位、垃圾房、卸货平台、设备机房、库房等其他设施设备。这些使用权及衍生的其他权利很可能会对新的投资人带来风险。

有一些租户在进场装修时，委托业主实施代建工程，对这些代建工程需要追溯租约和当时的记录，识别出资人和权属方以及未来的处置方案。

（二）租金收益的调查和评估是商业地产项目财务尽职调查最重要的内容

1. 现金流分析

现金流分析是商业地产项目财务尽职调查的核心内容之一。而现金流量分析所需要识别的变量包括租金标准、租金递增率、租约期限、出租率、换租率以及租金收缴率，对于零售商业地产项目还需要参照营业额、营业额租金比、平均单品货单价、消费者提袋率和客流量等变量。

在这些变量中，有些是反映收益水平的，如租金标准；有些是反映收益成长性的，如租金递增率、租约期限、换租率；有些是反映经营态势的，如出租率和租金收缴率；有些是反映收益稳定性的，如营业额租金比，等等。因此，调查和评估现金流，不能简单阅读现金流量表，而是要通过对这些变量的解读，分析现金流量表数据的成因和基础，这样才能较为准确地判断未来收益的预期。

2. 收益分析

在收益分析中，注意运用息税折旧及摊销前利润（EBITDA）或物业净收入（NPI）进行评价，而且从企业角度评价内部收益率（IRR）。

尤其在成本和费用的分析中，注意资产经营收入与服务经营收入、资产经营支出与服务经营支出的区别。

作这样的区分，其一，考虑税务筹划，毕竟资产经营收支的增值税率和增值税抵扣与服务性经营收支的增值税率和增值税抵扣是不同的。

其二，资产经营支出，包括资本性支出、装修补贴、招商酬金、资产管理费等是需要列为长期待摊费用，不计入当期经营成本和费用的。这样以便于估算资产价值。

现在一些目标企业或项目采取的策略，是集中力量做高净收益，对资产进行透支式滥用（掠夺性使用），减少实体资产的资本性支出，对带病设备少修或不修，坐视资产性能下降，通过投资交易利用高净收益，用较高的成交价格将实际价值贬值的资产转让出去。

因此，在尽职调查中，采用物业资产净收益（NPI）而不是简单采用营运净收入（NOI）指标或息税折旧及摊销前利润（EBITDA），准确判断目标企业在追求收益和追求资产价值之间的策略选择，这也是对即将进行投资交易的投资者负责任的态度。

3. 资产价值评价

调查和评估目标资产的资产价值，是尽职调查最重要的工作。因为，最终交易双方形成对资产的投资交易价格，是以评估的资产价值为基础的。

在资产价值评价中，十分重要的就是千万不能对目标企业提供的账面数据进行简单阅读和转引，而必须做艰辛的去伪存真的工作。

资产价值评价时，必须做两项重要基础工作：一是认真阅读技术尽职调查（TDD）报告，仔细分析报告中所发现的实体资产存在的各种缺陷，并针对这些缺陷了解目标企业对此所采取的措施包括预防性维修、大中修、更换和改造，了解目标企业是否提取了足够的大中修和改造的准备金；二是仔细分析目标企业的财务账簿和报表，尤其注意在长期待摊费用（或固定资产折旧和递延资产摊销）中所列支的项目与目标企业针对实体资产缺陷采取的措施是否对应。从而才能判断出目标企业财务报表中物业资产净收益（NPI）数据的真实性。

在资产价值评价时，还要十分重视租户租赁资产的资本性支出情况。通常情况下，租户租赁资产在缺乏监管的情况下技术状况是十分恶劣的，大量存在提前报废的可能性。在阅读技术尽职调查（TDD）报告时，仔细研究其恶劣状况，把目标企业对租赁资产的监管记录如实记载，如发现租赁资产资产处于不受控的情况，明确在尽职调查报告中向投资人报警。租赁资产受控与否，主要反映在以下几点：

（1）在租赁合同中，租赁物的使用、维护、大中修、重置有关权利义务和执行方法的条款是否完备；租赁合同是否明确约定承租人使用租赁物时使用和维护的具体标准以及出租人对承租人使用、维护租赁物的检查、约束、处罚等监管措施；

（2）如租赁合同对上述内容已经明确约定，但是否具有承租人对租赁物的操作和维护记录，出租人对承租人操作和维护租赁物的检查记录、处罚记录，记录是否清楚、真实。

前者不具备为严重不受控，后者不具备为一般不受控。

目标企业在其物业出租日开始后，会明确其资产采用成本价值的计量方法还是公允价值的计量方法。在尽职调查开始时应把目标企业采取的资产价值计量方法识别清楚。

二、技术尽职调查TDD

（一）商业地产投资交易为什么需要技术尽职调查

商业地产资产并不是一大摞的票据、权证、许可证和合同。即便这些符号性的文件被烧毁了，只要实体资产还在，它一样可以产生巨大的价值。相反的，如果实体资产灭失了，一大摞的符号性文件还在，尽管具体的权利人可以手持这些文件去主张自己的权利，例如找保险公司索赔，但对于整个社会来说，这些权利只是从这个人的口袋跑到另一个人的口袋里去，但真正代表社会财富的东西已经不存在了。

这个问题反映了一个实质性的问题，无论怎样伸张各种权利和社会关系，并因此派生出丰富多彩的金融概念，但根本的问题是，一切都是以实体经济——实体资产的客观存在为基础的。

但是，经济学中我们讲货币理论，法学中我们讲权利关系，实体资产的规律就是实体资产的规律，它的规律是由一系列的技术逻辑所构成，它并不以金融逻辑为转移。

这就是为什么财务尽职调查不能涵盖技术尽职调查的原因。在尽职调查体系里，技术尽职调查遵循自己的法则，它不是财务尽职调查行使具体业务职能的工具。

国外房地产发展成熟的国家或地区如美国、新加坡、澳大利亚、英国、中国香港等，在房地产投资交易中，都有技术尽职调查（TTD）相伴，在这些国家或地区，技术尽职调查（TDD）已经成为很成熟的一项技术服务。然而，我国在房地产投资市场中，活跃的大都是"账房先生"，工程师们却长期以来处境尴尬。

商业地产投资交易中，特别在资产证券化条件下，无论是债权融资还是股权融资，底层资产必须是技术资产。

因此，在商业地产投资交易中，对技术资产的评价，就是重中之重。而对技术资产的评价，不是仅对其身份证件、学历证明、工作履历的评价，更重要的是，你必须知道它的心肺功能如何，消化功能如何，内分泌功能如何，肌肉的力量和速度如何，脑细胞活跃不活跃，有没有身体功能衰退的趋势，有没有严重甚至致命的疾患。

技术尽职调查（TDD）就是帮助投资者探寻商业地产技术资产的技术状态、技术性能，发现它的技术潜力，找寻出它的疾患。

（二）什么是技术尽职调查

技术尽职调查（TDD）是英文Technical Due Diligence的首字母缩写，中文翻译为技术尽职调查。这是一项在设施或物业的产权转让、租赁或者合作经营时所进行的，对设施或物业技术现状进行的调查。

建筑技术设施整个寿命周期一般分为三个阶段，即建设、运营和处置。技术尽职调查（TDD）涉及物业生命周期三个阶段有不同的工作范围：

1．建设阶段之前或建设过程

（1）可以为客户对所需要取得的场地做技术评估；

（2）在设施或建筑物的施工过程中，检查落实施工是否符合设计和客户的要求；检查工程进度并复核实际完成的工程量是否和进度一致；检查审批手续等；

（3）建设过程中的资料检查，如前期审批资料、施工过程中的质保资料、竣工验收资料。

2．运营阶段

（1）检查设施运营状态是否存在问题，是否需要更换以及由此产生的成本估算；

（2）检查设施运营过程中的维护、能耗等是否符合法规要求；

（3）运营过程中的资料检查，如电气、电梯、锅炉等法规符合性检查等。

3．处置阶段

（1）调查建筑物的原设计要求并按实际状况进行符合性评估；

（2）对建筑物及其设施进行技术状况评估，指出存在的问题；

（3）对设备更换或修复工作的费用进行估算。

（三）技术尽职调查的内容

就技术尽职调查的内容，转引著名技术尽职调查机构英国皇家特许测量师学会RICS提供资料的部分内容：

技术尽职调查是一个系统评价、分析和发现的过程，潜在的投资人可以从中获取物业物理特性的相关信息，以便对交易的相关风险进行评估。

大多数建筑物都存在缺陷和不足，这可能影响它们短期、中期和长期性能。这些缺陷包括由于缺乏有计划的预防性维护、忽视或滥用而产生的维修、容量不足以及建筑服务不符合规范等问题。

技术尽职调查的优势包括：

了解物业的状况和设计；

确定其用途和适用性；

了解并量化其未来成本及其他债务的必要性；

为机构投资商提供一定的保护；

为价格协商和风险分配提供坚实的基础。

"买方自负"的准则在所有的物业交易中仍然是指导性的合法原则。除非卖方对于某一方面进行了明确承诺，他们不会对物业的物理状况作出任何保证。而买方则必须在交易前采取合理的步骤，收集尽量多的采购相关信息。正因为此，技术尽职调查的过程对任何成功的物业交易都至关重要。

1. 物业的一般描述

（1）物业的名称和地址；

（2）建筑物的朝向；

（3）周围环境概述，包括分区/建筑物用途及基础设施；

（4）建筑物及结构说明；

（5）建筑物楼龄及扩建和/或翻新详情；

（6）各单体建筑物面积。

2. 结构

需要确认的结构缺陷：

（1）混凝土剥落；

（2）沉降；

（3）超载；

（4）其他结构破坏。

3. 建筑构造

（1）建筑构件说明；

（2）建筑每个构件的位置；

（3）考虑到设计、工艺和条件等因素，就物业是否适合其预期用途给出意见；

（4）由于维修不足、损坏和滥用导致的修理或替换建议；

（5）每个建筑构件的预期寿命（这类建议应与客户对物业的打算，如翻新、改建、局部拆除等，保持一致）。

建筑构造包含广泛的构件，其中包括：

（1）房顶：房顶覆盖层、露台/阳台、遮雨篷、雨水管件、检修通道；

（2）正面：墙壁、窗户、天棚/遮阳棚、门、检修通道、内部、天花板、墙壁/隔墙/门、地板/楼梯、涂饰、附属装置设施。

4. 外部区域

（1）软、硬质地面；

（2）绿化；

（3）边界处理；

此外也可能包括更小的户外附着物和结构物，这类结构由于其有限的规模和/或实际相关性，可能并未在技术尽职调查报告的主结构和建筑构造中进行具体报告。

（4）园林造景的硬质地面状况是否适合目前及今后预定的用途。如预计载荷增加（如计划通行重型车辆），则需进行额外调查和/或测试以确定是否适用于预定用途；

（5）挡土墙状况，包括提供结构破坏的证据以及是否建议进一步调查；

（6）成熟树木的大小，与建筑物、结构物和基础结构的相对邻近度，以及似因树木引起的扩建破坏的证明；

（7）接近扩建部分的成熟树木最近被砍伐的证明（特别是在可能存在土体冻胀的反应黏性土区域）。

5. 物业设施设备

物业设施设备占物业初始投资的很大部分。在建筑物的生命周期中，设施设备要进行多次升级或更换，因而在正在持续地或物业的生命周期成本中也占主要部分。

物业设施设备的状态对于建筑质量、建筑生命周期成本水平、设施管理以及可持续使用的性能有重大影响。

物业设施设备状态调查和评估的对象包括：

（1）机械（供暖、通风、空调冷却塔和控制器）；

（2）电器（供电和电网、照明、标志和照明保护）；

（3）通信（电话、手机、对讲机、有线和无线电缆、互联网连接）；

（4）保安（进出、控制和门禁监测）；

（5）建筑管理控制系统（BMCS）；

（6）上下水（供水和水网、污水、雨水和工业废物处理）；

（7）消防（消防栓、软管卷盘、喷淋器和灭火器）；

（8）应急设施（应急供电、供水和通信）；

（9）垂直运输（升降机、电梯、自动扶梯和传送带）；

（10）消防工程解决方案；

（11）室内环境质量（空气、水、照明和音响设备）；

（12）专业设备（发电、制冷、计算机和游泳池）。

评估物业设施设备的通用标准包括：

（1）设计意图、容量和冗余度；

（2）楼龄、条件状态及使用寿命；

（3）是否符合现行规范、标准和惯例；

（4）维修标准；

（5）明显的缺陷与不足；

（6）运行效率。

6. 环境问题

物业环境风险评估是技术尽职调查过程的重要组成部分。环境立法的不断变化要求业主承担更大的责任。

（1）初步场址调查（PSI）：场址勘察，了解从别处运来的填料、地下储油罐（UST）和其他操作可能造成土地污染的可能性；

（2）详细地址调查（DSI）：在地下水为患的地区钻孔以便收集土壤样本，对土壤和地下水样本进行检测，确定物业是否符合其预期用途；

（3）危险材料审核：调查确认物业是否使用危险材料作为建筑材料，如石棉、多氯化联苯（PCB）、人造矿物纤维（SMF）和含氯氟烃（CFC）、含铅油漆；

（4）音响效果：建筑音响效果由两部分组成，与室内声音传播有关的室内音响效果和外部声源之间声音传播有关的建筑音响效果。建筑音响效果测试的主要方式是地板冲击声隔声测试，或对墙壁和地板进行空气隔声测试；

（5）空气质量（IAQ）：空气质量评估旨在确认商用环境内空气的含尘量、

二氧化碳和一氧化碳含量以及温度和湿度。

7．法定审查

（1）对物业必须/无须追溯性建筑法规的遵守情况进行审核；

（2）就建筑规范年度专业审核和认证情况审核；

（3）就建筑规范审核各项许可记录：自动喷淋消防系统的年度水量测试；冷却塔登记；止回测试认证；电梯年检；工业废物处理确认；恒温混水阀认证；

（4）评估违反建筑规范所造成的风险；

（5）评估纠正违规行为的成本金额；

（6）评估纠正违规行为的期限以及整改的优先事项；

（7）评估对残障人士（轮椅使用者、行动不便者、听力障碍者、视力残疾者）予以的特别关怀的便利设施包括在内外通道、停车处、建筑入口处、残疾专用卫生间、电梯楼梯坡道等部位是否完备。

8．文物价值评估

如物业已被当地政府列入当选文物名录，则需要进行文物价值评估，包括：

（1）进行物业和周边环境的视觉检查；

（2）调查物业在文物名录上的状态以及影响该状态的法定管制；

（3）审核建筑物的文物的文物特性以及文物价值水平；

（4）评估其对今后使用、再开发潜力的影响。

9．容积率，停车场比率和效率

物业容积率以及停车场比率受地方当局的规划所限。尽职调查将对当局规划对于物业是否实现最佳效能做出评估。

10．场址确认调查

（1）鉴定/确认建筑物和其他扩建物的位置；

（2）确认物业的相关责任和权利，如地役权、通行权、对他人地界的侵占等。

11．折旧税/资金补贴

业主通常使用折减方法扣除、调整因物业资产及其有效寿命产生的可纳税收入。

一般而言，按各地不同税法，有下列折旧方法：

（1）直线折旧法：资产购置成本按直线比例折减，在预计使用年限内平均摊销；

（2）余额递减法：根据资产原值的递减余额计算。

12. 修复成本评估

成本估算应考虑以下内容：

（1）拆毁；

（2）按照与既有建筑相同/相似的标准重建扩建物；

（3）重新编档；

（4）法定审批和费用上涨；

（5）基于客户提出的出租信息，了解修复过程中的租金损失。

13. 基建费用（CAPEX）预测

尽职调查相关的成本估计通常关系到基建费用（CAPEX）预测，其反映的是5年或10年规划期的情况。

基建费用的预测可作为重大更新改造的一部分。容易被忽视的内容包括：

（1）开办费、建筑商利润、管理费和不可预见费；

（2）邀标合同、分阶段合同或其他特殊形式的合同；

（3）批准、同意或合法性；

（4）进一步调查可能需要的费用；

（5）进一步调查和测试所需的专业咨询费、修整工程的设计、文档和管理或修整工程导致的变更；

（6）业主或租户因迁移、中断营业或利润损失所产生的费用；

（7）场址界外施工；

（8）商品及服务税（GST）；

（9）未来通货膨胀。

同时，客户对拟议开支可能还有具体的要求，如：

（1）物业翻新，以便在市场上重新定位；

（2）可持续性修缮，例如用能效更高的建筑服务取代原有服务；

（3）建筑物改造、扩建或增建。

14. 运营成本评估

运营成本（OPEX）与基建费用（CAPEX）的不同之处是，运营成本通常可以从租户手中收回一部分（投资交易），也可以从租金收入中扣除以抵消税金。[①]

---

① 英国皇家特许测量师学会RICS. 商业和工业物业技术尽职调查指南[J/OL]. 英国皇家特许测量师学会. RICS, http://www.rics.org.

(四）商业地产技术尽职调查需要重点关注的事项

1．成本计算

对技术尽职调查报告确定事项的相关费用进行评估，是技术尽职调查的重要环节。各种缺陷、异常和弱点对成本的影响成为技术尽职调查报告的重要组成部分。

2．清晰界定时间

仅确定各类缺陷导致的开支是不够的，重要的是确定费用可能在什么时候产生。例如：

(1) 即时，1年以内；

(2) 短期，1~2年；

(3) 中期，3~5年；

(4) 长期，5~10年。

3．风险评级

风险评级构成技术尽职调查必不可少的一部分。所谓风险，就是影响交易目标的事件发生的可能性。可以为任何活动、功能、项目、产品或资产就某一潜在风险的严重性和可能性展开评估。

根据风险管理标准，对各种风险进行评级，即**极高**、**高**、**中等**、**低**，并采取应对措施。

风险管理可从定性和定量层面进行，使投资者得以更好地识别、分析、回应、监控和报告风险。就技术尽职调查而言，这有助于投资者作出反应，采取避免、转移、减轻或接受风险的选择。投资者的决定与相应的设计、施工和设施管理事项，以及相关的基建费用和运营成本预测有关。

4．缺陷原因

在识别缺陷时，必须评估其原因和后果，最重要的是就相关补救措施提供建议。

对缺陷的处理按其程度和风险大小，一般可分为以下几种类型：

(1) 启动资本性支出，进行改建或大中修；

(2) 维修；

(3) 在合同中提出调整和补偿方案；

(4) 调整租赁义务。

5．注意识别技术资产的管理主体

国内商业地产技术资产的具体内容，通常划归不同的管理主体进行管理，通常是两类：一类是由租户进行管理的租赁资产；一类是由业主委托的物业管理公司（或商业管理公司）进行管理的共用设施设备资产。管理权通常分别以租赁合同和物业服务合同（或经营管理委托合同）的形式授予。

因此，技术尽职调查过程中，调查人员应阅读上述合约的相关条款，检查各管理主体履约的情况，并作出详尽记录。如合约中对管理权委托或管理事项有明显遗漏，应在技术尽职调查报告中予以报警。

6. 与法律尽职调查的衔接

技术尽职调查与法律尽职调查密切相关，而且内容经常发生重叠。

一般而言，技术尽职调查先于财务尽职调查和法律尽职调查。技术尽职调查的结果可协助法律尽职调查范围的界定以及相关合约的草拟和协商。

具体而言，技术尽职调查的结果可能影响交易的一些法律方面，包括：

——目标企业出售资产后保修的范围；

——新发现的事项；

——需调研的法定记录的范围；

——风险的管理和假定；

——赔偿的协商；

——目标企业完成出售资产义务的条件。

涉及法律事项的其他一些内容：

（1）产权和占有权

——占有权；

——产权，包括产权登记、国有土地使用权、共有产权或其他法定文书；

——占有、租赁、许可、转租或空置管理权的证据；

——可能非法侵入的证据；

——潜在的、对物业造成不利影响的通行权的证据；

——进入物业需要通行权或地役权的证据；

——政府有关部门收回邻接道路意向的证据；

——物业附带家具、设备等杂项。

（2）边界

——场址边界界定不清的证据；

——河岸权；

——业务经营超越物业边界的证据；

——侵占的证据。

（3）租赁合同

——明显违背租约中的修理承诺；

——明显违背允许使用承诺；

——空置房详情。

三、商业地产资产证券化中法律尽职调查的内容

法律尽职调查是指受聘律师事务所及律师团队对资产证券化业务参与人和基础资产在法律层面进行的尽职调查。它的内容如下：

（一）基础资产

对于基础资产的法律尽职调查，应当至少包括以下三个方面：基础资产的合法性、基础资产转让的合法性以及基础资产现金流状况。

1. 基础资产的合法性

对基础资产合法性的尽职调查应当重点审查、核对以下几个方面的内容：基础资产形成和存续的真实性、合法性；基础资产权属、涉诉、权利限制和负担等情况；基础资产可特定化情况；基础资产的完整性等。

（1）基础资产形成和存续的真实性、合法性

具体来说，对于基础资产形成和存续的真实性与合法性，按照基础资产取得过程中涉及的文件类型进行划分，大致可分为以下几类：

——前期批复

主要指基础资产形成以前各政府部门的审查批复文件，主要包括立项批复、环境审批文件、消防批复、人防图批复、交管局审查意见等各类批准文件。在法律尽职调查过程中，需要核对基础资产的取得是否经过相关政府部门的审批，是否符合法律法规及地方政府规章的规定。

——各类权属证明

在基础资产形成过程中，要求原始权益人取得《国有土地使用权证》《建设用地规划许可证》《建筑工程规划许可证》《建筑工程施工许可证》《预售许可证》《销售许可证》《房屋所有权证》《土地使用权证》《不动产权利证书》等权利证书；对于涉及拆迁补偿事宜的，还需要确认原始权益人是否取得《拆迁许可证》。律师在尽职调查过程中，需要重点审核原始权益人是否实际取得上述权属证明，避免基础资产被认定为违章建筑、权属存在重大瑕疵，或被行政处罚的风险。

——与基础资产形成有关的各类合同及履行情况

在基础资产的形成过程中，原始权益人会签署一系列的合同，包括

《国有土地使用权出让合同》《建设工程设计合同》《施工总承包合同》《监理合同》《结算协议》《拆迁补偿协议》《产权置换协议》等。

律师在法律尽职调查工作中,要重点审查各项合同的签署及履行情况,对基础资产的权属状况是否明确、是否可能出现纠纷及违约风险等事项独立发表意见。

例如,对于《国有土地使用权出让合同》,需要重点审查原始权益人是否履行了足额缴纳土地出让金及对应契税的义务;对于《产权置换协议》,需要确认当事人双方是否按照合同约定履行各自义务,是否完成产权过户手续;尤其是需要重点关注产权置换协议中的相关约定对作为资产证券化根基的基础资产的权属是否形成负担或实质影响。

如果基础资产系原始权益人从开发商手中购买而来,则需要重点核查《商品房预售合同》《商品房买卖合同》等合同的履行情况,核查原始权益人是否按照合同约定缴纳购房价款及相应税费。

——竣工验收文件

此类文件涉及规划、环保、消防、地震、园林、人防、国家安全等多个政府部门,包括:联合验收会签单、安全评定报告、规划专项验收、质量监督报告、档案专项验收、消防专项验收、环境保护验收、竣工验收备案情况、人防工程验收、质量保修情况、防雷装置验收等竣工验收文件。

(2)基础资产权属、涉诉、权利限制和负担等情况

——基础资产权属及权利负担情况

基础资产权属及权利负担情况主要涉及对基础资产形成后所取得的权属证明进行核对,通过对《国有土地使用权证》《房屋所有权证》或《不动产权证》(不动产统一登记后)、《不动产权利登记证明》(他项权利证书)等权属证明的查验,确认原始权益人是否合法取得了基础资产的权属及基础资产上是否存在抵押、查封、异议登记、优先权等权利负担的情况。

——基础资产涉诉、仲裁情况

该部分工作也可放在"原始权益人"部分进行,主要涉及调查、核实原始权益人持有的基础资产涉诉情况。律师团队需要对与基础资产、原始权益人有关的已结诉讼案件、未结诉讼案件、被执行情况、查封扣押情况进行了解,确保基础资产的权属明确,涉诉情况对交易安排不产生实质影响。

(3)基础资产可特定化情况

在以商业物业为基础资产的REITs产品中,基础资产的可特定化较容易理解,是指

不动产商业物业面积明确、四至清楚。此外，对于基础资产之上的动产等机器设备，也需要权属清晰明确、符合特定化要求。

（4）基础资产的完整性

基础资产的完整性是指商业物业不得任意拆分，须以商业物业的独立且使用功能完整为前提，须以不动产权属证明上明确记载的内容为依据。

即使因项目要求需要对商业物业进行拆分，以部分商业物业作为基础资产时，也需要先将产权予以拆分，经不动产登记主管部门变更登记、以拆分后具有独立权属证明的物业部分作为基础资产，否则有违完整性要求。

2. 基础资产转让的合法性

基础资产转让合法性的法律尽职调查至少应当包括以下内容：

——基础资产是否存在法定或约定禁止或者不得转让的情形；

——基础资产（包括附属权益）转让需履行的批准、登记、通知等程序及相关法律效果；

——基础资产转让的完整性。

（1）对内的合法性

对内的合法性是指与基础资产转让有关的手续、程序需要经过公司股东会或股东决定、董事会决议，依据《公司章程》及内部规章制度履行了相应手续，签署了相应协议或文件。换句话说，基础资产转让对内的合法性主要体现在基础资产的转让是公司真实的意思表示且履行了法律、公司章程所需要的一切手续。

（2）对外的合法性

对外的合法性是指依据法律、法规及其他规范性文件的规定，履行审批、登记、变更手续。

例如，对于基础资产之上存在抵押、质押等担保负担或者其他权利限制的，应当经权利人同意，向不动产登记部门申请解除相关的担保负担和权利限制，或者取得不动产登记部门办理带抵押过户的默认或同意。对于基础资产划转至SPV的，也应当依法办理相应的不动产权及他项权利的变更手续。

此外，对于REITs资产重组中契税、增值税、土地增值税、所得税等相关税务问题，需要向当地税务部门进行咨询，取得当地税务部门对该规定的认知并履行审批手续。

3. 基础资产现金流状况

基础资产现金流状况的法律尽职调查至少应当包括以下内容：

——基础资产质量状况，就此应该阅读技术尽职调查报告；

——基础资产现金流的稳定性和历史记录，就此应该阅读财务尽职调查报告；

——基础资产未来现金流的合理预测和分析，就此应该阅读财务尽职调查报告。

此外，根据深交所于2017年3月最新修订的《深圳证券交易所资产证券化业务问答》新增商业物业抵押贷款类基础资产的评审关注要点，对于基础资产为商业物业抵押贷款的证券化项目，应关注以下方面的问题：

（1）底层物业应为借款人合法持有的成熟商业物业（写字楼、购物中心、酒店等），建议位于一线城市或二线城市的核心地段；

（2）底层物业须权证齐备，由借款人合法持有，且不得附带抵押或者其他权利限制。如存在权利限制情况的，应设置合理安排在贷款放款后解除相关权利限制。管理人须就解除权利限制的流程、资金监控措施和风险处置安排等进行明确约定和披露；

（3）借款人应具备持续运营能力。管理人应对专项计划存续期间借款人运营物业的相关成本进行测算，并对成本覆盖做出安排（储备金账户、母公司补足、提取部分物业收入等）；

（4）管理人应充分说明并披露证券化抵押率设置的合理性。对于以置换经营性物业贷款为目的的证券化项目，管理人应比较拟置换贷款和证券化项目的抵押率水平，并结合借款人主体、底层物业等情况综合说明抵押率设置的合理性；

（5）管理人应对商业物业的可处置性进行说明。评级机构应在评级报告中对物业抵押担保的效力进行分析和确认，并对物业的处置价值进行压力测试；

（6）为底层物业出具房产评估报告的评估机构应具备住房和城乡建设部核准的房地产估价机构一级资质。建议评估机构选用收益法作为最主要的估价方法，并根据《房地产投资信托基金物业评估指引（试行）》（中房学〔2015〕4号）的相关要求对底层物业进行评估。

（二）原始权益人

原始权益人是向专项计划转移其合法拥有的基础资产以获得资金的主体。对原始权益人的法律尽职调查主要涉及原始权益人的设立和存续情况，股权结构、组织架构及治理结构，主营业务情况及财务情况，与基础资产相关的业务情况等内容。

1. 原始权益人的设立和存续情况

（1）基本情况

律师需要原始权益人提供营业执照、银行开户许可证、贷款卡、机构信用代码证、企业信用报告、社保登记证、房地产开发企业资质证书等基础资料，通过查验、核对上述基础资料，并调查原始权益人是否依法在工商行政管理部门登记注册，确认原始权益人的主体资格，判断其是否为合法有效存续的企业。

（2）设立和变更情况

根据从工商行政管理部门调取的工商资料以及原始权益人提供的公司章程、高级管理人履历、"三会"资料、相关内控制度以及通过对上述相关人员的访谈等形式，对原始权益人的历史沿革进行全面了解，发现原始权益人是否存在潜在风险。

例如，若原始权益人无法提供历次股权转让价款的支付凭证时，为避免潜在的股权转让纠纷影响后续SPV设立、基础资产划转等重组事宜，需要原始权益人出具相关承诺，最大限度地降低风险。

2．原始权益人的股权结构、组织架构及治理结构

律师需要根据工商登记资料、公司章程、营业执照的记载以及全国企业信用信息系统的查询，对原始权益人的股东及持股比例、治理结构、管理层信息及组织架构进行调查，确认原始权益人是否具备健全的公司治理结构，是否符合法律、章程的相关规定。

以原始权益人公司章程为例，需要重点关注公司章程中对股权投资重要的决定，如增资、合并或资产出售，须经持有多少比例以上股权的股东同意才能进行的规定，要予以充分的注意，以避免投资过程中受到阻碍；还应当注意公司章程中是否有特别投票权的规定和限制并对股东会/股东大会及董事会的会议记录加以审查。

3．原始权益人的主营业务情况及财务情况

主营业务情况及财务状况包括：

——特定原始权益人所在行业的相关情况；

——行业竞争地位比较分析；

——最近三年各项主营业务情况、财务报表及主要财务指标分析、资本市场公开融资情况及历史信用表现；

——主要债务情况、授信使用状况及对外担保情况；

——对于设立未满三年的，提供自设立起的相关情况。

涉及对原始权益人重大资产及重大负债情况的尽职调查，具体包括：

（1）重大资产情况

重大资产情况即原始权益人持有的基础资产的情况，既包括基础资产的权属、转让合法性等内容，还涉及基础资产的日常经营和管理情况。

需要重点关注的是基础资产在日常经营和管理中签订的各类合同，包

括租赁合同、物业服务合同、广告位租赁合同等。

在法律尽职调查中,需要对上述合同的合法、合规性进行审查,判断合同条款及合同履行是否会对交易产生影响。

此外,与基础资产运营有关的商标、专利等无形资产也是法律尽职调查需要关注的内容。律师需要查询原始权益人是否合法取得与基础资产相关的商标权、名称权等知识产权。如果基础资产划转至SPV后需要继续使用原商标等知识产权的,应当取得权利人的相应授权。

(2)基础资产权属、涉诉、权利限制和负担等情况

律师对原始权益人的重大负债情况进行尽职调查,可以分为两个步骤,首先,对涉及原始权益人的全部重大负债情况进行调查;其次,对与本次交易有关的负债进行重点调查。

对重大负债的全面调查,主要包括以下内容:

——了解原始权益人向银行或其他金融机构贷款情况,审查相关借款合同;

——了解原始权益人对外担保情况,审查其签订的保证合同、抵押合同或质押合同;

——了解原始权益人签订的其他重大合同,如合同标的额较高且尚未履行完毕的合同,此类合同可能会对原始权益人未来的增信能力产生不确定影响。

对与交易有关的负债情况,应当仔细审阅合同条款,判断合同的合法、合规性,并对可能影响基础资产划转的条款重点关注,保障基础资产转让的合法性。

4. 与基础资产相关的业务情况

律师应当了解特定原始权益人与基础资产相关的业务情况并且对业务的管理制度及风险控制制度进行调查,确认原始权益人相关制度是否完备,是否具有可执行性及可操作性。

对与基础资产有关的业务,如租赁合同等合同,其合同条款是法律尽职调查的重点内容,要求律师进行详细的调查。例如,在租赁合同法律尽职调查中,关注点包括:分层图中商铺编号、合同铺位号、出租人与承租人、经营品牌、是否约定优先购买权、是否有提前解约条款、铺位所在楼层、合同约定租赁面积、租赁状态、租赁日期、租赁年限、租金支付方式、履约保证金、物业管理费、免租期等。

对于上述内容,法律尽职调查需要把握的原则是,关注可能会影响基础资产划转等交易安排的条款,例如提前解约条款可能会影响基础资产现金流的稳定性,进而对整个交易安排产生潜在影响。

（三）资产服务机构

根据不同的交易安排，资产服务机构可能包括计划管理人、基金管理人、物业管理人、商业管理人等多个主体。

对于上述主体的法律尽职调查，重点关注各资产服务机构的设立、存续情况及有无相应资产管理的资格与权限。例如，根据《基金子公司暂行规定》和《资产证券化业务规定》等相关规定，需要确认作为基金子公司的计划管理人是否经证监会批准并具备特定客户资产管理业务资格；对于基金管理人，需要确认其是否具备设立和管理投资基金的相应资质。

（四）托管机构

对托管人的尽职调查应当包括但不限于以下内容：

（1）托管人资信水平；

（2）托管人的托管业务资质；

（3）托管业务管理制度、业务流程、风险控制措施等。

具体来说，对于托管机构的资信水平，可以通过其设立及存续情况、经营业绩、资产质量、综合评级等方面进行了解；对于业务资质，需要确认托管机构是否具备银监会、证监会或者央行等金融监管部门核发的业务许可证明；对于托管业务管理制度、业务流程以及风险控制措施，需要确认其是否具有较强的合规性、规范性以及操作性，能否确保业务规范有序地开展。

（五）增信机构

对提供信用增级的机构的尽职调查，应当充分反映其资信水平和偿付能力，包括：

1. 基本情况

（1）公司设立、存续情况；

（2）股权结构、组织架构及治理结构；

（3）公司资信水平以及外部信用评级情况。

2. 主营业务情况及财务状况

（1）公司最近三年各项主营业务情况、财务报表及主要财务指标分析及历史信用表现；

（2）主要债务情况、授信使用状况及对外担保情况；

（3）对于设立未满三年的，提供自设立起的相关情况。

3. 其他情况

（1）业务审批或管理流程、风险控制措施；

（2）包括杠杆倍数（如有）在内的与偿付能力相关的指标；

（3）公司历史代偿情况。

第二节　商业地产资产证券化产品信用增级与信用评级

一、商业地产资产证券化产品信用增级

资产证券化的还本付息是以基础资产现金流回收为支持的，债权类的基础资产现金流回收可能会受到原始债务人还款行为的影响；权益类的基础资产现金流回收则和基础资产经营状况密切相关，其现金流回收可能会产生时间上的不确定和分布上的不均匀。

传统的信用债融资其发行主体需要对债券还本付息承担连带责任，而资产证券化通过真实出售形成基础资产池后，其现金流仅和基础资产池内特定的债权债务或某几项业务相关，在没有相应信用增信措施时，违约风险相较传统债券会更加突出。

信用增级作为资产证券化发行过程中的核心技术，最早是从20世纪80年代初的担保抵押债券发展起来的，由于部分机构投资者在投资时只能投资一定信用评级级别以上的金融产品，为了缩小投资人需求和产品基础信用级别之间的差距，需要通过一系列的内部和外部增信措施来保证资产支持证券现金流回收的确定性，提升产品信用质量。除了确保产品的顺利发行，信用增级还可以起到保护投资者利益、降低发行人筹资成本、增加资产支持证券市场流动性的目的。

资产证券化的信用增级主要分为内部信用增级和外部信用增级两大部分。内部增信是从资产支持证券基础资产池的结构设计、产品的增信机制设计角度开展，主要包括优先级和次级的结构安排、利差支付制度、超额抵押设置、保证金和现金储备账户等；外部增信则是以外部企业或金融机构提供的信用担保为主，包括机构担保、差额支付承诺、回购承诺、流动性支持等。

资产证券化产品信用增级，可用图12-2示意。

（一）资产证券化产品内部增信

1. 优先/次级结构

优先/次级分层结构安排，是资产证券化产品最基本也最常见的内部增信措施。

优先/次级分层结构安排，是指在资产证券化过程中将资产支持证券按照受偿顺序分为不同档次证券的一种内部信用增级方式（图12-3）。在这一分层结构中，较高档次的证券比较低档次的证券在本息支付上享有优先权，因此具有较高的信用评级；较低档次的证券先于较高档次的证券承担损失，以此为较高档次的证券提供信用保护。一句

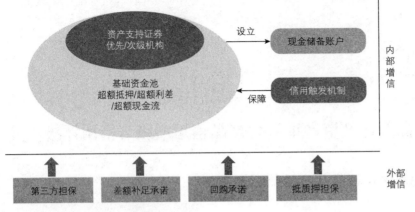

图12-2 资产证券化产品信用增级示意图

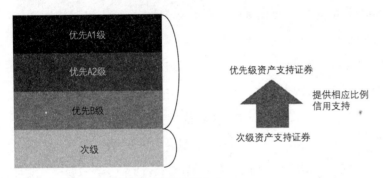

图12-3 优先/次级分层结构安排的增信方式

话,在还本付息、损失分配安排上,优先级证券享有优先权,通过次级证券为优先级进行增信。

假设基础资产池对应资产支持证券规模5亿元,其中优先档4亿元,则优先档证券可获得次级档证券提供的相当于基础资产池余额20%的信用支持。优先档又可根据投资者需求或现金流情况再进行细分,最高级别的资产支持证券获得的信用支持最大。

具体地说,资产值的现金支付顺序是税金和费用支出、高级别资产支持证券利息、储备金及其他费用支出、高级别资产支持证券本金、次级债券本金及利息。如果细分优先档进一步分层的情况,在违约事件发生前,会按照支付各期优先档利息、各期优先档本金、次级档本息的顺序进行清偿。

如果发生违约,则优先档本息支付顺序有所改变,会先支付最高级别优先A档本息,再支付优先B档本息,最后支付次级档本息。因此,**劣后级别的资产占比、各级别现金流的偿付顺序以及触发机制设置中各种情况下现金流偿付顺序的变化是判断优先/劣后结构增信效果的主要内容。**

2. 超额利差

超额利差是指基础资产池所产生的利息流入要大于资产支持证券支付给投资者的利息和各类税费的总和,一般在债权类基础资产中使用较多。

采用超额利差增信的资产证券化产品会建立相应的利差账户，利差账户是指在资产证券化交易中设置专门的利差账户，该账户资金来源于基础资产的利息收入和其他证券化交易收入减去资产支持证券利息支出和其他证券化交易费用之后所形成的超额利差，用于弥补资产证券化业务活动中可能产生的损失（图12-4）。

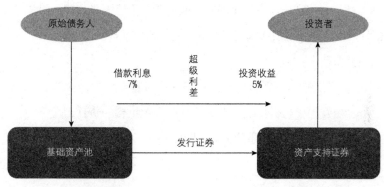

图12-4 超级利差的增信方式

在产生超额利差时将相应的现金流存入利差账户，当发生违约事件时可通过该账户中的资金对投资者提供一定的损失保护。

超额利差增信效果主要取决于入池资产的利率水平。超额利差同样是资产支持证券常用的增信方式。

3. 超额现金流覆盖

超额现金流覆盖实际上也是超额利差的一种，但一般多出现在权益类基础资产产品中（图12-5）。

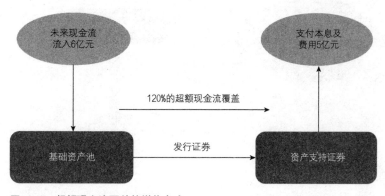

图12-5 超额现金流覆盖的增信方式

以现金流覆盖率=可偿债现金流/还债责任，超额现金流覆盖是可偿债现金流大于还债责任。在设计资产证券化产品时，使基础资产产生的未来现金流大于需要支付给投资者的本息，从而增加本息偿付的安全系数。

超额现金流覆盖的增级效果主要需要考察现金流回收的保障机制，特别是发行人信用水平降低时，现金流是否还能维持稳定回收。

4．超额抵押

超额抵押，又称"基础资产超值入池"，是指发行资产支持证券时，基础资产池的规模本金大于资产发行证券票面价值，多出来的这部分就可作为超额抵押为所出售的资产支持证券进行信用增级。该差额用于弥补资产证券化业务活动中可能会产生的损失（图12-6）。

部分证券化产品会约定在证券偿还期间，抵押资产价值下降到预先设定的某一规模时，发行人必须增加抵押资产从而恢复超额抵押状态。

5．保证金/现金储备账户

保证金/现金储备账户是指在资产证券化交易中设置专门的现金抵押账户，该账户资金由发起机构提供或者来源于其他金融机构的贷款，用于弥补资产证券化业务活动中可能产生的损失（图12-7）。

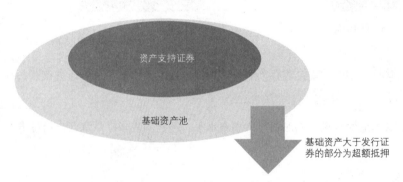

图12-6　超额抵押的增信方式

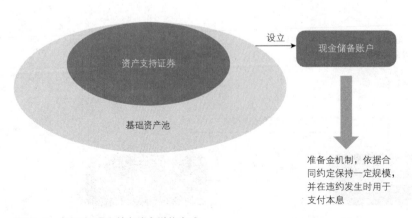

图12-7　保证金/现金储备账户增信方式

保证金/现金储备账户类似于准备金机制,这种增信方式与超额抵押十分相似,但是前者主要是以债权类资产作为抵押,但储备账户则是以现金作为抵押,如果出现违约或信用风险,则可以从现金抵押账户中的资产来弥补损失,从而对投资者形成流动性保护。但是储备账户设置对发行人有一定资金实力的要求,会降低一部分资金使用效率。

6. 信用触发机制

信用触发机制是指在资产证券化产品设计中加入相应条款,如原始权益人信用资质下降或参与机构履约能力下降,则会导致相应的加速清偿或现金流重新安排(图12-8)。

信用触发机制可以根据条款约定的不同进一步分为"加速清偿机制""违约事件""止赎事件触发机制"等,主要是在发生信用违约时做出对优先级投资人有利的保护。在判断触发机制的有效性时,需要分析触发事件的条件约定,是否能够起到提前预警或有效保护。

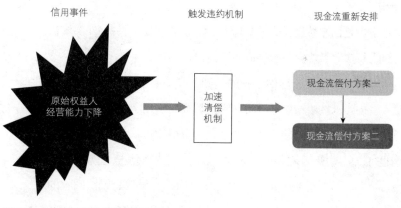

图12-8 信用触发机制的增信方式

(二)资产证券化产品外部增信

内部增信主要是在基础资产池构建过程中提高原始资产自身的质量水平,主要的手段是内部结构分层、超额设置、保证金、信用触发机制等,而外部增信则是在SPV之外,由第三方机构对证券进行信用增级。

一般在原始权益人自身信用水平不足,或是基础资产在内部增信后依然达不到相应评级时,会采取外部增信措施,但外部增信会相应加大发行成本。目前我国资产证券化市场常见的增信措施包括第三方担保、差额支付承诺、回购承诺、收益权质押等,且主要集中在企业资产证券化领域。

1．第三方担保

第三方担保是一种较为传统的信用增级方式，由第三方机构（如担保公司、原始权益人母公司或其他第三方）对SPV发行的证券进行担保。如果出现不能按期兑付资产支持证券的本息时，由第三方承担担保责任，以保证资产支持证券的按期兑付。信用增级效果明显且容易衡量。

2．差额补足承诺

差额补足承诺是指在资产证券化过程中，差额支付义务人（通常为原始权益人）承诺，如果基础资产实际的现金流无法覆盖正常兑付资产支持证券所需现金时，由原始权益人负责补齐差额部分，以此增加资产支持证券的信用等级。

差额补足承诺一般由原始权益人出具《差额支付承诺函》，并且承诺在SPV存续期间，如果在每一期基础资产预期收益分配前的资金确认日，发现专项计划账户中的资金余额不能支持该期优先级资产支持证券的利息和本金，则由原始权益人按要求将该期资产支持证券的利息、本金和其他资金余额差额足额支付至专项计划的账户中。差额支付承诺其实是由原始权益人对SPV提供的担保，但是差额补足承诺也一定程度降低了资产"真实出售"的实际效力。

3．回购承诺

回购承诺也是由原始权益人（发起人）针对SPV提供的一种外部增信。一般触发回购条款的事项会在产品成立之前进行约定。

回购可以针对基础资产池中单一的基础资产，如租金未按约定偿还，原始权益人需按要求按照初始基础资产入池标准提供用于替换的基础资产；若不能提供则需对违约的基础资产按照应收融资租赁贷款余额进行回购。

回购也可以针对资产支持证券整体，如由于原始权益人业务变更、丧失相关经营资质、政策变更、进入破产程序等原因，导致有无法回收的风险而发生加速清偿事件时，原始权益人有义务回购基础资产。

4．收益权质押/基础资产抵押

收益权质押是原始权益人或其他相关权利方将基础资产中相应的权益进行质押担保，来保证违约发生且其他外部增信措施失效时，计划管理人有权处置相应基础资产。

例如，为确保原始权益人履行基础资产回购义务，原始权益人作为处置人，与计划管理人（代表SPV机构）签订《质押合同》，以其有有权处分的基础资产的处置权提供质押担保。此外，对应不动产的基础资产，也可将不动产部分已抵押担保的方式为产品提供外部增信，如将基础资产池中原始债务人/承租人的租赁物作为抵押品，为专项计划提供抵押担保。

5．金融产品担保

资产支持证券还可以通过购买其他金融产品提供担保，例如资产池保险，由保险公司对资产池提供保险，根据评级公司要求的资产池中需要补充的信用风险金额确定保险金额，一般为5%～15%。此外还有不可撤销担保信用证，由银行向发行人开出，以资产支持证券投资者为受益人的信用证。但是使用金融产品进行担保的成本较高，在我国资产证券化市场中使用并不普遍。

6．购买次级产品

尽管在产品说明书中，不会将发起人支持次级或部分优先级别证券作为信用增级措施进行展示，但实际上有发起人或其他关联方购买次级证券，为优先级证券的投资者提供了一定的信用担保。针对这一增信措施的分析通常可以与产品结构分级一起考虑。

二、商业地产资产证券化产品信用评级

（一）信用评级的涵义

信用评级有狭义和广义两种定义。狭义的信用评级指独立的第三方信用评级中介机构对债务人如期足额偿还债务本息的能力和意愿进行评价，并用简单的评级符号表示其违约风险和损失的严重程度。广义的信用评级则是对评级对象履行相关合同和经济承诺的能力和意愿的总体评价。

关于信用评级的概念，主要包括三方面：

（1）信用评级的根本目的在于揭示受评对象违约风险的大小；

（2）信用评级所评价的目标是经济主体按合同约定如期履行债务或其他义务的能力和意愿；

（3）信用评级是独立的第三方利用其自身的技术优势和专业经验，就各经济主体和金融工具的信用风险大小所发表的一种专家意见，它不能代替资本市场投资者本身做出投资选择。

（二）信用评级的流程

信用评级包括五个步骤（图12-9）：签署信用评级委托协议；现场访谈、尽职调查；信用评级分析；出具评级报告；跟踪评级（周期不少于一年一次）。

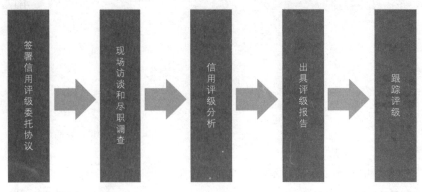

图12-9 信用评级流程

(三) 商业房地产抵押贷款支持证券（CMBS）信用等级设置及其含义

CMBS信用等级设置及其含义见表12-1。

CMBS 信用等级设置及其含义　　　表 12-1

等级		含义
投资级	AAA	属最高级证券，其还本付息能力极强，违约风险极低
	AA	属高级证券，其还本付息能力很强，违约风险很低
	A	还本付息能力较强，较易受不利经济环境的影响，但违约风险较低
	BBB	还本付息能力一般，受不利经济环境的影响较大，但违约风险一般，是正常下投资者所能接受的最低资信等级
投机级	BB	还本付息能力较弱，受不利经济环境的影响很大，有较高违约风险
	B	还本付息能力很大程度上依赖良好的经济环境，违约风险很高
	CCC	还本付息能力高度依赖良好的经济环境，违约风险极高
	CC	还本付息能力很弱，基本不能偿还债务
倒闭级	C	不能偿还债务

(四) 商业房地产抵押贷款支持证券（CMBS）评级方法

现转引联合资信的《商业房地产抵押贷款支持证券评级方法》如下：

商业房地产抵押贷款支持证券（Commercial Mortgage Backed Securities，CMBS）市场是资产证券化市场中的新兴部分，最早出现在20世纪80年代中期的美国。2007年CMBS全球发行额达到3147亿美元，截至2007年第三季度末，全球CMBS未清偿余额为6678亿美元。CMBS市场已经成为证券化市场的一个重要组成部分。

在以下章节中，我们主要从商业房地产、商业房地产抵押贷款和票据三个层面对CMBS进行探讨分析。

一、商业房地产分析

CMBS交易涉及很多种类的商业房地产，包括办公楼、零售业建筑、多户公寓住宅、旅馆、工业建筑、医护用建筑等等。评级机构对于不同类型的商业房地产有一些共同的定性与定量考量。

定性分析

每项房地产的分析都要考虑一些定性的因素，比如位置、入住率趋势、市场竞争、可能导致房地产功能退化的设计特征以及其他可能随着时间影响房地产运营的因素。这些因素的大部分可以通过对房地产的稳定净现金流（sustainable net cash flow）应用一个适当的资本化率来反映每项房地产固有的优势和风险。

商业房地产的主要定性考量因素如下：

位置、交通便利程度和可视性：优越的地理位置会吸引高质量的承租人，并且能够维持较高的房产价值。与交通干道相连、醒目的标识以及房地产整体的可视性都是非常重要的考量因素。

设计特征与施工质量：成功的设计通常具有引人注目的外形和强劲的功能，应避免外形过于时髦或配制过于专门化，因为过时的房产常常需要重新装修。较高的施工质量会减轻后期的维护负担。

租金和入住率：对房产的历史和目前租金和入住率趋势进行分析，并使用目标市场中同类房地产的租金和入住率数据对供求关系和市场动向进行分析，以确定租金水平和入住率是否稳定及其发展趋势。

承租人：承租人的评级越高，租期越长，该房地产产生的现金流的稳定性就越强。承租人的集中度越高，由于主力承租人退租所导致的现金流波动就越大。

物业管理：考察物业管理公司的运营历史、专业水准、经营理念和战略，包括其选择承租人的经验、租赁谈判、与承租人的整体关系、维持或提升房地产竞争力的策略等。

环境问题：应避免选取含有有害物质的房地产，该类房地产正在贬值并且消除有害物质将耗费额外的成本。

在对以上方面进行考量时，我们可以借助于第三方评估报告、工程评估报告、物业管理报告、市场研究报告和环境评估报告等等。当然，对房地产进行实地考察并对相关人员进行访谈也是非常必要的。

定量分析（现金流分析）

房地产价值是极为重要的考察因素，我们通常使用收益法来评估房地产的价值，即首先分析房地产产生的稳定净现金流，然后使用适当的资本化率对净现金流进行资本化。净现金流为净运营收入（NOI）扣除资本项目支出（比如租赁佣金、租户装修补贴、设备更换准备金）的余额。

收入项目的调整：

租金： 考察房地产历史和目前的租金水平及趋势，若该房地产租金高于类似房地产的市场平均水平，则以市场平均水平为准。

空置率： 考察房地产历史和目前的空置率水平，并在恰当考虑该房地产所在市场的平均空置率水平以及该房产与空置率相关的个体因素后进行相应调整。

其他收入： 只将那些可持续或经常发生的收入项目计入稳定净现金流。

经常性支出项目的调整：

物业管理费： 综合考虑该房地产目前的物业管理费水平和市场平均水平，这样做可以限制由于不可预料事件导致现有物业管理公司更换给稳定净现金流带来的不利影响。

税费： 按市场水平计算税费。比如，有些房地产可能暂时享受一定的税收优惠，从而导致支付较低税费的假象。此外，还应特别关注因房地产出售所引起的税费重估事宜。

保费： 对保险支出进行调整以反映目前保费的市场水平，并适当考虑未来保费增加的可能性。资本支出项目的调整：

租赁佣金： 以市场水平计算续租和新租赁的租赁佣金。续租假设基于历史续租率和市场标准。

租户装修补贴： 续租和新租赁的租户装修补贴基于市场标准和实际的历史数据。

改良支出： 该支出用来维护房地产功能和价值，以延长其使用寿命，这部分支出通常参考工程评估报告。

设备更换准备金： 业主需定期更换具有固定使用寿命的物品以保持物业的竞争力。房地产的已使用年限、质量以及工程评估报告是决定准备金数额的关键。

在主要的商业房地产类型中，一般认为其现金流和资产价值稳定性由好到差的顺序为：多户公寓住宅、有主力租户的零售业建筑、工业建筑、无主力租户的零售业建筑、办公楼、旅馆。

资本化率

计算资本化率时,首先参考类似房地产的出售交易,然后根据房地产的位置、建造质量、维护状态、处置时的可销售性、现金流的稳定性和房地产所处的市场环境等来进行相应的调整。在适当考虑了房地产周期和市场利率环境后,资本化率应反映房地产的中长期的稳定报酬率。

二、商业房地产抵押贷款分析

商业房地产抵押贷款的借款人为企业,抵押物为商业房地产,偿还贷款的主要资金来源为商业房地产的出租收入。商业房地产抵押贷款一般为固定利率10年期或浮动利率3年、5年、7年期气球型贷款,几乎全部以30年期为基础制定摊还计划。

商业房地产抵押贷款与住房抵押贷款的一个重要区别是商业房地产抵押贷款具有提前偿还保护机制,通常包括锁定期、现金流保全、罚金、收益保全。锁定期是指在贷款合同中规定一定的期限(通常是2~5年),在此期限内禁止提前偿还贷款。现金流保全是指要求借款人用一组国债替换提前偿还的现金流,从而使贷款的现金流不受提前偿还的影响,到期后卖掉国债来偿还贷款。罚金是指如果借款人提前偿还贷款,将会被收取罚金,通常罚金在贷款的前期较高,然后随时间递减,几年后最终为零。收益保全是指借款人对因其提前偿还给贷款人造成的利息损失进行补偿,补偿后使贷款人的收益不受提前偿还的影响。

商业房地产抵押贷款信用风险分析的两个重要指标

商业房地产抵押贷款与住房抵押贷款的最大区别是:商业房地产抵押贷款是无追索权的贷款,即当来自于房地产的现金流不足时,贷款人只能依靠抵押物来偿还被拖欠的贷款;相反,住房抵押贷款则可以向借款人进行追索以偿还拖欠贷款。所以商业房地产贷款的信用风险分析主要着重于抵押房地产的信用风险分析。我们通常使用偿债覆盖倍数(debt-to-service coverage ratio, DSCR)和按揭比率(loan-to-value ratio, LTV)两个指标来评估无追索权商业房地产贷款的信用风险。

偿债覆盖倍数=当年净现金流/当年的本金和利息偿付额

按揭比率=贷款金额/房地产的评估价值

偿债覆盖倍数是评估违约可能性的关键指标,通常在1~2,一般净现金流至少要为贷款偿付金额的1.1~1.2倍。如果该指标小于1,则表明债务人没有能力偿还债务并很可能违约;当该指标大于1.4时,则通常认为发生违约的可能性较低。按揭比率是衡量违约损失程度的关键指标,商业房地产抵押贷款的按揭比率一般在70%~80%,超过80%的情况极其少见。总而言之,对贷款人和投资者来讲,偿债覆盖倍数越高越好,按揭比率越低越好。

摊还

上面已经提到商业房地产抵押贷款通常为气球型贷款,即在贷款期内偿还少量本金,到期日一次偿还剩余本金。所以,贷款内较高的摊还率将降低贷款到期时的再融资风险,我们一般认为较高的摊还率是贷款的一个增信因素,但值得注意的是,较高的摊还率会降低偿债覆盖倍数指标,加大贷款期内的违约风险。

抵押房地产的分散度

我们认为抵押房地产的分散度是贷款层面上的有利因素。我们基于房地产的数量、规模、位置、类型来综合评估抵押房地产分散度所带来的好处。我们通常使用赫芬达尔指数(Herfindahl index)来捕捉抵押房地产在数量和规模上多样性的影响。赫芬达尔指数越高,对贷款进行担保的抵押资产分散度就越高,贷款的信用就越好。

对于地理位置上的集中度需要从不同的角度去考虑。它可以是负面的影响因素,因为地理位置集中度越高,抵押房地产组合对自然灾害风险和子市场的房产价值贬值就越为敏感。从另一方面看,它也可以是正面的影响因素,如果抵押房地产组合集中处于房地产价值稳定、流动性较好等抗风险能力较强的市场当中。

交叉担保与交叉违约

被多项资产交叉担保的贷款享有分散性的好处,因为一项资产发生的损失可以被其他资产产生的现金流弥补。在交叉担保和交叉违约的安排下,一笔贷款的违约构成了交叉池中所有贷款的违约,贷款人可以对所有抵押资产实行抵押权。如果合计的现金流不能够支付合计债务,合计的资产价值小于合计的贷款金额,那么实际上借款人已经违约了。因此,从信用角度考虑,交叉安排类似于被多个资产担保的一笔贷款。所以在评估交叉贷款时,可以使用被多个资产担保的一笔贷款的评级方法。

触发机制

贷款层面的触发机制是房地产表现不佳时的保护机制。该机制可以设计成监控DSCR水平（DSCR触发）、抵押物重估后的LTV水平（LTV触发）或入住率（入住率触发）等。当触发事件出现时，所有超额现金流将被锁定在某一特定账户中以用来为贷款提供信用支持，直到触发事件消失，借款人才能重新获得资金收入。该机制不但能够起到早期预警作用，当发生违约时，还能够降低资金被转移的可能性并可用来顺序清偿债务。

三、票据层面分析

贷款分散度

根据典型的资产组合理论，在贷款层面，更高的资产分散度将对贷款提供更高的信用支持。但是在票据层面，分散度（更多的贷款数量）会对优先档证券产生正面的影响而对次级档证券产生负面的影响。这是由于在贷款层面有抵押物的交叉担保，而在票据层面没有贷款的交叉担保。随着资产池中贷款数量的增多，池中贷款发生违约的可能性也随之增加，只受到较少信用支持的次级档证券遭受损失的可能性将增加。另一方面，优先档证券享有贷款数量增多带来的好处，因为单笔贷款损失的影响会被降低。

结构分析

尾期

绝大部分CMBS交易都包含尾期，即在贷款到期日和证券法定到期日之间的一段时期。当贷款到期，借款人未能成功再融资或赎回抵押物时，尾期应为抵押物的处置和清算提供足够的时间以保证证券在法定到期日能够及时偿还。CMBS交易中通常会指定特别服务商来管理违约贷款、处置抵押物、并将回收的现金流按照指定的顺序分配给各档证券的受益人。尾期的长度一般通过分析交易发生地的法律程序来确定，目标是保证特别服务商能够有足够的时间获取抵押物的控制权并通过正常的方式对抵押物进行处置或清算。

服务商

许多CMBS交易指定非发起人作为服务商。服务商的任务是为投资者和贷款人获得最大限度的现金流。绝大部分CMBS交易同时指定一个主服务商和一个特别服务商，主服务商负责正常贷款的管理以及向相关方汇报贷款运营情况，特别服务商则负责处理违约贷款并最大限度得回收现金流。对CMBS交易来讲服务商的作用非常重要，当交易结构越复杂或房地产类型越专业时更是如此，服务商的能力对贷款和票据层面的表现都有着直接的影响。所以考察服务商的专业资格、历史经验、服务质量是非常必要的，在评估票据的信用增级水平时也应将这些因素考虑在内。

流动性

CMBS交易通常设有流动性机制，比如流动性准备金或垫款。这些机制是为了应付由于抵押房地产表现不佳或服务商的暂时空缺导致的支付票据利息和运营费用现金流的暂时性不足。在评估流动性支持力度时，垫款提供方的信用质量是一个重要的考量因素，提供垫款的实体应具备一定的级别。值得注意的是，由于垫款方就垫款部分对抵押资产有优先主张权，过度的垫款会导致次级档证券持有人享有本应分配给优先档证券持有人的收益，从而损害了对优先档证券的信用支持，故垫款的额度需要有一定的限制。贷款层面的触发机制也为票据提供了一定的流动性支持。当CMBS交易中没有任何流动性机制时，我们一般要求对CMBS交易提供额外的信用支持。

现金流管理

在绝大多数单项资产或单个借款人的CMBS交易中，我们倾向于设置锁箱安排来管理现金流。锁箱安排是指承租人直接将租金支付给受托人保管的账户，而受托人代表了证券持有人的利益。一般来说，现金流在支付所有信托和服务费用、税金和保险、本金和利息、并且完成拨备之后，其余额才能流至借款人处。使用锁箱账户可以防止由于出租人破产而发生的资金混同风险以及资金被转移用于其他用途而不是用来偿还债务。

物业管理公司的更换

鉴于一家房地产的经营成功与否很大程度上取决于物业管理公司的管理水平，净经营收入的下滑经常预示了管理方面出现了问题。当房地产业绩出现下滑时，服务商应首先评估原因，确定是经济或市场问题还是房地产本身的原因。若物业管理公司的效率确实低下，服务商应有权更换物业管理公司。在这种情况下，聘请新的物业管理公司有助于避免证券的违约情况发生。

分层

典型的CMBS交易使用优先/次级结构来进行内部信用增级，次级档证券为优先档证券提供信用支持。在进行分层时，票据层面的DSCR和LTV是两个重要的参考指标。我们可根据具体情况选用①以DSCR为标准进行分层、LTV进行检验；或②以LTV为标准进行分层、DSCR进行检验。比如说，如果我们认为应用于抵押房地产的资本化率难以合理得确认，则我们更倾向于选用方法①。在设定各档证券的DSCR与LTV标准时，需要将以上提到的定性因素综合考虑进去。

后续跟踪

评级结果公布后，评级工作并未就此结束，评级机构会在证券发行后对其进行持续跟踪。为保证有效的跟踪监控，评级机构定期与受托人、主服务商以及特别服务商进行沟通。除了发行人向投资者发布的各种声明，评级机构还对房地产每月的财务数据（收入、费用等）、租赁数据（出租率、续租率等）以及其他房地产相关信息进行考量。如果必要的话，评级机构还会对物业进行实地考察或参与管理层会议。①

（五）商业地产资产证券化产品信用评级的关注点

1. 定性分析

商业地产资产证券化产品信用评级中的定性分析，包括对基础资产、交易结构和参与机构履约能力的评价。

（1）基础资产

对基础资产要做出分析和评价的要素包括：

①经营业态的结构、布局是否合理；

②权属是否合法清晰，权利限制是否可以解除；

③建筑物实体状况运行质量如何、交通是否便利、配套设施是否齐备、人流量是否充分、建筑结构完损状况如何；

④运营收入是否持续稳定，是否可特定化，是否具有手段可预测和受控；

⑤对资产价值估值时，运用方法是否符合《中华人民共和国资产评估法》《房地产估价规范》，方法是否科学；

⑥租金现金流预测是否综合考虑历史运营情况、租金结构、租金收入、租约期限、租金增长率、空置率、换租率、可出租面积、免租期等情况，变量分析是否完整。

（2）交易结构

对交易架构，要注意以下几点：

---

① 联合资信. 商业房地产抵押贷款支持证券评级方法［J/OL］. 豆丁网, 201710-10.http://www.docin.com/p-2027724829.html.

①核心信用的增级要素

通常采取商用物业抵押、物业租金质押监管、借款人股权质押、借款人或其母公司保证担保、现金流差额补足、维好承诺（keepwelldeed）等增信措施，注意：以发行CMBS为目的设立的管道贷款，明确对借款人"无追索权"。

②现金流转付中的混同风险

租户租金的支付方式通常用租户按月划付给借款人（原始权益人），然后按季度转付至交易信托账户，为此租户租金应实时划付至交易信托账户，满足DSCR覆盖指标后返还给借款人。

③尾端再融资风险

有时最后一期本金偿还依赖于商用物业再融资或出售，要注意控制。

④持续运营风险

绝大多数交易没有明确后备资产运营服务商的概念，因此要求设有主资产服务商、特殊资产服务商和后备资产运营服务商，并有完善的服务能力评价体系。

2．定量分析

（1）测定偿债覆盖倍数（DSCR）时，应把租金增长率、空置率、租户装修补贴、设备更换准备金、物业管理费（补贴）、预期发行利率等作为加压因子。图12-10为世贸天阶CMBN-DSCR测定表。①

（2）测定按揭比率（LTV）时，也要把物业特点、净现金流量和资本化率等作为加压因子。图12-11世贸天阶CMBN优先级A档—LTV调整表。②

	一般情景DSCR	最严压力情景DSCR
第1期	2.03	1.49
第2期	2.19	1.48
第3期	2.05	1.51
第4期	2.12	1.43
第5期	2.13	1.57
第6期	2.19	1.48
第7期	2.13	1.57
第8期	2.17	1.47
第9期	2.09	1.54
第10期	2.15	1.45
第11期	2.12	1.56
第12期	—	—

加压参数：
租金增长率、空置率、租户装修补贴、设备更换准备金、物业管理费、预期发行利率等

图12-10 世贸天阶CMBN-DSCR测定表

---

① 张弛. 商业地产抵押贷款ABN评级关注［J/OL］. 微信公众号ABS交流合作，2018.1.
② 张弛. 商业地产抵押贷款ABN评级关注［J/OL］. 微信公众号ABS交流合作，2018.1.

加压因子：折现率	加压因子：租金增长率	估值结果（亿元）	LTV（%）
4.35%（评估机构）	5%	60.04	43.33
4.35%	−5%~0	59.24	43.89
5%	−5%~0	58.48	44.46
6%	−5%~0	57.48	45.23
7%	0	56.56	45.97
8%	0	55.72	46.66
9%	0	54.96	47.31

图12-11 世贸天阶CMBN优先级A档LTV调整表

第三节 商业地产资产证券化过程中的税务筹划

我国房地产交易过程中，由于交易主体性质、交易方式、交易环节和交易种类都特别复杂而且多种多样，税制本身也在不断健全之中。因此，一方面许多交易主体会很无辜地陷入重复纳税的窘境；另一方面交易主体利用交易主体性质、交易方式、交易环节、交易种类的复杂性和税制本身的矛盾及不健全，用各种花式手法，以避税为名，行逃税之实。

这种情形，既会损害诚信纳税人的合法权益，抑制经济和行业的健康发展，也会损害国家的税收利益。

在这里，我们不描述或阐述这些花式避税手法，因为不合理的经济体制终究会改变，不恰当的政策和税制也会进行调整，纠缠于一时并不能立足于长远；但我们认为以学理为准则的合理避税，才是根本之途。

一、类REITs税务筹划

国内类REITs交易环节涉及增值税、土地增值税、企业所得税、个人所得税、印花税等，并且存在双重课税的情况。

所谓双重课税，一是设立期间，原始权益人需要交纳企业所得税、土地增值税、增值税、契税、印花税等；二是存续期，受托人需要交纳所得税、印花税、增值税等；三是退出阶段，原始权益人需要交纳增值税、所得税、印花税等。

底层房产在实质上只是过户了一次，而整个交易结构中涉及缴税的环节却一个接着一个。为此，进行因此类REITs税务筹划，就显得十分重要。

(一) REITs结构设计思路

先简要描述下国内的"类REITs"结构,资产支持专项计划管理人设立专项计划并募集资金,投资给项目公司或项目公司设立的SPV,项目公司运营并产生收益后再分配给专项计划。在"类REITs"结构找搭建过程中,基于项目公司与原始权益人是否有存量债务,应搭建不同的结构。

项目公司与原始权益人有存量债务——不用设立SPV

由私募基金向项目公司通过关联方借款构建债务,通过利息费用减少所得税,项目公司获得的债权资金用于偿还原始权益人。图12-12是项目公司与原始权益人有存量债务时可采用的交易结构。

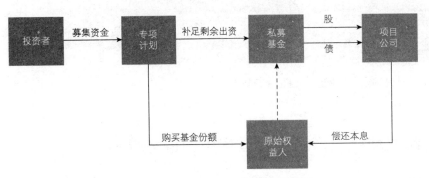

图12-12 项目公司与原始权益人有存量债务时可采用的交易结构

(二) 项目公司与原始权益人无存量债务——应当设立SPV

1. 构建SPV,由私募基金向SPV通过关联方借款构建债务,通过利息费用减少所得税,SPV获得的债权资金用于偿还项目公司原股东

2. 项目公司反向收购SPV

图12-13为项目公司与原始权益人无存量债务时可采用的交易结构。

3. 设立SPV的目的

(1) 当项目公司与原始权益人无存量债务时,若不设立SPV,直接由私

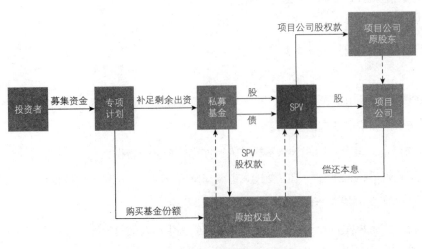

图12-13 项目公司与原始权益人无存量债务时可采用的交易结构

募基金向项目公司进行股权、债权投资,则对应的债权资金将会沉淀在项目公司,降低资金使用效率。

(2)因此,设立SPV的目的在于构建私募基金投资对象的债务,使得债权资金流回项目公司原股东。

(三)REITs结构设计的税收考虑

1. 构建股东借款

REITs运营时,项目公司将会产生收益,会涉及相应的企业所得税,因此需要构建私募基金对其的股东借款,运行期项目公司不动产运营所得净收入优先按照委托贷款合同用于偿还股东借款本息,少量剩余部分税后分红,节税效果明显。

2. 债权VS股权的比例

(1)《财政部、国家税务总局关于企业关联方利息支出税前扣除标准有关税收政策问题的通知》(财税〔2008〕121号):在计算应纳税所得额时,企业实际支付给关联方的利息支出,其接受关联方债权性投资与其权益性投资比例为:金融企业为5:1;其他企业为2:1。

(2)《企业所得税法实施条例》(国务院令第512号)第三十八条规定:非金融企业向非金融企业借款的利息支出,不超过按照金融企业同期同类贷款利率计算的数额的部分,准予扣除。

因此,设置的债权股权比例不超过2:1,借款利率不超过金融企业同期同类贷款利率,构建的项目公司债务的利息支出可以在当期企业所得税前扣除,通过前期测算并合理构建债务,使得项目公司扣除利息支出后的所得额接近于零,即可避免25%所得税。

(四)REITs设立环节税收

1. 标的物业单独剥离至项目公司

如控制标的物业原项目公司持有其他资产,需要将标的物业单独剥离至项目公司,如原项目公司项下有且仅有标的物业,那无需进行该交易环节。表12-2是标的物业剥离至新项目公司时各纳税义务人所应缴纳的税。

2016年"营改增"立法过程中,关于增值税进项抵扣时限两年的问题出现争议。设定这个时限是不合学理的,因为长期摊销费用设定仅两年可以作进项抵扣,本身毫无道理,而且实践上更是促成相关利益主体投资行为短期化。

2. 私募基金收购SPV股权

表12-3是私募基金收购SPV股权时,交易主体双方应承担的税负。

设立新项目公司时应担税负税一览表　　　　　　表 12-2

纳税义务人	税种与税率	义务
原项目公司（卖方）	30%~60%超额累进土地增值税	土地增值税是指转让国有土地使用权、地上的建筑物及其附属物并取得收入的单位和个人，以转让所取得的收入减除法定扣除项目金额后的增值额为计税依据向国家缴纳的，不包括以继承、赠与方式无偿转让房地产的行为。应纳税额 = 增值额 × 适用税率 − 扣除项目金额 × 速算扣除系数
	11% 增值税（简易征收5%），（存争议）	一般纳税人销售其 2016 年 4 月 30 日前取得的（不含自建）不动产，可以选择适用简易计税方法，以取得的全部价款和价外费用减去该项不动产购置原价或者取得不动产时的作价后的余额为销售额，按照 5% 的征收率计算应纳税额；一般纳税人销售其 2016 年 4 月 30 日前自建的不动产，可以选择适用简易计税方法，以取得的全部价款和价外费用为销售额，按照 5% 的征收率计算应纳税额；一般纳税人销售其 2016 年 5 月 1 日后取得的不动产，按照 11% 的征收率计算应纳税额，以取得的全部价款和价外费用为销售额计算应纳税额。其进项税额分 2 年从销项税额中抵扣，第一年抵扣比例为 60%，第二年抵扣比例为 40%
	所得税	企业所得税的征收对象是纳税人取得的所得，包括租金所得。企业所得税的税率为 25%，国家需要重点扶持的高新技术企业为 15%，小型微型企业为 20%，非居民企业为 20%。企业应纳税所得额 =（收入总额 − 准予扣除项目金额）× 适用税率
新项目公司	3%~5% 契税	契税，是指对契约征收的税，属于财产转移税，由财产承受人缴纳，契税的计税依据是不动产的价格，应纳税额 = 计税依据 × 各省、自治区、直辖市人民政府可以在 3%~5% 的幅度税率规定范围内，按照该地区的实际情况决定
卖方/买方	0.05% 印花税	印花税是对经济活动和经济交往中书立、领受具有法律效力的凭证的行为所征收的一种税，产权转移书据：包括财产所有权、版权、商标专用权、专利权、专有技术使用权、土地使用权出让合同、商品房销售合同，按所载金额 0.05% 贴花

私募基金收购 SPV 股权应担税负一览表　　　　　　表 12-3

纳税义务人	税种与税率	义务
原始权益人（卖方）	所得税（无）	企业转让股权收入。应于转让协议生效且完成股权变更手续时，确认收入的实现。转让股权收入为取得该股权所发生的成本后，为股权转让所得，由于转让价格一般与取得该股权所发生的成本相等，转让所得一般为零
	增值税（无）	由于项目公司为非上市企业并未公开发行股票，其股权不属于有价证券，转让非上市公司股权不属于增值税征税范围，因此无须缴纳增值税
	印花税	印花税是对经济活动和经济交往中书立、领受具有法律效力的凭证的行为所征收的一种税，产权转移书据：包括财产所有权、版权、商标专用权、专利权、专有技术使用权、土地使用权出让合同、商品房销售合同，按所载金额 0.05% 贴花
私募资金（买方）	印花税（存争议）	REITs 交易结构中的私募基金多为契约型基金，而契约型基金其法律依据为合同契约，因此无法确定它为纳税主体，私募基金是否需要缴纳印花税存在争议

3. SPV 收购项目公司股权

表 12-4 是 SPV 收购项目公司股权时应缴纳的税负。

SPV 收购项目公司股权应担税负一览表　　　　　　表 12-4

纳税义务人	税种与税率	义务
项目公司原股东（卖方）	所得税（无）	企业转让股权收入。应于转让协议生效且完成股权变更手续时，确认收入的实现。转让股权收入为取得该股权所发生的成本后，为股权转让所得，由于转让价格一般与取得该股权所发生的成本相等，转让所得一般为零
	增值税（无）	由于项目公司为非上市企业并未公开发行股票，其股权不属于有价证券，转让非上市公司股权不属于增值税征税范围，因此无须缴纳增值税
	印花税	印花税是对经济活动和经济交往中书立、领受具有法律效力的凭证的行为所征收的一种税，产权转移书据：包括财产所有权、版权、商标专用权、专利权、专有技术使用权、土地使用权出让合同、商品房销售合同，按所载金额 0.05% 贴花
SPV（买方）	印花税	印花税是对经济活动和经济交往中书立、领受具有法律效力的凭证的行为所征收的一种税，产权转移书据：包括财产所有权、版权、商标专用权、专利权、专有技术使用权、土地使用权出让合同、商品房销售合同，按所载金额 0.05% 贴花

4. 项目公司反向吸收合并SPV

表12-5是项目公司反向吸收合并SPV时应缴纳的税负。

项目公司反向吸收合并SPV时应担税负一览表　　表12-5

纳税义务人	税种与税率	义务
SPV	所得税	以全部资产可变现价值，扣除资产成本、清算费用、其他税费、债务清偿损益后，计算清算所得，按规定税率缴纳所得税
项目公司	印花税	吸收合并中，其新启用的资金账簿记载的资金，凡原已贴花的部分可不再贴花，因吸收合并签订的产权转移书据免予贴花

（五）REITs运营环节税收

基金管理人与计划管理人应交税费

表12-6是基金管理人和计划管理人所缴纳税负。

基金管理人和计划管理人应担税负一览表　　表12-6

纳税义务人	税种与税率	义务
基金管理人	所得税	股东借款利息所得与项目公司股权分红并非由基金管理人直接享有，而是全额分配给私募基金的投资者，因此股东借款利息所得与项目公司股权分红所得并不计入基金管理人的应纳所得额。在计算基金管理人的企业所得税时，应按照其提供金融服务收取的基金管理费进行计算
基金管理人	增值税6%	根据《证券投资基金增值税核算估值参考意见》总则第（三）条规定，基金的增值税应税行为包括贷款服务和金融商品转让，对贷款服务的界定为"基金将资金贷与他人使用而取得的具有保本性质的利息收入，按贷款服务缴纳增值税"。由于私募基金常通过"股东借款+股权收购"的方式向股权出让方划转资金，而其中向项目公司的股东借款将带来利息收入。由此可见，私募基金通过发放股东借款取得的利息收入在基金层面应缴纳增值税。此外，基金管理人在一般情况下仅收取基金管理费用，上述行为属于增值税征税范围中的金融服务-直接收费金融服务，按照适用税率6%缴纳增值税
计划管理人	所得税	在计算计划管理人的企业所得税时，应按照其提供金融服务收取的管理费进行计算
计划管理人	增值税3%	资管产品管理人运营资管产品过程中发生的增值税应税行为（管理费/运用资管产品发放贷款取得利息收入），暂适用简易计税方法，按照3%的征收率缴纳增值税。在实际操作中，根据资管合同的约定判断该专项计划是否属于保本型合约，进而判断专项计划的投资行为是否属于"贷款服务"，具体应根据计划管理人的注册地的税务机关协商确定

（六）REITs退出环节税收

表12-7是REITs三种提出方式应缴纳的税负。

REITs退出应担税负一览表　　表12-7

退出方式	纳税义务人	税种和税率	定义
原始权益人回购专项计划	专项计划	所得税（无）	一般按账面价值回购，回购价格与账面价值一致，因此无须缴纳相关的增值税和所得税。但存在因物业增值虽按账面转让，被税务机关重新核定价格计征的风险
项目公司处置不动产	转让方	土地增值税、增值税、所得税	30%~60%超额累进土地增值税；11%增值税；25%所得税
	受让方	契税	3%~5%契税
投资者转让公募基金份额	投资者	所得税	按照持有该资产支持证券持有人的主体分为机构投资者与个人投资者，机构投资者获得的投资收益按照利息收入缴纳企业所得税。个人投资者获得的投资收益按照利息、股息、红利所得计算缴纳个人所得税

二、关于商业地产资产收购的税务筹划各种思路的反思

商业地产资产交易涉及的税种包括所得税、增值税、土地增值税、契税和印花税等税种。在进行税务筹划时，各方利益主体会根据我国现行税法，从几种角度采用不同的税务筹划思路，例如究竟是采取股权收购还是资产收购，究竟怎样运用资产收购、资产转让、资产划转、资产置换等的不同手法，来达到尽可能实现避税的目的。

对于我国企业所有制形式的多样性，企业组织形式的多样性、经济行为定义和解释的多样性，税务政策对于种种多样性的一般性税务处理和特殊性税务处理，都使得各种商业地产资产收购过程的避税有了腾挪的空间。因此，为避税采取的各种交易模式纷纷涌现，例如直接资产转让、以资产作为对价"被收购"模式、资产出资入股模式、资产增资模式、部分资产出资并撬动融资模式，等等，各种花式避税手法纷纷涌现。例如：

（1）因资产直接转让与资产划转在土地增值税以及契税上存在不同，因此，一些受让方在资产收购交易中，出于税收筹划的考虑，采用"先资产划转再资产转让"的收购模式，即先在税收优惠地设立税收优惠载体，在进行同一控制主体下资产划转后，再向收购方转让资产，以减免税负的目的。

（2）因纳税人在资产重组过程中，通过合并、分立、出售、置换等方式，将全部或者部分实物资产以及与其相关联的债权、负债和劳动力一并转让给其他单位和个人，不属于增值税的征税范围，其中涉及的货物转让，不征收增值税，对此，有些企业采用资产收购方式的，将相关负债、劳动力等一并收购，进行承债式收购，以实现对增值税税负的减免。

（3）在被收购资产可分割的情况下，先以部分资产投资设立特殊目的载体后，再由该部分资产作为担保物进行后续融资，并继续收购的方式，减轻收购方的资金压力。

与此同时，现行税制也存在双重征税的情况。

例如以REITs为例，目前我国税法规定在资产转移至SPV时，原始权益人还需根据物业评估价值缴纳25%公司所得税以及30%~60%的土地增值税以及其他一般增值税、印花税等。如果在《公司法》允许的条件下，以公司制运营REITs则面临在REITs运营期间缴纳公司所得税和个人所得税的双重征税困境。税制障碍，也是商业地产资产证券化发展困难的因素之一。

此外，2016年营改增的税收条例中，不适当地将增值税进项抵扣限制在两年之内。试想一下，商业地产项目竣工投入运行以租金收入作为计税依据缴纳增值税，其建设期间投入的巨额建设费用需要在漫长的商业周期

里来进行摊销,但税法的规定,其进项抵扣额仅以两年的租金收入为限,是极为不合理的。在实践上,这是鼓励资产所有人放弃对资产的持有,以快速销售,用很短时间取得的巨额销售款才能尽可能实现对尽可能多的建设费用的进项抵扣,客观上起到推动遏制实体经济、促使商业地产资产恶化的作用。

税法的不合理和纳税人避税腾挪并存,是我国现阶段经济生活很常见的现象。这与我国现阶段经济快速增长,经济现象经济机会层出不穷,而人们的认识和措施必然具有局限性有着巨大关系。

因此,在商业地产资产交易税务筹划时,要有一个清醒的认识。

主要参考文献

[1] 伊恩·莫里斯. 文明的度量 [M]. 李阳, 译. 北京：中信出版社, 2014.

[2] 朱迪斯. M.本内特, C.沃伦. 霍利斯特. 欧洲中世纪史（第10版）[M]. 杨宁、李韵, 译. 上海：上海社会科学出版社, 2007.

[3] 卡尔. 马克思. 资本论（法文版中译本）[M]. 中共中央马恩列斯著作编译局, 译. 北京：中国社会科学出版社, 1983.

[4] 谢经荣, 吕萍, 乔志敏. 房地产经济学（第二版）[M]. 北京：中国人民大学出版社, 2008.

[5] 郭向东, 姜新国, 张志东. 商业地产运营管理 [M]. 北京：中国建筑工业出版社, 2017.

[6] 聂冲. 购物中心商铺租金微观决定因素与租户组合实证研究 [M]. 北京：经济科学出版社, 2010.

[7] 何维凌, 邓英淘. 经济控制论 [M]. 成都：四川人民出版社, 1984.

[8] 张健. 房地产资产管理、基金和证券化 [M]. 北京：中国建筑工业出版社, 2019.

[9] 赵燕菁. 土地财政：历史、逻辑与选择 [J]. 城市发展研究, 2014, 1.

[10] 许宇. 北京市甲级写字楼单元租金差异的特征价格分析 [J]. 首都经济贸易大学学报, 2012, 3.

[11] 陈韵诗. 基于HEDONIC模型的广州市写字楼租金特征价格研究 [J]. 广州工业大学学报, 2011, 4.

[12] 杨鸿, 贾生华. 写字楼租金差异的特征价格分析 [J]. 技术经济, 2008, 9.

[13] 黄丽君. 基于HEDONIC模型的长租公寓租金影响因素的实证研究 [J]. 江西师范大学学报, 2018, 6.

[14] 丁金礼. 关于收益法中资本化率的求取方法 [J]. 房地产评估, 2001, 10.

[15] 陆林. 房地产资产证券化要从私募房地产基金做起 [J/OL]. 网易财经, 2016, 4. http://money.163.com/16/0408/00/BK3EQQ1J00253B0H.html.

[16] 成都电视台《第一房产》对郭向东的访谈：商业地产存量资产的升级和改造 [J/OL]. 腾讯视频, 2017.7. https://v.qq.com.

[17] 英国皇家特许测量师学会RICS. 商业和工业物业技术尽职调查指南 [J/OL]. 英国皇家特许测量师学会. RICS, http://www.rics.org.

[18] 郭向东在2018中国. 西部中小企业发展论坛（西部论坛）的主题演讲. 资产证券

化条件下的商业地产资产管理[J/OL]. 微信公众号商业新视界新思维, 2018, 6.

[19] 莱顿商学院. 国际地产投资者与国内地产投资者的投资理念差别[J/OL]. 搜狐, 2017, 2. https://www.sohu.com/a/126097101_114986

[20] 梧桐树下. 财务尽职调查深度解析[J/OL]. 快资讯, 2018, 8. https://www.360kuai.com/pc/91d18f52a76bb0a2c?cota=4&tj_url=so_rec&sign=360_57c3bbd1&refer_scene=so_1.

[21] 田磊, 刘峻巍. 商业物业资产证券化业务REITs法律尽职调查中的注意事项[J/OL]. 360个人图书馆, 2017, 10. http://www.360doc.com/content/17/1017/08/21649196_695596253.shtml.

[22] 张弛. 商业地产抵押贷款ABN评级关注[J/OL]. 微信公众号ABS交流合作, 2018.1.

[23] 何杰, 杜佳欣. 一文读懂REITs结构设计的税收考虑[J/OL]. 微信公众号读懂ABS, 2018.7.